마릴린 먼로
그리고
케네디 형제

마릴린 먼로
그리고
케네디 형제

이상돈 지음

마릴린 먼로의 삶과 죽음, 마침내 드러난 은폐된 진실

Marilyn Monroe & the Kennedy Brothers

에디터
editor

Prologue

'나이아가라', '신사는 금발을 좋아해' 등으로 우리에게도 널리 알려진 마릴린 먼로가 배우로 활동한 기간은 15년 정도이지만 그녀만큼 대중 문화에 큰 영향을 준 배우도 드물다. 흑백영화에서 컬러 영화로 넘어가 던 1950년대에서 1960년대 초에 이르는 기간 동안 할리우드 최고의 인기 여배우였던 먼로는 '섹스 심벌'로 불렸다. 전통적인 모럴에 묶여 있던 미국 여성들이 '성(性)의 자유'라는 새로운 관념을 받아들이기 시 작할 시기에 배우로서 최고의 인기를 누린 먼로는 당시의 시대정신을 상징했다.

그런 먼로가 1962년 8월 5일 새벽 로스앤젤레스 자택에서 시신으 로 발견됐다. 그때 먼로의 나이는 겨우 서른여섯이었고, 때 이른 그녀 의 죽음은 많은 의문과 의혹을 남겼다. 먼로의 죽음은 그대로 묻히는 듯했으나 오히려 그녀의 삶을 새롭게 조명하는 계기가 되었다. '조물주 (造物主)가 창조한 최고의 미인'이라는 찬사를 들었던 먼로였으나 인간 으로서의 그녀의 삶은 순탄하지 못했다. 먼로의 삶은 밖으로는 화려했 으나 내면적으로는 외로웠던 양면성을 갖고 있었다. 먼로는 자의식이 강했으나 동시에 의존성이 많았다. 대중은 그녀의 연기에 환호했으나 정작 먼로는 자신의 연기에 열등감을 갖고 있었다. 그러한 모순은 그녀를 납득하기도 설명하기도 어려운 이상한 죽음으로 이끌었다.

그리고 세월이 흘러서 마릴린 먼로가 사망한 지 벌써 60년을 넘겼다. 먼로의 60주기(週忌)였던 지난 2022년에는 먼로의 일생을 다룬 영화 두 편이 개봉됐다. 하나는 먼로의 생애를 픽션화한 영화 〈블론드(Blonde)〉로, 영화 평론가들 사이에서 많은 논쟁을 일으켰다. 역사적 인물과 사건을 픽션화한 영화는 항상 논란이 많았으나 〈블론드〉는 특히 그러했다. 2000년에 나온 소설을 영화로 만든 〈블론드〉는 먼로의 일생에서 논란이 많았던 부분을 과감하게 픽션으로 재구성해서 주목을 받았다. 특히 먼로가 케네디 대통령과 섹스하는 장면을 적나라하게 등장시킴으로써 오랫동안 유지되어 온 금기(禁忌)를 깼다.

먼로의 60주기에 나온 또 다른 영화는 넷플릭스가 만든 다큐멘터리 〈마릴린 먼로 미스터리 : 비공개 테이프(The Mystery of Marilyn Monroe : The Unheard Tapes)〉이다. 마릴린 먼로의 죽음을 둘러싼 의문점을 파헤친 책 《여신(Goddess)》의 저자인 앤서니 서머스가 내레이터로 나온다. 서머스는 1980년대에 마릴린 먼로의 죽음에 케네디 형제가 관련되어 있음을 밝혀내서 먼로가 자살했다는 공식적 조사 결과를 무너트리는 계기를 만들었다. 서머스의 책이 나온 후에 진실을 은폐했던 베일이 하나둘 벗겨지기 시작했다. 미국의 메인 스트림 미디어와 영상 매체는 이 문제를 다루기를 거절해 왔으나 넷플릭스가 그 금기를 깬 것이다.

마릴린 먼로는 매우 불우한 유소년 시절을 보냈다. 그런 먼로가 우연한 기회에 사진가의 눈에 띄어서 모델이 되어 자기 자신을 새로이 발견했다. 그리고 먼로는 할리우드 영화계에 발을 들여놓게 되나 그 과정은 순탄치 않았다. 당시 할리우드는 나이든 부유한 남자들이 장악하고 있었다. 먼로는 이들이 지배하는 할리우드에서 살아남기 위해 눈물겨운 노력을 해서 결국 스타의 자리에 올랐다. 먼로는 남성 우위의 할리우드 체제의 피해자이면서도 그 시스템을 이용해 스타가 됐다. 일단 스타가 되면 세상은 스타를 중심으로 움직이는 법이며, 먼로는 그 법칙을 최대한 이용할 줄 알았다.

최고의 스타가 된 먼로가 만난 남자들은 모두 당대 최고의 인물이었다. 먼로와 결혼했던 조 디마지오는 당대 최고의 야구 선수였고, 아서 밀러는 당대 최고의 극작가였다. 먼로의 소속사인 20세기 폭스의 대릴 자누크 회장은 오늘날의 할리우드를 만들었다고 할 만한 영화계의 거물이었다. 먼로와 교류가 깊었던 프랭크 시나트라는 20세기 후반기 미국 최고의 엔터테이너였다. 먼로와 함께 영화를 한 올리비에 로렌스, 이브 몽땅, 클라크 게이블은 당대의 영국, 프랑스, 미국의 정상급 배우였다. 그리고 먼로는 당시 미국의 최고 권력자인 존 F. 케네디 대통령과 제2인자인 그의 동생 로버트 F. 케네디 법무부 장관과 연인 관계였다. 그러나 케네디 형제와의 관계로 인해 먼로의 생(生)은 중간에서 중단되고 말았다. 그리고 케네디 형제도 먼로의 뒤를 이어 같은 운명의 길을 갔다. 먼로의 일생은 이 세상의 영화(榮華)와 그 뒤에 숨겨진 욕망(慾望)과 갈등(葛藤), 그리고 그러한 모순(矛盾)의 결과가 무엇인지를 잘 보여준다.

1960년대 초를 기억하는 마지막 세대에 속하는 나는 어릴 때부터 국내·외 정치와 세계의 흐름에 관심이 많았다. 내가 세상사에 본격적으로 관심을 가지기 시작할 때 미국은 베트남 전쟁의 수렁 속에 빠져 있었다. 나는 존 F. 케네디 대통령이 암살된 후 등장한 린든 존슨 대통령이 베트남 전쟁을 확대시키는 과정을 보고 성장했다. 대학 입학 후에는 베트남 전쟁을 매듭짓겠다고 약속하고 대통령이 된 리차드 닉슨이 워터게이트로 무너져 가는 과정을 보았다. 미국 정치에 관심이 많은 나는 케네디 암살에 마피아가 개입되어 있으며, 마릴린 먼로의 죽음에는 케네디 형제가 관련이 있다는 논의가 있음을 일찍이 알았다.

대학에 자리를 잡은 후 전공 분야 관련 연구와 강의에 바쁘던 중에도 나는 미국 정치에 관심을 놓지 않았다. 정교수가 되고 전공 분야에서 나름의 지위를 확보해 여유가 생긴 1990년대 말부터 나는 미국의 역사와 정치·사회에 관한 책을 다시 읽고 이에 관한 칼럼과 서평을 여러 매체에 발표해 왔다. 2008년에는 홈페이지를 개설해서 자유롭게 글을 남길 수 있게 됐다. 인터넷으로 미국 언론 기사를 읽을 수 있고, 아마존을 통해 편리하게 책을 주문할 수 있으며, 아무런 제약이 없이 홈페이지에 글을 쓸 수 있는 새로운 세상은 나에게 큰 축복이었다.

2012년에 나는 총선과 대선 국면에 간여했으며 이듬해에 정년을 앞두고 대학에서 퇴직했다. 자유인이 된 나는 그간 읽었던 책에 대한 글을 모아서 《공부하는 보수》 책을 펴냈다. 2016년 총선을 앞두고 또다시 정치에 발을 들여놓은 나는 20대 국회에 진입해서 4년 동안 의정활동을 했다. 하지만 나의 정치적 실험은 성공하지 못했고 다시 자유인으로 돌아왔으며, 내가 겪은 시간을 정리해서 《시대를 걷다》 책을 펴냈다. 그리고 베트남 전쟁과 워터게이트라는 수렁에 빠져 있던 미국이 로널드 레이건의 시대를 맞아서 새로이 태어나는 과정을 정리해 보고 싶어서 이에 관한 글을 홈페이지에 올려왔다.

이런 과정에서 나는 케네디가(家)를 객관적으로 서술할 필요가 있다고 느꼈다. 존 F. 케네디 대통령은 불과 2년 10개월의 재임 기간에 쿠바 문제를 서툴게 다루어 핵전쟁을 일으킬 뻔했고, 베트남에 경솔하게 개입해 미국에 크나큰 상처를 남겼다. 베트남 전쟁이라고 하면 흔히 존슨 대통령과 닉슨 대통령을 연상하지만, 베트남에 미군을 개입시킨 장본인은 케네디와 그의 참모들이었다. 존슨은 케네디가 시작한 전쟁을 확대시켰고, 닉슨은 존슨이 무모하게 벌여놓은 전쟁을 마무리하기 위해 전쟁을 했다. 케네디가 평화를 추구했다는 주장은 신화일 뿐이다.

1960년대까지 언론은 정치인의 윤리 문제와 사생활을 다루지 않았기 때문에 케네디를 둘러싼 추문은 뉴스가 되지 못했다. 더구나 젊은 나이에 암살된 탓에 케네디는 우상(偶像)이 되어서 '케네디 신화'라는 사회적 현상을 만들어 냈다. 반면에 사생활이 건전하고 준비된 대통령인 리차드 닉슨은 워터게이트로 인해 악마화되고 말았다. 주류 언론의 2중 기준이 이런 왜곡을 초래한 것인데, 케네디 형제의 이중성은 마릴린 먼로와의 관계에서 가장 잘 나타난다.

나는 우리나라에 1960년대와 1970년대 미국을 제대로 다룬 책이 없어서 우리 사회의 현대사 이해가 부족하다고 생각해 왔다. 케네디와 닉슨에 대한 오해가 특히 심각해 이를 책으로 다뤄보고 싶었으나 쉽게 시작할 수 없었다. 그러던 중 2023년에 넷플릭스에서 영화 〈블론드〉와 다큐멘터리 〈마릴린 먼로 미스터리 : 비공개 테이프〉를 보게 됐다. 2023년은 존 F. 케네디 암살 60주년이기도 해서 나는 그간 읽었던 책을 중심으로 케네디 암살에 관한 글을 페이스북에 시리즈로 올렸더니 반응이 좋았다. 이어서 마릴린 먼로의 삶과 죽음에 대한 시리즈를 페이스북에 올렸더니 반응은 더 좋았다. 이처럼 나는 영화 〈블론드〉와 다큐멘터리 〈마릴린 먼로 미스터리〉에 힘입어 먼로와 케네디 형제와의 관계를 책으로 엮어 볼 생각을 하게 됐다.

마릴린 먼로 죽음의 진실이 밝혀지는 과정은 우리에게 중요한 교훈을 주고 있다. 아무리 은폐해도 진실은 드러나기 마련이지만 앤서니 서머스 같은 진실을 밝혀내려는 사람이 있어야 진실이 비로소 밝혀진다는 교훈이다. 이 책을 펴내는 데 참조한 책은 권말에 소개해 놓았다. 출판을 맡아준 에디터의 승영란 대표에 깊은 감사의 뜻을 표하고자 한다.

2025년 3월 3일
이상돈

Contents

chapter 5 　　케네디 가문과 주변 인물들

Marilyn Monroe
& the Kennedy Brothers

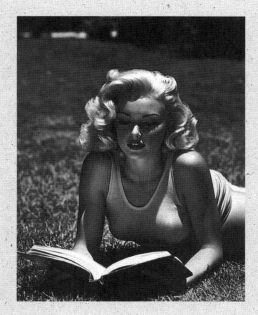

불우했던 노마 진

1

"현명한 소녀는 자신의 한계를 알고,

똑똑한 소녀는 자신에게

한계가 없다는 걸 알아요."

마릴린 먼로(Marilyn Monroe 1926~1962)는 1926년 6월 1일, 로스앤젤레스(LA)에서 태어났다. 먼로의 원래 이름은 노마 진 모르텐손(Norma Jeane Mortenson)으로, 서류상에는 아버지 마틴 에드워드 모르텐손과 어머니 글래디스 사이에서 태어났다. 그러나 오랫동안 자신의 친부가 누구인지 알 수 없었다.

어머니의 결혼 전 이름은 글래디스 먼로(Gladys Pearl Monroe 1902~1984)이다. 글래디스는 1902년에 아버지 오티스 먼로와 어머니 델라 사이에서 태어났다. 오티스 먼로는 화가를 꿈꾸었으나 로스앤젤레스에서 건물과 철도 열차에 페인트 일을 하면서 궁핍하게 살았다. 그는 심한 두통과 기억 상실을 경험했는데 1908년에 정신병원에 수용돼서 사망했다.

어린 글래디스의 삶은 불안정했고 행복하지 못했다. 서른셋에 홀로

된 델라는 딸 글래디스를 데리고 살면서도 여러 남자를 만났다. 델라는 다른 남자와 결혼하기 위해 겨우 열다섯 된 글래디스를 스물여섯의 재스퍼 베이커와 결혼시켰다. 재스퍼 베이커와 글래디스 사이에선 아들 로버트 커밋과 딸 버니스가 태어났다. 베이커와 글래디스의 결혼생활은 오래 가지 못했다. 켄터키에 있는 베이커 가족을 방문하던 중 베이커가 글래디스를 심하게 때렸고, 글래디스는 로스앤젤레스로 돌아와서 이혼소송을 제기했다. 법원은 글래디스의 손을 들어주었고 두 아이에 대한 양육권을 인정했다. 그러나 법원 판결에도 불구하고 베이커는 두 아이를 켄터키로 데려갔다. 글래디스는 아이들을 되찾기 위해 켄터키로 갔으나 아무런 소득이 없이 혼자 로스앤젤레스로 돌아왔다.

먼로의 어머니, 글래디스

로스앤젤레스로 돌아온 글래디스는 영화산업이 한창 성장하던 할리우드의 스튜디오에서 필름 자르는 일을 하게 됐다. 그녀는 그곳에서 자기보다 일곱 살 많은 그레이스 맥키(Grace McKee, 1895/96~1953)를 만나서 친하게 지냈다. 당시 할리우드에는 영화배우의 꿈을 안고 젊은 여성들이 모여들었는데, 그레이스 맥키도 그중 한 명이었다. 나이 서른이 다 되도록 영화배우의 꿈을 이루지 못한 그레이스는 생계를 위해 필름 작업장에서 일하고 있었다. 그레이스와 글래디스는 아파트에 같이 살 정도로 친해졌다. 둘은 짙게 화장하고 함께 유흥가를 다니면서 즐기기도 했다. 그러면서도 글래디스는 크리스천 사이언스 교회를 다녔다.

1924년 11월, 글래디스는 가스회사 검침원이던 마틴 모르텐슨(Martin Mortensen)과 결혼했다. 하지만 모르텐슨 부인으로서의 삶이 너무 지루해서 결혼한 지 일곱 달 만에 집을 나와서 그레이스 맥키의 아파트로 돌아왔다. 모르텐슨은 글래디스를 상대로 이혼소송을 제기했다.

1925년 말, 글래디스는 자기가 임신 중임을 알게 됐다. 아이의 아버지는 그녀가 일했던 작업장의 감독관인 찰스 스탠리 기포드(Charles Stanley Gifford 1898~1965)였다. 기포드는 건장하고 유능한 직장인이었고 두 아이를 둔 이혼남이었다. 글래디스가 기포드에게 임신 사실을 알리자 기포드는 글래디스와 아이에 대해 책임질 생각이 없다면서 약간의 돈을 건넸다. 자존심이 상한 글래디스는 그 돈을 받지 않았다.

1926년 6월 1일, 글래디스는 LA 카운티 공립병원에서 여자아이를 출산했다. 글래디스는 아이의 출생신고서에 아버지의 성(姓)은 모르텐손(Mortenson)이고, 자기의 직업은 제빵사(baker)라고 적었다. 글래디스는 아이의 친부가 아닌 이혼소송 중인 남편의 성(姓)을 기재한 것인데 스펠링을 잘못 적어 모르텐슨(Mortensen)이 아닌 모르텐손이 되었다. 또한 글래디스는 제빵 일을 한 적이 없었는데 직업을 'baker'라고 적은 것도 특이했다. 아마도 첫 남편의 성이 'Baker'여서 그렇게 적었을 것으로 짐작된다.

글래디스는 아이 이름을 노마 진(Norma Jeane)으로 지었다. 이렇게 해서 나중에 마릴린 먼로가 되는 '노마 진 모르텐손'이란 여자아이가 이 세상에 나왔다. 노마 진은 학교에서 '노마 진 베이커'로 불리게 되는데, 그렇게 불렸던 이유는 명확하지 않다.

생후 12일 만에 위탁가정으로

병원에서 나온 글래디스는 갓난아이와 함께 그레이스 맥키의 아파트로 왔다. 하지만 그때부터 글래디스는 정상이 아니었다. 부엌칼을 들고 그레이스에게 덤벼드는 등 이상한 행동을 해서 그레이스가 제압해야만 했다. 글래디스는 아이를 키울 수 있는 상태가 아니었다.

그즈음 글래디스의 어머니 델라는 오랜 방황 끝에 LA로 돌아왔다. 글래디스의 상태가 좋지 않음을 알게 된 델라는 자기가 살고 있던 집 건너편에 사는 볼렌더 부부(Wayne and Ida Bolender)에게 노마 진을 위탁하자고 제안했고, 육아에 자신을 상실한 글래디스는 이에 동의했다. 당시에는 부모가 없거나 부모가 돌볼 수 없는 아이들을 위탁가정에서 키우는 제도가 성행했었다. 육아 책임에서 벗어난 글래디스는 필름 현상소에서 필름 자르는 일을 계속했다.

이렇게 해서 노마 진은 태어난 지 12일 만에 볼렌더 부부의 집에서 살게 됐다. 자식이 없는 볼렌더 부부는 독실한 기독교인으로 복음주의 교회를 나갔으며, 남편은 우편배달 일을 하면서 부업으로 기독교 관련 인쇄물을 만들었다. 볼렌더 부부는 노마 진 외에도 여러 명의 아이를 위탁받아 키움으로써 부수입을 올렸다. 이후 7년 동안 노마 진은 볼렌더 부부의 집에서 다른 아이들과 어울리면서 자랐다. 글래디스는 필름 현상소에서 일하면서 번 돈을 노마 진의 양육비로 보냈다.

볼렌더 집에서 여러 아이와 함께 자란 노마 진은 자기보다 몇 달 늦게 태어난 레스터라는 남자아이와 친하게 지냈다. 볼렌더 부부는 레스터와 노마 진 둘 다 입양할 생각이었지만, 어떤 이유에서인지 레스터만 입양하고 노마 진은 입양하지 않았다.

노마 진이 한 살 때 외할머니 델라가 갑자기 세상을 떠났다. 별안간 심각한 정신착란 증세를 보여 주립병원에 입원했으나 한 달 후에 사망했다. 볼렌더 부부는 노마 진을 잘 보살폈으나 지나치게 종교적이어서 엄격한 규율을 강조했다. 이 때문에 호기심 많은 어린 노마 진은 억압적인 분위기에서 성장해야만 했다.

글래디스는 주말에 이따금 볼렌더 집을 방문해서 노마 진을 만났으나 오랫동안 자기가 엄마라는 사실을 알리지 않았다. 노마 진이 볼렌더 부부를 아빠와 엄마라고 부르자 볼렌더 부부는 노마 진에게 아저씨와 아줌마로 부르라고 가르쳤다. 한참 자란 후에 글래디스는 노마 진에게 자기가 엄마라고 알려주었고, 그 말을 들은 노마 진은 충격을 받았다.

노마 진이 일곱 살 때 볼렌더 부부의 집에 작은 강아지가 들어와 같이 살게 됐다. 노마 진은 그 강아지를 너무 좋아해서 이름을 티피(Tippy)라고 짓고 하루 종일 같이 놀았다. 티피는 노마 진이 밖에 나가면 따라 나오는 등 노마 진의 가장 친한 친구였다. 하지만 노마 진이 학교에 가고 없을 때 이웃집 마당에 들어가서 짖다가 그 집 주인이 쏜 엽

총에 맞아 죽었다.

티피의 죽음은 노마 진에게 큰 충격이며 슬픔이었다. 노마 진이 티피의 죽음에 너무 슬퍼해서 볼렌더 부부가 놀랄 정도였다. 볼렌더 집으로 노마 진을 만나러 온 글래디스는 깊은 슬픔에 빠진 노마 진을 보고 이제는 노마 진을 자기가 데리고 살아야겠다고 생각했다.

볼렌더 부부는 과연 글래디스가 노마 진을 데려가서 잘 키울 수 있을지 의심스러웠으나 자기 딸을 데려가겠다고 하는데 못하게 할 방법은 없었다. 태어난 후 계속 볼렌더 부부의 집에서 살아온 노마 진은 어머니라는 사람이 자기를 데려가겠다고 하자 몹시 불안해했다. 1933년 6월, 글래디스가 볼렌더 부부의 집에 와서 노마 진의 옷가지 등을 트렁크에 넣고 데려가려고 하자 노마 진은 옷장 속에 숨어서 나오려 하지 않았다.

글래디스는 노마 진을 자기가 사는 작은 아파트로 데리고 갔다. 할리우드 야외음악당 근처에 있는 글래디스의 아파트는 그녀가 일하는 회사와 가까웠으나 너무 작아서 모녀가 살기에도 비좁았다. 그러던 중 어느 날 글래디스는 잘생긴 남자 사진을 노마 진에게 보여주면서 사진 속의 남자가 아버지라고 알려주었다. 그 남자는 노마 진의 친아버지인 찰스 기포드였다. 노마 진은 눈매가 날카롭고 얇은 콧수염을 하고 트렌치코트 깃을 올려세운 멋있는 남자가 자신의 친아버지라는 말을 듣고 아버지의 신비스러움에 빠져들었다. 노마 진의 이러한 감정은 평생을 두고 계속됐다.

개방적이었던 두 번째 위탁가정

아침부터 일해야 하는 글래디스에게 노마 진을 돌보는 일은 너무 벅찼다. 도저히 감당하기가 어렵다고 생각한 글래디스는 친구이자 어려운 일이 있을 때마다 멘토가 되어주는 그레이스 맥키에게 자문을 구했다. 그레이스는 아파트가 너무 작아서 문제라며 보다 큰 집을 구해보라고 했다. 글래디스는 그레이스의 의견에 따라 보다 큰 집을 구하기로 했다. 그리고 집을 구하기까지 노마 진을 다른 집에 맡겨야 했다. 그레이스는 영화배우가 되고자 할리우드에 와서 일하면서 연기 수업을 받는 영국인 앳킨스 부부를 떠올렸다. 조지 앳킨스(George Atkins)와 부인 모드 앳킨스(Maude Atkins)는 어린 딸 넬리와 함께 살았는데, 부업을 하며 배우의 꿈을 키우고 있었다. 앳킨스 부부는 노마 진을 기꺼이 맡아주기로 했다.

젊고 개방적인 앳킨스 부부는 볼렌더 부부와는 달리 집에서 술을 마시고 카드놀이를 하며 즐겁게 웃는 유쾌한 사람들이었다. 이런 개방적인 분위기를 처음 알게 된 노마 진은 새로운 세상을 보는 것 같았다. 노마 진은 처음으로 사람들이 모여서 즐겁게 사는 모습을 보았고, 앳킨스 부부가 자신을 친절하게 대하는 데 대해 놀랐다. 노마 진이 앳킨스 부부 집에서 생활하는 동안에 글래디스는 할리우드 야외음악당 부근 아르볼 드라이브에 있는 집을 사기로 하고 선금을 치렀다.

글래디스가 산 집은 방 4개와 널찍한 거실이 있는 제법 큰 집이었다. 글래디스는 그동안 모은 돈에 뉴딜 정책으로 생긴 주택 금융회사로부터 장기 융자를 얻어서 이 집을 구매했다. 1933년 시점에서 혼자 사는 여성으로선 대단히 큰 집을 매입한 셈이었다. 글래디스는 앳킨스 부부에게 자기 집에 세(貰)를 들도록 부탁했고 앳킨스 부부는 흔쾌히 동의했다. 글래디스와 노마 진은 방 2개를 쓰고 앳킨스 부부와 넬리는 다른 방 2개를 쓰고 거실 등 다른 공간은 같이 사용하기로 했다.

글래디스는 집에 필요한 가구를 중고 경매장에서 장만했다. 그때 글래디스는 영화배우 프레드릭 마치(Fredric March)가 쓰던 베이비 그랜드 피아노를 샀다. 큰 집을 사고 가구를 들여놓는 일은 글래디스에겐 적잖은 부담이 됐다. 게다가 몇 가지 좋지 않은 사건이 글래디스에 충격을 주어서 불안정한 그녀의 정서를 크게 흔들었다. 첫 결혼에서 낳은 아들이 열다섯 나이로 사망했다는 소식에 이어 미주리에 살고 있던 외할아버지가 정신발작을 일으켜서 스스로 목숨을 끊었다는 소식이었다. 자신의 부모 모두 정신병동에 있는데 외할아버지마저 정신병으로 자살했음을 알게 된 글래디스는 자기도 정신병이 있을지 모른다고 생각했다.

새집으로 이사 온 지 몇 달이 안 돼 글래디스는 환각에 시달리더니 소리를 지르는 등 비정상적 행동을 하기 시작했다. 그러던 어느 날 노마 진이 앳킨스 부부와 함께 아침 식사를 하던 중 글래디스가 계단에서 굴러떨어지는 일이 발생했다. 그녀는 자해 소동을 벌였을 뿐만 아니라 소리를 지르고 이상한 웃음을 짓는 등 수상한 행동을 했다. 앳킨스 부부는 노마 진에게 다른 방으로 가 있으라고 하고 앰뷸런스를 불렀다. 글래디스는 앰뷸런스에 실려 병원에 갔고 결국에는 피해망상 조현병(paranoid schizophrenic) 진단을 받고 노웍 정신병원에 수용됐다. 글래디스가 정신병원으로 격리됨에 따라 노마 진은 그레이스 맥키가 돌봐야 했다. 그레이스는 노마 진뿐만 아니라 글래디스의 집도 관리해야 했다.

노마 진의 후견인 그레이스 맥키

그레이스 맥키는 글래디스의 집 문제를 해결하기까지는 노마 진이 앳킨스 부부와 함께 지내는 것이 최선이라고 생각했다. 하지만 앳킨스 부부는 너무 바빠서 전처럼 노마 진과 많은 시간을 보낼 수 없었다. 그들은 할리우드 스튜디오로 일하러 가면서 노마 진을 할리우드대로에 있는 두 영화관 앞에 내려놓았다. 노마 진은 영화관 앞 좌석에 앉아서 하루 종일 영화를 보고 또 보고 하는 생활을 계속했다. 노마 진은 영화 속에서의 희로애락(喜怒哀樂)을 자신의 것으로 생각하면서 시간을 보냈다.

그레이스는 원래 영화배우가 꿈이었지만 마흔이 되자 그 꿈이 이루어질 수 없음을 깨달았다. 그러면서 갈수록 예뻐지는 노마 진에게 "너는 배우가 될 수 있어"라고 말하곤 했다. 그레이스는 노마 진을 데리고 당시 최고의 여배우이던 진 할로우(Jean Harlow 1911~1937)가 나오는 영화를 보러 가기도 했다. 한 번은 진 할로우와 클라크 게이블이 함께 나오는 영화 〈레드 더스트(Red Dust)〉를 보았는데, 콧수염이 있고 잘생긴 클라크 게이블이 엄마가 아버지라고 보여준 사진 속의 남자와 닮았다고 생각했다. 그때부터 노마 진은 클라크 게이블을 좋아하게 된다.

그레이스 맥키가 법원으로부터 노마 진의 후견인으로 인정받는 데는 1년이 걸렸다. 그레이스는 글래디스의 집과 모든 재산에 대한 일체 권한을 위임받았다. 하지만 그레이스는 자신의 삶을 이어가기를 원했고, 그러려면 글래디스의 집과 노마 진의 양육 문제를 해결해야 했다. 1934년 가을, 그레이스는 글래디스의 집을 팔고 가구도 경매로 처분했다. 글래디스의 집에 살던 앳킨스 부부는 다른 집을 구해서 나갔다. 그레이스는 노마 진을 다른 위탁가정에 보내거나 아예 입양시키려고 했으나 쉬운 일이 아니었다.

1935년 봄, 그레이스는 자기보다 열 살이나 어린 잘생긴 어빈 고다드를 만나서 사랑에 빠졌고, 그해 10월에 결혼했다. 그레이스는 어쩔 수 없이 노마 진을 집으로 데려와 함께 살았다. 그런데 어느 날 밤 남편이 아홉 살의 예쁜 노마 진의 방에 들어가 잠든 노마 진에게 키스하는 모습을 목격했다. 더 이상 노마 진과 함께 살기가 어렵다고 생각한 그녀는 노마 진을 보육원에 보내기로 했다. 노마 진은 고아가 아닌데 보육원에 버려지다시피 보내진 데 대해 큰 상처를 입었으며, 보육원에 잘 적응하지 못해 힘들어했다. 노마 진은 1937년 6월까지 보육원에서 살다 그레이스의 집으로 돌아왔다.

그레이스는 노마 진의 후견인으로서 주 정부로부터 위탁가정 아동 양육비를 받고 있음에도 노마 진을 다른 위탁가정에 보낼 생각이었다. 결국 노마 진은 여러 위탁가정을 거치면서 살아야 했는데 몇 군데 위탁가정을 거쳤는지는 분명치 않다. 얼마 동안은 외숙모 올리브가 노마 진을 데리고 살기도 했다. 노마 진을 데리고 살면 그레이스로부터 돈을 받을 수 있기 때문이었다. 노마 진은 올리브와 지내던 기간에도

매우 불행하게 느꼈다. 노마 진은 함께 지내지는 못하지만 자신을 아껴
주는 그레이스를 여전히 좋아했다.

노마 진을 아꼈던 위탁모 애나 로우어

노마 진을 마음 놓고 맡길 곳을 찾지 못한 그레이스는 1937년 들
어서 LA 외곽에 살고 있는 자신의 이모인 애나 로우어(Ana Lower
1880~1948)에게 노마 진을 맡겼다. 당시 쉰일곱 살로 남편과 이혼하고
혼자 사는 애나 로우어는 남편에게 물려받은 집의 일부에 세를 놓아 그
수입으로 생활하고 있었다. 그녀는 캘리포니아주 정부가 노마 진에게
매달 지급하는 35달러 때문이 아니라 노마 진을 진심으로 사랑하고 좋
아하면서 같이 지냈다. 나중에 스타가 된 먼로는 여러 곳을 전전하면서
살아야 했던 어린 시절을 언급했는데, 그중에서 애나 로우어와 함께했
던 기간이 좋았다고 이야기한 바 있다.

노마 진이 '애나 이모(Aunt Ana)'라고 부른 애나 로우어는 당시 성행
했던 크리스천 사이언스를 열렬하게 믿었다. 크리스천 사이언스 교회
는 의료를 거부하고 자연치유를 신뢰했다. 이 시기에 노마 진은 처음으
로 생리를 했고 그 경험은 매우 고통스러웠으나 애나는 아스피린도 먹
지 못하게 했다. 열두 살이 되자 가슴이 부풀어 온 노마 진은 자신이
매우 아름답다고 생각했고, 학교를 오고 가는 동안에 남자 애들이 자기
를 쳐다보고 휘파람을 부는 경험을 했다. 노마 진이 자기에 대해 자신

감을 갖게 된 것이다.

  나중에 스타가 된 마릴린 먼로는 위탁가정에서 지내면서 성적 학대를 당했다고 밝힌 바 있다. 먼로는 할리우드의 작가인 벤 헥트(Ben Hecht)에게 구술해서 회고록《나의 이야기(My Story)》를 냈는데, 자기가 킴멜이라는 남자한테 성추행을 당했다고 밝힌 것이다. 이것이 사실이라면 먼로는 자신이 과거에 당한 성추행을 공개적으로 폭로한 최초의 유명인사인 셈이다. 이 주장을 뒷받침할 만한 증인이나 증거는 없지만 그럴 수 있다는 점에서 대체로 진실로 여겨지고 있다. 하지만 먼로가 자신의 정신적 불안정을 설명하기 위해 과장해서 이야기했을 가능성도 배제하기 어렵다.

  이 기간에 노마 진은 임신하고 출산했다는 주장도 있다. 먼로가 유명해진 후 먼로의 일상사를 돌보았던 리나 페피톤(Lena Pepitone)은 1979년에 나온 그녀의 책《마릴린 먼로의 비밀(Marilyn Monroe Confidential : An Intimate Personal Account)》에서 먼로가 열넷에서 열다섯 살 때 아이를 낳은 적이 있다고 말한 것을 직접 들었다고 증언했다. 위탁가정에 살던 중 어느 남자와 성관계를 맺은 노마 진은 임신해서 출산까지 했으며 법적 후견인인 그레이스 맥키는 병원 측과 협의해서 그 아이를 다른 부부에게 입양시켰다는 것이다.

  먼로는 아이를 다른 사람에게 보낸 데 대해 죄책감을 느꼈으며 한동안은 아이의 양부모에게 돈을 보냈다고 페피톤에게 말한 적이 있다. 먼로와 가까웠던 지니 칼멘(Jeanne Carmen)과 에이미 그린(Amy Greene)도 그런 이야기를 들었다고 밝힌 바 있다. 지니 칼멘은 먼로가 그 아이 때문에 심한 죄책감을 느끼곤 했다고 증언했다.

노마 진은 정신병원에 있는 어머니 글래디스와 간간이 연락하고 지냈다. 상태가 다소 좋아진 글래디스는 노마 진에게 자신과 첫 남편과의 사이에 두 아이를 두었으며 아들은 죽었으나 딸 버니스(Berniece)는 살아 있다고 알려주었다. 이때부터 노마 진은 결혼해서 버니스 미라클(Berniece Miracle 1919~2014)이 된 아버지가 다른 언니와 서신을 교환하며 연락하고 살았다. 노마 진은 집 가까운 곳에 있는 에머슨 중학교를 다녔다.

1941년 말, 애나 로우어는 심장이 나빠져서 더 이상 노마 진을 데리고 살 수 없었다. 결국 노마 진의 법적 후견인인 그레이스 맥키는 노마 진을 자기 집으로 데려와 함께 살기로 했다. 그레이스는 남편 고다드와 고다드가 첫 번째 결혼에서 낳은 두 딸과 함께 살고 있었다. 그중 작은 딸 엘리노어는 노마 진과 같은 나이였고 같은 학교에 다니며 둘은 사이 좋게 잘 지냈다. 하지만 이 생활도 오래가지 못했다. 고다드가 웨스트 버지니아에 있는 좋은 직장을 구했기 때문이다.

열여섯에 제임스 도허티와 결혼하다

고다드와 그레이스는 웨스트버지니아로 이사하기로 했다. 이제 열다섯 살이 된 노마 진은 어디서 살아야 하는가 하는 문제가 또 생겼다. 부부는 노마 진을 웨스트버지니아로 데리고 갈 수는 없었다. 두 아이에다 노마 진까지 데리고 멀리 이사하는 것도 어려울 뿐만 아니라 캘리포니아를 벗어나면 캘리포니아주 정부가 노마 진에게 주는 양육비가 끊기기 때문이었다. 고민 끝에 그레이스는 전과는 다른 아이디어를 떠올렸다. 노마 진은 예쁠뿐더러 제법 여자다워졌기 때문에 젊은 남자와 결혼하면 자기가 더 이상 후견인으로 걱정할 필요가 없다는 생각을 한 것이다.

문제는 어떤 남자와 결혼을 시키느냐 하는 것인데, 그레이스는 바로 이웃에 사는 에셀 도허티의 스무 살 난 아들 제임스 도허티(James Dougherty 1921~2005)를 생각해 냈다. 반 누이스 고등학교(Van Nuys High School)에서 축구팀 주장을 했고, 학년 대표를 지낸 제임스는 항공기 제조회사인 록히드사 공장에서 일하고 있었다. (제임스 도허티의 고등학교 동기생 중에는 나중에 유명한 여배우가 되는 제인 러셀이 있고, 그와 함께 록히드사 공장에서 일했던 사람 중에는 나중에 유명한 배우가 되는 로버트 밋첨이 있었다.)

그레이스는 노마 진과 제임스 도허티가 데이트하도록 했고, 노마 진과 제임스는 첫 만남부터 좋아하게 됐다. 에셀 도허티는 노마 진이 자기 아들과 결혼하지 않으면 또다시 보육원에 갈 수 있다고 생각해서 아들에게 결혼하라고 강권했다. 노마 진과 제임스 도허티는 몇 번 더 만난 후 조촐하게 결혼식을 올렸다. 열다섯에 결혼한 어머니 글래디스처럼 노마 진도 어린 나이인 열여섯에 결혼한 것이다. 반 누이스 고등학교 10학년이던 노마 진은 결혼 후 학교를 그만두었다.

제임스 도허티와 노마 진은 방이 하나 있는 작은 집을 빌려서 신혼생활을 시작했다. 노마 진은 자기 집에 사는 재미에 푹 빠져들었다. 결혼하면 성인으로 간주하기 때문에 노마 진은 처음으로 해방감을 느꼈다. 노마 진은 음식을 하는 등 집안 살림을 했고 제임스 도허티는 공장에 나가 일을 했다. 그즈음 노마 진은 어머니를 통해서 알게 된 전화번호로 아버지 찰스 기포드에 전화를 걸었다. 하지만 생부 기포드는 차갑게 끊어 버렸다.

제임스와의 결혼생활이 1년 동안 계속되자 노마 진은 지루함을 느끼게 됐다. 제임스와 노마 진 사이의 결혼생활이 어떠했냐를 두고는 나중에 의견이 갈렸다. 먼로는 나중에 벤 헥트가 대필한 회고록에서 결혼 후에도 섹스가 무엇인지 잘 몰랐다고 이야기했다. 하지만 제임스 도허티는 나중에 펴낸 회고록 《마릴린 먼로의 비밀스러운 행복(The Secret Happiness of Marilyn Monroe)》에서 먼로는 결혼한 다음 날부터 섹스에 능했으며 자기가 퇴근하고 집에 가면 거의 벗다시피 한 채 자기를 기다렸다고 썼다.

먼로는 위탁가정에서 살 때 자신의 알몸을 보여주면 돈을 주겠다는 남자에 끌려서 모텔에서 성관계를 갖고 돈을 받은 적이 있다고 가까운 사람에게 털어놓은 적이 있었다. 이처럼 노마 진은 성적(性的)으로 조숙했고 자신의 몸을 돈으로 교환할 수 있음을 일찍부터 알았다. 따라서 제임스 도허티의 회고가 더욱 진실에 가까울 것으로 여겨지고 있다.

그리고 2차 세계대전이 발발했다. 미국 상선단(U.S. Merchant Marine)

에 입대한 제임스 도허티는 LA 해안에서 50㎞ 떨어진 카탈리나섬에서 훈련을 받았다. 노마 진은 제임스가 카탈리나섬에서 훈련받을 때 함께 따라가서 새로운 곳을 구경할 수 있었다. 1944년 봄, 훈련을 마친 제임스는 전시 편제에 따라 해군에 귀속된 상선단 소속 수송선을 타고 태평양으로 향했다. 홀로 남은 노마 진은 제임스 도허티의 부모 집에 머물게 됐다. 항공기를 제작하는 군수업체에서 일하고 있던 제임스의 어머니는 노마 진이 그 회사에서 일할 수 있도록 해주었다. 이렇게 해서 노마 진은 전쟁 중 많은 미국 여성이 그러했듯이 군수업체에서 일하게 됐다.

노마 진은 군수 산업체 공장에서 주급 20달러를 받고 매일 10시간씩 일했다. 그러던 중 육군 영상부대 사진사 데이비드 코노버(David Conover)가 전방에서 싸우는 군인들의 사기를 진작시킬 목적으로 군수 산업체에서 일하는 여성 근로자를 찍기 위해 이 공장을 찾아왔다. 공장에서 일하는 여성들을 둘러본 코노버는 노마 진과 마주치고 첫눈에 반했다. 코노버는 노마 진에게 포즈를 취해 보라고 했고 노마 진은 포즈를 취하고 활짝 웃는 모습을 연출했다.

코노버가 찍은 노마 진 사진은 미 육군에서 발행하는 잡지 〈양크(Yank)〉의 1945년 6월호 표지에 나왔다. 표지에 나온 먼로의 표정은 자연스러웠고 머리카락은 원래 색인 갈색이었다. 흥미롭게도 먼로의 이 사진을 찍은 코노버의 직속 상관은 육군 영상부대 로널드 레이건 대위였다. 사진 모델로서의 가능성을 알아본 코노보는 노마 진에게 한 시간에 5달러를 벌 수 있는 사진 모델을 부업으로 해보라며 모델 에이전시를 소개해주었다. 노마 진은 횡재를 만난 듯이 좋아했고 공장 일을 그만두었다.

이렇게 해서 노마 진은 사진 모델로 데뷔를 했다. 모델 에이전시의 에멀라인 스나이블리(Emmerline Snively)는 노마 진에게는 청순하고 편안한 이웃집 여성 이미지가 있으니 이 이미지를 좀 더 부각시키기 위해 머리를 금발로 바꾸라고 했다. 스나이블리는 노마 진을 사진가 라즐로 윌린저(Lazlo Willinger)에게 보냈다. 윌린저는 카메라 앞에서 포즈를 잘 취하고 사진이 예쁘게 나오는 노마 진의 사진을 많이 찍었고 노마 진은 여러 잡지 표지에 100여 차례 등장했다.

노마 진은 태평양 전쟁에 나가 있는 남편 제임스 도허티에게 자기가 모델이 되어서 즐겁게 살고 있으며 옷이 많이 필요해서 갖고 있던 돈을 모두 썼다고 편지를 보냈다. 도허티가 탄 수송선이 부에노스아이레스에 도착해서 며칠 동안 머물 때 그는 우연히 노마 진이 표지에 나온 잡지를 보았다. 도허티는 그 잡지를 사서 배에 돌아와서 동료들한테 표지에 나온 여자가 자기 아내라고 말했으나 아무도 곧이듣지 않았다. 도허티는 이런 노마 진이 은근히 걱정되었다. 도허티는 노마 진과 전화 통화를 할 때면 자기가 LA로 돌아오면 아이를 낳고 가정을 갖자고 했다. 하지만 노마 진은 이미 다른 생각을 하고 있었다.

Marilyn Monroe
& the Kennedy Brothers

배우 마릴린 먼로의 탄생

2

"할리우드는 당신에게 키스 한 번에 천 달러를 주고,

영혼에 대해서는 50센트를 줄 곳이에요."

할리우드에 발을 붙인 먼로는 많은 사람과 인연을 맺었다. 자기 나이와 비슷한 작가 지망생 로버트 슬래처와 사랑에 빠지며, 두 사람은 먼로가 죽기까지 두터운 우정을 나누게 된다. 또 할리우드 기사를 쓰는 〈뉴욕포스트〉 기자 시드니 스콜스키와 친하게 지냈다. 스콜스키는 먼로가 배우로 성장할 수 있도록 조언과 도움을 아끼지 않았던 진정한 친구였다. 먼로는 할리우드의 거물인 대릴 자누크와 조지프 쉔크의 도움을 받았다. 두 사람이 아니었으면 먼로는 배우로서 성공하기 어려웠을 것이다. 먼로가 매우 어려웠을 때 유명 배우 존 캐롤은 아무런 조건 없이 도움을 베풀었다. 신인 배우 때 먼로는 드라마 코치 나타샤 리테스에게 연기를, 음악 코치 프레드 카거에게 노래와 춤을 배웠다. 먼로는 나타샤 리테스와 같은 아파트에서 머물 정도로 가까웠으며, 음악 코치 프레드 카거를 사랑해 청혼까지 했으나 두 사람은 인연을 맺지는 못했다.

먼로는 뉴욕의 의류사업가 헨리 로젠펠드를 알게 돼서 죽는 날까지 교류를 이어갔다. 먼로가 20세기 폭스와 전속계약을 맺게 되는 데는 자니 하이드의 역할이 결정적이었다. 할리우드의 유력한 에이전시였던 하이드는 가정을 깨고 얼마 남지 않은 인생을 먼로와 결혼해서 함께 지내려고 했으나 먼로는 이를 거절했다.

마릴린 먼로의 가능성을 알아본 벤 리언

노마 진이 잡지 표지에 자주 나오자 20세기 폭스(20th Century-Fox)의 캐스팅 에이전트인 벤 리언(Ben Lyon 1901~1979)은 노마 진을 불러 스크린 테스트를 해보았다. 벤 리언은 이때 메이크업 전문가인 화이티 스나이더(A. Whitey Snyder 1914~1994)에게 노마 진의 매력을 살릴 수 있는 메이크업을 하도록 했다. 벤 리언은 노마 진에게 다양한 포즈와 함께 여러 동작을 취하도록 했는데 노마 진의 미모와 매력적인 걸음걸이에 반했다. 그는 테스트 결과를 제작부장 대릴 자누크에 갖고 갔고, 자누크는 채용을 결정했다. 이렇게 해서 노마 진은 6개월 동안 매주 75달러를 받고, 성과를 보아서 연장할 수 있는 계약을 20세기 폭스와 체결하기로 했다.

이즈음 웨스트버지니아로 이사했던 그레이스 맥키 부부가 다시 LA로 돌아왔다. 노마 진은 아직 스물한 살이 되지 않아서 계약을 체결할 때는 후견인 서명이 필요했던 터라 그레이스의 도움이 필요했다. 1946

년 8월, 노마 진은 그레이스와 함께 20세기 폭스 사무실에 가서 계약서에 서명했다. 배우를 꿈꾸었던 그레이스는 자신은 꿈을 이루지 못했으나 자기가 돌봐 준 노마 진이 배우로 첫 출발을 하게 되자 여러 생각이 떠올랐다. 하지만 남편과의 관계가 나빠진 그레이스는 술을 많이 마시게 되어 건강을 해쳤다.

노마 진과 계약을 추진한 20세기 폭스의 벤 리언은 이미지 변신을 위해 이름을 바꾸자고 했다. '노마 진 도허티'는 스타에 어울리는 이름이 아니라면서 새 이름을 만들어야 한다고 했다. 벤 리언은 '마릴린(Marilyn)'이라는 이름을 제안했고, 노마 진은 아름다운 이름이라면서 그 자리에서 동의했다. 그러면서 성(姓)은 자신과 관련되어야 한다면서 어머니 글래디스의 결혼 전 성(姓)인 '먼로(Monroe)'로 하자고 했다. 이렇게 해서 '마릴린 먼로(Marilyn Monroe)'가 탄생했다.

남편 제임스 도허티는 아직도 미국 상선단에서 복무 중이었다. 그가 탄 배가 중국의 양쯔강에 머물고 있을 때 제임스는 노마 진의 변호사가 보낸 이혼 서류를 우편으로 받았다. 얼마 후 LA로 돌아온 제임스는 노마 진을 설득하려 했으나 그녀는 더 이상 그가 알던 노마 진이 아니었다. 1946년 6월 1일, 먼로는 네바다주 이혼법에 따라 네바다 거주 요건을 채우기 위해 라스베이거스에 머물면서 스무 번째 생일을 맞았고 이혼 절차를 마무리했다.

먼로와 이혼한 제임스 도허티는 이듬해 다른 여자와 결혼했고 1949년에는 LA 경찰국(LAPD) 경찰관이 됐다. 범죄를 수사하는 형사로 진급한 그는 SWAT(특수 전술팀) 창설에 역할을 했다. 두 번째 부인과의 사이에 세 자녀를 둔 도허티는 1974년에 세 번째 부인과 결혼하고 메인주(州)로 이사해서 카운티 위원을 지내고 은퇴했다. 그는 먼로와의 삶에 관한 책을 두 권 펴냈고, 먼로에 관한 다큐멘터리 프로그램에도 출연했다.

한편, 그즈음 먼로의 어머니 글래디스는 정신병원을 나와서 오리건주에 있는 이모 집에 머물고 있었다. 글래디스는 먼로에게 편지를 써서 LA로 돌아가고 싶다고 밝혔다. 먼로는 애나 이모가 살고 있는 아파트의 방 두 개를 빌려서 어머니와 같이 살기 시작했다. 가족이 너무 그리웠던 먼로는 어머니와 함께 살아보려고 노력했으나 그것이 불가능함이 곧 드러났다. 글래디스는 먼로를 남 보듯이 했고, 이상하게 간호사 복장을 하고 크리스천 사이언스에만 집착했다. 글래디스가 먼저 먼로와 같이 살 수 없다고 느꼈고, 결국 글래디스는 오리건으로 다시 돌아갔다. 그 후 먼로에게 어머니란 존재하지만 존재하지 않는 유령 같았다.

이 시기에 아버지가 다른 언니 버니스 미라클이 남편과 딸을 데리고 LA를 방문해서 먼로를 만났다. 버니스와 먼로는 편지만 주고받다가 처음으로 만나서 무척 반가워했다. 이들은 한동안 애나 이모의 아파트에서 먼로와 함께 지냈고, 먼로는 더없이 행복해했다. 먼로는 버니스에게 LA로 이사 오라고 했으나 그럴 수가 없었다.

무명 시절에 만난 로버트 슬래처

20세기 폭스에 캐스팅될 즈음인 1946년, 먼로는 일생을 두고 가까이 지내게 되는 로버트 슬래처(Robert Slatzer 1927~2005)를 알게 됐다. 먼로보다 한 살 아래인 로버트 슬래처는 할리우드에 관한 기사를 쓰기 위해 오하이오에서 LA로 온 지 얼마 되지 않아서 먼로를 만났다. 슬래처는 20세기 폭스 스튜디오 부근에서 월터 휘트먼 시집(詩集)을 읽으면서 어떤 배우든 만나서 인터뷰를 하고자 했다. 그때 슬래처는 20세기 폭스 건물에서 커다란 스크랩 북을 들고 큰 유리문을 밀고 나오는 젊은 여자를 보았다. 그런데 그 여자는 하이힐이 무엇에 걸렸는지 넘어지고 스크랩 북에서 사진들이 흘러나와서 바닥에 떨어졌다.

슬래처는 뛰어가서 바닥에 흩어진 사진들을 모아서 그 여인에게 전하면서 자기를 소개했다. 그러자 그 젊은 여자는 자기의 이름은 노마 진이며 배우 지망생이라고 밝혔다. 스무 살이란 꽃다운 나이의 노마 진과 열아홉 살이란 풋풋한 소년티가 나는 슬래처는 데이트를 하기로 했다. 다음 날 슬래처는 낡은 자동차를 빌려서 먼로를 태우고 태평양 해안도로를 드라이브하고 말리부에서 저녁을 같이 먹었다. 이렇게 해서 두 사람은 연인 관계로 발전했다.

20세기 폭스와 계약을 체결한 후에 먼로는 여러 남자 친구와 사귀었는데, 그중에 토미 잔(Tommy Zahn)이란 건장하고 잘생긴 파도타기 선수가 있었다. 그는 LA의 비치에서 근육질 육체를 자랑하면서 인명 구조원으로 일하기도 했다. 배우를 꿈꾸면서 20세기 폭스 영화에 단역으로 출연하고 있던 토미 잔은 먼로 이외에도 여러 여자를 사귀었는데, 그중 대릴린 자누크(Darrylin Zanuck 1931~2015)가 있었다. 대릴린은 20세기 폭스의 제장부장인 대릴 자누크의 딸이었다.

배우의 길로 이끌어준 대릴 자누크

20세기 미국 영화산업에서 가장 중요한 인물을 한 사람만 든다면 바로 대릴 자누크(Darryl F. Zanuck 1902~1979)이다. 그는 20세기 폭스를 이끌면서 먼로가 배우의 길을 갈 수 있게 해주었다. 또 먼로가 1962년 7월 20세기 폭스로부터 해고당하고 난 후에 다시 20세기 폭스와 계약을 맺게 되는 데 결정적인 역할을 하게 된다.

자누크는 이처럼 먼로의 일생에 큰 영향을 미쳤으나 먼로를 연기자로서 높이 평가하지는 않았다. 자누크는 먼로가 촬영 현장에서 감독을 제쳐 놓고 자신의 연기 코치에게 의견을 묻고 그 지시를 따르는 것을 특히 좋아하지 않았다. 자누크는 영화 촬영은 감독의 책임하에 진행되어야 하며, 먼로가 자신감이 부족해서 드라마 코치에게 의존한다고 생각했다.

대릴 자누크는 1902년에 네브래스카의 작은 마을에서 태어났다. 여섯 살 때 어머니와 함께 LA로 이사했고, 압제적인 아버지를 피해서 열다섯 살 때 나이를 속이고 입대해서 1차 세계대전에 참전했다. LA로 돌아온 자누크는 영화 극작가가 되기 위해 노력했고, 그의 가능성을 알아본 워너브라더스(Warner Brothers) 영화사는 1924년에 그를 작가로 채용했다. 자누크는 영화 스토리 구성과 대본 작성에 탁월한 능력을 보여 워너브라더스의 제작국장 자리에 오르지만, 사주(社主)인 잭 워너(Jack Warner 1892~1978)와의 불화로 1933년에 회사를 그만두었다.

젊은 나이이지만 영화제작의 귀재(鬼才)로 인정받은 자누크는 프로듀서 출신으로 유나이티드 아티스트(United Artists) 사장을 맡고 있던 조지프 쉔크(Joseph Schenck 1876~1961) 등과 함께 20세기 픽처스(20th Century Pictures)를 만들었다. 쉔크는 새 회사의 사장, 자누크는 제작 담당 부사장을 맡았으며 이들은 영화를 제작해서 영화 배급사 유나이티드 아티스트에 공급하기로 했다. 대릴 자누크의 능력에 힘입어 20세기 픽처스는 성공적인 영화를 연거푸 만들었다. 하지만 얼마 후 20세기 픽처스는 유나이티드 아티스트와 분쟁에 휘말려 곤란을 겪게 됐다.

그러자 조지프 쉔크와 자누크는 대공황을 앞두고 무리한 경영으로 파산에 이른 폭스 영화사(Fox Film Corporation)를 인수해서 20세기 폭스(20th Century-Fox Film Co.)를 발족하고 유나이티드 아티스트로부터 독립했다. 폭스 영화사는 일찍이 영화산업에 뛰어든 윌리엄 폭스(William Fox 1879~1952)가 1915년에 세운 회사로, 1929년 대공황으로 폭스가 전 재산을 상실하자 프로듀서로 성공한 스피로스 스쿠라스(Spyros Skouras 1893~1971) 등이 인수해서 경영하고 있었다.

이렇게 해서 1935년 5월에 탄생한 20세기 폭스에서 조지프 쉔크는 이사회 회장, 스피로스 스쿠라스는 사장, 대릴 자누크는 부사장을 맡았다. 당시 쉔크는 58세, 스쿠라스는 42세, 자누크는 32세였다. 자누크는 영화 스토리 구상부터 대본과 영상에 이르는 전 과정을 직접 이끌어가는 카리스마 넘치는 영화 제작자이며 경영자로 20세기 폭스가 만드는 모든 영화를 직접 지휘했다.

대릴 자누크는 2차 세계대전 중 잠시 육군에 입대했던 기간을 제외하곤 1956년까지 20세기 폭스의 영화제작을 이끌었다. 자누크는 영화사에 길이 남을 영화를 기획하고 나중에 할리우드를 주름잡게 되는 배우들을 발굴했으며 시네마스코프를 도입하는 등 미국 영화산업에 큰 영향을 미쳤다. 1950년대 전반기는 20세기 폭스와 자누크의 최전성기였으며 동시에 마릴린 먼로의 전성기이기도 했다.

1956년 3월, 자누크는 20세기 폭스의 제작과 경영에서 손을 뗀다고 발표했다. 그는 20세기 폭스와 컨설턴트 계약을 맺고 영화를 독자적으로 제작해서 20세기 폭스에 공급하기로 하고 유럽으로 떠났다. 그는 할리우드 제작사가 키운 배우들이 오히려 제작사에 대해 우월적인 지위를 누리는 현상을 못마땅하게 여겼다.

그가 미국을 떠나기로 한 데는 사적 이유도 있었다. 젊은 여배우들과의 관계가 많아서 오래전부터 부인 버지니아와 소원해졌으나 두 사람은 구태여 이혼할 생각이 없었다. 파리에 혼자 도착한 자누크는 젊은 여인들과 순차적으로 동거하기 시작했다. 유럽에 머물면서 자누크는 노르망디 상륙작전을 그린 책《가장 긴 날(The Longest Day)》을 읽고 이를 영화로 만들기로 했다. 자누크가 직접 지휘해서 제작한 영화 〈사상(史上) 최대의 작전(The Longest Day)〉은 미국은 물론이고 유럽에서도 크게 히트를 했다. 이를 기반으로 자누크는 20세기 폭스에 사장으로 컴백하며 아들 리차드 자누크를 제작부장으로 임명했다. 하지만 그는 점차 아들과 사이가 멀어지며 1970년에 그의 부인 버지니아가 아들 편을 들어서 아들이 이사회를 장악함에 따라 자누크는 이사회 회장에서 물러나야만 했다. 그는 그 후 건강이 점차 나빠져 1979년에 사망했다.

뉴욕포스트 기자 시드니 스콜스키

1946년 여름, 20세기 폭스의 전속 배우가 된 먼로는 할리우드를 취재하는 기자들을 많이 만났다. 그러면서 언론의 중요성을 알게 됐다. 먼로는 우연한 계기로 뉴욕포스트의 할리우드 담당 기자 시드니 스콜스키(Sydney Skolsky 1905~1983)를 알게 됐다. 스콜스키는 일찍이 LA에 자리 잡고 할리우드 소식을 동부 신문에 써오고 있었다. 키가 작고 검은 뿔테 안경을 쓰고 꾸겨진 양복을 입고 다녔지만 스콜스키는 영향력이 있는 기자였다. 먼로는 스콜스키에게 자기가 자라온 과정을 이야기해 주었고, 스콜스키는 그런 먼로를 좋아했다. 스콜스키는 먼로에 대해 많은 충고를 해 주는 친구이자 조언자가 됐다.

먼로는 20세기 폭스에서 영화 몇 편에 단역으로 출연했으나 계약은 1947년 8월에 끝나버렸다. 20세기 폭스가 먼로와 계약을 더 이상 연장하지 않은 이유는 토미 잔 때문이라고 보기도 한다. 자기 딸을 제쳐놓고 먼로에게 빠진 토미 잔을 싫어한 대릴 자누크가 토미 잔과 먼로의 계약 연장을 모두 거부했다는 것이다. 이와는 다른 설명도 있다. 당시 할리우드에서 여자 배우로 성공하기 위해서 해야 했던 일을 먼로는 하지 않아서 그렇게 됐다는 것이다. 먼로를 사진 모델로 본격적으로 데뷔시킨 모델 에이전시의 에멀라인 스나이블리는 모델 지망생을 할리우드 실력자들에게 에스코트 서비스로 내보내는 사업도 했는데, 먼로는 그 일을 하지 않아서 계약 갱신에 실패했다는 것이다.

고정 수입이 끊긴 먼로는 다시 사진 모델 일을 해서 돈을 벌어야만 했다. 모델 수입이 끊어지면 매우 궁핍한 생활을 했지만, 먼로는 배우가 되기 위한 노력은 포기하지 않았다. 먼로는 모리스 카르노보스키와 그의 부인이 운영하는 '액터스 랩(Actors' Lab)'이란 연기 학원에도 계속 나갔다.

카르노보스키 부부는 1950년대 들어서 하원 비미(非美)활동조사위원회에 의해 공산주의자로 규정되기도 했다. 먼로는 특별한 정치적 성향을 갖고 있지는 않았으나 불우한 환경에서 자랐기 때문에 어렵게 살아가는 보통 사람들에게 동정적이었다. 매우 힘들었던 이 시기에 먼로는 콜걸로서 돈을 벌었을 것이라는 추측이 있으며, 실제로 먼로는 가까운 사람들에게 그런 이야기를 했다고 전해진다.

이 기간에 먼로는 점심 사 먹을 돈도 없었다. 싸구려 커피숍에 앉아 있다가 점심을 사주겠다는 남자를 만나면 그와 함께 한 끼를 해결하곤 했다. 그때 먼로는 선셋대로(Sunset Boulevard)에 있는 스왑 드럭스토어 (Schwab Drugstore) 커피숍에서 많은 시간을 보냈다. 그 커피숍에는 영화에 출연하고자 하는 실직한 배우들이 많이 들렀으며, 시드니 스콜스키 기자도 자주 들러서 사람을 만나곤 했다. 먼로의 딱한 사정을 아는 스콜스키는 먼로에게 점심을 자주 사주었고 할리우드의 서점에서 먼로가 신용으로 책을 살 수 있게 도와주었다.

고등학교를 졸업하지 못했으나 책을 좋아한 먼로는 랠프 에머슨, 제임스 조이스 등을 좋아했다. 먼로는 링컨의 전기를 읽고 링컨을 너무 좋아한 나머지 링컨의 초상화를 구해서 자신의 침대에서 잘 보이는 곳에 걸어 놓을 정도였다.

조건 없이 손을 잡아준 존 캐롤

1947년 늦가을, 먼로는 영화배우 존 캐롤(John Carroll 1906~1979)을 알게 됐다. 할리우드에 실망한 먼로는 LA를 떠나고 싶었는지 가방에 옷과 소지품을 구겨 넣고 샌프란시스코로 히치하이크를 하려다가 존 캐롤을 만났다. 그는 이미 유명한 배우였고, 그의 부인 루실 라이먼(Lucille Ryman Carroll 1906~2002)은 MGM 스튜디오의 캐스팅 국장이었다. 말하자면, 캐롤 부부는 할리우드에서 상당한 영향력을 가지고 있는 인물이었다.

캐롤 부부는 먼로의 아파트 월세를 대신 내주고 먼로에게 정기적으로 용돈을 주었으며 자기들이 사는 큰 아파트에 들어와서 살도록 했다. 캐롤 부부가 무슨 이유에서 먼로를 자기들 아파트에 들어와서 살게 했는지, 세 사람의 관계가 어떠했는지는 분명치 않다. 몇 달 후에 먼로는 이들의 아파트를 나왔고 캐롤 부부는 먼로가 다른 아파트에서 살도록 6개월분 월세 300달러를 미리 내주었다.

이런 우여곡절을 겪으면서 먼로는 할리우드에서 살아남는 방법을 터득했다. 할리우드에서 여자가 성공하기 위해선 자신의 몸을 가꾸고 그 몸을 할리우드를 장악하고 있는 남자들에게 아낌없이 던져야 함을 깨달았다. 먼로는 자신의 몸, 특히 봉긋하게 높이 솟아 있는 가슴이 자신의 최고 상품임을 알았다. 먼로는 잠자리에 들 때는 꽉 조여드는 브래지어를 해서 가슴이 솟아오르도록 했고 낮에는 브래지어를 하지 않아서 남자들의 눈길을 끌었다.

할리우드 최고의 거물 조지프 쉔크

1948년 들어서 먼로는 20세기 폭스 회장인 조지프 쉔크가 여는 연회에 참석하기 시작했다. 당시 일흔 살이 넘은 쉔크는 20세기 픽처스와 폭스 영화사를 합병시켜서 20세기 폭스를 탄생시킨 할리우드의 최고 거물이었다. 쉔크는 스타로 성장할 만한 여배우를 보는 안목이 있었다. 먼로를 좋아한 쉔크는 자기가 참석하는 파티에 먼로가 오도록 했고, 파티가 끝나면 선셋대로 부근에 있는 르네상스 양식의 자신의 대저택으로 불러서 밤을 보내곤 했다.

쉔크는 젊은 여자들을 수시로 자기 저택으로 불러 섹스 파티를 즐겼다. 쉔크는 먼로를 특별하게 생각해서 저택의 별채 건물에서 지내도록 해주었다. 이렇게 해서 한동안 먼로는 그의 저택에서 살았다. 먼로는 자기보다 쉰 살 많은 노인이 필요로 하면 언제든지 그를 성적으로 만족시키는 생활을 하면서 지냈다. 그러면서도 먼로는 할리우드 스튜디오 부근에 있는 값싸고 작은 숙소를 비우지 않았다. 그것은 먼로의 자존심이기도 했다.

먼로의 봉사에 만족한 조지프 쉔크는 컬럼비아 픽처스(Columbia Pictures)에 특별히 부탁해서 먼로가 컬럼비아와 6개월 계약을 맺도록 해주었다. 컬럼비아 픽처스는 먼로에게 주급 75달러를 주기로 했다. 그 금액은 먼로가 20세기 폭스에서 받던 급여와 같았다. 컬럼비아 픽처스에서 먼로는 드라마 코치 나타샤 리테스(Natasha Lytess 1911~1963)와 친해졌으며 음악 감독 프레드 카거(Fred Karger 1916~1979)와도 깊이 사귀게 된다. 두 사람은 먼로와 각별한 관계가 되며 먼로의 일생에서 중요한 역할을 하게 된다.

연기 코치 나타샤 리테스

나치의 박해를 피해 독일에서 미국으로 건너온 나타샤 리테스는 할리우드에서 배우가 되고자 했으나 독일 악센트와 외모 때문에 성공하지 못하고 컬럼비아 픽처스에서 연기 코치를 하고 있었다. 리테스는 남편과 이혼한 후 어린 딸과 함께 살고 있었다. 조지프 쉥크로부터 먼로를 맡아달라는 부탁을 받은 컬럼비아 픽처스는 리테스를 먼로의 연기 코치로 붙여 주었고, 이렇게 해서 리테스는 먼로와 인연을 맺게 됐다.

그러나 처음부터 둘의 사이가 친밀했던 것은 아니다. 어느 날 먼로는 애나 이모라고 불렀던 애나 로우어가 사망했다는 소식을 접하고 크게 슬퍼했다. 이때 리테스가 먼로 곁에 있어 주었다. 이를 계기로 먼로는 마음의 문을 열고 자기의 삶에 대해 리테스에게 이야기하게 되었고 그후 두 여인은 매우 가까워졌다.

두 사람은 아파트에 같이 살기도 해서 동성애 관계였다는 소문마저 돌았다. 먼로는 공식적으로 이런 소문을 부인했으나 그 시기에 먼로와 가까이 지낸 사람들은 그것이 사실이라고 보았다. 먼로를 잘 알고 아꼈던 시드니 스콜스키도 그것이 사실이라고 인정한 바 있다. 심리적으로 취약한 먼로는 누군가의 보호가 필요했으며 먼로보다 열네 살 많은 리테스가 그런 역할을 했을 것이라고 본 것이다.

노래와 춤을 가르쳐준 프레드 카거

컬럼비아 픽처스는 먼로를 〈숙녀들의 합창(Ladies of the Chorus)〉이라는 뮤지컬 로맨스 영화에 조연으로 출연시키기로 했다. 이 영화에는 노래하고 춤추는 장면이 많아 영화사는 음악을 책임지고 있는 프레드 카거로 하여금 먼로에게 노래와 춤을 가르치도록 했다. 먼로보다 열 살이 많고 결혼생활이 파경에 있던 카거는 먼로에게 노래와 춤을 가르치면서 친해졌다. 카거는 피아노를 치고 먼로는 노래 부르며 춤을 추는 등 나중에 먼로가 노래와 춤으로 두각을 나타내게 되는 토대를 만들어 주었다.

카거는 먼로를 자기 집으로 초대했는데, 먼로는 카거의 어머니 앤(Ann Karger)과도 친해졌다. 카거의 집에는 카거의 어머니와 카거의 동생, 카거의 두 아이로 북적거렸다. 가족이 없이 자란 먼로는 그런 분위기를 좋아했다. 카거의 어머니 앤은 먼로에게 자상했고 먼로는 그런 앤을 어머니처럼 생각했다. 먼로에게 카거 가족은 일종의 대리 가족이었다.

카거가 첫 부인과 정식으로 이혼하자 카거의 어머니는 카거가 먼로와 결혼하기를 원했다. 먼로도 카거에게 결혼하자고 애원했다. 하지만 아이들을 키워야 하는 카거는 먼로가 어머니 역할을 제대로 할 수 없다고 보고 먼로의 청혼을 받아들이지 않았다. 여하튼 프레드 카거와 그의 가족은 먼로가 어려웠을 때 먼로를 도와준 은인이었다. 카거는 먼로가 진정으로 사랑했던 첫 남자였으나 카거가 먼로의 청혼을 거절해서 먼로는 큰 상처를 입었다. 카거는 나중에 로널드 레이건의 첫 부인이었던 배우 제인 와이먼(Jane Wyman 1917~2007)과 결혼했다.

먼로와 컬럼비아 픽처스의 계약은 1948년 9월로 끝나게 돼 있었고, 컬럼비아는 계약 갱신을 거부했다. 그 때문에 먼로는 자기가 나오는 영화 〈숙녀들의 합창〉을 카거 가족과 함께 영화관에서 보았다. 적은 예산으로 만든 B급 영화인 〈숙녀들의 합창〉은 흥행에 실패해서 영화관에서 사라졌다. 그러나 먼로는 컬럼비아와의 계약이 갱신되지 않은 이유는 흥행 성적이 아닌 다른 곳에 있다고 생각했다. 컬럼비아 픽처스 대표인 해리 콘(Harry Kohn 1891~1958)이 자기에게 섹스를 요구했으나 자기가 거부해서 계약이 갱신되지 않았다고 생각했다. 해리 콘은 당시 기준으로도 여성 연기자에 대해 악명이 높았기 때문에 이런 해석은 진실에 가까운 것으로 여겨지고 있다.

1949년 초, 컬럼비아 픽처스에서 해고되고 프레드 카거와도 멀어진 먼로는 경제적으로 매우 궁핍했다. 먼로는 생활비를 벌기 위해 누드 사진을 찍었고, 이때 찍은 먼로의 누드 사진은 나중에 〈플레이보이〉 창간호에 실리게 된다.

젊은 부호 헨리 로젠펠드

먼로는 또다시 스왑 드럭스토어 커피숍에 자주 나갔다. 그곳에서 먼로는 막스 브라더스(Marx Brothers)가 〈러브 해피(Love Happy)〉라는 영화

속 걷는 장면에 나올 여배우를 구한다는 광고를 보았다. 먼로는 독특하게 걷는 습관이 있었는데 그 뒷모습이 섹시해 보여서 이를 유심하게 관찰한 기자의 도움으로 이 영화에 출연하게 됐다. 비록 영화 속에서 먼로의 역할은 작았지만 영화사는 홍보를 위해 먼로를 뉴욕으로 보냈고 이렇게 해서 먼로는 뉴욕을 처음 구경할 수 있었다.

맨해튼에서 열린 영화 홍보 모임에서 먼로는 젊은 부호 헨리 로젠펠드(Henry Rosenfeld 1911~1986)를 만났다. 뉴욕에 체류하는 동안 먼로는 로젠펠드와 동거했던 것으로 알려졌다. 헨리 로젠펠드는 중저가 패션으로 성공한 의류사업가였다. 먼로는 그 후 죽을 때까지 로젠펠드와 가까이 지내게 된다.

마지막 삶을 먼로와 함께하고 싶어 한 자니 하이드

LA로 돌아온 먼로는 팜 스프링스의 어느 저택에서 열린 파티에서 그녀의 일생을 결정짓게 될 중년 남성을 만나게 된다. 그는 자니 하이드(Johnny Hyde 1895~1950)였다. 하이드는 유명한 에이전시를 운영하면서 배우를 발굴하고 또 배우를 대리해서 출연 교섭을 하는 등 큰 영향력을 행사하고 있었다. 하이드는 먼로의 성장 가능성을 알아보고, 먼로에게 턱 부분을 약간 손보는 성형수술을 하도록 해주었다. 그리고 MGM 영화사가 제작하는 〈아스팔트 정글〉과 20세기 폭스가 제작하는 〈이브의 모든 것〉에 출연하도록 도와주었다.

〈아스팔트 정글〉은 존 휴스턴(John Huston 1906~1987)이 감독한 영화로, 마릴린 먼로의 배역과 연기가 돋보인 영화였다. 이 영화에서 먼로가 맡은 배역은 조연이어서 나오는 장면은 길지 않았지만 먼로가 배우로 부각되는 계기가 됐다. 먼로는 나타샤 리테스와 함께 열심히 연기를 준비했고, 존 휴스턴 감독은 먼로의 연기가 좋았다고 평가했다. 〈아스팔트 정글〉은 문제작으로 좋은 평가를 받았고 흥행에도 성공했다. 존 휴스턴은 클라크 게이블과 먼로의 마지막 영화인 〈미스핏(The Misfits)〉을 감독했으며, 1970년대 문제작인 〈차이나타운(Chinatown)〉에는 배우로 나왔다.

두 영화의 성공에 힘입어서 자니 하이드는 먼로로 하여금 20세기 폭스와 7년 계약을 맺도록 해주었다. 계약 첫해에는 20세기 폭스가 먼로에게 매주 500달러를 지급하며 계약을 갱신하면 두 번째 해에는 매주 750달러를, 세 번째 해에는 1250달러, 네 번째 해에는 1500달러, 마지막 해인 1957년까지 갱신하면 그해에는 3500달러를 받을 수 있도록 했다.

자니 하이드와 먼로와의 관계는 이것이 전부가 아니었다. 먼로를 영화에 출연시키고 돌보면서 하이드는 자기보다 서른한 살이나 어린 먼로를 사랑하게 됐다. 하이드는 베벌리 힐스에 집을 빌려서 먼로가 혼자 살도록 해주었다. 하이드는 건강이 매우 좋지 않아서 자기가 오래 살지 못함을 알고 있었다. 20년 결혼생활을 통해서 장성한 자식들이 있음에도 하이드는 부인과 이혼하고 먼로와 결혼하고자 했다. 자기가 죽어가고 있음을 알고 있는 하이드는 마지막으로 먼로와 함께하고 싶어서 여러 차례 청혼했으나 먼로는 거절했다. 그런데도 하이드는 자기 유산의 1/3을 먼로에게 주도록 유언장을 고치려고 했다.

하이드가 유언장을 고치기 전인 12월 16일, 하이드는 팜 스프링스 저택에 머물고 있었고 먼로는 나타샤 리테스와 함께 멕시코 티후아나에서 휴가를 즐기고 있었다. 그다음 날 하이드는 심장마비를 일으켜서 병원에 입원했다. 먼로는 급히 병원으로 갔으나 하이드의 가족은 먼로가 병실에 들어오지 못하게 했다. 12월 18일, 하이드는 사망했다. 하이드의 자식들은 먼로에게 장례식에 오지 말라고 통보했다. 그런데도 먼로가 하이드의 장례식장에 나타나자 하이드의 자식들은 먼로에게 "가정 파괴자(homewrecker)!"라고 욕을 하며 장례식장에서 떠나라고 했다. 하지만 먼로는 하이드가 묘지에 묻히는 모습을 끝까지 지켜보면서 눈물을 흘렸다.

하이드의 장례식이 끝난 후 하이드의 유가족은 먼로에게 베벌리 힐스 집에서 나가라고 했고, 먼로는 다시 나타샤 리테스의 아파트로 옮겨야만 했다. 먼로는 자니 하이드가 가정을 버릴 정도로 자기를 사랑했으며 자기가 배우로 클 수 있도록 진정으로 자기를 도와주었음을 다시 한번 느꼈다. 그런 하이드가 세상을 떠남에 따라 먼로는 심각한 우울증에 빠져들어서 수면제를 다량으로 먹었으나 나타샤 리테스에 의해 발견돼서 위기를 면했다. 이 사건을 계기로 먼로는 심각한 고독에 또 다시 빠져들었다. 간신히 기력을 회복한 먼로는 작은 아파트를 구해서 혼자 살기 시작했다.

Marilyn Monroe
&
the Kennedy Brothers

먼로, 시대의 아이콘이 되다

3

"우리 모두는 별이며, 반짝일 자격이 있어요."

할리우드의 거물이던 자니 하이드가 자신이 불치병으로 죽어가고 있음을 알고 자기의 가정을 버리더라도 생(生)의 마지막 몇 달을 먼로와 같이하려고 했다는 소식은 말도 많고 소문이 무성한 할리우드에 퍼져나가서 모르는 사람이 없었다. 이런 먼로를 궁금해하는 사람이 많았는데, 엘리아 카잔(Elia Kazan 1909~2003)도 그중의 한 명이었다.

메소드 연기를 주창했던 엘리아 카잔

튀르기예(터키)에서 태어난 엘리아 카잔은 예일대학에서 드라마를 전공하고 연극배우를 하다가 연극 감독으로 명성을 쌓았다. 그는 '메소드 연기(method acting)'를 주창했고 이를 전파하기 위해 뉴욕에 '액터스 스튜디오(The Actors' Studio)'를 세웠다. 카잔은 영화 몇 편을 감독해서 1950년에 이미 이름이 나 있었다. 그 후에도 〈욕망이란 이름의 전차(A Streetcar Named Desire, 1951년)〉, 〈워터프론트(On the Waterfront, 1954년)〉, 〈에덴의 동쪽(East of Eden, 1955년)〉을 감독해 영화사에 이름을 남겼다.

인물이 수려한 카잔은 대학 때 만난 극작가 몰리 대처(Molly Thatcher Kazan 1906~1963)와 결혼해서 아이 넷을 둔 유부남이었으나 소문난 바람둥이였다. 1950년 12월 말, 카잔은 친구인 극작가 아서 밀러와 함께 영화제작을 의논하러 LA를 방문했다. 아내와 아이들을 뉴욕에 두고 온 카잔에게는 할리우드의 젊은 여성들과 마음 놓고 바람을 피울 절호의 기회였다. 카잔은 친구 하먼 존스 감독이 촬영하고 있는 영화에 먼로가 나오는 것을 알고 아서 밀러와 함께 존스 감독의 스튜디오를 찾아갔다. 거기서 먼로를 만난 카잔은 먼로에게 저녁을 같이하자고 청했고, 카잔의 명성을 익히 알고 있던 먼로는 흔쾌히 수락했다. 그러면서 카잔은 아서 밀러를 먼로에게 소개했다.

먼로가 이렇게 카잔을 처음 만난 시점은 자니 하이드가 죽고 일주일 정도 지나서였다. 고등학교를 중퇴한 먼로는 자신의 학력 부족을 절감하고 책을 많이 읽어서 엘리아 카잔과 아서 밀러를 잘 알고 있었다. 두 사람 모두 먼로보다 열 살 이상 나이가 많아서 아버지 같은 연상의 유명한 남자를 좋아하는 먼로의 취향에도 어울렸다. 여자를 유혹하는 데 탁월한 능력이 있는 카잔은 얼마 후부터 호텔에서 먼로와 밤을 같이 보내기 시작했다. 하지만 카잔은 먼로 외에도 다른 여자가 또 있어서 먼로와의 관계를 각별하게 생각하지는 않았다.

엘리아 카잔은 1952년 4월 하원 비미(非美)활동조사위원회에 증인으로 소환돼서 자신이 1934~36년 미국 공산당 당원이었으며, 클리포드 오데츠(Clifford Odets 1906~1963), 모리스 카르노보스키(Morris Carnovsky 1897~1992)와 그의 부인 포에비 브랜드(Phoebe Brand 1907~2004), 폴라 밀러(Paula Miller Strasberg 1909~1966) 등 연극인 8명도 그러하다고 증언했다. 이 증언으로 인해 엘리아 카잔은 동료 연극인과 문인들로부터 배신자라는 비난을 들었다. 이를 계기로 아서 밀러도 카잔과 오랫동안 절교(絶交)했다.

카잔이 공산당원이었다고 지목한 클리포드 오데츠는 저명한 극작가로, 먼로가 나온 영화 〈밤의 충돌(Clash By Night)〉의 원작자이다. 카르노보스키 부부는 LA에서 '액터스 랩'이란 연기 학원을 운영했는데 먼로는 1947년에 이 학원에서 연기 수업을 받았다. 폴라 밀러는 리 스트라스버그(Lee Strasberg 1901~1982)와 결혼하며 스트라스버그 부부는 카잔이 뉴욕에서 운영하던 액터스 스튜디오를 인수해서 운영하게 된다.

연기력을 인정받은 영화 〈밤의 충돌〉

먼로는 〈아스팔트 정글(The Asphalt Jungle, 1950년 5월)〉에 이어 20세기 폭스가 제작한 〈이브의 모든 것(All About Eve, 1950년 10월)〉과 〈파이어볼(The Fireball, 1950년 10월)〉에 나왔고, MGM이 제작한 〈라이트 크로스(Right Cross, 1950년 11월)〉에도 단역으로 나왔다. 1951년 들어서는

MGM이 제작한 〈홈타운 스토리(Home Town Story, 1951년 5월)〉, 20세기 폭스가 제작한 〈느낀대로 젊게(As Young as You Feel, 1951년 6월)〉에 단역으로, 그리고 〈러브 네스트(Love Nest, 1951년 10월)〉에는 조연으로 나왔다. 이어서 20세기 폭스가 제작한 코미디 영화 〈법적으로 하자(Let's Make It Legal, 1951년 11월)〉에는 조연으로 나왔는데, 영화 평론가들은 주연 여배우보다 먼로의 연기가 더 좋았다고 평가했다. 먼로가 코미디 영화에 소질이 있음을 보여준 것이다.

먼로는 1952년 6월에 개봉한 〈밤의 충돌〉에서 조연으로 나와 연기자로서 좋은 평가를 얻었다. 먼로가 20세기 폭스가 아닌 다른 작은 제작사에서 만든 이 흑백영화에 출연한 것은 그녀의 친구인 시드니 스콜스키 기자의 소개 덕이다. 〈밤의 충돌〉은 캘리포니아 몬터레이의 어부와 정어리 통조림 공장 노동자 가정이 겪는 갈등을 다룬 문제작으로, 먼로는 청바지를 입은 노동자로 나온다. 이처럼 먼로는 타고난 미모에 연기와 노래 연습에 힘입어서 처음에는 단역(端役)을 하다가 점차 멜로드라마와 코미디 영화에서 조연(助演)을 맡았다. 특히 〈밤의 충돌〉 같은 문제작에서 조연을 맡는 등 배우로서의 입지를 다져가기 시작했다.

하지만 〈밤의 충돌〉을 촬영할 때부터 먼로는 촬영 시간에 자주 늦었으며, 자기 마음에 들지 않으면 몇 번이고 다시 촬영하도록 요구해서 감독과 스태프를 불편하게 만들었다. 그럼에도 불구하고 나타샤 리테스의 연기 지도에 힘입어서 먼로는 이 영화에서 진지한 역할을 잘 소화했다.

〈밤의 충돌〉 덕분에 먼로는 연기는 못하고 예쁘기만 한 존재라는 평판에서 벗어날 수 있었다. 20세기 폭스의 대릴 자누크는 먼로를 다시 보고 자기 회사가 만드는 영화에 계속 출연하도록 해주었다. 먼로는 1952년 7월부터 연말 사이에 20세기 폭스가 만든 영화 4편에 나와서 모두 호평을 받았다. 〈우리는 결혼하지 않았다(We're Not Married!, 1952년 7월)〉는 먼로가 잘 해내는 코미디 영화로 조연을 맡았다. 〈언제든지 노크하세요(Don't Bother to Knock, 1952년 7월)〉는 흥행에도 성공한 심리 스릴러인데, 자누크는 먼로가 리차드 위드마크(Richard W. Widmark 1914~2008)의 상대역인 주연 여배우로 나오게 해주었다.

〈플레이보이〉 창간호 표지를 장식한 먼로

컬럼비아 픽처스와의 계약이 끝나서 고정적 수입이 없던 시기였던 1949년, 먼로는 사진가 톰 켈리(Tom Kelley 1914~1984)로부터 50달러를 받고 누드 사진을 찍었다. 켈리는 자기가 찍은 먼로의 누드 사진 필름을 달력용으로 인쇄회사에 팔았다. 당시는 먼로의 이름이 알려지기 전이었다. 먼로 같은 젊은 여성의 누드 사진이 실린 달력은 이발소나 카센터 같은 곳에 오래도록 걸려 있곤 했다.

먼로가 누드 사진을 찍고 3년이 지나 그 누드 사진의 주인공이 먼로임이 밝혀졌다. 이 사실이 알려지자 먼로와 계약한 20세기 폭스는 곤란한 상황에 놓였다. 제작사 간부들은 고문변호사들과 회의를 소집하는 등 대책을 강구했다. 이들은 사진의 주인공이 먼로가 아니라고 부인

하는 방안, 먼로와 계약을 취소하는 방안 등을 두고 논의를 거듭했다. 그러던 중 먼로의 거짓말 기사까지 터졌다. 먼로는 자기가 고아라고 말해 왔지만 실은 고아가 아니라 어머니가 있다는 기사였다. 엎친 데 덮친 격으로 사태는 더욱 심각해졌다.

당시 먼로는 〈밤의 충돌〉을 촬영하고 있었다. 제작사는 먼로를 배역에서 빼고 촬영을 다시 해야 하는지를 결정해야 하는 상황에 봉착했다. 이 소식을 들은 먼로는 이 난관을 어떻게 헤쳐나가야 할지 친구인 시드니 스콜스키 기자에게 물었다. 스콜스키는 울지만 말고 정면 돌파하라고 조언했다. 당시 돈이 없어서 누드 사진을 찍었다고 솔직히 이야기하면 여론은 먼로를 지지할 것이라고 알려주었다.

먼로는 자기에게 우호적인 〈UPI(국제합동통신)〉의 여기자 얼라인 모스비(Aline Mosby 1922~1998)에게 인터뷰를 요청했다. 그러고는 자기는 거짓을 말할 수 없으니 솔직하게 말하겠다고 했다. 당시 자신은 실업 중이라서 아파트 월세를 낼 수가 없어서 50달러를 받고 누드 사진을 찍었다고 인정했다. 그러면서도 자신의 행동에 대해 후회하지 않는다고 말했다. 모스비 기자는 먼로에게 동정적인 기사를 썼고, 이로 인해 여론은 먼로에게 우호적으로 돌아섰다. 자기가 고아라고 거짓말을 했다는 기사에 대해서도 어머니가 정신병원에 있다는 사실이 알려지면 어머니가 받을 고통을 우려해서 거짓말을 했다고 인정했다.

먼로가 솔직하게 사실을 인정하자 분위기는 반전됐다. 이렇게 해서 먼로는 20세기 폭스와의 계약을 유지할 수 있었고, 자신이 연기자로서 인정받게 되는 〈밤의 충돌〉 촬영을 무사히 마칠 수 있었다.

모스비 기자의 보도로 인해 먼로의 누드 사진은 더욱 유명해져 사진뿐만 아니라 술집의 칵테일 받침대와 유리잔에도 인쇄되는 등 널리 퍼져나갔다. 먼로의 누드 사진이 여성의 누드에 대한 미국 사회의 인식을 변화시킨 것이다. 먼로에게 우호적인 기사를 쓴 모스비 기자는 그 후 여성으로서는 최초로 모스크바 주재 특파원을 지내면서 소련으로 망명한 미 해병대 출신 리 하비 오스월드를 인터뷰해서 기사를 쓴 적이 있다. 오스월드는 케네디 대통령 암살범으로 체포되어 댈러스 경찰국에서 다른 구치소로 이감하던 중 잭 루비에 의해 사살된다.

톰 켈리가 찍은 먼로의 붉은 벨벳 위의 누드 사진 등은 새로운 잡지를 출간하려는 젊은 사업가 휴 헤프너(Hugh Heffner 1926~2017)에게 500달러에 팔렸다. 휴 헤프너는 〈플레이보이〉 지(誌)의 창간호인 1953년 12월호 표지를 먼로의 사진으로 하고 센터폴드에 먼로의 누드 사진을 실었다. 〈플레이보이〉 창간호 54만 부는 단숨에 매진되는 선풍적 인기를 끌었다. 먼로의 누드 사진을 찍은 톰 켈리는 사진작가로 활동했으며 〈플레이보이〉를 위해 여성 누드 사진도 많이 찍었다. 먼로는 생시에 휴 헤프너를 만나지는 못했다. 먼로가 죽은 후 헤프너는 먼로의 옆 크립트를 7만 5000달러를 주고 사서 죽은 후에 먼로의 옆에 안치됐다.

먼로의 첫 주연작 〈언제든지 노크하세요〉

〈언제든지 노크하세요〉는 먼로가 주연으로 처음 나온 영화이며 그 장르가 심각한 심리 스릴러라는 점에서 특기할 만하다. 뉴욕의 고급 호텔에서 어느 날 저녁에 발생한 일을 다룬 이 영화에서 먼로는 정신병원에서 나와서 친척의 소개로 호텔에서 베이비시터 아르바이트를 하는 여성으로 나온다. 감독은 이 배역을 하기에 먼로가 너무 예쁘다고 난색을 보였으나 대릴 자누크의 강력 추천으로 먼로는 처음으로 주연을 맡았다.

이 영화는 정신병원에 3년 동안 있다가 나온 먼로가 호텔에서 일하는 삼촌의 소개로 호텔에서 열리는 행사에 참석하는 부유한 노부부의 아이를 돌보다가 같은 호텔에 묵고 있던 파일럿을 유혹하면서 발생한 사건을 다루고 있다. 먼로는 항공기 조종사였던 애인이 비행사고로 사망한 후 죽은 애인에 대한 환상에 빠져 자살을 시도한 적이 있는 정신질환자의 역할을 훌륭히 소화해냈다. 제작 기간이 28일에 불과한 저비용 영화였으나 흥행에 성공했고 먼로는 연기력으로도 호평을 받았다. 먼로가 정신병원에 있는 어머니 글래디스를 생각하면서 이 역할을 잘해냈을 것이라고 보기도 한다.

그리고 먼로는 코미디 영화 〈몽키 비즈니스(Monkey Business, 1952년 9월)〉에 사실상 주인공으로 나왔다. 오 헨리(O. Henry 1862~1910)의 단편 소설 5편을 영화화한 〈오 헨리의 풀 하우스(O. Henry's Full House, 1952년 10월)〉에서 먼로는 '경찰관과 축가(The Cop and the Anthem)'에 주연 여배우로 나왔다. 이렇게 해서 먼로는 할리우드 배우로서 점차 확고한 위치를 차지해 갔다.

당시는 한국전쟁이 한창이었고, 먼로는 군인들 사이에 인기 있는 '핀업 걸(pin-up girl)'이었다. 먼로의 사진은 군대 막사(幕舍)의 벽을 장식했고, 젊은 병사들은 먼로의 사진을 보고 위안으로 삼았다.

최고의 섹스 심벌로 인정받은 〈나이아가라〉

먼로는 1953년 1월에 나온 영화 〈나이아가라(Niagara)〉에서 주연을 맡아 미국 최고의 여배우로 등극했다. 〈나이아가라〉는 나이아가라 폭포를 배경으로 복잡하게 얽힌 살인 사건을 다룬 스릴러 영화다. 먼로는 정신적 문제가 있는 남편과 함께 나이아가라 폭포가 보이는 곳에 위치한 모텔에 묵던 중 나이아가라로 신혼여행을 와서 같은 모텔에 묵게 된 젊은 부부를 알게 된다. 먼로는 남편과는 문제가 많았고 다른 남자를 만나고 있었다. 먼로는 남편을 청부 살해하려 했으나 남편을 죽이기로 한 먼로의 애인이 남편에 의해 살해되며 먼로도 결국 남편에 의해 죽임을 당한다는 어두운 영화이다.

나이아가라의 웅장한 경치가 테크니컬러(Technicolor) 영상으로 잘 나온 데다 먼로의 섹시한 매력이 어우러져 영화는 흥행에 대성공을 거두었다. 남편을 살해하려다 자기가 죽고 만다는 스토리 자체보다도 바스타월을 걸친 섹시한 모습과 뒤태가 돋보이는 걸어가는 뒷모습 등 먼로의 매력이 잘 나타나서 먼로는 최고의 '섹스 심벌(Sex Symbol)'로 부상했다. 먼로가 몸에 꽉 붙은 옷을 입고 높은 하이힐을 신고 걸어가는 뒷모습은 영화사에 길이 남을 유명한 장면으로 평가된다.

춤과 노래가 일품이었던 〈신사는 금발을 좋아해〉

〈신사는 금발을 좋아해(Gentlemen Prefer Blondes)〉는 1953년 7월에 개봉한 뮤지컬 코미디로 금발의 먼로는 진한 갈색 머리 미인인 제인 러셀(Jane Russell 1921~2011)과 함께 주인공으로 나왔다. 경쾌한 음악과 코믹한 연기가 돋보인 이 영화는 상업적으로도 큰 성공을 거두었다. 먼로보다 다섯 살 많은 제인 러셀은 이미 유명한 스타였고 풍만한 육체를 자랑하는 섹스 심벌이었다.

이런 제인 러셀과 이제 뜨기 시작한 보다 젊은 먼로가 영화에 같이 나오게 되자 할리우드 기자들은 두 배우 간의 경쟁이 불만할 것으로 기대했다. 하지만 러셀과 먼로 사이에 질투나 대립은 없었다. 먼로는 러셀을 언니로 여기고 잘 따랐다. 먼로는 음악 감독인 할 쉐퍼(Hal Schaefer 1925~2012)의 지도로 춤과 노래 연습을 많이 해서 '다이아몬드는 여자의 가장 좋은 친구(Diamonds Are a Girl's Best Friend)'를 완벽하게 불렀다.

뉴욕에서 출발해서 프랑스로 가는 대형 호화여객선 안에서 남자 체조 선수들과 함께 벌이는 춤과 노래, 그리고 파리의 무대에서 혼신의 힘을 쏟아 춤과 노래로 연기한 먼로는 찬사를 받았다. 〈신사는 금발을 좋아해〉는 먼로가 춤과 노래를 가장 잘한 영화로 평가된다. 영화는 흥행에도 성공해서 20세기 폭스는 돈방석 위에 앉았고 먼로는 스타의 지위를 확고히 할 수 있었다. 이미 톱스타인 제인 러셀은 이 영화로 15만 달러를 받기로 계약했으나 먼로는 유명해지기 전에 맺은 계약에 따라 주급 1500달러를 받는 데 그쳤다. 20세기 폭스는 먼로가 아직 스타가 아니라는 식으로 먼로를 대했으나 먼로는 불만을 제기하지는 않았다.

1953년 6월 26일, 제인 러셀과 마릴린 먼로는 할리우드의 명소인 그라우맨스 차이니즈 극장(Graumann's Chinese Theater) 앞에서 스타 등극을 기념하는 이벤트를 가졌다. 영화 〈신사는 금발을 좋아해〉 개봉 기념으로 젖은 시멘트 블록에 손자국을 찍고 사인하는 핸드프린팅 행사는 빅 뉴스였다.

톱스타임을 입증한 〈백만장자와 결혼하는 법〉

〈신사는 금발을 좋아해〉에 이어서 1953년 11월에 나온 〈백만장자와 결혼하는 법(How to Marry a Millionaire)〉은 베티 그래블(Betty Grable 1916~1973), 로렌 바칼(Lauren Bacall 1924~2014) 그리고 먼로가 돈 많은 성공한 남자와 결혼을 꿈꾸면서 벌이는 황당하고 우스운 행보를 그린 코미디 영화다. 당시로선 신기술인 천연색 시네마스코프(초대형 스크린)로 찍었을뿐더러 웃지 않고는 도저히 볼 수 없을 장면이 쉼 없이 나오는 덕분에 엄청난 성공을 거두었다. 〈백만장자와 결혼하는 법〉의 주연은 베티 그래블이었지만 20세기 폭스는 먼로를 전면에 내세워 영화 홍보를 했다.

영화는 미모의 세 여인이 성공한 나이든 남자를 차지하기 위해 경쟁하는 모습을 담았기 때문에 현대적 기준으로 볼 때는 납득하기 어렵겠지만 당시는 그런 시대였다. 〈신사는 금발을 좋아해〉에 이어서 〈백만장자와 결혼하는 법〉이 흥행에 대성공하면서 먼로는 톱스타의 자리에 올랐다. 하지만 모두 아름다움과 섹시함을 내세워서 남자의 호감을 사려는 역할로 나온 먼로에게는 섹시하지만 '멍청한 금발(dumb blonde)'이라는 꼬리표가 따라다니게 됐다.

가수로도 이름을 날린 〈돌아오지 않는 강〉

1954년에도 먼로 출연의 영화 두 편이 나왔다. 4월에 나온 〈돌아오지 않는 강(River of No Return)〉은 캐나다 로키의 대자연을 배경으로 로버트 미첨(Robert Mitchum 1917~1997)과 먼로가 주연으로 나온 영화다. 먼로는 이 영화가 자신에게 어울리지 않는다고 생각했다. 실제로 영화 속에 술집 가수로 나오는 먼로의 역할과 연기는 크게 두드러질 것이 없었다. 하지만 캐나다의 대자연과 먼로의 자태(姿態)가 화면에 펼쳐진 탓에 영화는 흥행에 성공했다. 먼로가 영화 속에서 직접 부른 '내 몫을 찾을 거야(I'm Gonna File My Claim)'는 크게 히트해서 먼로는 가수로서도 이름을 날렸다.

이 영화를 촬영한 시기에 먼로는 조 디마지오와 깊이 사귀고 있었다. 먼로의 상대역인 로버트 미첨은 할리우드에서도 여자를 강압적으로 유혹하기로 유명했기 때문에 디마지오는 촬영 기간 중 캐나다 현지에 와서 먼로의 연기를 지켜보았다.

1953년~54년 기간 중 나온 4편의 영화는 우리에게도 잘 알려진 먼로의 대표작이다. 먼로는 스타로 등극한 것은 물론이고 시대의 아이콘이 됐다. 먼로가 출연한 영화는 상업적으로도 대성공을 거두어서 20세기 폭스는 떼돈을 벌었다. 하지만 먼로가 벌어들인 수입은 20세기 폭스가 벌어들인 돈에 비하면 보잘것없었다. 먼로가 유명하지 않을 때 맺은 계약 때문이었다.

〈돌아오지 않는 강〉의 성공에 고무된 20세기 폭스는 〈핑크 타이즈를 입은 여자(The Girl in the Pink Tights)〉에 먼로를 출연시키려고 했다. 상대역은 프랭크 시나트라(Frank Sinatra 1915~1998)로, 시나트라는 촬영 기간 중 매주 5000달러를 받게 되어 있었다. 하지만 먼로는 1951년 계약에 따라서 매주 1500달러를 받게 되어 있었다. 먼로는 자기 보수에 대해 공개적으로 문제를 제기하지는 않았지만 자기의 가치를 알아주기를 기대했다. 하지만 20세기 폭스의 남성 임원들은 먼로를 배우가 되기를 원하는 수많은 젊은 여성 중 하나 정도로 취급했다. 게다가 먼로한테 의견도 묻지 않고 당연히 이 영화에 출연할 것이라고 공표한 20세기 폭스에 대해 먼로는 기분이 많이 상했다.

뮤지컬 코미디 〈쇼처럼 즐거운 인생은 없다〉

먼로는 노래 부르고 춤추고 남자와 사랑에 빠지는 역할이 아닌 보다 진지한 배역을 하고 싶었다. 먼로는 이런저런 문제를 조 디마지오와 의논했다. 디마지오는 자기가 뉴욕 양키즈와 계약했던 경험을 들려주면서 20세기 폭스의 요구를 일단 거절하면 더 좋은 조건을 제시할 것이라고 알려주었다. 게다가 디마지오는 먼로가 시나트라와 사랑에 빠지는 영화에 출연하는 것을 탐탁하게 여기지 않았다. 먼로는 디마지오의 조언대로 20세기 폭스의 연락에 답하지 않고 시간을 끌었다.

먼로는 영화 제작자이기도 한 찰스 펠드먼(Charles Feldman 1905~1968)을 자신의 에이전트로 선임했다. 펠드먼은 먼로가 출연을 원치 않았던 〈핑크 타이즈를 입은 여자〉 제작을 백지화시켜 버렸다. 먼로와 함께 이 영화에 출연하고자 했던 시나트라는 먼로가 이 영화 출연을 거부한 데 대해 화를 냈다.

먼로는 본인이 원했던 대로 〈핑크 타이즈를 입은 여자〉 출연을 무산시켰지만, 그 대신 〈쇼처럼 즐거운 인생은 없다(There's No Business Like Show Business)〉 출연은 거절할 수 없었다. 1954년 12월에 개봉된 〈쇼처럼 즐거운 인생은 없다〉는 춤과 노래로 쇼를 해 온 도나휴 가족의 이야기를 그린 뮤지컬 코미디다. 20세기 폭스는 남녀 무용수들을 동원해서 주인공 가족의 춤과 율동을 시네마스코프 컬러 화면에 담았다. 영화의 주인공은 탁월한 성량(聲量)을 자랑하는 당대 최고의 뮤지컬 배우 에셀 머먼(Ethel Merman 1908~1984)으로, 도나휴 가족의 어머니로 나왔다.

먼로는 막내아들의 애인으로 나오는데, 정작 영화 속에서의 먼로의 역할은 조연이었다. 먼로는 노래를 부르고 춤추는 장면에 몇 번 나오는 데 그치지만 20세기 폭스는 인기 절정인 먼로를 내세워서 영화를 홍보 했다. 하지만 이 영화는 흥행에 실패해서 20세기 폭스는 큰 손해를 보 았다. 평론가들은 영화 속 먼로의 노래 부르는 장면이 무성의하다고 지 적했다. 평론가들은 딸로 나온 밋지 게이너(Mitzi Gaynor 1931~2024)를 높이 평가했다. 애당초 먼로가 내키지 않는 출연을 했기 때문이기도 할 것이다. 밋지 게이너는 그 후에 나온 〈남태평양(South Pacific, 1958년)〉으 로 골든 글로브 여우주연상 후보에 오르게 된다.

최고 여배우와 최고 야구 선수의 결혼

조 디마지오(Joe DiMaggio 1914~1999)는 이탈리아 시칠리아에서 미국 으로 건너온 가난한 이민자의 아들로 태어났다. 고등학교를 중퇴하고 막일을 하던 중 야구에 천부적 소질이 있음이 알려져서 퍼시픽리그 선 수로 발탁되어 활약했다. 1936년에 디마지오는 메이저리그로 진출해 서 뉴욕 양키스를 승리 팀으로 이끌었다. 최장기 연속 안타 기록을 세 운 타자로 이름을 높인 디마지오는 1951년 말 은퇴했다. 1939년에 결 혼했으나 아들 하나를 두고 이혼한 디마지오는 레스토랑을 운영하는 등 야구로 번 돈으로 사업을 해서 부유하고 성공적인 삶을 이어가고 있 었다.

1954년 2월 도쿄를 찾은 먼로와 조 디마지오. 결혼 생활은 불과 9개월에 그치고 말았다. © 게티이미지

　화려한 야구 선수 생활로 거부(巨富)가 됐지만 배우자 없이 사는 외로운 디마지오는 당연히 아름다운 여자에게 관심이 많았다. 한번은 먼로가 메이저리그 홍보 행사에 참석한 적이 있었다. 디마지오는 자기의 에이전트를 통해 먼로에게 만남을 제의했고 이들은 저녁 식사를 함께했다. 디마지오로부터 만나자는 제의를 받은 먼로는 디마지오가 이탈리아 배우인 줄 알았다고 한다. 그만큼 먼로는 스포츠에 관심이 없었다.

　이때는 1952년 봄으로, 디마지오는 화려하게 은퇴한 직후였고 먼로는 인기 절정을 누리고 있었다. 먼로는 자기가 디마지오를 만났다는 사실을 알려서 두 사람의 데이트 뉴스가 언론에 크게 나오자 재미있어했다. 먼로는 체격이 좋고 옷 잘 입는 디마지오를 좋게 생각했다. 하지만 먼로가 모르는 사실이 있었다. 디마지오의 첫 부인은 가수였는데 디마지오에게 폭력을 당했다는 이유로 디마지오와 이혼 후 소송을 제기한 상태였다.

먼로가 디마지오에게 마음을 열게 된 계기는 디마지오 동생의 익사(溺死) 사고였다. 먼로는 샌프란시스코에서 열린 장례식에 다녀온 후에 디마지오의 가족에 대해 좋은 감정을 갖게 됐다. 디마지오는 먼로에게 결혼하자고 졸랐고, 먼로는 이에 동의해서 두 사람은 결혼을 발표했다. 최고의 야구 선수와 최고의 여배우 간의 결혼은 미국 전역을 강타한 큰 뉴스였다.

1954년 1월 14일, 디마지오와 먼로는 샌프란시스코 시청 강당에서 판사 주재로 결혼식을 올렸다. 이른바 '민사결혼(civil marriage)'이었다. 두 사람은 팜 스프링스 등에서 묵으면서 신혼을 즐겼다. 그리고 팬암 항공편으로 일본으로 향했다. 비행기가 연료를 보충하기 위해 하와이에 기착하자 공항에는 먼로를 보기 위해 수많은 사람이 몰려와서 혼란을 빚었다. 먼로는 자기가 이렇게 인기가 있다는 데 놀랐고 수많은 인파로 인해 불상사가 일어날까 봐 걱정했다.

하와이에서 급유를 마친 프로펠러 여객기는 2월 1일 도쿄 하네다 공항에 도착했다. 먼로와 디마지오는 열렬한 환영을 받으면서 제국호텔(The Imperial Hotel)에 여장(旅裝)을 풀었다. 2차 세계대전 후 일본에선 야구 붐이 일었고, 디마지오는 2년 전에 일본에서 야구 경기를 한 적이 있었다. 일본에서 가장 유명한 미국인은 맥아더와 디마지오라고 할 정도였는데, 그런 디마지오가 마릴린 먼로와 결혼해 일본을 방문했으니 일본이 발칵 뒤집힐 만했다. 두 사람은 공항 귀빈실에서 기자 회견을 했는데 기자들은 먼로에게 더 많은 관심을 보여 디마지오는 오히려 뒷전으로 밀리는 느낌을 받았다.

디마지오는 일본에 머무르는 동안 야구 선수들을 훈련시키고, 야구계 인사들과 만나는 등 바쁜 일정을 소화했다. 이때 먼로는 미 극동군 사령부로부터 주한 미군을 방문해 달라는 요청을 받았다. 먼로는 이 제안을 반갑게 받아들였다. 미군 장병들이 자기를 좋아하고 있으며 그로 인해 자기의 인기가 높아졌음을 알고 있는 먼로는 장병들 앞에서 공연한다는 데 대해 스릴을 느꼈다. 디마지오는 이에 반대했으나 먼로는 디마지오의 반대를 무시하고 그대로 강행했다. 디마지오는 이미 잡혀 있던 야구 행사에 참석하기 위해 어쩔 수 없이 일본에 머물렀다.

먼로가 뽑은 최고의 무대, 주한 미군 방문 공연

1954년 2월 16일 먼로는 미군 수송기를 타고 여의도 공항에 내렸다. 이때 먼로를 환영하기 위해 영화배우 최은희와 연극배우 백성희가 마중을 나갔는데 세 사람이 함께한 사진이 남아 있다. 먼로는 비행장 활주로에서 간단한 환영식을 마치고 바로 강원도 인제로 향했다. 먼로

면로는 영하의 날씨에도 미군 장병들을 위해 몸매가 드러나는 옷을 고집했다. ⓒ 게티이미지

는 쌀쌀한 날씨에도 아랑곳하지 않고 휴전선 남쪽 가까이 위치한 미군 부대를 방문해서 열렬한 환영을 받았다. 1953년 7월 휴전 협정이 맺어지고 반년이 채 지나지 않아 아직도 긴장이 감도는 전방의 미군 부대를 미국 최고의 여배우이자 섹스 심벌인 면로가 방문했으니, 이는 엄청나게 큰 사건이었다.

면로는 인천상륙작전과 장진호 전투를 치른 해병 1사단 장병 1만 3000명이 모인 야외 장소에서 몸매가 드러나는 얇은 선정적인 드레스를 입고 'Bye, Bye, Baby' 'Do It Again' 등 자신이 잘 부르는 노래를 열정적으로 불렀다. 추운 날씨임에도 불구하고 면로는 무대 위에 설 때

◆

브래지어를 하지 않고 몸에 딱 붙는 옷을 입어서 몸매가 그대로 드러났다. 안내 장교는 먼로에게 감기가 든다면서 두꺼운 파카나 코트를 입으라고 했으나 먼로는 장병들이 자기의 몸매를 보고 싶어 한다면서 어깨가 훤히 드러나고 몸에 착 달라붙는 얇은 드레스를 고집했다.

먼로는 헬기 편으로 육군 부대로 이동해 또다시 공연을 가졌다. 먼로를 보기 위해 모인 미군 장병들이 인산인해(人山人海)를 이루었다. 미군 장병들은 멀리 산 중턱까지 자리를 잡고 먼로의 공연을 보았다. 지프와 탱크를 타고 헬기에 걸터앉기도 한 먼로는 병사들과 스스럼없이 기념촬영을 했다. 먼로와 함께 기념사진을 찍기 위해 병사들은 몸싸움도 마다하지 않았다. 수천 명의 병사가 먼로와 사진을 찍었고 덕분에 한국에선 필름이 동이 났다는 이야기마저 있었다.

먼로는 부대 막사에서 자고 병사들과 함께 콘셋 식당에서 식사했다. 먼로는 이 공연을 평생토록 자랑스럽게 생각했다. 먼로는 한국에 4일간 머무르며 인제, 춘천, 의정부, 대구, 포항 등지에서 10회의 공연을 했고 10만 명이 넘는 군인이 먼로의 공연을 보았다. 그때 우리나라에 주둔한 미군이 23만 명 정도였으니 반 가까운 군인들이 먼로의 공연에 열광한 것이다.

먼로의 한국 방문은 미 본국에서도 큰 뉴스였다. 한 뉴스는 "마릴린 먼로가 북부 한국을 침공했다(Marilyn Monroe invades Northern Korea)"라고 헤드라인을 뽑았다. 언뜻 들으면 '북부 한국(Northern Korea)'이 아니라 '북한(North Korea)'으로 쳐들어간 것으로 들렸다. 한 방송은 "미군 병사들은 무조건 항복하러 달려 나왔다. …… 이들은 이제 전과 같지 않을 것이다. GI들은 여자에게 최고의 친구들이다!"라고 흥분한 어조(語調)로 먼로의 한국 방문을 보도했다.

추운 날씨에 어깨가 드러나는 얇은 옷을 입고 공연을 한 먼로는 감기와 가벼운 폐렴으로 고생했다. 일본으로 돌아온 먼로를 맞은 디마지오는 무표정이었다. 디마지오는 먼로가 미군 장병들과 어울리고 몸매가 드러나는 옷을 입고 무대에 선 것을 좋아하지 않았다.

샌프란시스코로 돌아온 먼로는 디마지오의 큰 저택에 머물렀다. 먼로는 디마지오가 첫 번째 부인과 사이에서 낳은 아들 디마지오 2세와도 가깝게 지냈다. 한동안 먼로는 한가로운 시간을 즐겼으나 곧 지루함을 느꼈다. 먼로가 배우 생활을 계속해야 함을 알게 된 디마지오는 LA로 이사하기로 하고 베벌리 힐스의 팜 드라이브에 있는 큰 저택을 빌렸다.

가정을 모르고 자란 먼로는 샌프란시스코의 디마지오 가족에 매료되어 디마지오와 결혼했으나 먼로는 그들이 시칠리아 사람이고, 시칠리아 사람들은 가부장적이고 남성 우위 문화를 갖고 있다는 점은 알지 못했다. 문제는 또 있었다. 두 사람은 똑같이 고등학교를 중퇴했으나 먼로는 책을 좋아하고 많이 읽어서 문학과 예술에 밝았으나 디마지오는 운동 외에는 아는 것이 거의 없었다. 무엇보다 디마지오는 먼로가 연예 활동을 하기보다는 가정을 돌보기를 원했다. 하지만 먼로는 그럴 생각이 전혀 없었다. 두 사람의 파경(破鏡)은 예고된 것이었다.

디마지오와 헤어지는 데 결정적 계기가 된 〈7년만의 외출〉 ⓒ 게티이미지

먼로의 아이콘이 된 〈7년만의 외출〉

먼로는 1954년에 찍은 뮤지컬 코미디 영화 〈쇼처럼 즐거운 인생은 없다〉를 탐탁하게 생각하지 않았다. 먼로는 춤추고 노래하는 무희(舞姬)로 나오는 이 영화가 내키지 않았지만, 영화사의 뜻을 거스를 수는 없었다. 20세기 폭스는 먼로의 남편인 디마지오가 먼로가 나오는 영화 홍보에 도움을 줄 것으로 기대했으나 그러지 않았다. 디마지오는 먼로가 노출이 심한 옷을 입고 영화에 나오는 자체를 못마땅하게 생각했다.

먼로는 1954년 20세기 폭스가 제작하는 〈7년만의 외출(The Seven Year Itch)〉에 출연하기로 했다. 빌리 와일더(Billy Wilder 1906~2002)가 감독을 맡은 〈7년만의 외출〉은 그해 8월부터 촬영에 들어갔다. 맨해튼에 사는 결혼 7년 차에 들어선 중년 남자가 아내와 아이가 더위를 피해 휴가를 떠나고 집에 혼자 머물던 중 위층 아파트에 여름 동안 잠시 머물기 위해 온 젊고 아름다운 여성(마릴린 먼로)을 만나서 생기는 해프닝을 그린 코미디 영화이다. 먼로의 상대역인 남자 주인공 역은 톰 이웰(Tom Ewell 1909~1994)이 맡았는데 젊은 여성과 바람이 나는 환상을 갖고 있던 출판사를 경영하는 중년 남자의 심리를 잘 그려냈다.

〈7년만의 외출〉은 할리우드에 있는 20세기 폭스의 스튜디오에서 찍었는데, 스튜디오에서 촬영하면서 먼로는 세 번씩이나 졸도해서 촬영 일정에 차질을 초래했다. 이즈음부터 먼로는 불면증에 시달리기 시작했기 때문이다. 그런데도 제작진은 톰 이웰과 먼로가 맨해튼 밤거리를 같이 산책하는 장면만은 맨해튼 현지에서 찍으려 했다. 스튜디오 촬영이 마무리되어 갈 무렵, 먼로와 톰 이웰은 제작진과 함께 맨해튼 거리 장면을 찍기 위해 뉴욕에 도착했다. 먼로가 뉴욕에 간다고 하자 디마지 오도 뉴욕에서 먼로와 합류하기로 했다.

9월 9일, 제작진은 맨해튼 52번가와 렉싱턴로(路)가 만나는 건물 앞에서 지하철 통풍구의 바람으로 먼로의 치마가 펄럭이는 장면을 찍고자 했다. 촬영은 통행이 적은 자정이 지나서 시작됐다. 먼로가 치마를 펄럭이는 장면을 찍는다는 소문이 퍼지자 사진 기자들과 아마추어 사진가는 물론이고 주변에 있던 수천 명이 모여들어서 북새통을 이루었다. 경찰이 급히 출동해서 인파를 정리하는 소동이 벌어졌으나 먼로는 오히려 그런 순간을 즐기는 듯 온갖 포즈를 취해 카메라 플래시가 쉴 사이 없이 터졌다. 바람에 날린 치마폭이 어깨까지 올라가서 흰색 팬티가 드러나는 먼로를 보기 위해 밀려든 사람들로 일대는 아수라장이 됐다.

맨해튼에 늦게 도착한 디마지오는 촬영 현장을 볼 생각은 없었다. 하지만 촬영 장소에서 난리가 났다는 이야기를 듣고 현장으로 달려갔고, 그를 알아본 경찰관은 길을 내주었다. 디마지오는 먼로가 사진 찍는 사람들을 위해 이런저런 포즈를 취하고 있는 모습을 보고 경악했다.

촬영이 끝나고 일행은 숙소인 세인트 레지스 호텔로 갔다. 먼로와 디마지오가 묵은 스위트의 옆방에서 자던 먼로의 헤어 디자이너 글래디스 휘튼은 옆방에서 비명이 들리고 부서지는 소리가 나서 깜짝 놀랐다. 다음 날 아침 그 소리가 무엇인지가 드러났다. 디마지오가 먼로를 마구 구타해서 먼로는 등과 팔, 얼굴에 멍이 들었다. 화이티 스나이더가 먼로의 얼굴에 든 멍을 메이크업으로 가려서 먼로는 간신히 촬영을 마칠 수 있었다.

LA로 돌아온 먼로는 막역한 친구이기도 한 시드니 스콜스키 기자에게 뉴욕에서 생긴 일을 이야기했다. 스콜스키는 그것을 기사화하지는 않았다. 먼로는 디마지오가 자기와 어울리지 않는다고 생각했고, 그런 심정을 디마지오에게 통보했다. 디마지오는 큰 충격을 받았다. 10월 4일, 먼로는 빌리 와일더 감독에게 디마지오와 이혼할 생각이라고 알렸다. 20세기 폭스는 영화사와 먼로에게 피해가 가지 않도록 준비한 후 먼로가 이혼을 발표하도록 했다.

10월 6일, 먼로는 변호사를 대동하고 기자들과 만나서 디마지오와의 결혼이 끝났으며 이혼소송을 제기하겠다고 발표했다. 두 사람의 파경은 그날 모든 미국 신문의 1면 톱 기사였다. 디마지오는 자기 짐을 챙겨서 샌프란시스코로 돌아갔다. 10월 27일, LA 법원은 디마지오가 불참한 가운데 먼로가 제기한 이혼소송에서 다툼이 없다는 이유로 이혼을 허용했다.

디마지오와의 이혼의 결정적 계기가 되었던 〈7년만의 외출〉은 1955년 6월에 개봉해서 흥행에 대성공을 거두었다. 영화 평론가들도 좋은 평을 했고 20세기 폭스는 큰 수입을 올렸다. 결혼 7년 차 신드롬에 시달린 남자 주인공 역할을 잘 해낸 톰 이웰은 골든 글로브 남우주연상(償)을 수상했다. 이 영화는 먼로가 20세기 폭스의 최고의 상품임을 확인시켜주었으나 스타가 되기 전 맺은 불리한 계약에 불만을 품고 할리우드를 떠난 후였기 때문에 먼로에게는 큰 소득이 없었다.

디마지오와 이혼해서 다시 혼자가 된 먼로에게는 다른 도전이 기다리고 있었다. 먼로는 20세기 폭스와 결별하고 뉴욕에서 독자적인 영화사를 차리게 된다.

남다른 길을 간 먼로

영화 속의 마릴린 먼로는 대부분 가슴과 각선미가 부각된 모습이기 때문에 '섹스 심벌'로 불렸다. 먼로보다 나이가 몇 살 많은 당시 최고의 여배우였던 제인 러셀도 그러했다. 하지만 먼로는 불평등한 사회에 대한 문제의식을 갖고 성장했다. 아버지를 모르고 자랐고, 먼로를 키울 수 없는 어머니는 먼로를 위탁가정과 보육원에 맡겼다. 어머니가 정신병동에 수용된 후에는 혼자 살아가야 했고 성적 학대도 경험했다. 먼로는 첫 번째 위탁가정이었던 볼렌더 가족과 가장 오래 살았기 때문에 그들의 영향을 많이 받았다. 흑인 지역 우체부였던 볼렌더는 흑인들과 가까웠으며, 먼로도 자연스럽게 흑인에 대한 친근한 감정을 갖게 되었다.

2차 세계대전 후 1950년대에 이르는 시기는 할리우드 전성기였다. 배우가 되고자 하는 젊은 여성들이 할리우드로 모여들었다. 영화 제작사와 스튜디오를 움직이는 사람들은 모두 남자였다. 작은 배역이라도 얻고자 하는 여성들은 그들의 몸을 스스럼없이 던졌다. 먼로도 그런 분위기를 피할 수 없었다. 어린 시절의 빈곤, 그리고 할리우드 영화계에서 이 같은 성적 착취를 경험한 먼로는 급진적 주장을 담은 책에 심취했다.

일반 대중은 먼로를 섹스 어필을 파는 '멍청한 금발(dumb blonde)'로 생각했다. 사실 먼로의 그런 이미지는 영화사들이 먼로를 그런 역할로 활용했기 때문에 생긴 것이다. 1953년에 〈나이아가라〉가 크게 히트해서 스타가 됐으나 20세기 폭스와 맺은 불공정한 계약으로 인해 먼로의 영화 출연료는 형편없었다. 이에 실망한 먼로는 뉴욕으로 가서 자기만의 영화 제작사를 만들어서 활동하는 등 다른 배우들이 하지 않은 길을 가게 된다. 먼로의 이러한 면모는 먼로가 살아왔던 배경과 관계가 있다고 보기도 한다.

고등학교를 마치지 못한 먼로는 자신의 학력을 부끄러워했으며 그것을 보충하기 위해 책을 많이 읽었다. UCLA의 야간 코스를 다닌 먼로는 많은 책을 갖고 있었다. 자신의 아파트에서 책을 읽는 먼로의 사진이 남아 있는 것은 우연이 아니다. 먼로는 세 번째 남편이 되는 아서 밀러의 작품도 읽었다. 한번은 먼로와 촬영 약속을 한 사진작가가 먼로의 아파트에 일찍 도착해서 정원에서 책을 읽는 먼로를 보고 스냅 사진을 찍은 적이 있다. 먼로가 읽고 있던 책은 아일랜드의 소설가 제임스 조이스의 《율리시스》였다. 책을 많이 읽은 먼로는 사람을 만나면 다양한 주제를 화제로 올려서 누구와도 자연스럽게 대화를 나누었다.

먼로의 이러한 성향이 먼로가 존 F. 케네디를 좋아하게 된 배경이기도 하다. 먼로는 민주당원이었고 캘리포니아 민주당의 예비 대의원이었다. 먼로는 '핵전쟁을 걱정하는 단체'의 할리우드 지부 창설 멤버였다. 먼로는 주변 친구들에게 쿠바에서 일어난 카스트로 혁명을 지지하는 말을 자주 했다. 1960년 대선을 앞두고 먼로는 케네디를 지지했고 그가 대통령 후보로 지명되자 뛸 듯이 좋아했다. 먼로는 자신의 애인이기도 한 케네디가 평화와 평등을 가져올 새로운 젊은 리더라고 생각했다.

Marilyn Monroe
&
the Kennedy Brothers

먼로의 새로운 도전과 좌절

4

"성공은 사람들이 당신을 싫어하게 만들어요.
그렇지 않았으면 좋겠어요. 주변의 시기 어린 시선 없이
성공을 온전히 즐길 수 있으면 좋겠어요."

1954년 12월 크리스마스를 며칠 앞두고 마릴린 먼로는 검은 가발과 진한 선글라스를 쓰고 가명으로 예약한 티켓을 들고 뉴욕행 비행기에 올랐다. 디마지오와의 이혼 수속을 끝내고 두 달이 지나서였다. 먼로는 밀튼 그린(Milton H. Greene 1922~1985)과 함께 뉴욕 라과디아 공항에 도착했고, 자동차를 몰고 마중 나온 그린의 부인 에이미(Amy Greene 1929~)를 만났다. LA 공항, 라과디아 공항 어디에서도 먼로를 알아본 사람은 없었다. 먼로와 그린 부부는 코네티컷 서남쪽 웨스턴에 있는 그린의 오래된 농장 주택에 도착했다. 먼로는 할리우드와 LA를 전격적으로 탈출한 것이다.

유명 사진작가이자 연인이었던 밀튼 그린

  1922년 뉴욕시에서 태어난 밀튼 그린은 어릴 적부터 사진과 카메라를 좋아했다. 그는 유명한 예술학교 프랫 인스티튜트(Pratt Institute)의 장학금 입학을 얻었으나 과감히 포기하고 당대 최고의 포토 저널리스트와 패션 사진작가 밑에서 도제(徒弟) 방식으로 훈련을 받고 사진작가가 됐다. 그린은 유명한 배우와 가수의 인물사진을 주로 찍었고, 그가 찍은 사진은 〈라이프(Life)〉, 〈룩(Look)〉, 〈하퍼(Harper)〉, 〈보그(Vogue)〉 등 주요 잡지에 실렸다. 그린이 찍은 인물은 마릴린 먼로, 프랭크 시나트라, 새미 데이비스 2세, 그레이스 켈리, 엘리자베스 테일러, 오드리 헵번, 에바 가드너, 케리 그랜트 등 최고의 연예인을 총망라했다. 밀튼 그린은 패션 사진을 예술의 경지로 확립시켰다는 평가를 받고 있다.

  그린은 1953년 여름에 잡지 〈Look〉의 위탁으로 먼로를 찍기 위해 LA로 날아왔다. 먼로는 밝은 미소를 띤 미소년처럼 잘생긴 그린을 첫눈에 좋아하게 됐다. 그린은 먼로에게 영화에 나오는 장면처럼 몸에 꼭 붙는 옷만 입을 필요가 없다고 코치해 주는 등 먼로가 자연스러운 모습을 연출하도록 조언을 아끼지 않았다. 그리고 두 사람은 좋아하는 관계로 발전했다. 밀튼 그린은 첫 부인과 이혼하고 1953년에 쿠바 태생 모델인 에이미와 결혼했다. 먼로가 LA를 떠나서 그린과 함께 뉴욕에 왔을 때 그린은 부인 에이미와의 사이에 첫 돌이 지난 아들 조슈아(Joshua Greene 1953~)가 있었다.

  그린이 먼로를 처음 만났을 때 그린은 두 번째 부인 에이미와 결혼

밀튼 그린과 함께 있는 먼로. 둘은 애인이자 동업자였다. © 게티이미지

한 후였고, 먼로는 디마지오와 사귀는 사이였으나 그런 것은 문제가 되지 않았다. 에이미 그린도 LA에 와서 남편과 함께 먼로를 만나는 등 세 사람은 친구처럼 가까워졌다. 그린이 뉴욕으로 돌아간 후에도 그린과 먼로는 자주 연락을 했다. 먼로는 자신의 사진이 〈Look〉 잡지에 나오자 그린에게 붉은 장미 꽃다발을 보냈다.

앞서 언급했듯이 1954년 초 한국에 다녀온 후 먼로는 디마지오와의 관계가 급속하게 나빠졌고, 그해 9월 맨해튼에서 치마가 지하철 통풍구 바람에 날리는 장면을 촬영하고 나서 디마지오에 폭행을 당했다. 바로 그날 그린 부부도 먼로 부부가 묵었던 호텔에서 가까운 호텔에 있었다. 다음 날 아침 에이미 그린은 호텔 방으로 먼로를 찾아가서 온몸에 멍이 든 그녀를 위로했다.

먼로에게는 디마지오 외에도 또 다른 문제가 있었다. 먼로는 스타가 됐지만 오래전에 체결한 20세기 폭스와의 계약 때문에 수입도 보잘것 없었고 출연작품을 선택할 권리도 없어서 불만이 많았다. 먼로는 제인 러셀과 같거나 더 높은 인기를 누림에도 계약 조건이 불리해서 러셀이 버는 수입의 1/7밖에 받지 못했다. 더구나 20세기 폭스는 먼로를 섹스 심벌 역할로 활용해서 흥행을 성공시키는 데만 관심이 있었다. 하지만 먼로는 보다 진지한 연기를 하고 싶었다.

　20세기 폭스에 대한 불만이 많았던 먼로는 이런 고민을 밀튼 그린에게 털어놓았다. 그린은 그런 계약은 불공정해서 무효라고 먼로에게 알려주었다. 그리고 먼로에게 자기와 함께 독자적인 영화사를 만들자고 부추겼다. 이렇게 해서 마릴린 먼로는 '할리우드 탈출'을 결심했다.

　먼로는 에이미 그린이 운전하는 차를 타고 뉴욕시에서 멀지 않은 코네티컷주(州) 웨스턴이란 작은 마을로 향했다. 3만 평이 조금 넘는 숲 속에 지어진 오래된 주택에 도착한 먼로는 통나무 난로에 몸을 녹였다. 그린 부부는 발코니와 화장실이 있는 독립된 방을 먼로에게 내주었다. 먼로는 그린 가족과 함께 한가하고 오붓한 시간을 보냈다. 먼로는 그린 부부의 어린 아들 조슈아와 놀아주기도 하고 목욕을 시키는 등 정성껏 돌보았다. 가족을 모르고 자란 먼로는 마치 가족을 얻은 것 같은 행복감을 느꼈다.

　먼로는 눈 덮인 숲과 깨끗한 겨울 공기를 난생처음 경험했다. 모처럼 연말 연휴를 자연과 함께, 그린 가족과 함께 보내며 여유로운 시간을 가졌다. 먼로는 그린 부부의 서가에 있던 나폴레옹 전기를 열심히 읽었고, 나폴레옹의 부인 조세핀에 대해 각별한 관심이 있어 저녁 식사 때 대화에 올리기도 했다.

먼로는 에이미에게 자기가 생리통이 심하며 여러 차례 낙태와 유산을 경험했다고 털어놓았다. 에이미는 먼로를 위해 음식을 만들고 집안을 정돈했다. 먼로는 살림하며 아이를 잘 돌보는 에이미를 보고 진정한 가정이 어떤 것인지를 깨달았다. 한편 에이미는 먼로가 좀처럼 안정을 취하지 못하며 심각한 불면증에 시달려서 신경안정제 세코날을 복용하고 있음을 알았다.

'마릴린 먼로 프로덕션(MMP)'을 만들다

숲속 전원주택에서의 평온한 삶은 오래가지 못했다. 프랭크 시나트라, 빌리 와일더 등이 계속 전화를 했다. 휴식 기간이 끝났다고 생각한 밀튼 그린은 생각했던 바를 행동에 옮기기 시작했다. 밀튼 그린은 1955년 1월 맨해튼에서 기자 80여 명을 초청해서 먼로와 함께 칵테일 파티를 열었다. 이 자리에서 먼로는 자신과 밀튼 그린이 함께 '마릴린 먼로 프로덕션(MMP)'을 발족할 것임을 발표했다. 먼로는 자신이 51%, 그린이 49% 지분을 갖고 참여하며 독자적으로 영화를 제작하고, 자신이 하고 싶은 배역으로 나올 영화를 만들겠다고 말했다. 어느 기자가 먼로에게 "어떤 영화에 나오고 싶냐?"고 물었더니, 먼로는 "'카라마조프의 형제들' 같은 영화"라고 답했다. 기자가 카라마조프의 스펠링을 불러 달라고 하자, 먼로는 "내가 모든 단어의 스펠링을 외우지는 못한다"고 답했다.

LA를 도망치듯 떠나온 먼로는 무일푼이어서 모든 비용은 그린이 감당해야만 했다. 그린은 자기가 아는 변호사를 통해서 먼로가 20세기 폭스와 맺은 계약의 허점을 찾아주도록 했다. 영화사를 만들고 기획하는 일은 모두 그린의 몫이었다. 먼로는 20세기 폭스와 오래전에 맺은 불공정한 계약을 파기하고 싶어 했지만 그러면서도 20세기 폭스와의 관계는 이어가기를 원했다. 먼로는 20세기 폭스가 만든 〈7년만의 외출〉이 자기가 나온 최고의 영화라고 생각했다.

프로덕션을 차린 먼로는 뉴욕 52번가에 있는 글래드스톤 호텔에 임시 거처를 마련했다. 그러다 4월부터는 밀튼 그린이 얻어준 맨해튼의 월도프 아스토리아 타워에 있는 아파트를 사무실 겸 숙소로 사용했다. 먼로가 스타에 걸맞은 지위를 누려야 한다고 생각한 그린의 배려였다. 그 후 먼로는 주로 주말에만 코네티컷에 있는 그린의 집에 머물렀다.

마릴린 먼로가 밀튼 그린과 함께 MMP라는 영화 제작사를 차리자 20세기 폭스는 먼로에게 유리한 조건을 제시했다. 1955년 연말, 먼로는 20세기 폭스와 새로운 계약을 체결했다. 새 계약은 향후 7년 동안 먼로는 20세기 폭스가 만드는 영화에 4편만 출연하면 되고, 매년 다른 스튜디오의 영화 한 편에 출연할 수 있으며 먼로가 출연한 20세기 폭스의 영화에 대해 마릴린 먼로 프로덕션(MMP)은 편당 10만 달러의 보수와 일정 부분의 이익을 배당받는다는 내용이었다.

밀튼 그린이 남긴 5000여 컷의 먼로 사진

밀튼 그린과 부인 에이미, 먼로와 그의 세 번째 남편인 아서 밀러는 미묘한 관계였다. 인물 사진을 찍는 밀튼 그린은 먼로와 둘만 있는 시간이 많았다. 먼로보다 네 살이 많으나 나이보다 젊어 보이고 잘생긴 그린과 먼로는 친구를 넘어선 연인 관계였다. 이런 사실을 아는 먼로의 새 남편 아서 밀러는 먼로에게 그린과의 관계를 끊으라고 요구했다. 먼로에게는 쉽지 않은 결정이었지만 결국 그린과의 결별을 선택했다. 이때 그린은 MMP 지분을 먼로에게 넘겨 버렸고, 그 후 먼로와 그린이 의욕적으로 만든 MMP는 이렇다 할 활동을 하지 못하다가 문을 닫고 말았다. 먼로와 결별한 밀튼 그린은 뉴욕에서 사진작가로 활동을 계속했다.

아서 밀러와 달리 에이미 그린은 남편과 먼로의 사이를 짐작했지만 애써 모른 체했다. 에이미 그린은 쿠바 출신으로 먼로보다 세 살 아래였는데, 먼로와 같이 쇼핑도 하고 드라이브도 함께 즐겼다. 세 사람은 통상적으로 이해하기 어려운 관계였지만, 그랬기에 결과적으로 그린 부부는 가정을 지킬 수 있었다. 그리고 에이미 그린이 가정을 지켰기 때문에 밀튼 그린의 유산(legacy)은 오늘날에도 살아 빛날 수 있었다.

먼로와 밀튼 그린의 관계는 순수하고도 특별했다. 1962년 여름, 에이미 그린은 먼로가 괴로워하는 꿈을 꾸었다. 에이미는 밀튼에게 먼로에게 연락해보라고 했고, 밀튼은 먼로와 한 시간 정도 통화를 했다. 밀튼은 LA를 가게 되면 만나자고 이야기하고 통화를 끝냈다. 그리고 파리에서 그린 부부는 먼로가 죽었다는 뉴스를 들었다.

밀튼 그린은 코네티컷과 맨해튼에서 먼로의 사진을 많이 찍었다. 하지만 그린은 자기가 찍은 먼로의 사진 수천 컷을 상업적으로 이용하지 않았을 뿐더러 다른 사람이 접근하는 것도 허용하지 않았다. 1962년 8월 먼로가 죽은 후에도 마찬가지였다. 그린이 먼로를 많이 찍은 시기는 1950년대 초였다. 특히 검은 배경에 흰 드레스를 입고 찍은 먼로의 발레리나 사진은 타임/라이프에 의해 20세기 가장 인기 있는 사진 3장 중 하나로 뽑혔다. 그린은 1980년대 들어 건강이 나빠졌고, 1985년 8월 63세의 나이로 임파선암으로 사망했다. 그때 부인 에이미는 56세였다.

밀튼 그린이 찍은 먼로의 사진이 빛을 보는 데는 보다 오랜 시간이 필요했다. 밀튼 그린과 에이미 그린의 큰아들 조슈아는 아버지의 뒤를 이어 사진작가가 됐다. 그는 자신의 작품 활동 외에도 아버지가 남긴 사진을 정리하는 일을 감당해야 했다. 세상에 공개되지 않았던 먼로의 사진만 5000컷이 넘어서 그 작업은 보통 일이 아니었다. 디지털 사진 시대가 열림에 따라 조슈아는 네거티브 필름을 디지털화하고 오래 지나서 손상된 필름을 복원하는 험난한 작업을 해야만 했다.

아버지가 갖고 있던 필름과 사진에 대한 소유권과 저작권을 상속받은 조슈아 그린은 디지털화 작업실을 직접 운영해서 2010년대 들어서 작업을 마쳤다. 이렇게 해서 나온 책이 2018년에 발간된 《The Essential Marilyn Monroe by Milton H. Greene》이다. 사진 책 출간과 함께 뉴욕, 파리 등지의 갤러리에서 밀튼 그린의 사진전을 열어 호평을 받았다.

연기력 향상을 위해 꾸준히 연기 수업을 받다

밀튼 그린과 함께 MMP 발족을 선언한 먼로는 그해 3월부터 한때 자기와 가까웠던 엘리아 카잔의 권고에 따라 액터스 스튜디오에서 정식으로 연기 수업을 받기로 했다. 섹스 심벌의 이미지를 탈피해 '진지한 배우(serious actor)'가 되려면 부족한 연기력을 끌어올려야 한다고 생각했기 때문이다.

먼로는 액터스 스튜디오를 운영하는 리 스트라스버그를 LA에서 만난 적이 있었다. 그는 폴란드 태생의 유대인으로 미국으로 건너와서 연극을 했으며 엘리아 카잔과 함께 뉴욕에 액터스 스튜디오를 열고 '메소드 연기'라고 부르는 기법을 전파해서 큰 반응을 얻었다.

러시아의 연극배우이며 감독이던 콘스탄틴 스타니슬라브스키가 창시한 메소드 연기는 배우가 자신의 깊숙한 정신세계로부터 나오는 연기를 해야 한다는 이론이었다. 말론 브란도, 제임스 딘, 몽고메리 클리프트, 더스틴 호프만 등이 액터스 스튜디오를 거쳐서 배우로서 성공했다. 엘리아 카잔이 감독하고 말론 브란도(Marlon Brando 1924~2004)가 주연을 한 〈욕망이란 이름의 전차〉 등 1950~60년대에 나온 많은 영화가 이런 풍조의 영향을 받았다고 평가된다.

액터스 스튜디오를 다니면서 먼로는 자신의 내면(內面)을 들여다보기 위해서는 정신분석가의 도움이 필요하다고 느꼈다. 밀튼 그린은 먼로에게 정신과 의사 마가릿 호헨버그(Magarett Hohenberg)를 소개했다. 호헨버그는 1주일에 다섯 번씩 먼로를 만나서 심리 상담을 했다. 먼로는 상담을 통해 자신에게 자존감이 부족하고 버림받을까 봐 두려워하는 내면적 공포가 있음을 깨달았다. 호헨버그는 먼로가 자존감이 낮아서 혼란을 겪고 있다고 보았다. 먼로와 호헨버그의 관계는 1957년 초 먼로와 그린이 사업상 관계를 끝낼 때까지 이어졌다.

이미 스타임에도 불구하고 먼로는 액터스 스튜디오에서 다른 수강생들과 어울려서 열심히 연기 수업을 받았다. 먼로는 자신의 아파트에서 액터스 스튜디오까지 택시를 타고 다녔고 날씨가 좋으면 걷기도 했다. 먼로는 자기를 알아보는 사람들의 시선을 즐겼다. 또 브로드웨이 극장가에서 당시 화제작이던 테네시 윌리엄스의 '뜨거운 양철 위의 고양이(Cat on a Hot Tin Roof)' 등 다양한 연극을 보면서 뉴욕의 문화생활을 만끽했다.

먼로는 리 스트라스버그의 부인인 폴라와 그들의 두 자녀와도 가깝게 지냈다. 연극배우 출신인 폴라는 유대인이며 1935년에 리 스트라스버그와 결혼했는데, 두 사람은 모두 재혼이었다. 어려서 가정과 가족을 모르고 자란 먼로는 가정을 이룬 사람들에게 쉽게 매료됐다.

당시 많은 유대인이 그러했듯이 리 스트라스버그는 사회주의 성향이 강했고, 부인 폴라는 미국 공산당에 가입한 적이 있었다. 리 스트라스버그와 가까웠던 엘리아 카잔 감독도 젊었을 때 미국 공산당원이었기 때문에 FBI는 이 그룹 전체를 위험인물 군(群)으로 간주해서 감시하고 있었다. 먼로와 결혼하게 되는 극작가 아서 밀러 역시 한때 미국 공산당에 동조했기 때문에 먼로가 FBI의 감시 대상이 된 것은 전혀 이상하지 않았다.

　먼로와 스트라스버그 부부와의 관계는 먼로가 죽을 때까지 계속됐다. 리 스트라스버그는 말론 브란도와 마릴린 먼로가 자기가 배출한 최고의 배우라고 치켜세웠다. 하지만 먼로를 연구한 사람들은 리 스트라스버그가 정서가 불안한 먼로를 오히려 이용했다고 본다. 너무나 유명한 먼로가 액터스 스튜디오에 나온다는 사실 자체가 스트라스버그를 더 유명하게 만들었다는 해석이다.

　1956년 1월, 〈버스 정류장〉 촬영에 들어가면서 먼로는 자신의 오랜 연기 코치인 나타샤 리테스와 결별하고 폴라 스트라스버그를 자신의 연기 코치로 기용했다. 일방적으로 해고를 당한 나타샤 리테스는 큰 상처를 받고 유럽으로 돌아갔다. 그리고 먼로가 죽은 다음 해인 1963년 5월 암으로 사망했다.

　먼로는 오랫동안 연기에 관한 한 나타샤 리테스의 조언에 많이 의존했으며, 촬영 현장에까지 대동하곤 했다. 촬영장에서 배우는 전적으로 감독의 지시에 따라야 함에도 먼로는 리테스에게 의견을 묻곤 했다. 이는 감독의 권한을 침해하는 측면이 있어서 바람직한 행동은 아니었다. 연기 코치가 나타샤 리테스에서 폴라 스트라스버그로 교체된 뒤에는 그 정도가 더 심해졌다. 주급 1500달러를 주기로 하고 고용한 폴라 스트라스버그를 촬영 현장에 대동했으며, 수시로 그녀의 의견을 물으며 연기했다.

　〈버스 정류장(Bus Stop, 1956년)〉을 촬영할 때 조수아 로건(Joshua Logan 1908~1988) 감독은 폴라 스트라스버그가 촬영에 방해된다며 촬영 현장에서 내쫓기도 했다. 먼로가 로렌스 올리비에와 함께 나온 〈왕자와 쇼걸〉은 올리비에가 직접 감독을 맡았는데, 그는 폴라 스트라스버그가 아무것도 모른다며 촬영장 출입을 금지하기도 했다. 〈뜨거운 것이 좋아(Some Like It Hot, 1959년)〉를 감독한 빌리 와일더도 마찬가지였다. 촬영 현장에서 배우의 코치가 연기에 간여하는 것 자체가 감독의 영역을 침범하는 것이며 영화 현장에 도움이 되지 않는다고 보았다.

　로렌스 올리비에는 메소드 연기 이론 자체가 쓸데없는 짓이라고 혹평했다. 〈버스 정류장〉과 〈왕자와 쇼걸〉은 제작사가 MMP여서 밀턴 그린은 폴라 스트라스버그를 탐탁하게 생각하지 않는 조수아 로건 및 로렌스 올리비에 감독과 스트라스버그 부부 사이의 갈등을 조정해야만 했다. 먼로가 스트라스버그 부부와 좋은 관계를 오랫동안 유지하게 된 데는 폴라 스트라스버그가 먼로에게 아첨을 잘했기 때문이라고 전해진다.

엄마와의 추억이 담긴 베이비 그랜드 피아노

마릴린 먼로가 가장 아꼈던 물건은 어머니와의 추억이 담긴 하얀색 베이비 그랜드 피아노였다. 먼로는 어릴 적에 위탁가정과 보육원을 전전하며 살았기 때문에 어머니와 함께 피아노를 갖고 살았다는 이야기는 이상하게 들릴 것이다. 하지만 먼로의 생애 중 어머니와 함께 자기 집에서 살았던 시절이 있었는데 1933년 여름부터 그해 연말까지 약 6개월이다.

1933년 여름, 먼로의 어머니 글래디스는 그동안 모은 돈과 뉴딜 정책으로 만들어진 주택금융회사로부터 돈을 빌려서 할리우드에 방 4개짜리 집을 장만했다. 글래디스는 영화배우 부부에게 집의 일부를 빌려주고 일곱 살된 먼로와 처음으로 단란한 가정생활을 할 수 있었다. 이때 글래디스는 하얀색 중고 피아노를 샀다. 그 피아노는 프레드릭 마치라는 배우가 갖고 있다가 중고로 내놓은 것이었다.

먼로의 어머니는 중고 피아노를 사서 일곱 살인 먼로에게 피아노를 가르쳤고, 음악에 소질이 있는 먼로는 피아노를 따라서 쳤다. 어머니와 함께 피아노를 두드렸던 그 시간은 먼로에게는 가장 아름다웠던 순간이었다. 하지만 좋은 시간은 얼마 가지 않았다. 글래디스가 정신병 증상이 생겨서 병원에 입원해야 했고, 집과 가구는 팔아야만 했기 때문이다.

모델과 배우 생활을 하면서 수입을 올리게 된 먼로는 어머니와 피아노를 쳤던 때를 그리워하며 혹시 그 피아노를 도로 살 수 없을까 생각했다. 먼로는 중고 피아노 가게와 경매로 나오는 피아노를 살펴보았고 드디어 바로 그 피아노를 발견했다. 먼로는 자기 아파트에 그 피아노를 들여놓고 선

(線)을 교체하는 등 수리를 했다. '엘리제를 위하여' 같은 피아노곡(曲)을 칠 줄 아는 먼로는 영화에서도 피아노 치는 장면에 나오곤 했다.

먼로는 죽기 전에 유언장을 통해 어머니에게는 생활비와 의료비로 10만 달러를, 어머니가 첫 결혼에서 낳은 언니에게는 1만 달러를 남겼다. 그리고 자신이 쓰던 물건은 자기를 아는 사람에게 나누어 주라면서 그 역할을 리 스트라스버그 부부에게 위탁했다. 스트라스버그 부부는 피아노는 물론이고 먼로가 입던 옷, 구두, 장신구 등을 인수해서 그대로 창고에 보관했다. 리 스트라스버그는 부인 폴라가 1966년에 죽자 그 이듬해에 스물여덟 살의 배우 애나(Anna 1939~2024)와 결혼했다. 리 스트라스버그가 1982년에 사망하자 먼로가 남긴 물건들은 애나 스트라스버그가 관리하게 됐다. 애나 스트라스버그는 1999년 크리스티 경매회사를 통해 피아노 등 먼로가 남긴 물건을 경매에 내놓았다. 시작가 10만 달러에 출발한 먼로의 피아노는 무려 66만 2500달러에 낙찰됐다. 먼로의 피아노를 이 가격에 산 사람은 가수 머라이어 캐리(Mariah Carey 1969~)였다. 만일에 이 피아노가 지금 경매에 나온다면 얼마나 할지는 알 수 없다. 먼로가 남긴 막대한 유산의 최대 수혜자는 먼로와 한 번도 만난 적이 없는 애나 스트라스버그였다.

정서 불안에 시달렸던 먼로

　먼로를 연구한 심리학자와 정신분석학자들은 먼로가 정상인과 정신
장애인의 경계선에 있었다고 본다. 먼로의 어머니와 외할머니가 정신
장애인이었기에 유전적 영향이 있을 수 있다고 보기도 한다. 먼로가 활
동했던 시기의 할리우드는 수면제, 진정제, 흥분제 등 약물 과용이 심
했다. 제약업의 발전에 힘입어 합성 의약품이 쏟아져 나왔고 할리우드
의 배우들은 각성제, 진정제, 수면제 등에 길들게 되었다. 할리우드 생
활을 하면서 먼로는 점차 불면증이 심해졌다. 먼로는 잠을 자기 위해
세코날, 넴뷰탈 같은 약에 의존했다. 또 우울증 증세를 겪기도 했다. 먼
로는 부모와 가족의 사랑을 모르고 자랐기 때문에 이처럼 정서적으로
취약했다고 보기도 한다.

　먼로의 불면증은 날이 갈수록 심해져 수면제에 더욱더 의존해야 했
고 촬영장에 늦게 도착하는 날이 많아 제작진의 원성을 샀다. 특히 〈돌
아오지 않는 강〉을 촬영할 때는 지각을 너무 심하게 해서 제작에 막대
한 지장을 초래했다. 먼로의 메이크업과 헤어를 담당했던 디자이너들
의 고충도 이만저만이 아니었다. 수면제에 취해 일어나지 못하는 먼로
가 깨어날 때까지 몇 시간을 기다려야 하는 등 먼로의 수면 장애 문제
는 심각했다.

　그 당시 수면제 등 약물 남용과 더불어 정신과 의사와의 상담은 할
리우드 스타들 사이에서 유행처럼 번져 있었다. 1950년대 미국은 프
로이트의 정신분석학이 유행할 때였고, 부유층은 정신과 의사와의 상

담을 신분의 표상이라도 되는 듯 생각했다. 뉴욕에 온 후 먼로는 밀튼 그린의 소개로 정신과 의사 마가릿 호헨버그의 상담을 정기적으로 받았다. 그린과 사업상 관계를 단절한 후에는 정신과 의사 마리안느 크리스(Marianne Kris)의 진료를 받았고, LA로 돌아온 후에는 랠프 그린슨에게 정신과 상담을 받았다. 이처럼 먼로는 약물 과용과 정신과 의사에 대한 의존성을 스스로 키웠다.

그렇다고 해서 먼로가 항상 우울하게 지낸 것은 아니다. 오히려 먼로는 사교적 자리에 참석하기를 좋아했다. 책을 많이 읽고 세상 돌아가는 사정을 잘 아는 먼로는 유머와 위트가 풍부해서 자리를 같이한 사람들은 먼로와의 대화를 재미있어했다.

먼로의 피난처이자 방패였던 아서 밀러

뉴욕에서 먼로는 시인 노만 로스텐(Norman Rosten 1913~1995)을 알게 되었고 가까이 지냈다. 시(詩)와 단편소설 그리고 희곡을 좋아한 먼로는 로스텐 부부뿐만 아니라 뉴욕의 문인들과의 만남도 좋아했다. 먼로는 미국 최고의 극작가는 아서 밀러와 테네시 윌리엄스라고 말하곤 했다. 1955년 들어서 먼로는 또다시 낙태했는데, 먼로는 그것이 자신의 13번째 낙태라고 주변에 고백했다.

1955년 3월 9일, 엘리아 카잔 감독의 영화 〈에덴의 동쪽〉 시사회가 액터스 스튜디오 주관으로 열렸다. 카잔은 제임스 딘(James Dean

1931~1955)을 소개하고 동시에 액터스 스튜디오를 위한 기금을 모으고자 했다. 시사회 초청인 명단에 마릴린 먼로가 있음이 알려지자 행사는 대성황을 이루었다. 아서 밀러도 이 행사에 참석해서 먼로와 밀러는 다시 만나게 됐다. 행사에는 먼로의 팬들도 있었는데 제임스 히스펠 (James Hispel)이란 10대 소년이 먼로를 만나기 위해 행사가 끝날 때까지 가지 않고 기다리고 있었다. 오랜 기다림 끝에 먼로를 만나 먼로의 영원한 팬이 된 히스펠은 그 후 먼로가 뉴욕에 올 때마다 먼로를 따라다녀서 뉴욕에서의 먼로의 행적을 가까이서 지켜본 증인이 된다.

아서 밀러(Arthur Miller 1915~2005)는 폴란드계 유대인으로 뉴욕시에서 태어났다. 대공황으로 아버지의 사업이 문을 닫자 형편이 곤란해진 밀러는 일하면서 공부해 미시간 대학을 졸업했다. 영문학을 전공한 밀러는 1940년에 출판사 편집자이던 첫 부인 매리 슬레터리와 결혼해 두 자녀를 두었다. 극작가로 두각을 나타내기 시작한 밀러는 1948년에 코네티컷 록스베리에 전원주택을 지어서 이사하고, '세일즈맨의 죽음(Death of a Salesman)'을 발표했다. 이 연극이 브로드웨이에서 성공을 거두자 그는 전국적으로 유명해졌다. 대공황으로 부친이 사업체를 닫은 경험을 토대로 평범한 사람의 삶이 얼마나 취약한지를 잘 그려낸 이 희곡으로 아서 밀러는 퓰리처상을 탔다.

먼로는 1951년 초 LA에서 엘리아 카잔의 소개로 밀러를 처음 만났다. 내성적인 아서 밀러는 먼로를 만나서 이런저런 대화를 하는 데 그쳤다. 훗날 밀러는 자기가 먼로를 처음 만났을 때 온몸이 전율하는 기분을 느꼈다고 회고했다. 밀러는 뉴욕으로 돌아간 후에도 먼로에게 자주 편지를 하는 등 먼로를 진지하게 생각했다. 먼로가 자기는 고등학교를 졸업하지 못해서 UCLA 성인 프로그램에 등록해서 문학을 공부한다고 하자 먼로에게 읽어야 할 책 리스트를 적어 보내주기도 했다.

먼로는 밀러에게 "사람들은 대부분 아버지를 존경하지만 나는 아버지가 없다"고 자신의 심정을 피력하기도 했다. 그러자 밀러는 링컨 대통령을 존경할 것을 권하고 당시 나온 링컨 전기를 읽도록 권했다. 공교롭게도 링컨은 이미 먼로의 영웅이기도 했다. 먼로는 고등학교 시절 링컨에 대한 작문으로 학교 표창장을 받은 적도 있듯이 가난한 환경에서 태어나서 대통령이 된 링컨을 존경했다. 먼로는 키가 크고 얼굴이 긴 밀러가 링컨을 닮았다고 생각했다. 그 후 먼로는 밀러와 서신과 전화로 소식을 주고받았다.

영화 〈에덴의 동쪽〉 시사회에서 오랜만에 만난 먼로와 밀러는 그 후 자주 만나며 그해 여름에는 연인 관계로 발전했다. 먼로는 가발과 선글라스로 변신을 하고 맨해튼에서 밀러를 만났다. 먼로는 밀러의 첫 번째 결혼이 심각한 상황이며 곧 파경에 이를 것임을 알았다. 마흔을 바라보는 나이에 결혼 10년을 넘긴 밀러는 부인과 섹스가 없는 무미건조한 가정생활을 이어가고 있었다. 이런 상태에서 먼로를 만난 밀러는 이혼을 생각하게 됐다. 밀러는 먼로와 사랑을 나누면서 부인과 아이들에게 죄책감을 느꼈고, 동시에 먼로의 남자관계를 알고서 불안한 감정도 느꼈다. 그러면서도 먼로와 다시 뜨거운 사랑을 하게 되면 보다 창의적인 문학적 성과를 낼 수 있으리라고 생각했다.

밀러가 먼로를 좋아하게 된 이유는 누구나 이해할 수 있다. 그러나 먼로가 밀러를 사랑하게 된 동기는 무엇일까? 먼로에게 당시 최고의 명성을 누리던 극작가이며 뉴욕 지식인인 아서 밀러는 피난처이자 방패였다. 자기가 단지 금발을 하고 노래 부르고 춤을 추는 가벼운 배우가 아닌 비중 있는 문화 인사로 인정받기를 원했던 먼로에게 밀러는 매우 이상적인 파트너였다. 더구나 당시 먼로는 할리우드 스튜디오라는 거대한 자본 세력과 싸우고 있었다. 자기를 단지 소모품 정도로 알고 있는 할리우드의 영화산업으로부터 독립을 선언한 먼로로서는 아서 밀러만큼 든든한 배경이 없었다. 이렇게 두 사람은 서로를 필요로 했다.

20세기 폭스와 혁명적 새 계약을 맺다

한편 LA 영화계에선 할리우드를 떠난 먼로를 어떻게 할 것인가를 두고 많은 궁리를 했다. 먼로를 버릴 수는 없다고 생각한 20세기 폭스는 먼로의 요구 조건을 검토한 끝에 먼로와 합의를 이루어 냈다. 1955년 12월 31일, 먼로와 20세기 폭스는 새로운 계약에 서명했다. 새 계약은 다음과 같은 혁신적인 조항을 담고 있었다. 첫째, 먼로는 영화 한 편 출연에 10만 달러를 받기로 한다. 둘째, 먼로는 향후 7년 동안 20세기 폭스가 만드는 영화 4편에 출연하기로 하고, 20세기 폭스 외의 다른 스튜디오가 만드는 영화에 매년 한 편 출연할 수 있다. 셋째, 먼로는 20세기 폭스가 만드는 영화에 출연할 때 자기가 원하는 감독을 지정할 수 있다. 하지만 자신이 영화 대본에 대한 동의권을 갖겠다는 먼로의 요구는 받아들여지지 않았다. 그런데도 배우인 먼로가 감독을 지정할 수 있다고 한 조항은 스튜디오가 장악했던 권력에 제동을 건 혁명적 사건이었다.

먼로는 새 계약에 따라 20세기 폭스가 계획한 〈버스 정류장〉에 출연하고 자신이 세운 마릴린 먼로 프로덕션(MMP)이 협력업체로 참여하도록 했다. 일찍이 이런 일은 없었기에 먼로는 할리우드의 남성 권력자들을 상대로 의미 있는 승리를 거둔 것이었다. 하지만 할리우드의 권력자들은 이런 먼로를 결코 용서하거나 잊지 않았음이 몇 년 후에 드러나게 된다.

먼로가 독자적인 프로덕션을 세워서 영화에 다시 나온다고 하자 언론은 먼로를 경쟁적으로 취재하기 시작했다. 먼로는 할리우드의 홍보 회사인 아서 제이콥스사(Arthur P. Jacobs Co.)를 홍보대행사로 지정했고, 아서 제이콥스는 패트 뉴컴으로 하여금 먼로를 수행하면서 언론에 대응하도록 했다. 하지만 먼로는 몇 주일 만에 뉴컴을 해고해 본사로 보내버렸다. 먼로가 〈버스 정류장〉 촬영 도중에 뉴컴을 해고한 이유에 대해선 뉴컴이 먼로와 닮아서 그랬다는 등 여러 이야기가 있다.

그러나 먼로는 1960년 여름 패트 뉴컴을 다시 고용하게 된다. 뉴컴은 먼로가 사망하던 날 먼로의 집에 있어서 먼로 죽음의 비밀을 풀 수 있는 중요한 증인으로 여겨졌으나 끝내 침묵을 지켰다.

먼로에게 특별했던 영화 〈버스 정류장〉

1956년 초, 20세기 폭스와 MMP는 먼로와의 새로운 계약에 따라 먼로가 출연하는 영화 〈버스 정류장〉 제작에 들어갔다. 〈버스 정류장〉은 극작가 윌리엄 인지(William Inge 1913~1973)의 작품으로, 조슈아 로건이 감독을 맡고 〈7년만의 외출〉의 원작자이며 영상 제작자인 조지 엑셀로드(George Axelrod 1922~2003)가 각본을 썼다. 영화는 아이다호와 애리조나 현지에서 촬영해서 1950년대 그 지역의 모습이 스크린에 잘 나타나 있다.

흙먼지가 날리는 도로를 달리는 장거리 버스와 그 버스가 정차하는 정류장의 식당 등 그 시대 미국의 시골을 무대로 한 영화에 먼로가 나왔다는 사실 자체가 특기할 만하다. 먼로는 영화에서 입을 옷을 직접 고르는 등 MMP 대표 자격으로 영화제작에도 자기 생각을 전달했고, 로건 감독은 먼로의 의견을 많이 반영했다. 먼로는 이 영화를 통해서 섹스 심벌이 아니라 실력 있는 연기자의 모습을 보여주고자 했다.

〈버스 정류장〉은 먼로에게는 의미가 있는 영화였다. 배우는 자기 내면에 숨어 있는 정신세계를 발굴해서 연기해야 한다는 메소드 연기를 배운 데다 정신분석 의사로부터 상담을 받고 나서 출연한 첫 번째 영화였다. 하지만 메소드 연기와 정신분석 심리치료는 가정을 모르고 성장한 탓에 불안한 정신세계를 지닌 먼로로 하여금 자기 내면의 어두운 존재를 끌어내 먼로를 더욱 힘들게 하고 말았다는 평가도 있다.

먼로가 심적으로 매우 민감함을 알고 있는 조슈아 로건 감독은 촬영 도중 잘못되더라도 '컷'을 외쳐서 먼로의 연기를 중단시키기보다는 먼로가 자연스럽게 연기를 계속하게 하고 나중에 편집하는 방법을 택했다. 배우이면서도 제작자인 먼로는 자신이 불만족스럽다고 느끼면 몇 번이고 다시 찍어 달라고 해서 촬영진을 힘들게 했다. 이로 인해 먼로는 함께 일하기가 어려운 사람이라는 인식이 널리 퍼지게 됐다.

〈버스 정류장〉에서 먼로는 타지에서 애리조나 시골 마을로 와서 카페에서 노래하고 춤추는 젊은 여성 체리로 나온다. 로건 감독은 알려지지 않은 돈 머레이(Don Murray 1929~2024)를 카우보이 보레가드 역(役)으로 기용했고, 덕분에 돈 머레이는 이를 계기로 배우로 성공하게 된다.

영화는 몬태나의 카우보이 보레가드가 로데오에 참가하기 위해 애리조나 피닉스에 도착해서 한 술집에 들어가고 거기서 노래를 부르고 춤을 추는 체리를 만나면서 시작한다. 보레가드는 체리와 결혼을 꿈꾸며 체리를 몬태나로 데리고 가고 싶어 한다. 하지만 할리우드 배우를 꿈꾸는 체리는 몬태나로 가기를 거부한다. 그러자 보레가드는 억지로 그녀를 데리고 로데오 경기장으로 데리고 가 버스에 태워 몬태나로 데려가려 한다. 그러다가 눈보라 때문에 버스는 버스 정류장이기도 한 애리조나의 식당에 머물게 된다. 버스 운전기사와 식당 주인은 체리가 납치되었음을 알고 보레가드를 제어하고 체리를 구해낸다. 눈보라가 그친 후 보레가드는 자신이 잘못했다고 체리에게 사과한다. 체리는 자기에게 여러 남자와의 과거가 있다고 고백하지만 보레가드는 이해한다고 했고, 여기에 감동한 체리는 보레가드와 함께하겠다고 같이 버스를 타고 떠난다.

1956년 8월에 개봉된 〈버스 정류장〉은 평론가들로부터 호평을 받았으나 이전에 먼로가 나왔던 영화만큼 흥행에 성공하지는 못해 20세기 폭스를 실망시켰다. 먼로 자신은 단지 금발의 섹스 심벌이 아닌 진지한 연기자로 나왔다고 자부했으나 그해 아카데미상 후보에도 오르지 못했다. 그해 아카데미 여우주연상은 잉그리드 버그만(Ingrid Bergman 1915~1982)에게 돌아갔고, 〈버스 정류장〉에 보레가드로 나온 돈 머레이가 남우조연상 후보로 지명돼서 이름을 날렸다.

아서 밀러, 하원 비미활동조사위원회 조사를 받다

1956년 5월, 먼로는 〈버스 정류장〉 촬영을 끝냈다. 그즈음 아서 밀러는 네바다에서 첫 부인과의 이혼 절차를 마치고 뉴욕으로 돌아왔다. 먼로는 밀러와 결혼하고 〈왕자와 쇼걸〉을 촬영하기 위해 영국으로 갈 예정이었다. 아서 밀러도 영국에 같이 가려고 여권을 신청해 놓았다. 그런데 뜻밖의 문제가 발생했다. 하원 비미(非美)활동조사위원회(The House Un-American Activities Committee : HUAC)가 밀러에게 위원회 출두 소환장을 보낸 것이다.

6월 21일 HUAC에 출두한 아서 밀러는 공산당 관련 활동을 묻는 의원들의 질문에 1940년대에 공산당 문인 모임에 몇 차례 참석했다고 인정했다. 그러면서 "나는 공산당 모임에 여러 차례 참석해서 사회정의와 평등을 주장했을 뿐"이라고 강변했다. 의원들은 공산당 문인 모임에 참석한 사람들의 이름을 대라고 요구했으나 밀러는 거부했다. 의원들의 반복된 요구에도 밀러는 공산당 모임 참석자 이름을 끝내 밝히지 않아 의원들로부터 의회모욕죄로 처벌될 수 있다는 경고를 들었다.

그날 청문회장에는 먼로가 참석해 취재진의 주목을 샀다. 먼로의 응원에도 불구하고 위원회는 밀러를 의회모욕(Contempt of Congress)으로 기소했다. 1957년 5월 연방법원은 밀러에게 벌금 500달러 또는 구금 30일을 선고했다. 하원 비미활동조사위원회에서 답변을 거부해 의회모욕으로 기소된 사람들은 대부분 1년 이하의 징역형을 선고받고 복역했기 때문에 밀러에게 내려진 처벌은 이례적으로 가벼운 것이었다. 이는 아마도 방청객으로 참석한 먼로 덕분인 것으로 여겨졌다. 그러나 밀러는 법원 판결에 불복해서 항소했으며, 1958년 8월 연방 항소법원은 위원회가 밀러에게 답변을 유도했다는 이유로 유죄판결을 파기했다.

비미활동조사위원회에서 동료들의 이름을 끝내 밝히지 않은 밀러는 4년 전에 같은 위원회에 소환되어 공산당 모임 참석자 명단을 밝힌 엘리아 카잔과 비교가 됐다. 카잔은 그 후에 '배신자'로 지목돼서 아서 밀러 등 문인 동료들로부터 버림을 받았고 감독으로서의 활동도 중단되었다.

하원 위원회에 출두하기 전 영국 방문을 위해 신청한 밀러의 여권 발급은 거부당했다. 그러다 얼마 후 국무부는 밀러에 대한 여권 발급을 지시해 어렵게 여권을 발급받을 수 있었다. 어떤 영향력 있는 사람이 국무부에 압력을 넣어서 여권이 발급된 것으로 알려졌다.

극작가 아서 밀러와의 '세기의 결혼'

먼로와 밀러가 밀회하고 있다는 소문은 파다했으나 두 사람의 결혼이 공식적으로 알려진 날은 6월 21일이었다. 하원 비미활동조사위원회에 출두한 밀러는 여권 신청 이유를 묻는 의원의 질문에 런던에서 공연하는 연극에 인사말을 할 예정이고, 자기와 결혼하게 될 여성과 함께 가기 위함이라고 답했다. 이 소식이 알려지자 기자들이 누구와 결혼하느냐고 물었고, 밀러는 빠른 시일 내에 마릴린 먼로와 결혼하겠다고 밝혔다. 그러자 먼로가 묵고 있는 맨해튼의 아파트에 기자들이 몰려오고 전화가 쏟아졌다.

기자들의 등쌀에 견디다 못한 두 사람은 밀러의 자동차로 코네티컷 록스베리에 있는 밀러의 전원주택으로 피신했다. 하지만 기자들은 록스베리까지 따라가서 밀러의 집 앞에 진(陣)을 치고 두 사람이 밖으로 나오기를 기다렸다. 결국 밀러는 집 밖으로 나와 다음 주말인 6월 29일에 공식 기자 회견을 자기 집에서 하겠다고 발표하고 기자들을 돌려보냈다. 그리고 두 사람은 결혼식 준비를 서둘러 진행했다.

당시 밀러의 집에는 밀러의 아버지와 어머니가 머물고 있었다. 이들은 먼로를 반갑게 맞아 주었고, 먼로는 감격한 나머지 "태어나서 처음으로 아버지와 어머니라고 부를 수 있는 사람이 생겼다"며 행복해했다고 전해진다. 당시 밀러의 아버지 이시도어 밀러는 72세였고, 먼로는 밀러와 이혼한 후에도 이시도어와 서신을 교환하며 지냈다.

아서 밀러는 유대인이었다. 특히 그의 아버지와 어머니는 독실한 유대교인이었다. 먼로는 결혼식을 유대교 의식으로 하고 싶다고 밝혔다. 뉴욕에 온 후 스트라스버그 부부 등 유대인을 많이 만난 먼로는 밀러보다 오히려 유대교 의식과 관습에 깊은 관심을 가졌다. 먼로가 결혼식을 유대교 의식으로 하기를 위해서 밀러는 따라갈 수밖에 없었다. 두 사람이 결혼식 준비를 하는 동안에도 기자들은 밀러의 집에서 멀지 않은 곳

'휴고'를 안고 아서 밀러와 활짝 웃고 있는 먼로. 이들의 결혼생활도 5년을 넘지 못했다. © 게티이미지

에 머물면서 '세기의 결혼'을 취재하려고 했다.

밀러가 기자 회견을 약속한 6월 29일, 밀러의 전원주택 주변은 취재진 400여 명으로 완전히 둘러싸였다. 하지만 그때 밀러와 먼로는 그곳에 있지 않았다. 이들은 근처에 사는 밀러의 사촌 집에 갔다가 사촌이 운전하는 자동차를 타고 집으로 오고 있었다. 그런데 근처에서 '쿵' 하면서 뭔가 부서지는 큰 소리가 들렸다. 무슨 일인가 싶어 그쪽으로 가 보니 자동차 한 대가 도로 옆 큰 나무를 들이받고 넘어져 있었다.

밀러와 먼로는 부서진 자동차 앞 유리창 밖으로 머리가 나와 피를 흘리고 있는 여자를 자동차 밖으로 끌어냈다. 그 여자는 잡지 〈파리 마치〉 뉴욕 지국장 마라 셔바토프(Mara Scherbatoff 1908~1956)였다. 당시 48세인 백(白)러시아계 귀족 가문인 그녀는 사진기자의 동생이 운전하는 자동차를 타고 가다가 굽은 좁은 도로에서 큰 나무와 정면으로 부딪치는 대형 사고를 당한 것이다. 자동차를 운전한 사람은 크게 다쳤으나 다행히 의식이 있었고 생명에는 지장이 없어 보였다.

먼로와 밀러는 기자들이 포위하다시피 한 밀러의 집으로 들어와 급히 앰뷸런스를 불렀다. 그러나 안타깝게도 마라 셔바토프는 다음 날 수술받던 중 사망했다. 밀러는 셔바토프가 탄 자동차는 앞서 빨리 가는 자동차에 자기와 먼로가 탄 줄 알고 좁은 도로에서 과속하다 사고가 난 것 같다고 말했다.

끔찍한 교통사고 현장을 목격하고, 피를 흘리는 여자를 부서진 자동차 밖으로 끌어내고 집으로 돌아온 먼로는 충격을 받았다. 하지만 이런 사정에도 아랑곳하지 않고 집 밖에는 기자들이 기다리고 있었다. 밀러는 파이프 담배를 물고 집 밖으로 나가 두 사람이 곧 결혼한다고 발표했다. 그러나 언제, 어떻게 할지를 묻는 기자들의 질문에는 답하지 않았다. 집으로 들어온 밀러는 가장 빨리 결혼할 수 있는 곳을 찾기 위해 자신의 인맥을 총동원했다. 그러고는 그날 안으로 두 사람을 위해 결혼을 주관할 수 있는 판사를 찾아냈다.

그날 저녁 밀러와 먼로는 뉴욕주 화이트플레인으로 자동차를 몰고 가서 세이무어 로비노위츠(Seymour Robinowitz) 판사의 웨스트체스터 법정에 도착했다. 필요한 서류 작업을 마치고 난 오후 7시 21분, 로비노위츠 판사는 밀러와 먼로가 부부가 되었음을 선언했다. 밀러의 사촌 부부가 증인으로 참석한 이 결혼은 4분밖에 걸리지 않았으며 두 사람은 다른 사람의 반지를 빌려서 서로 끼워주는 의식을 했다. 언론은 이 사실을 전혀 알지 못했다.

이틀 후인 7월 1일, 두 사람은 먼로가 원하는 대로 유대교 의식으로 결혼 의례를 치렀다. 유대교 사제 로버트 골드버그는 두 사람에게 유대인 기본교리를 간단하게 설명하고 두 사람이 부부임을 선언했다. 이로써 먼로는 유대교인이 된 것이다. 이 의식은 뉴욕 워커벅에 있는 밀러의 저작권 에이전트인 케이 브라운(Kay Brown)의 저택에서 이루어졌다. 먼로는 웨딩드레스를 입었고 밀러는 먼로에게 '지금이 영원히(Now Is Forever)'라고 새겨진 결혼반지를 끼워주었다. 결혼식에는 리 스트라스버그 부부 등 25명만 초대되었고, 극작가이면서 영화 제작자인 조지 엑설로드가 축하 메시지를 읽었다.

동물을 사랑한 마릴린 먼로

마릴린 먼로는 동물, 특히 개를 사랑했다. 생후 12일부터 위탁가정에서 자란 먼로는 외로운 소녀였다. 그런 먼로에게 위탁가정의 개는 더없이 좋은 친구였다. 먼로가 일곱 살이 되어 갈 무렵 첫 번째 위탁가정이었던 볼렌더 아저씨 집에 작은 강아지가 들어왔다. 볼렌더 부부는 그 강아지를 먼로가 키울 수 있도록 했다. 먼로는 그 강아지 이름을 '티피(Tippy)'로 지었다. 티피는 먼로와 하루 종일 같이 놀았고 먼로가 밖에 나갈 때면 졸졸 따라다닌 둘도 없는 친구였다. 하지만 먼로가 초등학교를 들어간 무렵 티피는 이웃집 마당에 들어갔다가 집주인이 쏜 엽총에 맞아 죽었다. 티피의 죽음은 먼로에게 큰 충격이었고, 먼로는 나중에도 티피 이야기를 주변에 자주 했다. 먼로의 또 다른 위탁가정에는 '러플즈'라는 이름의 스패니얼 종(種) 개가 있었고, 먼로와 그 집 딸은 러플즈와 같이 즐겁게 지냈다. 먼로가 열여섯 어린 나이로 제임스 도허티와 결혼한 후 도허티는 먼로를 위해 콜리 종(種) '먹시(Muggsie)'를 사주었다. 먼로는 먹시를 좋아했으나 도허티가 입대하고 먼로는 모델과 단역배우로 바빠서 제대로 돌보지 못했다. 먼로는 자기가 제대로 돌보지 못해 오래 살지 못한 먹시에게 미안해했다.

먼로가 배우로 입지를 다진 1948년에는 치와와 종(種)을 아파트에서 키워서 같이 찍은 사진이 남아 있다. 1950년대 중반에 먼로가 뉴욕에서 활동할 때에는 아파트에서 페키니즈 종(種)을 키웠는데 밀튼 그린이 1955년에 찍은 사진이 여러 컷 남아 있다. 뉴욕에 살 때는 고양이도 키웠다.

먼로가 아서 밀러와 결혼할 무렵에는 바셋하운드 종(種)인 '휴고(Hugo)'

를 맨해튼 57번가 아파트에서 키웠고, 밀러가 코네티컷 근교에 큰 전원주
택을 마련하자 휴고를 그곳으로 데리고 갔다. 먼로는 정원에 들어온 남루
한 잡종견을 입양해서 '신디'라는 이름을 붙여서 같이 데리고 살았다. 먼
로는 나무에 새집을 달아 주고, 정원사가 잔디를 깎는 과정에서 잘려나간
꽃을 보고 안타까워했다. 먼로는 앵무새를 두 마리 키웠는데, 그중 '부치
(Butch)'는 "I am Marilyn's Bird, Marilyn's Bird"라고 말해서 화제가 됐다.
모든 생명을 아끼는 먼로를 모델로 삼아 아서 밀러는《어느 것도 죽이지
마(Please Don't Kill Anything)》란 단편을 썼다.

먼로가 밀러와 헤어지고 맨해튼의 아파트로 돌아오면서 같이 있던 개들
은 밀러의 전원주택에 남게 됐다. 먼로의 허전함을 아는 프랭크 시나트
라가 푸들과 몰티즈 믹스견을 선물했다. 먼로는 이 강아지 이름을 '마프
(Maf)'로 지었다. '마프'는 마피아의 약자로, 마피아들이 어떤 사람이 마피
아라고 지칭할 때 "He is a Maf"라고 해서 강아지 이름을 '마프'라고 지은
것은 흥미롭다. 그것은 먼로가 시나트라는 마피아와 관련이 있으며 자신
도 마피아를 알고 있음을 의미했다. 먼로는 마프를 LA로 돌아갈 때 데리고
갔으며, 마프는 먼로의 마지막 반려견이었다. 먼로가 죽은 후 마프는 시나
트라의 여비서 글로리아 러벨이 데리고 살았다.

2011년, 앤드류 오해이건(Andrew O'Hagan)이란 작가는《강아지 마프와
그의 친구 마릴린 먼로의 생애와 생각(The Life And Opinions Of Maf The
Dog, And Of His Friend Marilyn Monroe)》이란 책을 냈다. 마프의 시각에서
본 자기와 자기의 친구 마릴린 먼로의 생애와 생각을 그려낸 픽션이었다.

MMP의 첫 번째 영화 〈왕자와 쇼걸〉

밀튼 그린은 먼로와 자기가 만든 마닐린 먼로 프로덕션(MMP)에서 독자적으로 영화를 만들고자 했다. 그린은 1953년에 영국에서 큰 인기를 끈 연극 '잠자는 왕자(The Sleeping Prince)'를 MMP의 첫 번째 영화로 제작하고자 했다. 1911년 조지 5세 대관식을 무대로 한 이 연극의 극작가는 테렌스 래티건(Sir Terence M. Rattigan 1911~1977)이었고, 주연은 영국의 국민배우라고 할 만한 로렌스 올리비에 경(Sir Laurence Olivier 1907~1989)과 그의 부인 비비안 리(Vivien Leigh 1913~1967)였다. 엘리자베스 2세 즉위를 기념하기 위한 이 연극은 큰 성공을 거두었다.

MMP는 연극 '잠자는 왕자'의 영화 저작권을 사들여서 영화화하기로 하고 그 제목을 〈왕자와 쇼걸(The Prince and the Showgirl)〉로 바꾸었다. 밀튼 그린이 제작자로 직접 나섰고, 극작가 테렌스 래티건에게 영화 각본을 맡겼다. 로렌스 올리비에에게 남자 주인공 역과 감독을 맡기고 먼로가 여자 주인공을 맡도록 했다. 당시 영국 최고의 영상감독 잭 카디프(Jack Cardiff 1914~2009)가 영상을 맡았다. 영국에서 화제가 된 연극을 로렌스 올리비에와 마릴린 먼로가 나오는 영화로 런던에서 찍는다고 했으니 이는 큰 사건이었다. 영화 촬영을 위해 먼로와 아서 밀러가 런던 공항에 도착할 때부터 언론은 비상한 관심으로 취재에 나섰다.

1956년 8월부터 런던에서 촬영에 들어간 〈왕자와 쇼걸〉은 발칸 반도의 가상국가 카르파티아의 나이 어린 국왕과 그의 부왕(父王, 로렌스 올리비에)이 영국 국왕 대관식에 참석하려 런던에 와서 대사관에 머물던 중 공연하러 온 무용단 단원인 마리아나(마릴린 먼로)를 만나서 겪는 로맨스와 이벤트를 그린 가벼운 영화이다. 화려한 의상과 건물, 당시 최정상의 연기자 로렌스 올리비에의 연기가 돋보인 영화인데, 먼로는 순진하고 코믹한 댄서로 나온다. 먼로는 이 영화에서 영국 최고의 배우 로렌스 올리비에의 상대역으로, 자신의 연기력을 제대로 보여주려고 했다. 하지만 이 같은 강박관념 탓에 너무 긴장한 나머지 먼로는 촬영을 매우 힘들게 했다. 결과적으로 자기가 자기를 너무 괴롭혔던 것이다.

이 영화를 촬영할 때도 먼로는 수면제 복용으로 늦잠을 자고 상습적으로 지각해 제작진은 엄청난 고생을 했다. 특히 먼로는 자기의 연기 코치 폴라 스트라스버그에게 지나치게 의존하는 나약한 모습을 보여서 로렌스 올리비에는 자주 화를 냈고, 그러면 촬영이 중단되곤 했다. 올리비에는 먼로와 영화를 하다가 몇 년은 더 늙었다고 혀를 찰 정도였다. 올리비에는 폴라 스트라스버그가 촬영에 방해된다며 뉴욕으로 돌려보냈고, 폴라 스트라스버그는 얼마 후 다시 런던으로 돌아오는 코미디 같은 일마저 생겼다.

올리비에는 촬영하는 4개월 동안이 지옥 같았다고 나중에 술회했다. 밀튼 그린은 이런 난관을 수습해 가면서 영화제작을 밀고 나갔다. 촬영은 매우 힘들었으나 완성된 영화에 나온 먼로의 연기를 보고 올리비에는 찬사를 보냈다고 전해진다.

밀튼 그린은 〈왕자와 쇼걸〉 제작을 11월 중순까지 예산 범주 내에서 끝낼 수 있었고, 그다음 해인 1957년 6월에 미국과 영국에서 동시에 개봉했다. 그러나 〈왕자와 쇼걸〉은 기대와 달리 흥행에선 그다지 성공하지 못했다. 먼로는 이 영화로 오스카상(償)을 타고 싶었으나 수상자 후보에 오르지도 못했다.

　한편 아서 밀러는 먼로가 얼마나 어린아이 같은지 영화 촬영을 지켜보면서 깨달았다. 먼로는 영화 일을 하고 싶어서 올리비에 밑에서 조수로 일하던 스물세 살 청년 콜린 클라크(Colin Clark 1932~2002)와 사랑에 빠지는 일도 있었다. 먼로는 그 기간에도 밀튼 그린과 밀회를 계속했다. 올리비에를 돕다가 얼떨결에 먼로와 꿈 같은 밀회를 즐겼던 콜린 클라크는 영화감독으로 성공하며, 2000년에 《마릴린과 함께한 일주일 (My Week with Marilyn)》이란 회고록을 펴냈다. 클라크의 책을 기초로 〈왕자와 쇼걸〉이 만들어지던 당시 상황을 잘 담아낸 같은 제목의 영화가 2011년에 나왔다.

　먼로의 분방한 행동을 본 밀러는 먼로가 정숙한 여인이 아님을 새삼 깨달았다. 런던에서 더 이상 할 일이 없음을 알게 된 밀러는 뉴욕을 다녀오고, 먼로는 그것을 좋지 않게 보았다. 밀러는 런던에 머무르던 중에도 습관처럼 일기를 썼다. 어느 날 먼로는 우연히 밀러의 일기장을 들여다보았는데 밀러가 자기를 '창녀(whore)'라고 지칭한 것을 보고 큰 충격을 받았다. 그날 먼로는 잠을 잘 수 없어서 수면제를 구해 먹고 간신히 눈을 붙였다. 두 사람의 부부 관계는 이때부터 금이 가기 시작했다.

　〈왕자와 쇼걸〉을 제작하는 과정에서 먼로를 중심에 두고 밀튼 그린, 폴라 스트라스버그, 아서 밀러가 서로 견제하는 양상이 발생했다. 런던에 머무는 동안에 밀러는 먼로가 그린과 사업을 같이해서는 안 된다고 생각했다. 결국, 그린은 마릴린 먼로 프로덕션(MMP) 지분을 10만 달러를 받고 넘겨주고 먼로와의 사업상 관계를 청산했다. 10만 달러는 그린이 원래 투자한 액수였으나 더 이상 먼로와 다투고 싶지 않아 조용히 떠나기로 했다. 그린이 떠난 자리에는 밀러와 밀러의 친구들이 들어와서 경영하게 됐다. 하지만 밀튼 그린이 떠남에 따라 MMP는 지속하기 어려워졌고 결국 먼로는 MMP를 정리하고 말았다. 의욕적으로 시작했던 MMP는 허무하게 문을 닫았으며 연기자로서 먼로도 추락의 길을 갔다.

밀튼 그린이 먼로의 옆을 떠남에 따라 밀러는 먼로와 그린의 관계를 걱정하지 않아도 됐다. 밀러는 먼로와의 생활을 위해 록스베리에 집을 한 채 더 사서 살기 시작했다. 이처럼 밀러는 먼로와의 부부 생활을 유지하려고 부단히 노력했지만 둘의 관계는 좀처럼 나아지지 않았다. 밀러는 원래 전원생활을 좋아했지만 할리우드와 베벌리 힐스에 익숙한 먼로에게 전원생활은 또 하나의 도전이었다. 게다가 먼로는 임신했으나 자궁 계통이 약한 탓에 유산하고 말았다.

흑백 코미디 영화 〈뜨거운 것이 좋아〉

먼로는 1957년에는 영화를 하지 않았고, 1958년 여름부터 〈뜨거운 것이 좋아(Some Like It Hot)〉 촬영에 들어갔다. 〈뜨거운 것이 좋아〉는 그해 가을에 촬영이 끝나서 1959년 3월에 개봉됐다. 빌리 와일더 감독이

기획한 흑백 코미디 영화 〈뜨거운 것이 좋아〉는 먼로를 위한 영화가 아니었다. 이런 영화가 만들어진다는 소문을 듣고 먼로가 자기가 하겠다고 나서서 성사되었다. 이 영화는 여자 배우들이 춤추고 노래 부르는 장면이 많아 와일더 감독은 흔쾌히 먼로를 주연으로 캐스팅했다.

〈뜨거운 것이 좋아〉는 금주법 시대인 1929년 시카고에서 마피아 갱단의 살인을 우연히 목격한 불법 술집의 악기 연주자인 토니 커티스(Tony Curtis 1925~2010)와 잭 레먼(Jack Lemmon 1925~2001)이 마피아를 피해서 여장(女裝)을 하고 마이애미로 도망가던 중 같은 열차에 탄 여성 밴드와 합류하면서 밴드의 보컬인 먼로를 만나서 겪게 되는 우여곡절을 다룬 코미디 영화다.

먼로가 오랜만에 노래와 춤을 연기해서 흥행에는 성공했으나 영화에서 돋보인 역할을 한 배우는 토니 커티스와 잭 레먼이었다. 빌리 와일더 감독과 잭 레먼, 그리고 먼로는 이 영화로 골든 글로브상(賞)을 탔으나 아카데미상에서는 빌리 와일더와 잭 레먼이 후보로 지명됐다. 먼로는 수상자 후보에도 오르지 못했다.

이 영화는 흥행에 대성공해서 먼로는 성공보수로 많은 돈을 받았다. 하지만 함께 작업한 배우, 스태프, 감독은 먼로에 대해 부정적이었다. 수면제 습관이 생긴 먼로는 촬영 시간을 지키지 못해 촬영 일정에 지장을 주었으며, 자기 마음에 들지 않는다고 똑같은 장면을 반복해서 찍도록 해서 다른 배우들과 스태프를 지치게 했다. 빌리 와일더 감독은 다시는 먼로와 영화를 하지 않겠다고 할 정도였다.

촬영이 끝나고 토니 커티스가 "먼로와 키스하는 장면은 히틀러와 키스하는 것 같았다"고 이야기한 것이 기사에 나오자 먼로는 발끈해서 반박하는 일도 있었다. 와일더 감독은 촬영 현장에 따라와서 먼로에게 연기 코치를 한다면서 촬영 간섭을 하는 폴라 스트라스버그에 대해 특히 심한 염증을 느꼈다. 먼로는 이 영화가 끝나고 1959년 말까지 영화를 하지 않았다.

이브 몽땅과 함께한 〈사랑을 합시다〉

〈뜨거운 것이 좋아〉가 흥행에 크게 성공하자 20세기 폭스는 먼로가 잘하는 노래와 춤이 나오는 영화를 또 만들고자 했다. 마릴린 먼로는 20세기 폭스와 맺은 계약에 따라 7년 동안 영화 4편에 출연할 의무가 있었고, 먼로는 20세기 폭스가 기획한 〈사랑을 합시다(Let's Make Love)〉에 출연하기로 했다. 문제는 먼로의 상대역을 맡아서 할 주연 남자 배우였다. 20세기 폭스는 케리 그랜트, 그레고리 펙 등을 접촉했으나 이들은 곤란하다면서 출연을 간곡하게 거절했다. 그렇게 해서 프랑스의 배우이며 가수인 이브 몽땅(Yves Montand 1921~1991)이 남자 주인공 역을 맡게 됐다. 프랑스의 국민 배우이자 가수인 이브 몽땅이 미국 최고의 여배우 마릴린 먼로와 같이 영화에 나온다고 하자 미국은 물론이고 유럽에서도 화제가 됐다.

이브 몽땅은 '고엽(枯葉, Autumn Leaves, Les feuilles mortes)'으로 알려진 가수이자 영화 배우로, 〈그랑프리(Grand Prix, 1966년)〉, 〈고백(L'aveu, The

Confession, 1970)〉 등에서 주연을 맡았다('고엽'은 1945년에 나온 후 프랑스에서는 에디트 피아프 등이 불렀으며 미국에서는 빙 크로스비, 냇 킹 콜, 프랭크 시나트라 등이 불렀고 로저 윌리엄스의 피아노곡이 특히 유명하다). 이브 몽땅은 1951년에 배우 시몬느 시뇨레(Simone Signoret 1921~1985)와 결혼했다. 몽땅과 시뇨레는 이미 프랑스의 정상급 배우였다. 1950~60년대에 몽땅과 시뇨레는 당시 프랑스의 문화예술인이 그러했듯이 여러 가지 진보적 아젠다를 지지했고, 그런 주제를 담은 영화의 주연을 맡았다. 이 같은 프랑스 국민 배우 부부가 갈라설 뻔했는데, 이브 몽땅이 마릴린 먼로와 함께 〈사랑을 합시다〉에 출연하면서 두 사람이 깊은 관계를 맺었기 때문이다.

1960년 초부터 촬영에 들어간 〈사랑을 합시다〉는 뉴욕에 진출한 프랑스의 억만장자 클레망(이브 몽땅)이 빌딩 지하 무대에서 뮤지컬 리허설을 구경하다 아만다(마릴린 먼로)를 만나서 벌이는 코믹한 뮤지컬 영화로, 먼로가 노래를 부르고 춤을 추는 배역으로는 마지막으로 나온 영화다.

이브 몽땅은 문화예술인에게 공산당 동조 여부를 심문하는 미국을 애당초 좋아하지 않았다. 몽땅은 먼로가 나온 영화도 그때까지 본 적이 없었다. 그러나 몽땅과 시뇨레는 아서 밀러를 좋아했다. 밀러가 미국 의회의 심문을 마녀재판에 비유해서 발표한 희곡 '시련(The Crucible, 1953년)'에 근거한 프랑스 영화 〈살렘의 마녀사냥(Les Sorcières de Salem, 1957년)〉에 몽땅과 시뇨레가 주연을 맡을 정도로 아서 밀러와 몽땅 부부는 가까웠다.

1960년 1월, 할리우드 스튜디오 촬영을 위해 몽땅 부부와 밀러와 먼로는 베벌리 힐스 호텔의 방갈로에 나란히 투숙했다. 이들은 기자 회견을 하고 다른 출연진과 함께 레스토랑에서 기자들을 위해 포즈를 취하기도 했다. 밀러는 〈사랑을 합시다〉의 대본을 직접 손보는 등 영화제작에 간여했다. 그리고 촬영이 시작됐고, 밀러는 자신의 일을 보기 위해 유럽으로 떠났다. 먼로는 여전히 촬영장에 늦게 나오고, 어떤 날은 아예 안 나오는 등 촬영에 차질을 초래했다. 이브 몽땅과 시뇨레는 그런 먼로를 보고 당황했다. 그리고 얼마 후 시뇨레는 파리로 떠났다.

먼로와 사랑에 빠진 이브 몽땅

그리고 봄부터 몽땅과 먼로가 몰래 만나는 모습이 스태프에 의해 목격됐고, 두 사람이 그렇고 그런 관계라는 소문이 할리우드에 파다하게 퍼졌다. 심지어 이런 일도 있었다. 아서 밀러가 LA에 왔다가 코네티컷 집으로 가기 위해 공항으로 떠났는데, 도중에 담배 파이프를 두고 온 것을 알고 다시 호텔로 돌아와서 방갈로 문을 열었더니 몽땅과 먼로가 침대에서 뒹굴고 있었다. 밀러는 〈사랑을 합시다〉 스토리에서와 똑같은 일이 현실로 벌어지는 것을 보고 먼로와 자기의 결혼은 이미 깨졌다고 생각했다.

〈사랑을 합시다〉를 촬영하던 그해 3월 들어 영화배우 조합(Screen Actors Guild)과 작가 조합(Writers Guild)이 급여 인상을 내걸고 파업을 했다. 이 파업으로 〈사랑을 합시다〉 촬영도 중단되고 말았다. 작가 조합원들이 파업하자 유럽에 가 있던 밀러는 급히 LA로 돌아와서 자기가 직접 대본 작업을 했다. 노조원들이 파업하는데 아서 밀러는 그사이 일을 해서 수입을 더 올린 것이다. 노조원 등 근로계층을 지지하는 먼로는 그런 아서 밀러가 위선적이라고 생각했다.

그해 3월 8일 골든 글로브 수상식에서 먼로는 〈뜨거운 것이 좋아〉로 여우주연상을 받았다. 하지만 4월 4일에 열린 아카데미 시상식에선 시몬느 시뇨레가 다른 영화로 여우주연상을 받았다. 골든 글로브는 아카데미에 비할 바가 아님을 먼로는 잘 알고 있었다.

잠을 자지 못하는 먼로는 갈수록 수면제에 대한 의존성이 커졌다. 게다가 이따금 깊은 우울증에 빠졌다. 먼로는 LA에 머무는 동안에도 뉴욕의 정신과 의사 마리안느 크리스 박사와 장거리 전화를 자주 했다. 먼로의 증상이 심상치 않다고 생각한 크리스 박사는 LA에서 정신분석학 의사로 유명한 랠프 그린슨(Ralph Greenson 1911~1979)을 먼로에게 소개했다. 이렇게 해서 먼로는 그린슨을 알게 됐다.

여러 가지 난관을 극복하고 LA에서 촬영을 끝낸 이브 몽땅이 파리로 돌아가기 위해 뉴욕 공항에 내리자 뉴욕에 미리 와 있던 먼로가 기다리고 있었다. 둘은 예약해 둔 호텔에서 다섯 시간을 보냈고, 먼로와 몽땅의 이런 행적은 목격한 사람들에 의해 언론에 보도되었다. 영화 개봉을 앞둔 그해 8월 〈라이프〉 잡지는 두 사람의 관계를 암시하는 표지를 내보냈다. 20세기 폭스는 두 사람의 관계가 널리 알려지면 흥행에 도움이 된다고 생각했고, 그런 뉴스가 언론에 많이 나오도록 은근히 부추겼다. 그러나 1960년 9월 초 미국에서 일제히 개봉한 〈사랑을 합시다〉는 저조한 흥행으로 20세기 폭스에 실망을 안겼다.

　〈사랑을 합시다〉 개봉을 앞둔 1960년 여름, 먼로는 그녀의 마지막 영화가 되는 〈미스핏(The Misfits)〉을 찍기 위해 네바다에 도착했다. 〈미스핏〉은 원작 소설과 영화 시나리오를 밀러가 썼기 때문에 밀러도 네바다 촬영장에 와 있었다. 하지만 밀러와 먼로의 결혼은 이미 끝난 것과 마찬가지였다. 네바다 리노 호텔에서 먼로는 밀러와 다른 방을 썼고, 먼로는 틈만 나면 몽땅에게 전화를 걸었다. 이런 상황은 유럽에도 널리 알려져서 유럽에서의 〈사랑을 합시다〉 흥행은 예상보다 좋았다.

　먼로와 몽땅 사이에서 곤란해진 시몬느 시뇨레는 기자들의 질문에 시달렸다. 먼로에 관해 묻는 기자들에게 "먼로가 사람을 보는 눈이 있다. 나도 몽땅을 사랑한다"고 궁색하게 답했다. 나중에 알려진 바에 의하면, 시뇨레는 자존심을 꺾고 먼로에게 여러 차례 전화를 걸어서 몽땅을 더는 만나지 말아 달라고 애원했다고 한다.

　그해 크리스마스에 몽땅은 뉴욕에 올 계획이었다. 먼로는 뉴욕에 미리 도착해서 몽땅을 기다렸지만 마지막 순간에 몽땅은 뉴욕 일정을 취소했다. 몽땅은 시뇨레와 부부 관계를 지킨 것이다. 몽땅이 뉴욕에 오지 않음을 알게 된 먼로는 자기는 더 이상 살 자격이 없다고 하염없이 울었다. 그해 연말 먼로는 몽땅을 잃어버렸을뿐더러 아버지처럼 생각했던 클라크 게이블도 잃어버리게 된다.

아서 밀러 각본, 먼로 주연의 〈미스핏〉

〈사랑을 합시다〉 촬영을 마친 먼로는 이어서 〈미스핏〉 촬영을 시작했다. 먼로는 〈미스핏〉을 먼저 촬영하려고 했으나 20세기 폭스와의 계약을 이행하기 위해 〈사랑을 합시다〉를 먼저 해야만 했다. 〈미스핏〉은 아서 밀러가 자신의 단편소설을 토대로 먼로를 주연으로 생각하고 각본을 쓴 영화였다. 밀러는 먼로가 이브 몽땅과 바람이 날 것이라곤 예상하지 못하고 자기와 먼로가 이 영화를 함께 만드는 것으로 생각했다.

네바다에서는 다른 주(州)에서 온 사람도 네바다에 6주만 머물면 주(州) 법원에서 신속하게 이혼할 수 있도록 했다. 네바다에서 한 이혼은 다른 주에서도 그대로 인정되기 때문에 신속하고 편리하게 이혼하려는 사람들이 네바다 이혼을 선호했다. 타호호(Lake Tahoe) 북쪽 멀지 않은 곳에 자리 잡은 리노(Reno)는 네바다에서 가장 큰 도시인데, 이런 이유로 '이혼 수도(Divorce Capital)'란 별명으로 불렸다. 쉽게 이혼하기 위해 네바다에 온 사람들은 리노에서 6주를 보내면서 카지노에 가서 돈을 쓰기도 했다. 네바다에선 도박과 이혼이 일자리를 창출하는 큰 사업이었다.

아서 밀러는 리노에 와서 첫 부인과 이혼을 했다. 밀러는 6주를 채우기 위해 시간을 보내면서 사막에 사는 야생마를 포획해서 생활하는 세 사람을 우연히 알게 됐다. 현대적 생활과는 전혀 다른 삶을 사는 이들을 보고 밀러는 '미스핏'이란 단편소설을 썼다. '미스핏'이란 시대에 맞지 않는 삶을 사는 사람들, 즉 부적응자들이란 의미였다. 밀러는 이 단편을 먼로 주연의 영화로 만들기 위해 시나리오로 발전시켰다.

〈미스핏〉의 한 장면. 이 영화는 먼로와 클라크 게이블에게 마지막 영화가 되었다. © 게티이미지

영화 〈미스핏〉은 다른 도시에서 이혼하기 위해 네바다 리노에 온 로슬린이란 젊은 여성(마릴린 먼로)이 거친 삶을 사는 남자 3명(클라크 게이블, 몽고메리 클리프트, 엘리 웰라치)을 만나는 이야기로 시작한다. 먼로는 이들의 이야기에 호기심을 느끼고 함께 야생마 포획에 나선다. 이들은 고생 끝에 야생마 몇 마리를 잡는 데 성공한다. 이렇게 잡은 야생마는 중간상인에게 팔려 결국 고양이와 개 사료로 만들어진다는 이야기를 들은 먼로는 경악한다. 먼로가 울부짖으면서 야생마를 잡아가는 데 반대하자 클라크 게이블은 힘들게 잡은 말들을 다시 황량한 네바다의 자연

으로 돌려보낸다.

아서 밀러가 각본을 쓰고 존 휴스턴이 감독을 하고 먼로 외에도 클라크 게이블, 몽고메리 클리프트(Montgomery Clift 1920~1966), 엘리 월라치(Eli Wallach 1915~2014)가 배역을 맡았으니, 한 시대를 풍미한 극작가와 감독, 그리고 배우들이 나온 영화였다. 영화의 이야기보다 이 영화와 관련된 사람들의 이야기로 〈미스핏〉은 할리우드 역사의 한 장(章)을 장식했다.

뜨거운 네바다의 사막에서 영화를 찍는 작업은 보통 일이 아니었다. 리노에 도착한 밀러와 먼로는 영화사가 잡아 놓은 메이프스 호텔(Mapes Hotel)에 묵었다. 첫날부터 다투는 소리가 나더니 결국 두 사람은 호텔 방을 따로 잡았다. 수면제를 먹어야 간신히 잠잘 수 있는 먼로는 무더운 네바다의 사막에서 촬영하는 것이 고역이었다. 먼로는 수면제를 먹고 늦게 일어나곤 했다. 그러면 휴스턴 감독을 비롯해 다른 배우와 스태프는 아무 일도 하지 못하고 뜨거운 사막의 더위와 싸우면서 기다려야 했다. 수면제 과용 탓인지 먼로는 대사를 자주 까먹었고, 그 때문에 촬영이 지연돼서 11월 4일에야 간신히 끝낼 수 있었다.

8월 27일, 촬영 도중 먼로가 쓰러지는 일이 발생했다. 먼로는 소형 비행기 편으로 LA의 웨스트우드 병원으로 이송되어 정신과 의사 랠프 그린슨과 그의 친구인 내과 의사 하이먼 엔젤버그(Hyman Engelberg 1913~2005)의 진료를 받았다. 그리고 며칠 더 입원해 몸을 회복한 후 네바다 촬영장에 복귀했다. 그때 엔젤버그는 먼로에게 강력한 수면제인 넴뷰탈(Nembutal)을 처방해서 복용하도록 했다.

　도박을 좋아한 존 휴스턴 감독은 밤이 되면 카지노에 자주 들렀는데 결국에는 무일푼이 될 정도로 돈을 많이 잃어서 친지들한테 도움을 요청하는 지경에 이르렀다. 먼로와의 이혼을 기정사실로 받아들인 밀러지만, 먼로가 세상에서 가장 아름다운 여인이라는 대사를 넣어서 먼로에 대한 자신의 감정을 표시했다. 먼로는 밀러를 차갑게 대해서 촬영 스태프를 거북하게 만들었다. 클라크 게이블은 예순을 바라보는 나이임에도 불구하고 말에 끌려가는 장면 등 힘든 연기를 직접 함으로써 건강을 해쳤다.

　무더운 사막에서 말을 다루는 연기를 해야 했던 클라크 게이블은 먼로 때문에 촬영이 지연됐다면서, "미스핏 때문에 나는 거의 심장마비가 올 것 같았다. 촬영이 끝나서 너무 기쁘다"고 말했다. 그런데도 게이블은 편집이 끝난 〈미스핏〉을 보고 매우 만족해했다. 게이블은 이 영화에서 자기가 〈바람과 함께 사라지다(Gone with the Wind, 1939년)〉 다음으로 연기를 잘했으며, 먼로도 영화에 잘 나왔다고 주위 사람들에게 말했다.

　그리고 이틀 후 게이블은 심장마비를 일으켜서 병원에 입원했다. 이 소식을 들은 아이젠하워 대통령은 게이블에게 전화를 걸어서 자기도 심장마비를 일으킨 적이 있으니까 잘 이겨내라고 격려했다. 하지만 게이블은 다시 큰 심장마비가 와서 11월 16일 60세 생일을 앞두고 사망했다. 임신 중이던 게이블의 부인 케이 윌리엄스(Kay Williams 1916~1983)는 먼로 때문에 남편이 더위에 고생해서 심장마비를 일으켜서 죽었다고 기자에게 말했다.

클라크 게이블이 죽었다는 소식을 들은 먼로는 하늘이 무너지는 듯 슬퍼했다. 아버지를 모르고 자란 먼로는 클라크 게이블을 아버지같이 생각했다. 게이블은 콧수염을 길렀는데, 먼로는 콧수염을 기른 나이 든 남자를 좋아했다. 먼로는 어머니가 콧수염을 기른 잘생긴 남자 사진을 먼로에게 주면서 이 사람이 아버지라고 말했다고 주변 사람에게 말하곤 했다. 그래서 먼로는 언젠가는 게이블과 함께 영화를 하고 싶었고 그래서 〈미스핏〉에 게이블과 함께 나올 수 있어서 좋아했다. 그런데 〈미스핏〉 개봉을 보지도 못하고 게이블이 사망한 것이다.

〈미스핏〉은 클라크 게이블은 물론이고 먼로에게도 마지막 영화가 되고 말았다. 영화의 마지막은 깜깜하고 황량한 네바다의 사막을 게이블이 먼로를 옆에 태우고 운전해서 가는 장면이다. 게이블은 깜깜한 밤하늘에 빛나는 큰 별을 손으로 가리키면서 "저 별을 따라가면 집(home)으로 간다"고 먼로에게 말하고 영화는 끝난다. 이 장면은 두 사람에게 닥쳐올 죽음을 암시하는 것 같다고 평론가들은 나중에 이야기했다.

클라크 게이블에게는 유작(遺作)이고 먼로에게는 마지막 영화가 되는 〈미스핏〉은 1961년 2월 1일 개봉됐으나 홍행에는 실패했다. 개봉 전날인 1월 31일 전야제에서 영화를 본 먼로는 자신의 연기에 너무 실망한 나머지 시사회가 끝난 후 마련된 파티에도 참석하지 않았다. 먼로는 영화에 나온 자기가 실제의 자기를 모델로 했다고 생각해서 특히 좋아하지 않았다. 더구나 자기가 아버지같이 생각하고 좋아했던 클라크 게이블이 이 영화를 찍고 난 후 죽었으니 더욱이 그러했다.

〈미스핏〉에 대한 평론가들의 평가도 우호적이지 못했다. 먼로는 진지한 연기자가 되고 싶은 자신의 기대가 사라졌다는 느낌을 받았다. 그러나 오랜 시간이 흐른 후에 영화 평론가들은 〈미스핏〉을 높이 평가했다. 나이에도 불구하고 어려운 연기를 보여준 클라크 게이블, 우울하고 고독한 연기를 보여준 몽고메리 클리프트는 물론이고 섹스 심벌이 아닌 '정(情)이 있는 인간'으로 나온 먼로를 높이 평가한 것이다. 〈미스핏〉에서도 고독하고 조용한 남자로 나온 몽고메리 클리프트는 1966년 이른 나이에 사망했다. 엘리 웰라치는 클린트 이스트우드 주연의 〈석양의 무법자(The Good, the Bad and the Ugly, 1966)〉에 '추한 자'로 나오고, 〈대부Ⅲ(The Godfather Epilogue, 1990)〉 등 많은 영화에 독특한 성격 배우로 활발하게 나왔다.

먼로는 클라크 게이블이 자기 때문에 죽었다는 죄책감에 시달렸다. 먼로는 〈사랑을 합시다〉에 같이 출연한 이브 몽땅과 결혼하고 싶었지만, 그해 크리스마스에 몽땅은 뉴욕에 오지 않았다. 먼로와 이혼한 아서 밀러는 〈미스핏〉의 촬영 부감독이었던 독일 태생의 잉게 모라(Inge Morah 1923~2002)와 결혼을 했다. 모라는 사진작가로 활동했고 2005년에 사망했다. 밀러는 자기보다 3년 먼저 사망한 모라와의 사이에 두 아이를 두었는데 그중 딸이 영화 제작자와 작가로 활동하는 레베카 밀러(Rebecca Miller 1962~)다.

먼로의 최측근 랠프 로버츠와 패트 뉴컴

〈미스핏〉 촬영을 시작하기 전에 뉴욕 맨해튼 57번가에 있는 자신의 아파트에 머물던 먼로는 정기적으로 마사지를 받기 시작했다. 불면에 시달린 먼로는 랠프 로버츠(Ralph Roberts 1916~1999)의 마사지를 받으면서 잠들곤 했다. 먼로가 랠프 로버츠를 알게 된 것은 1959년 11월 〈사랑을 합시다〉 촬영을 앞둔 때였다. 로버츠는 영화 준비 작업을 위해 LA 베벌리 힐스 호텔에 머물던 먼로에게 마사지를 해주면서 가까워졌다.

노스캐롤라이나 대학을 나오고 2차 세계대전 때 장교로 군 복무를 한 랠프 로버츠는 뉴욕에서 연기 수업을 받으면서 생계를 위해 스웨덴 마사지 학원에 다녔다. 배우가 되기를 희망했으나 단역에 그친 로버츠는 뉴욕에 살면서 유명한 연기자들에게 마사지를 해주면서 살았다. 로버츠가 정기적으로 마사지를 해준 사람 중에는 폴라 스트라스버그도 있었다. 로버츠는 스트라스버그의 아파트에서 먼로를 처음으로 만났다.

랠프 로버츠는 먼로가 〈미스핏〉 촬영을 위해 네바다에 갔을 때도 따라가서 먼로와 여러 사람에게 마사지를 해주었다. 먼로는 로버츠를 친구처럼 생각하고 다른 사람과의 사이에서 일어난 일을 마사지를 받으면서 이야기하는 등 속마음을 털어놓았다. 뉴욕에 살던 먼로는 외출할 때면 로버츠가 운전하는 자동차를 이용하곤 했다. 먼로는 밀러와 이혼한 후 밀러의 코네티컷 집에 두고 온 자기 옷가지와 물건들을 가지러

갈 때도 로버츠가 운전하는 자동차를 타고 같이 다녀왔다. 이처럼 로버츠는 먼로에게 집사(執事)와 같았다.

　먼로가 뉴욕 생활을 정리하고 LA로 이사하자 로버츠도 먼로를 따라 LA로 이사했다. 하지만 그해 10월 랠프 그린슨은 먼로에게 로버츠를 다시 뉴욕으로 보내라고 해서 한동안은 먼로와 떨어져 있었다. 로버츠는 1962년 7월부터 LA에 머물면서 먼로에게 여러 차례 마사지를 해주었다. 먼로가 죽던 8월 4일 오후 6시에도 로버츠는 먼로에게 전화를 걸었다. 로버츠는 먼로가 의욕에 차 있어서 자살할 사람으로 생각되지 않았다고 나중에 전했다.

　〈미스핏〉 촬영 중 먼로의 홍보를 맡아 온 루퍼트 앨런(Rupert Allan 1912~1991)이 모나코 왕국의 그레이스 왕비(Princess of Monanco, Grace Kelly 1929~1982)의 공보를 담당하기 위해 먼로를 떠났다. 앨런은 옥스퍼드에서 공부하고 기자 생활을 하다가 할리우드로 와서 그레이스 켈리, 베티 데이비스 등 유명한 배우들의 홍보를 담당해 왔다. 먼로의 홍보사 대표 아서 제이콥스(Arthur P. Jacobs 1922~1973)는 새 홍보 담당으로 〈버스 정류장〉 촬영 당시 잠시 먼로를 위해 일했던 패트 뉴컴(Pat Newcomb 1930~)을 추천했다. 먼로는 흔쾌히 응했고, 뉴컴은 〈미스핏〉을 촬영하는 네바다로 와서 먼로를 돕기 시작했다.

　패트 뉴컴은 워싱턴 DC에서 태어났으며 아버지는 변호사였고 할아버지는 하원의원을 지냈다. 뉴컴은 그녀의 아버지가 로버트 케네디의 처가(妻家) 스케이컬 가문의 LA 재산을 관리하기 위해 LA로 이사함에 따라 LA에서 자랐다. 뉴컴은 오클랜드에 있는 밀스 칼리지(Mills College)를 나왔다. 밀스 칼리지에서 홍보 과목을 가르친 피에르 샐린저(Pierre Salinger 1925~2004)의 소개로 로버트 케네디를 위해 잠시 일한 적이 있다. 1956년부터 아서 제이콥스의 홍보회사에 취직해서 먼로가 〈버스 정류장〉을 촬영할 때 먼로를 위해 일했으나 무언가 잘못돼서 그만두고 다른 배우의 홍보 일을 했다. 피에르 샐린저는 케네디 백악관에서 공보비서를 지내게 된다.

뉴컴은 〈미스핏〉 촬영 때부터 먼로를 위해 다시 일하기 시작해서 먼로가 죽을 때까지 가까이서 먼로를 도왔다. 뉴컴은 먼로가 아서 밀러와 이혼할 때, 그리고 뉴욕 매디슨 스퀘어가든 행사에 참석할 때에도 먼로를 수행했다.

아서 밀러와 이혼하고 다시 혼자가 되다

1960년 늦가을 〈미스핏〉 촬영을 끝내고 뉴욕 맨해튼 아파트로 돌아온 먼로는 허전하고 외로운 여인이 되어 있었다. 아서 밀러와의 결혼은 파탄에 이르러서 이혼할 예정이었다. 먼로는 아직도 이브 몽땅에 미련을 갖고 구애(求愛)했으나 몽땅은 파리에서 자기 때문에 파탄에 이를 뻔했던 시몬느 시뇨레와의 부부 관계를 회복하고 있었다. 연말이 다가오자 맨해튼을 다니는 사람들은 활기에 찼으나 먼로는 아파트 창문을 통해 분주하게 다니는 사람들을 내려다보고 더욱더 우울해졌다. 스스로 잠들지 못하는 먼로는 수면제에 의존해야 했고, 수면제를 언제 몇 알을 먹었는지를 기억하지 못하는 등 건강에 적신호가 켜졌다.

먼로는 지난 몇 년 동안 자기가 나이가 들었고 몸무게가 늘었음을 느꼈다. 〈사랑을 합시다〉가 상영되자 몇몇 평론가들은 먼로가 살이 쪄서 전과 같지 않다고 신문에 썼는데, 먼로는 그런 이야기를 민감하게 받아들였다. 먼로는 음식을 거르고 샴페인을 마시면서 아파트 안에 머물렀다. 먼로는 아무것도 입지 않은 상태로 자신의 몸을 거울에 비쳐 보면서 지내는 시간이 많았다. 그 시기에 먼로는 자기에게 마사지를 하러 오는 랠프 로버츠와 많은 이야기를 했다. 로버츠가 나중에 전한 바에 의하면, 프랭크 시나트라 등 여러 사람이 먼로에게 연락해왔으나 먼로는 워낙 우울해서 사람과 연락하는 것을 꺼렸다고 한다.

1960년 11월 8일에 대통령 선거가 있었고 민주당 후보 케네디가 공화당 후보 리차드 닉슨을 누르고 승리했다. 먼로는 케네디의 승리를 기뻐했다. 민주당원인 먼로는 하원 비미(非美)활동조사위원회에서 활약했던 닉슨을 싫어했다. 11월 11일, 먼로는 아서 밀러와의 이혼을 공식적으로 발표했다. 11월 16일, 맨해튼 아파트에서 먼로는 클라크 게이블이 사망했다는 전화를 받고 큰 충격을 받았다. 자신에게는 아버지 같은 존재였던 클라크 게이블이 별안간 죽은 데 대해 먼로는 죄책감을 크게 느꼈다. 먼로는 맨해튼 거리에서 자기를 보는 사람들이 자기를 '살인자'라고 부르는 것처럼 느꼈다고 전해진다. 이런 상황에서 먼로는 뉴컴과 가까이 지내게 된다. 먼로는 〈버스 정류장〉을 촬영할 때 뉴컴을 도중에 해고한 자신이 경솔했다고 느꼈다.

먼로가 아서 밀러와의 이혼을 발표하자 풍자적 칼럼을 즐겨 쓰는 아트 부크월드(Art Buchwald 1925~2007)가 '먼로 독트린을 확고히 지키자(Let's Be Firm on Monroe Doctrine)'란 칼럼을 써서 LA 타임스와 워싱턴포스트에 나왔다. 칼럼은 먼로 왕국에 파견된 아서 밀러 대사가 대통령이 교체됨에 따라 물러나게 됐다면서, 조 디마지오와 아서 밀러에 이어서 누가 차기 대사가 될지 궁금하다고 했다. 디마지오와 밀러에 이어 차기 대사로 예상되었던 이브 몽땅은 프랑스로 돌아갔다면서, 이 문제는 존 F. 케네디 대통령 당선자가 해결해야 할 문제라고 은유적으로 케네디를 걸고 넘어갔다. 비록 풍자적 글이지만 타블로이드가 아닌 메이저 신문에 이런 칼럼이 나와서 눈길을 끌었다.

먼로는 그해 크리스마스를 뉴컴과 함께 자신의 아파트에서 지냈다. 먼로는 뉴컴에게 밍크코트를 선물로 주었다. 그날 먼로의 아파트에는 활짝 핀 포인세티아 화분이 도착했다. 보낸 사람은 당시 뉴욕에 머물던 조 디마지오였다. 먼로는 디마지오에게 감사 전화를 하고 자기 집으로 오도록 초대했다. 크리스마스 날 늦은 저녁 디마지오는 화물 엘리베이터를 타고 먼로의 아파트에 도착했고 두 사람은 그날 밤을 같이 보냈다. 그 후 몇 주일 동안 디마지오는 사람들의 눈에 띄지 않게 밤늦게 먼로의 아파트에 와서 다음 날 아침 일찍 나가곤 했다. 이런 관계는 디마지오가 플로리다로 출장을 갈 때까지 계속됐다.

Marilyn Monroe
& the Kennedy Brothers

케네디 가문과 주변 인물들

5

"진정한 연인은 이마에 키스하거나

눈을 바라보며 미소 짓거나

단순히 허공을 응시함으로써

당신을 설레게 할 수 있는 사람입니다."

케네디 가문은 '정치 명문가'이다. 존 F. 케네디(John F. Kennedy 1917~1963)는 상원의원과 대통령을 지냈고, 그의 동생 로버트 케네디 (Robert F. Kennedy 1925~1968)는 법무부 장관과 상원의원을 지냈으며, 막내 에드워드 케네디(Edward M. Kennedy 1932~2009)는 47년 동안 상원 의원을 지냈다. 케네디 형제들이 이렇게 정치적으로 성공한 데는 아버 지 조지프 케네디(Joseph P. Kennedy, Sr. 1888~1969)의 역할이 결정적이 었다.

조지프 케네디의 아버지이고 케네디 대통령의 조부(祖父)인 패트릭 케네디(Patrick Joseph Kennedy 1858~1929)는 아일랜드를 떠나 미국으로 건너온 부모 사이에서 태어났다. 그는 아버지가 젊은 나이에 사망하자 부두에서 막노동 등을 하다가 술집을 내서 돈을 모았다. 보스턴에서 술 집 3개를 차린 그는 큰아들 조지프를 하버드에 보낼 수 있었고, 자신은 매사추세츠주(州) 의회 의원을 지냈다. 조지프 케네디는 하버드를 졸업한 후 금융회사와 증권사를 다녔고, 보스턴의 조선회사에서 일하다가 1919년에 주식 중개회사를 차렸다.

정치적 야심이 컸던 조지프 케네디

조지프 케네디는 농산물과 광물(鑛物) 거래, 그리고 주식 투자로 큰돈을 벌었다. 특히 내부 정보를 이용한 주식 투자와 부동산 투기로 큰돈을 벌었고, 부친이 하던 주류(酒類) 사업도 계속했다. 1차 세계대전이 발발하자 철강과 조선회사에서 일하던 그는 군수물자 생산을 독려했고, 이로 인해 해군 차관보이던 프랭클린 D. 루스벨트를 알게 됐다. 그는 보스턴 시의원과 하원의원, 그리고 보스턴 시장을 지낸 존 피츠제럴드(John Francis Fitzgerald 1863~1950)의 딸 로즈(Rose Elizabeth Fitzgerald 1890~1995)와 1914년에 결혼했다.

조지프 케네디는 자신이 직접 선출직에 나서지는 않았지만 1918년 하원의원 선거에 출마한 장인 존 피츠제럴드를 물심양면으로 도왔다. 하지만 부정선거 운동을 했음이 드러나서 피츠제럴드는 당선 후 하원에서 자격이 박탈되는 수모를 당했다. 의회가 선거 부정을 이유로 의원 자격을 박탈해 버린 매우 드문 경우였는데, 이때 조지프 케네디는 부정선거는 보다 정교해야 함을 깨달았을 것이다.

1920년대 들어서 미국은 금주법(禁酒法)이 시행됨에 따라 밀주(密酒)

와 주류(酒類) 밀수가 큰 사업으로 부상했다. 캐나다와 영국에서 위스키를 몰래 수입해서 지하 비밀 술집에서 술을 팔던 이 시기는 마피아에게는 큰돈을 벌 수 있는 황금기였다. 뉴욕에선 프랭크 코스텔로(Frank Costello 1891~1973), 시카고에선 앨 커폰(Al Capone 1899~1947)이 술 밀수와 판매로 큰돈을 벌었다. 부친이 보스턴에서 술집을 크게 해서 돈을 벌었기 때문에 술장사의 생리를 잘 알고 있는 조지프 케네디가 이런 기회를 그대로 보낼 리 없었다. 조지프 케네디는 밀주와 술 밀수에 간여했고 뉴욕과 시카고의 조직범죄와도 어울렸다. 그는 앨 커폰이 탈세로 감옥에 간 후 시카고 조직을 인수한 샘 지안카나(Sam Giancana 1908~1975)와 가까웠다. 지안카나는 뉴욕 마피아와 약속을 지키지 못해 위기에 처한 조지프 케네디를 구해주기도 했다.

1920년대 미국은 주식 시장이 활황을 보일 때였고, 조지프 케네디는 주식 투자로 막대한 부(富)를 장악했다. 그는 1929년 월가(街) 대폭락 직전에 주식을 처분해서 큰돈을 벌었다. 조지프 케네디 등 주식 시장의 큰손들이 주식을 동시에 팔아치워서 대공황이 시작됐다고 보는 학자도 있다. 조지프 케네디는 이렇게 번 돈으로 경제공황으로 폭락한 부동산을 사들였다. 그 결과 1929년 대공황 직전에는 4백만 달러이던 그의 총 재산은 1935년에는 1억 8천만 달러로 늘어났다고 평가된다 (당시 1억 8천만 달러는 현재 가치로는 40억 달러에 해당한다). 그는 자기 자식들 앞으로 각각 신탁계정을 만들어서 상속증여세를 내지 않고 부(富)를 미리 이전시켰다.

조지프 케네디는 영화산업의 전망도 밝게 보고 뉴잉글랜드 지역에서 할리우드 영화 배급 사업을 시작했다. 1926년에는 할리우드로 가서 RKO라는 영화사를 만들어 영화산업에 직접 뛰어들었다. 그는 영화 제작보다는 영화상영관 체인을 장악하는 데 주력했고, 이런 과정을 통해 돈을 벌었다. 영화산업에 간여하면서 그는 당시 최고의 여배우인 글로리아 스원슨(Gloria Swanson 1899~1983)과 3년 넘게 깊은 관계를 공공연하게 유지했다. 당시 상류사회 남성들은 젊은 여인을 정부(情婦)로 두는 경우가 흔했지만 조지프 케네디는 그 정도가 심했다.

막대한 부(富)를 축적하고 정치적 야심이 있었던 조지프 케네디는 1932년 대선을 맞아 매사추세츠에서 민주당 후보인 프랭클린 D. 루스벨트를 위해 선거운동을 했다. 그는 루스벨트의 큰아들인 제임스 루스벨트(James Roosevelt 1907~1991)와 함께 선거운동을 해서 루스벨트의 신임을 샀다.

루스벨트가 대통령이 되자 조만간 금주법(禁酒法)이 철폐될 것을 알아차린 조지프 케네디는 서머셋 주류회사를 설립하고 제임스 루스벨트와 함께 영국으로 가서 위스키 회사 듀어스(Dewar's)와 헤이그 앤드 헤이그(Haig & Haig), 그리고 고든 드라이 진(Gordon's Dry Gin) 회사와 독점 수입 계약을 맺었다. 금주법이 폐지되자 위스키와 진(Gin) 수입 계약을 미리 해놓은 그는 또다시 큰돈을 벌었다. 제임스 루스벨트도 조지프 케네디와 함께 술 수입을 했으나 대통령의 아들이라는 주위의 시선 때문에 그만두었다. 또 조지프 케네디는 쌀 때 사들인 시카고의 거대한 빌딩으로 막대한 임대수입을 오랫동안 챙겼다. 조지프 케네디는 서머셋 주류회사를 아들 존 F. 케네디의 상원의원 출마를 앞두고 처분했다.

루스벨트 대통령은 조지프 케네디를 새로 생긴 증권거래위원회 위원장에 임명했다. 이를 두고 증권가에선 여우한테 닭장을 맡긴 꼴이라는 비아냥이 일었다. 1936년 대선에서도 루스벨트를 도운 조지프 케네디는 새로 생긴 해사(海事)위원회 위원장이 되어 선박 건조 사업을 주도했다. 두 자리 모두 조지프 케네디의 사업과 겹쳐서 이해충돌이 있었으나 당시에는 그런 규제가 없었다. 해사 위원장으로 만족할 수 없었던 케네디는 더 큰 자리를 원했고, 루스벨트 대통령은 그를 영국 주재 대사로 임명했다.

외교 문제에 소양이 없는 아일랜드계 가톨릭인 조지프 케네디를 영국 주재 대사로 임명했으니 이는 파격적 인사였다. 그가 영국 주재 대사가 된 데는 제임스 루스벨트의 역할이 컸다. 조지프 케네디는 대가족을 이끌고 런던에 부임해서 영국 언론의 집중적인 주목을 받았다. 그는 주영 대사직을 발판으로 자기가 대통령이 된다는 꿈을 꾸었다.

1938년 봄부터 1940년 말까지 조지프 케네디가 영국 주재 대사로 있던 기간은 유럽에 전운(戰雲)이 감돌고 영국과 미국이 참전하느냐 마느냐를 결정해야 했던 중차대한 시기였다. 조지프 케네디는 런던에 도착하자마자 기자 회견을 열고 미국은 나치 독일과의 관계에 있어서 중립을 지키는 것이 국익에 맞는다고 발언해 파문을 일으켰다. 당시 영국 수상은 유화(宥和)주의자인 네빌 체임벌린(Neville Chamberlain 1869~1940)이었다.

조지프 케네디는 런던 주재 독일 대사를 통해서 히틀러를 만나고자 했다. 그러면서 루스벨트 행정부가 유대인의 영향을 받고 있다면서 유대인을 다루는 히틀러의 정책에 동조하는 발언을 했다. 독일 대사는 이를 히틀러에 보고했으나 히틀러는 조지프 케네디를 만날 생각이 없었다.

조지프 케네디는 미국 정부가 체임벌린 수상의 유화주의 노선을 따르기로 했다고 영국 외무부에 통보하는 등 본국 국무부와 무관하게 민감한 의견을 공표해서 논란을 일으켰다. 이를 수상하게 여긴 영국 외무부는 비밀리에 케네디 파일을 만들어서 케네디의 행적은 물론이고 그의 사업 활동도 감시했다. 나중에 알려진 바에 의하면 영국 국내첩보부(MI-5)는 케네디를 미행하고 전화를 도청했으며, 그것을 FBI에 비밀리에 전달했다. 그런 사정을 모르는 케네디는 영국 내의 파시스트 운동가를 만나서 루스벨트가 1940년에 대통령직에서 물러날 것이라고 말하고 다녔다. 이런 행적은 MI-5와 FBI를 통해서 루스벨트 대통령의 귀에 들어갔다.

체임벌린 수상은 뮌헨에서 히틀러를 만나 평화협정을 맺었으나 1939년 봄 들어서 히틀러의 군대가 체코와 폴란드를 침공하자 영국의 분위기는 바뀌기 시작했다. 유화론에 반대했던 윈스턴 처칠(Winston Churchill 1874~1965)이 내각에 복귀했고, 1940년 5월 10일 독일군이 베네룩스 3국을 침공하자 체임벌린은 사임하고 처칠이 수상이 됐다. 처칠은 조지프 케네디가 나치 동조자이고 반영(反英)주의자라고 생각했다. 독일군이 마지노선(線)을 우회해서 프랑스로 진격하고 독일 공군이 런던을 공습하자 조지프 케네디는 가족을 데리고 런던을 떠나서 시골에 숨어 지냈다.

케네디가 친(親)나치주의자임을 알게 된 루스벨트 대통령은 윌리엄 도노반(William J. Donovan 1883~1959) 대령 등 군사 고문단을 런던에 보내 케네디 대사를 소외시켜 버렸다. 영국을 도와 독일과 전쟁을 하기로 한 루스벨트 대통령은 조지프 케네디에게 귀국을 명했다. 사실상 사임 지시를 받은 케네디는 사직서를 제출하고 가족과 함께 10월 26일 워싱턴에 도착했다.

며칠 후 조지프 케네디는 히틀러가 전쟁에서 승리할 것이며 영국의 민주주의는 끝났다고 기자 회견을 했다. 루스벨트 대통령의 부인 엘리너 여사는 남편이 케네디에 대해 매우 화를 냈다고 회고했다. 이것으로 조지프 케네디의 꿈은 사라져 버렸고, 그에게는 친(親)나치주의자이며 유화론자이며 반(反)유대 인종주의자라는 주홍글씨가 새겨졌다.

조지프 케네디는 자신의 정치적 야망은 끝났다고 생각하고 못 이룬 꿈을 아들을 통해 이루고자 했다. 그의 꿈은 1960년 대선에서 둘째 아들 존 F. 케네디가 대통령에 당선됨으로써 이루어졌다. 하지만 그해 여름 민주당 대통령 후보가 된 존 F. 케네디는 민주당 원로인 해리 트루먼 전 대통령과 엘리너 루스벨트 여사의 지지를 얻기 위해 고생을 많이 했다. 두 사람은 밀수꾼이고 주식 사기범이며 바람둥이며 친(親)나치주의자인 조지프 케네디의 아들이 미덥지 않았다. 트루먼과 엘리너 여사는 케네디를 '그 아비에 그 아들'이라고 생각했다.

장남 조지프 2세와 둘째 존 F. 케네디

조지프 케네디의 첫째 아들은 조지프 2세(Joseph P. Kennedy, Jr. 1915~1944. 8. 12)이고, 둘째가 존 F. 케네디이다. 큰아들 조지프 2세는 건강했으나 두 살 아래인 케네디는 태어날 때부터 병약했다. 케네디는 두 살 때부터 병원에 오랫동안 입원하는 등 부모와 떨어져 보내는 시간이 길었다. 온갖 질병에 시달린 케네디는 고등학교 시절에도 결석이 많았고 아프지 않은 날이 드물 정도였다. 케네디는 자기가 약하다는 사실을 부끄러워하고 고통을 참으면서 체력을 키웠다. 보통 가정이었으면 케네디는 어릴 적에 죽었을 것이나 의사들의 돌봄과 잦은 입원으로 살수 있었다.

케네디는 병원에 있으면서 책을 많이 읽었다. 반면에 형 조지프 2세는 건강하고 운동을 잘했다. 어머니의 사랑을 받아보지 못한 케네디는 아버지에게 인정받기 위해 강해지려고 노력했다. 케네디가 선탠을 좋아하고 샤워를 하루에 여러 번 하며 여자들을 쫓아다니게 된 것도 이와 관련이 있다고 본다.

형제는 모두 하버드를 다녔다. 존 F. 케네디는 하버드 재학 중 유럽을 여행하고 《영국은 왜 잠자고 있었나?(Why England Slept?)》라는 책을 펴냈다. 이 점에서 존 F. 케네디는 히틀러에 대해 유화적인 부친과는 생각이 달랐다. 두 형제 모두 로스쿨을 다니려 했으나 2차 세계대전이 발발했다. 조지프 2세는 해군에 입대해서 항공 장교가 돼서 유럽에서 폭격기 조종사로 참전했다. 허리가 안 좋은 존 F. 케네디는 부친의 도움으로 해군 장교로 임관해서 워싱턴에 있는 해군 정보국에 발령을 받았다. 그는 해군 정보국에서 일하면서 덴마크 출신으로 미인대회 우승자인 칼럼니스트 잉가 아르바드(Inga Arvad 1913~1973)와 깊은 관계를 맺었다. 그녀는 괴벨스의 초청으로 히틀러를 만나서 인터뷰한 적이 있어서 FBI는 그녀를 간첩으로 의심하고 감시하고 있었다.

　유력한 집안의 해군 정보장교가 히틀러를 만난 여자와 내연관계를 맺고 있었으니 FBI는 당연히 감시할 수밖에 없었다. 조지프 케네디는 이를 알고 케네디를 사우스캐롤라이나에 있는 해군 부대로 발령받도록 했다. 그런데도 두 사람은 관계를 이어가다가 중위로 진급한 케네디가 경비정(Patrol Boat : PB) 훈련을 받게 되자 자연스럽게 헤어졌다. FBI 국장 에드가 후버(J. Edgar Hoover 1895~1972)는 이때부터 '케네디 파일'을 만들어서 케네디의 모든 것을 감시하기 시작했다.

　PB 정장이 된 존 F. 케네디는 솔로몬 군도의 기지로 발령을 받았다. 1943년 8월 1일, 부근에 일본 구축함 전대가 지나가는 것을 알게 된 PB 기지의 사령관은 PB 전대를 출동시켰으나 일본 군함은 침몰시키지 못하고 존 F. 케네디가 탄 PT-109는 일본 구축함에 의해 두 동강이 나고 말았다. 평소에 수영을 좋아한 케네디는 부상 당한 대원을 업고 헤엄쳐 인근 섬에 도달해 기지로 돌아올 수 있었다. 이 사건은 언론에 크게 보도되어 케네디는 유명해졌지만, 그때 약했던 허리를 크게 다쳐 연말에 전역했다. 한편 케네디의 형 조지프 2세는 유럽에서 폭격기 근무를 마치고 귀국할 수 있었는데도 위험한 비밀작전에 자원해서 출격

하던 중 폭발 사고로 사망했다. 동생이 유명해지자 경쟁 심리로 위험한 작전에 자원해서 사망했다고 여겨졌다.

전쟁 영웅으로 보스턴에 귀환한 케네디는 허스트 계열 신문사 기자로 2차 세계대전 후 처리 등을 보도했고 이로 인해 그의 이름은 널리 알려졌다. 1946년 미국 연방하원의원 선거에 보스턴 지역에 출마한 케네디는 쉽게 당선이 돼서 스물아홉에 하원의원이 됐다. 같은 해에 리차드 닉슨(Richard M. Nixon 1913~1994)은 남부 캘리포니아에서 하원의원으로 당선됐다. 위스콘신에선 조지프 매카시(Joseph McCarthy 1908~1957)가 상원의원에 당선됐다.

케네디와 닉슨, 존슨, 그리고 부시

1948년 텍사스에선 6선 하원의원 린든 B. 존슨(Lyndon B. Johnson 1908~1973)이 상원의원으로 당선됐다. 같은 해에 제럴드 포드(Gerald Ford 1913~2006)는 고향 미시간주 그랜드 래피즈에서 하원의원으로 당선돼서 워싱턴 정가에 진출했다. 닉슨은 1950년 선거에서 상원의원에 당선되어 차세대 공화당 리더로 주목을 받았다.

1952년 선거에서 케네디는 현직 상원의원이며 보스턴 정치 명문가 출신인 헨리 캐봇 롯지(Henry Cabot Lodge Jr. 1902~1985)를 꺾고 상원의원에 당선됐다. 롯지는 유명한 가문 출신이었지만 막강한 재력과 온 가족을 동원한 케네디를 이길 수 없었다. 조지프 케네디는 아들의 정치적

미래를 위해서 기자들에게 촌지(寸志)를 주어서 여론을 관리했다. '케네디 장학생' 기자들은 케네디를 칭송하는 기사를 쏟아내서 케네디가 승리하는 데 기여했다.

1952년 대통령 선거에서 닉슨은 공화당 후보 아이젠하워의 러닝메이트로 부통령이 됐다. 같은 해에 조지 H. W. 부시의 아버지 프레스콧 부시(Prescott Bush 1895~1972)가 늦은 나이에 코네티컷에서 상원의원으로 당선이 됐다. 예일대를 나오고 금융회사에서 일하다가 은행가 허버트 워커의 사위가 된 프레스콧 부시는 기업의 자유와 시장경제를 옹호하는 전형적인 동부 공화당 정치인이었다. 부통령으로서 상원 본회의 사회를 보아야 하는 닉슨은 동부 공화당을 대변하는 프레스콧 부시를 존중했다.

닉슨과 케네디가 함께 하원의원을 지낼 때 두 사람은 비록 소속 정당은 달랐으나 가까웠다. 하지만 닉슨이 부통령이 되고 케네디가 각광을 받으며 상원의원이 되자 두 사람은 점차 라이벌 관계로 발전했다. 1953년 1월 닉슨이 부통령 임기를 시작할 때 존슨은 상원 민주당 원내대표가 되어 야당인 민주당의 지도자로 부상했다. 1954년 중간선거에서 공화당이 상·하 양원에서 소수당으로 전락하자 존슨은 상원의 다수당인 민주당 원내대표가 되어 막강한 영향력을 행사하기 시작했다. 닉슨이 부통령을 지내고 존슨이 상원 원내대표를 지낼 당시 젊은 초선 상원의원 케네디는 언론에 자주 나오는 등 인기를 누렸으나 정작 의정활동은 내세울 만한 것이 없었고 상원 회의에도 결석이 잦았다.

1954년 12월, 상원은 67대 22로 조지프 매카시 의원을 문책하는 결의를 통과시켰다. 민주당 의원은 전원 찬성했고 공화당 의원은 절반이 찬성했다. 아이젠하워 대통령은 육군의 선배인 조지 마셜(George C. Marshall 1880~1959) 장군을 비난한 매카시를 좋지 않게 생각했고, 이런 분위기를 파악한 린든 존슨 민주당 원내대표는 매카시 징계를 주도해서 자신의 영향력을 과시했다. 상원이 매카시 견책 안건을 표결할 때 민주당 의원으로는 허리 통증으로 입원 중이던 케네디만 표결에 불참했다. 공산주의를 싫어하는 조지프 케네디는 공화당원이지만 케네디 가족과 같은 가톨릭 신자이고 반공주의자인 매카시를 히아니스포트 저택으로 초대한 적도 있었다. 따라서 케네디는 매카시 표결에 참석하지 않으려고 입원했다고 보기도 한다.

공화당원인 프레스콧 부시 상원의원은 매카시 징계에 찬성했다. 전형적인 동부 앵글로 개신교인(WASP)인 프레스콧 부시는 아이젠하워 성향의 공화당원이었다. 닉슨은 매카시에게 동정적이었으나 부통령으로서 아이젠하워의 뜻을 따라야 했고, 상원의장으로 매카시 징계 안건을 다룰 때 사회를 보았다. 매카시 징계에는 그 후 미국 정치를 좌우하게 되는 케네디, 존슨, 닉슨, 그리고 부시가 이렇게 엮여 있었다.

케네디의 부인 재클린 케네디

상원의원이 된 케네디는 1953년 9월 로드아일랜드 뉴포트의 성당에서 보스턴 교구 대주교 집전하에 재클린(Jacqueline Bouvier 1929~1994)과 결혼했다. 결혼식 후 부근 야외에서 열린 리셉션에는 축하객 1200명이 참석해서 대성황을 이루었다. 재클린은 양부(養父)인 휴 오친클로스(Hugh Dudley Auchincloss 1897~1976)의 손을 잡고 결혼식장에 들어갔다. 언론은 케네디와 재클린의 결혼을 대서특필했다.

케네디 가문이 걸어온 길을 보면 돈이면 무엇이든 할 수 있다는 배금(拜金)주의와 자신들은 무슨 일을 해도 된다는 선민(選民) 정서가 지배하고 있음을 알 수 있다. 케네디 가문은 그 당시 기준으로 보더라도 지독한 남성우위 사상이 지배했다. 여자는 결혼해서 아이들을 낳아 기르는 것이 당연하고, 남자가 다른 여자와 바람을 피워도 문제가 될 것이 없었다.

케네디의 어머니 로즈 여사는 여자관계가 복잡한 아버지를 보고 자랐기 때문에 남편과 아들의 외도를 당연하게 받아들였다. 로즈 여사는 자식들에게 깊은 애정이 없었고 성당에 가서 기도하는 것을 일과로 삼으며 살았다. 케네디 대통령은 친구나 참모들에게 어머니에 대해 언급한 적이 없었다. 케네디에게 아버지는 절대적 존재였지만 어머니는 존재하지 않았다.

재클린이 성장한 환경도 케네디와 비슷했다. 재클린의 아버지 존 부비어(John Bouvier 1891~1957)는 부유한 사업가의 아들로 태어나서 컬럼비아와 예일대를 나오고 부친 형제들이 경영하는 증권회사에서 일하면서 주식 투자를 많이 했다. 1928년 부동산 사업가의 딸인 재닛 리(Janet Lee 1907~1989)와 결혼해서 재클린과 동생 캐롤라인을 낳았다. 그는 1929년 월가(街) 증시 폭락으로 많은 돈을 잃어버렸고, 그 후 술과 여자로 세월을 보냈다. 부비어 부부는 1940년 재클린이 열 살 때 이혼했고, 재클린의 어머니 재닛은 자기보다 열 살 많은 휴 오친클로스와 재혼했다. 오친클로스 가문은 미국에서도 손꼽히는 재산가로 증권회사를 소유하고 경영했다. 재클린의 생부 존 부비어는 1957년에 알코올 중독과 간암으로 사망했다.

어머니가 재산가와 재혼함에 따라 재클린은 경제적 궁핍에서 벗어났고 명문 여자사립대학 바사(Vassar)를 다니면서 프랑스에서 교환학생으로 공부했다. 최종적으로 조지 워싱턴 대학에서 프랑스 문학을 전공한 재클린이 신문사에서 기자 생활을 할 수 있었던 것도 양부 덕분이었다. 재클린의 동생 캐롤라인(1933~2019)은 두 번째 남편 성을 따라 리 라지윌(Lee Radziwill)로 알려지는데 그녀는 세 번 결혼하고 세 번 이혼했다. 이처럼 1930년대에 경제적 어려움을 겪은 재클린과 그의 동생은 어머니가 거부(巨富)와 재혼함으로써 경제적 풍요를 찾았다. 그런 경험 때문에 자매는 여자란 결혼을 통해서 부(富)와 사회적 신분을 얻는 것이며, 그것을 지키는 것이 가장 중요하다고 생각하며 성장했다.

존 F. 케네디의 성적 방탕과 복잡한 여자관계는 통상적으로는 이해가 되지 않으며 또한 그런 결혼생활을 유지한 재클린도 이해하기 어렵다. 이러한 케네디와 재클린을 이해하기 위해선 1920년대와 대공황을 거치면서 막대한 재산을 형성한 당시 미국 부호(富豪)들의 삶을 이해할 필요가 있다. 이와 더불어 케네디는 어렸을 때부터 줄곧 병약한 탓에 빨리 죽을지도 모른다고 생각하며 살아왔기 때문에 그토록 섹스에 집착했다고 보기도 한다. 당시 부유층 가문의 남자들은 성적 방탕을 자연스러운 것으로 생각했고, 여자들 역시 그것을 자연스러운 현상으로 받아들였으며 케네디 가문은 특히 그러했다.

케네디의 매제인 미남 배우 피터 로포드

1954년 4월, 케네디의 누이동생 패트리샤(Patricia Kennedy 1924~2006)가 영국 출신 영화배우 피터 로포드(Peter Lawford 1923~1984)와 뉴욕에서 결혼했다. 케네디의 누이동생 중 가장 미모였던 패트리샤가 배우와 결혼한다고 하자 아버지 조지프 케네디는 말렸으나 딸의 고집을 꺾을 수 없었다. 피터 로포드는 모든 여성이 반할 만한 미남이었다.

피터 로포드는 영국의 유력한 부모에서 태어났으나 프랑스 등지로 옮겨 살아서 정규 교육을 받지 못했다. 젊었을 때 당한 사고로 팔을 다쳐서 2차 세계대전 중임에도 병역을 면제받았으며, 할리우드를 방문하던 중 영화제작진 눈에 띄어 배우가 됐다. 키가 크고 인물이 출중한 그는 영국 악센트가 필요한 영국 군인 역할을 많이 했다. 전시이던 당시는 전쟁 영화가 많았고 영국군 배역이 많이 필요했다. MGM과 전속계약을 맺은 그는 조연급으로 많은 영화에 출연했으며 여러 여자와 분방하게 어울렸다. 그가 성(性)관계를 가졌던 신참 여배우 중에는 마릴린 먼로도 있었다. 패트리샤 케네디와 결혼한 1954년은 그의 전성기였다.

로포드 부부는 샌타모니카에 자리를 잡았고 태평양 바닷가에 지어진 저택을 1956년에 구매했다. 방이 20개나 되는 이 저택은 MGM 영화사 창업자인 루이스 메이어(Louis Mayer 1884~1957)가 1926년에 지어 살았던 유명한 저택이었다. 태평양 바닷가로 걸어 나갈 수 있고 수영장이 있는 로포드 저택에선 파티가 자주 열렸다. 케네디 형제가 LA에 오면 로포드는 마릴린 먼로 등 친지들을 불러서 파티를 열었다. 때로는 콜걸을 여럿 불러서 누드 파티를 여는 등 구약성경의 소돔과 고모라가 울고 갈 정도로 난잡한 일이 벌어지기도 했다.

피터 로포드는 프랭크 시나트라, 딘 마틴 등과 가까웠으며 케네디 형제는 로포드를 통해서 이들과 사귀면서 많은 여성의 몸을 탐닉했다. LA 경찰국은 로포드 저택을 특별 관리했으며 케네디 형제가 LA에 오는 날이면 로포드의 저택을 멀리서 감시하고 또 보호했다. LA 경찰국은 로포드의 저택에선 콜걸들을 불러 누드 파티를 하는 것도 잘 알고 있었다. 로포드 저택은 케네디가 대선에 나서게 되는 1960년 초부터는 서부 지역 선거운동 지휘소로 기능했다. 케네디가 대통령이 된 후에는 로버트 케네디가 서부를 방문할 때 자주 머물렀다.

피터 로포드는 1959년부터 프랭크 시나트라, 딘 마틴 등과 함께 라스베이거스 카지노 호텔에서 '랫 팩(Rat Pack)' 쇼를 진행해서 인기를 얻었다. 당시 LA와 라스베이거스의 연예계와 유흥가는 시카고 마피아 보스인 샘 지안카나가 장악하고 있었다. 케네디는 피터 로포드와 어울리며 할리우드 배우 그리고 배우 지망생들과 방탕한 관계를 가졌다.

1960년 대통령 선거

존 F. 케네디가 대통령이 된 데는 부친 조지프 케네디의 영향이 절대적이었다. 1960년 대통령 선거를 앞두고 프라이머리를 하는 주는 11개 주에 불과했고 나머지는 대의원 회의가 결정했다. 미네소타 출신 휴버트 험프리(Hubert H. Humphrey 1911~1978) 상원의원과 케네디가 일찌감치 대선 출마를 선언하고 프라이머리에 뛰어들었다. 린든 존슨은 프라이머리에서 우월한 승자가 나오지 못해 전당대회에서 후보를 결정할 것으로 보고 프라이머리에 출마하지 않았다. 1952년과 1956년에 민주당 대선 후보였던 애들레이 스티븐슨(Adlai E. Stevenson II 1900~1965)은 아무도 대의원 과반수를 차지하지 못하는 경우 전당대회가 자기를 후보로 추대하면 그에 응하겠다는 태도를 취했다.

조지프 케네디는 아들 케네디를 위해서 아낌없이 돈을 뿌렸다. 대선 출마를 준비할 시점인 1959년 가을, 조지프 케네디는 38만 5000달러를 들여서 컨베어 240 쌍발 프로펠러 30인승 중형 항공기를 사서 케네디가 사용하도록 했다. 케네디는 이 비행기에 딸 이름 '캐롤라인(Caroline)'을 써 붙였고, 그와 그의 선거 팀은 이 비행기를 타고 전국을 누볐다. 전세 버스를 타고 다니면서 유세를 해야 했던 험프리는 자가용 비행기를 타고 다니는 케네디와 경쟁하기에는 역부족이었다. 린든 존슨이 프라이머리에 나서지 않은 이유 중 하나도 케네디의 이러한 선거 운동을 당할 수 없다고 생각했기 때문이었다.

4월 5일 위스콘신 프라이머리에서 케네디가 험프리를 눌렀고, 4월

12일에 열린 일리노이 프라이머리에선 케네디가 압승을 거두었다. 4월 26일에 열린 매사추세츠와 펜실베이니아 프라이머리에선 케네디가 예상대로 모두 승리했다. 험프리는 5월 10일에 있을 웨스트버지니아 프라이머리에 마지막 기대를 걸었다. 웨스트버지니아에선 가톨릭 신자에 대한 적대감이 높았기 때문에 케네디는 마음을 놓을 수 없었다. 하지만 웨스트버지니아에서도 케네디는 23만 6천 표를 얻어서 15만 2천 표를 얻은 험프리를 눌렀다. 이로써 프라이머리는 케네디의 승리로 끝났다. 케네디에게 승리를 안겨준 웨스트버지니아 프라이머리는 조지프 케네디의 돈과 샘 지안카나의 조직이 결정적 역할을 했다.

1960년 7월 11~15일 LA 메모리얼 콜로시엄에서 민주당 대통령 후보를 지명하는 전당대회가 열렸다. 프라이머리에서 휴버트 험프리 상원의원을 여유롭게 물리친 케네디는 대의원 투표에서도 린든 존슨 상원의원을 누르고 대통령 후보로 지명됐다. 마지막 날인 15일, 케네디는 유명한 '뉴 프런티어' 연설로 환호하는 지지자와 당원들에게 답했다. 그리고 케네디는 예상을 뒤엎고 린든 존슨을 러닝메이트로 지명했다.

케네디와 동생 로버트는 스튜어트 사이밍턴(Stuart Symington 1901~1988) 상원의원이나 헨리 잭슨(Henry M. Jackson 1912~1983) 상원의원을 러닝메이트로 지명하고 싶어 했다. 하지만 아버지 조지프 케네디는 남부에서 이기려면 텍사스 출신인 존슨을 지명해야 한다고 주장했다. 선거운동을 지휘했던 로버트 케네디는 "존슨은 동물(animal)"이라면서 강하게 반발했으나 부친의 뜻을 꺾을 수는 없었다. 케네디와 그의 참모들도 조지프 케네디의 말을 무시할 수 없었다. 게다가 존슨 본인이 부통령이 되고 싶어 했다.

로버트 케네디는 상원 민주당 원내대표로 막강한 영향력을 행사하는 존슨이 실제 권한이 없는 부통령직 제의를 받아들이지 않을 것으로 생각했다. 하지만 존슨은 케네디 측에게 자기를 러닝메이트로 지명하지 않으면 케네디의 여자관계를 폭로하겠다며 협박했다고 알려져 있다. 존슨은 아이젠하워 정권하에서 야당이자 의회 다수당인 민주당의 상원 원내대표로서 막강한 권력을 휘둘렀으나 케네디 정권이 들어서면 집권당의 권력은 백악관으로 넘어간다는 사실을 너무 잘 알고 있었다.

그뿐만 아니라 존슨은 가까운 사람들에게 "역사를 보면 대통령 서너 명 중 한 명은 임기를 마치지 못한다"고 말했다고 전해진다. 존슨은 케네디가 불치의 애디슨병(病)을 앓고 있어서 임기를 채우기가 어렵다고 생각했을 것이다. 케네디는 존슨을 러닝메이트로 지명하지 않을 수 없었다.

리차드 닉슨과 존 F. 케네디가 격돌한 1960년 대통령 선거는 케네디의 승리로 끝이 났다. 닉슨의 러닝메이트 헨리 캐벗 롯지는 닉슨에 전혀 도움이 되지 못했다. 닉슨은 매사추세츠 출신으로 1952년 상원의원 선거에서 케네디에 패배하기 전까지 상원의원을 지냈고 아이젠하워 행정부에서 유엔 주재 대사를 지낸 롯지를 러닝메이트로 삼으면 자신이 취약한 동북부에서 지지도가 올라갈 줄 알았으나 그런 효과는 없었다. 오히려 롯지는 닉슨과 상의하지도 않고 닉슨이 대통령이 되면 흑인을 각료로 임명하겠다고 발표해 남부의 백인 유권자들의 분노를 샀다. 반면에 케네디는 린든 존슨을 앞세워서 자기가 취약한 남부를 지킬 수 있었다. 케네디는 텍사스, 루이지애나, 조지아, 사우스캐롤라이나, 노스캐롤라이나에서 승리했다.

존슨과 가까운 리차드 러셀(Richard Russell, 1897~1971) 상원의원이 장악하고 있는 조지아와 러셀 롱(Russel Long 1918~2003) 상원의원이 장악하고 있는 루이지애나는 전폭적으로 케네디를 지지했다. 존슨의 고향 텍사스는 남부에서 인구가 가장 많아 선거인단 24표가 걸려 있는데, 케네디는 닉슨을 불과 2% 차이로 이겼을 뿐이다. 게다가 텍사스에선 부정 투표 논란이 많아서 존슨의 세력이 선거 부정에 개입했을 가능성이 있다는 관측이 나돌았다.

1960년 대선 최대 격전지는 선거인단 27표가 걸려 있는 일리노이였다. 케네디는 2,377,846표를 얻어서 2,368,988표를 얻은 닉슨을 49.98%대 49.80%로 간신히 이겼다. 일리노이주에서 유권자가 가장 많은 지역은 시카고가 있는 쿡 카운티(Cook County)인데, 쿡 카운티에서 케네디는 1,378,343표를 얻어 1,059,607표를 얻은 닉슨을 56.37%대 43.33%로 이겼다. 이처럼 시카고 투표가 일리노이 선거 결과를 좌우했다. 만일에 닉슨이 일리노이와 텍사스에서 승리했다면 닉슨이 케네디를 누르고 대통령이 됐을 것이다.

동북부 출신 가톨릭 신자인 케네디는 남부에서 인기가 없었으나 존슨에 힘입어서 텍사스에서 승리했으니 조지프 케네디가 존슨을 러닝메이트로 지명해야 한다고 본 데는 이유가 있었다. 조지프 케네디는 텍사스 못지않게 중요한 곳이 일리노이라고 생각했다. 시카고 시장은 민주당의 리차드 데일리(Richard Daley 1902~1976)였지만 안심할 수 없었던 조지프 케네디는 샘 지안카나를 비밀리에 만나서 도움을 요청했다. 대선 당일 시카고에선 대규모 부정 투표가 이루어졌는데, 지안카나가 움직였다고 여겨진다(영화 〈아이리시 맨(The Irishman), 2019년〉에도 그 장면이 나온다). 마피아가 장악한 노조원들은 상부 지시에 따라 케네디를 찍었고, 죽은 사람들이 무덤을 열고 나와서 투표장으로 가서 케네디를 찍었다.

대선 당락이 근소한 차이로 결정되고 부정선거 논란이 일었으나 닉슨은 부정선거 문제를 제기해야 한다는 참모들의 말을 뿌리치고 선거 결과에 승복했다. 닉슨은 선거 개표는 주 정부의 소관이기 때문에 자기가 재검표를 요구해도 결과는 마찬가지일 것으로 생각했다.

정권의 2인자가 된 로버트 케네디

로버트 케네디는 존 F. 케네디보다 여덟 살이 어리다. 케네디와 로버트 사이에는 여자 형제가 넷 있었다. 큰딸 로즈마리는 스무 살이 넘어서 정신이상 증상이 나타나자 부친은 검증되지 않은 뇌수술을 하도록 했으나 결과적으로 모든 기억을 잃고 평생을 요양원에서 살다가 2005년에 사망했다. 둘째 딸 캐슬린은 1948년에 프랑스에서 비행기 사고로 스물여덟에 사망했다. 셋째 딸 유니스(Eunice 1921~2009)는 딸 중에서 공부를 제일 잘해서 스탠퍼드 대학교를 나왔고, 예일대를 나온 사전트 슈라이버(Sargent Shriver 1915~2011)와 결혼했다. 슈라이버는 평화봉사단 총재와 프랑스 주재 대사를 지냈고 1972년 대선에서 민주당 부통령 후보로 활약했다. 넷째 딸 패트리샤는 피터 로포드와 결혼했다. 패트리샤 바로 다음이 로버트 케네디이고 그다음이 막내딸 진(Jean 1928~2020)이다. 진은 사업가인 스티븐 스미스와 결혼했다. 조지타운 대학을 나온 스티븐 스미스는 케네디 가문의 재산을 관리했고, 진 스미스는 클린턴 행정부에서 아일랜드 주재 대사를 지냈다. 그다음이 막내인 에드워드 케네디로, 형의 자리를 물려받아 2009년에 사망할 때까지 47년간 상원의원을 지냈다.

케네디의 대통령 선거운동을 지휘한 사람은 로버트 케네디였다. 그는 하버드와 버지니아대(UVA) 로스쿨을 나오고 변호사 자격을 취득한 후 형의 상원의원 선거를 도왔다. 그 후 자신의 아버지와 가까운 조지프 매카시 상원의원의 보좌관을 지냈고, 이어서 상원 특별조사위원회의 법률고문(General Counsel)을 지내면서 조직범죄 문제를 다루었다.

형이 대통령 선거에 나서자 로버트는 일선에서 선거를 지휘했다. 로버트의 하버드대학 친구였던 케네스 오도넬(Kenneth O'Donnell 1924~1977)도 케네디의 상원의원 선거를 도왔다. 오도넬은 상원의원 케네디의 보좌관을 지냈으며, 로버트와 함께 케네디의 대통령 선거운동을 이끌었다. 대통령이 된 케네디는 로버트를 법무부 장관, 케네스 오도넬을 백악관 비서관으로 임명했다. 오도넬은 케네디 백악관에서 사실상 비서실장 역할을 했다.

로버트는 형이 대통령에 당선되자 국방부 차관을 하고 싶어 했다. 하지만 국방부 장관으로 지명된 로버트 맥나마라가 대통령의 동생을 차관으로 둘 수는 없다고 하자 로버트는 난감해졌다. 이때 조지프 케네디는 로버트를 법무부 장관으로 임명하라고 강력하게 주장해서 케네디는 로버트를 법무부 장관으로 지명했다. 당시 서른다섯이던 로버트는 법률가로서 별다른 경력이 없었다. 더구나 대통령의 동생을 주요 각료, 특히 법무부 장관으로 임명하는 데 대해 비판이 일었지만 케네디는 그대로 밀고 나갔다. 조지프 케네디는 케네디 대통령 본인과 자신을 포함한 가족과 관련된 사법적 문제가 나오는 것을 막기 위해서 로버트를 법무부 장관으로 밀었던 것이다.

로버트 케네디는 법무부 장관의 역할을 넘어서 정권의 2인자로 인사, 외교, 국방 등 모든 분야에 간여했다. 대통령은 백악관 수영장과 침실에서 여자들과 즐기고 국정은 로버트가 좌지우지한다는 말이 나올 정도였다. 로버트 케네디는 케네디 행정부 초기에 있었던 피그만(Bay of Pigs) 침공 등 모든 중요한 결정에 간여했다. 소련이 쿠바에 미사일을 배치해서 발생한 쿠바 위기 때도 케네디는 로버트로 하여금 막후 채널을 통해 소련 측과 협상하도록 했다.

쿠바 미사일 위기로 인한 핵전쟁 국면이 막후협상으로 해소되어 로버트 케네디가 평화를 지켜낸 것으로 되어 있지만, 당시 사정을 깊이 연구한 학자들은 외교 안보에 경험과 지식이 없는 로버트가 오히려 소런 수상 니키타 흐루쇼프(Nikita S. Khrushchev 1894~1971)에게 놀아났다고 평가한다. 로버트 케네디는 자신이 상원 조사위원회 법률고문을 지낼 때 자기를 모욕한 샘 지안카나, 칼로스 마르셀로 등 마피아 보스와 팀스터 노조위원장 지미 호파를 상대로 복수에 나섰다. 하지만 케네디 대통령은 1963년 11월 22일 댈러스에서 암살되고 마피아를 상대로 한 수사는 동력을 상실하고 만다.

　1967년 의회는 대통령, 부통령, 상·하원 의원 및 연방 공무원이 가까운 친척을 공직에 임명하는 것을 금지하는 법률을 제정했다. 이로써 대통령의 동생이 정권의 2인자 노릇을 했던 케네디 정부 같은 경우는 다시는 나올 수 없게 됐다.

마피아 보스 샘 지안카나

　케네디가 대통령이 되자 시카고 마피아 보스 샘 지안카나(Sam Giancana 1908~1975)는 매우 만족해했다. 그는 가족과 측근에게 "이제 우리가 대통령을 장악했어(Now we own the Presidency)"라고 말했다고 전해진다. 케네디를 지지한 마피아 보스는 지안카나뿐만 아니었다. 플로리다 마피아 보스 산토 트라피칸테(Santo Trafficante Jr. 1914~1987)와 유대계 마피아 보스 마이어 랜스키(Meyer Lansky 1902~1983)도 케네디를 지지했다.

　이들이 케네디를 지지한 데에는 그만한 이유가 있었다. 샘 지안카나는 마이어 랜스키, 산토 트라피칸테 등과 함께 쿠바 아바나의 카지노 호텔에 거액을 투자해서 수익을 올리고 있었다. 그런데 1959년 1월 피델 카스트로(Fidel Castro 1926~2016)가 지휘하는 반란군이 쿠바를 장악하자 이들이 아바나에서 운영하던 카지노 호텔은 카스트로의 수중으로 넘어가고 말았다. 마피아들은 각종 불법행위로 열심히 모은 돈을 카스트로한테 몽땅 털린 셈이다.

1960년 대선을 앞두고 케네디는 아이젠하워 행정부가 쿠바 문제에 손을 놓고 있어서 미국의 코앞에 공산정권이 들어섰다고 주장하면서 부통령인 닉슨도 책임이 있다고 몰아붙였다. 그러면서 자기가 대통령이 되면 쿠바를 해방시키겠다고 약속했다. 여기에 대해 닉슨은 쿠바를 침공하는 행위는 국제법에 위반된다고 답해서 웃음거리가 됐다. 닉슨은 쿠바 문제에 관해 자신의 실수를 뼈아프게 생각했다.

이처럼 샘 지안카나, 산토 트라피칸테 등은 케네디를 대통령으로 만들 충분한 동기가 있었다. 게다가 상원의원 시절 케네디는 아바나를 종종 들러서 화끈한 휴가를 보내곤 했다. 유력한 집안의 젊고 잘생긴 상원의원이 아바나에 도착하면 마피아는 그들의 카지노 호텔에 초대해 즐거운 시간을 갖도록 해주었다. 아바나에서 산 수시(San Suci) 카지노를 직접 운영했던 산토 트라피칸테는 케네디가 아바나에 오면 호텔 특실에 여자들을 넣어주곤 했다. 이러한 모든 비용은 마피아가 감당했다. 훗날 트라피칸테는 "케네디는 위선자 중에 가장 큰 위선자"라고 주변에 말했다고 전해진다. 쿠바 공산혁명을 중요하게 다룬 〈대부 II (The Godfather Part II)〉에는 마이클 콜레오네(알 파치노)가 상원의원 기어리에게 "당신도 우리 못지않은 위선자"라고 이야기하는 유명한 장면이 나오는데, 케네디를 언급한 트라피칸테를 연상시킨다.

샘 지안카나는 시카고에서 이탈리아 이민자 가정에서 태어났고, 청소년 불량배들과 어울려 다니면서 이탈리아계 조직범죄와 인연을 맺었다. 지안카나는 운전을 잘해서 범죄를 저지르고 현장을 빠져나가야 하는 갱단에서 중요한 역할을 했다. 냉혹하고 철저한 일 처리로 인정받은 지안카나는 시카고의 마피아 조직인 아웃핏(The Chicago Outfit)에 발탁됐다. 자신의 갱단을 이끌고 아웃핏으로 들어온 지안카나는 여러 건의 살인에 연루됐으나 절도와 방화죄로 유죄판결을 받고 3년간 복역했을 뿐이다.

출소 후 그는 곧장 갱단에 복귀해서 더 큰 역할을 했다. 그는 루이지애나 마피아 보스 칼로스 마르셀로(Carlos Marcello 1910~1993)와 함께 불법 도박과 불법 주류사업을 벌이는 수완을 발휘했다. 지안카나는 1939년에 다시 검거돼서 3년간 징역형을 살고 1942년에 출소했다. 시카고 아웃핏을 장악한 토니 아카르도(Tony Accardo 1906~1992)의 언더 보스가 되어 경쟁조직을 제거하고 시카고 마피아의 2인자로 지위를 굳혔다. 지안카나는 1920년대 금주법 시절부터 주류 밀수 등 불법적인 사업을 벌이던 조지프 케네디와 가까이 지냈다.

1947년에 벅시 시걸(Benjamin "Bugsy" Siegel 1906~1947)이 살해된 후 라스베이거스 카지노를 장악하기 위해 시카고 마피아와 뉴욕 마피아가 경쟁을 벌였으나 아카르도가 이끄는 시카고 마피아가 라스베이거스의 주도권을 장악하는 데 성공했다. 라스베이거스의 카지노는 자체로도 수익성이 좋았을 뿐만 아니라 다른 곳에서 불법으로 벌어들인 현찰을 세탁해서 합법적인 자금으로 만들기에 더없이 좋았다. 지안카나는 도박 외에도 영화산업에 개입해서 수익을 올렸다. 지안카나는 할리우드와 라스베이거스에 영향력을 행사해서 호텔, 카지노, 영화 산업 등으로 막대한 수입을 올렸다. 이 과정에서 존 로젤리(John Roselli 1905~1976)도 중요한 역할을 했다.

뉴욕 출신이지만 시카고 아웃핏과 관계가 깊은 존 로젤리는 벅시 시걸이 살해된 후 로스앤젤레스의 암흑가를 은밀하게 장악했으며 라스베이거스에 진출해서 독자적 지위를 구축했다. 그는 할리우드에선 영화 제작자로도 활동했고, 라스베이거스에선 컨설턴트라는 타이틀을 내걸고 카지노 호텔 사업에 영향력을 행사했다. 로젤리는 지안카나는 물론이고 산토 트라피칸테 및 칼로스 마르셀로와도 가까웠다. 미남형으로 옷을 잘 입는 로젤리는 할리우드 여배우, 가수들과도 가까이 지냈다. 로젤리는 마릴린 먼로가 유명해지기 전에 한동안 동거하면서 친하게 지냈다고 알려져 있다.

1957년 들어서 토니 아카르도는 연방 국세청의 집요한 추적에 위협을 느끼고 시카고 보스 자리를 샘 지안카나에게 물려주고 2선으로 후퇴했다. 아카르도는 철저하게 숨어서 조직을 관리했고, 조직을 배신하는 사람은 가차없이 살해해서 악명이 높았다. 반면에 지안카나는 자유분방한 생활을 즐겨서 뉴스에 자주 등장했다. 부인과 사별하고 혼자 살던 지안카나는 당시 인기 3인조 여성 보컬 그룹 맥과이어 시스터스 (The McGuire Sisters)의 필리스 맥과이어(Phillys McGuire 1931~2020)와 공공연하게 같이 다니고 동거하다시피 해서 뉴스에 빈번하게 나오는 등 화제의 인물이 됐다.

　라스베이거스를 자주 드나들던 지안카나는 프랭크 시나트라와 매우 가깝게 지냈으며 카지노 호텔 사업도 같이했다. 지안카나의 이 같은 공개적 행보를 아카르도는 좋게 보지 않았다. 지안카나와 필리스 맥과이어와의 관계는 영화 〈슈가타임(Sugartime, 1995년)〉에 잘 그려져 있다.

　샘 지안카나는 1959년 2월 조직범죄를 다루던 상원 청문회에 소환됐다. 이 위원회의 법률고문인 로버트 케네디는 지안카나에 질문을 퍼부었으나 지안카나는 수정헌법 5조 묵비권 조항을 내세워 답변을 거부했다. 칼로스 마르셀로와 지미 호파(Jimmy Hoffa 1913~1975)도 똑같이 답변을 거부해 로버트 케네디를 열 받게 했다. 지안카나는 조지프 케네디에게 "당신 작은아들이 왜 저러는지 모르겠으니 어떻게 해보라"고 연락했다고 전해진다. 조지프 케네디가 이 청문회에 참석해서 방청한 적이 있는데, 지안카나의 항의 때문에 현장을 참관했던 것으로 여겨진다.

　케네디 대통령 임기 초에 있었던 피그만 침공이 대실패로 끝나자 자존심이 상한 케네디 형제는 CIA에 카스트로를 암살하도록 지시했다. 아이젠하워 행정부 말부터 카스트로 암살 공작을 해 왔던 CIA는 이를 존 로젤리에게 위탁했다. CIA는 몽구스 작전(Operation Mongoose)으로 명명한 카스트로 암살 작전을 자신들이 직접 시행하는 것은 위험하다고 생각했기 때문이다. 탁월한 암살자로 알려진 존 로젤리는 마이애미를 들락거리면서 산토 트라피칸테와 함께 군 출신 쿠바 난민을 모아서 카스트로를 암살하려고 했다.

그러나 이 계획은 성공하지 못했고, 1962년 10월 쿠바 미사일 위기를 맞았다. 미사일 위기를 소련 측과 막후협상으로 해결한 케네디 형제는 쿠바에 개입하지 않겠다고 약속하고 몽구스 작전을 중단시켰다. 그리고 로버트 케네디는 법무부를 총동원해서 조직범죄와의 전쟁을 본격화해서 마피아들은 곤란을 겪었으며 케네디에 배신감을 느꼈다. 그리고 1963년 11월 22일 케네디 대통령은 댈러스 방문 중 암살되고 만다.

로버트 케네디가 법무부 장관을 그만두었으나 그가 채용한 법무부 검사들은 조직범죄 추적을 그치지 않았다. 샘 지안카나는 공개적인 활동으로 동선이 알려진 탓에 법무부의 타깃이 되었고, 1965년 5월 14일 연방 대배심에 출두하라는 소환장을 받고 출두했다. 연방검사는 지안카나가 기소될 가능성이 있다고 진술했고, 지안카나는 사흘 동안 이루어진 대배심 심리에서 성명과 나이, 주소만 이야기하고 다른 질문에 대한 답을 거부했다. 6월 1일, 연방지방법원 판사는 답변을 거부하는 지안카나를 법정모욕죄라고 판시하고 대배심이 열리는 동안 구금을 명령했다. 지안카나의 변호사들은 이에 대하여 연방 항소법원에 항소했으나 기각당했고 대법원은 상고 심리를 거부했다. 이렇게 해서 지안카나는 대배심 1년 동안 연방 교도소에서 수감 생활을 해야만 했다. 1년 후 지안카나는 출옥했고 멕시코 쿠에르나바카로 도피했다.

지안카나는 멕시코에 머무는 동안에 중남미 여러 나라를 여행하고 자신의 사업체를 운영했다. 한편 시카고 마피아의 막후 실력자인 아카르도는 조지프 아이우파(Joseph Aiuppa 1907~1997)를 보스로 내세웠다.

1974년 6월 19일, 미국의 압력에 굴복한 멕시코 정부는 지안카나를 추방했고, 이틀 후 지안카나는 시카고로 돌아왔다. 1975년 들어서 CIA의 불법 활동을 조사하던 상원 위원회는 지안카나에게 청문회 출두를 명하는 소환장을 보냈다. 지안카나는 상원 청문회 참석을 며칠 앞둔 6월 19일 시카고 교외에 있는 자신의 집 지하층에서 평소에 좋아하던 이탈리아 소시지 요리를 하던 중 괴한의 총격을 맞고 사망했다.

지안카나는 상원 위원회에서 증언하지 못했으나 존 로젤리는 6월 24일과 9월 22일 두 차례에 걸쳐 CIA의 카스트로 암살계획에 대해 비공개 증언을 했다. 지안카나가 살해된 데 충격을 받은 존 로젤리는 LA를 떠나서 마이애미에 있는 지인의 집으로 옮겨 갔다. 1976년 4월 23일, 존 로젤리는 상원 위원회에서 케네디 대통령 암살과 관련해서 비공개 진술을 했다. 3개월 후 위원회는 로젤리를 다시 소환했으나 행방을 알 수 없었다. 그리고 8월 7일, 마이애미 부근 바다에 떠오른 드럼통에서 절단되어 부패한 로젤리의 시신이 발견됐다. 중요한 증인들이 연이어 사망함에 따라 프랭크 처치(Frank Church 1924~1984) 상원의원이 이끌었던 조사위원회는 동력을 상실해 버렸다.

정치에 관심이 많았던 프랭크 시나트라

1961년 1월 20일 오전, 케네디는 의사당 외부에서 대통령 취임식을 거행했다. 케네디는 미국인들에게 자기가 국가를 위해 무엇을 할 수 있을지를 물으라는 유명한 연설을 했다. 그 전날 밤에는 워싱턴 DC의 무기고(D.C. Armory) 건물에서 취임 축제(Inauguration Gala)가 열렸다. 축제는 프랭크 시나트라와 피터 로포드가 주관했다. 때마침 불어 닥친 겨울 폭풍과 폭설 때문에 축제는 밤 10시가 넘어서 시작됐고 자정을 넘겨서 새벽 2시가 되어 끝이 났다. 베티 데이비스, 로렌스 올리비에, 진 켈리, 에셀 머먼, 토니 커티스, 시드니 포이티어, 해리 벨라폰테 등 유명 배우와 가수가 대거 참석해서 자리를 빛냈다. 하지만 프랭크 시나트라와 가까운 새미 데이비스 2세는 참석할 수 없었다. 조지프 케네디는 데이비스가 스웨덴 출신 백인 여배우와 결혼해서 불필요한 논란을 일으킬 수 있다고 보았기 때문이었다. 이 행사로 시나트라가 케네디와 가깝다는 사실이 널리 알려졌다.

뉴저지주 호보켄에서 이탈리아 이민자 부모에서 태어난 시나트라는 어릴 때부터 음악에 소질이 있었다. 시나트라의 아버지는 권투선수를 하다가 소방대원으로 일했고 어머니는 조산사였다. 시나트라의 어머니는 생활력이 강했고 소문난 마당발로 호보켄을 휘젓고 다녔다. 어머니는 금주법 시절에 이탈리아계 주민 지역에서 불법 술집을 경영했는데, 어린 시나트라는 이 술집에서 노래를 부르기 시작했다. 시나트라는 당시 최고의 인기를 누렸던 빙 크로스비(Bing Crosby Jr. 1903~1977)의 공연을 보고 자기도 크로스비처럼 가수가 되겠다고 결심했다고 전해진다.

술집과 바에서 노래를 부르던 시나트라는 고등학교를 졸업하지 못했다. 하지만 재능을 인정받아서 1939년에 처음으로 자신의 노래를

시나트라(왼쪽), 로퍼드(가운데), 로버트 케네디(오른쪽)가 함께 있는 사진. © 게티이미지

음반으로 냈다. 그리고 당시 유명한 밴드를 이끌던 토미 도시(Tommy Dorsey 1905~1956)에게 발탁되어 밴드의 일원으로 큰 무대에서 노래를 불렀다. 시나트라는 컬럼비아 레코드와 전속계약을 맺고 음반을 내는 등 유명해졌고, 1941년에는 빌보드에서 남성 가수 1위에 오를 정도로 인기가 높아졌다. 이듬해에 그는 토미 도시와의 관계를 청산하고 자기 이름으로 활약하기 시작했다.

그때 당시 마흔 살이던 홍보 전문가 조지 에반스(George Evans 1902~1950)가 시나트라의 가능성을 알아보고 시나트라의 홍보를 담당하기로 했다. 에반스는 여고생들에게 5달러를 주고 시나트라 공연장에서 환호성을 지르게 해서 분위기를 띄우는 전략을 썼다. 시나트라 공연장에는 여학생들이 구름처럼 모여들어서 비명을 질렀고 언론은 시나트라 공연장의 열기를 보도했다. 시나트라의 공연이 있으면 여학생들이 집단으로 조퇴해서 문제가 되기도 했다. 뉴욕 경찰국(NYPD)은 시나트라 때문에 가출 여학생이 늘어났다면서 시나트라를 비난했다.

2차 세계대전이 발발해서 건장한 남자들은 모두 전선을 나갔지만 시나트라는 고막이 기형이라는 이유로 현역 부적격 판정을 받았다. 전쟁 기간으로 사람들이 우울해서인지 시나트라의 공연은 인기가 높았다. 많은 유명인사가 입대해 나라를 위해 싸우는데, 시나트라는 여학생들의 환호를 받으면서 공연했기 때문에 시나트라를 보는 시선이 곱지만은 않았다.

전쟁이 끝나자 달콤한 노래를 담은 시나트라의 레코드 판매와 무대 공연은 인기 절정을 달렸다. 시나트라는 MGM 스튜디오 영화에 출연하고 컬럼비아 레코드와의 전속계약으로 높은 수입을 올렸다. 조지 에반스는 시나트라의 부모와 부인을 언론에 노출시켜 시나트라를 '가정적인 남자'로 각인시키는 등 이미지 관리에 신경을 썼다.

단기간에 유명해진 시나트라는 돈 씀씀이가 헤퍼지고 방만해졌다. 언론에 자기에게 부정적인 기사가 나오면 흥분하는 등 절제가 되지 않았다. 조지 에반스는 이런 문제를 바로 잡고 시나트라를 보호하려 했으나 한계가 있었다. 시나트라가 여배우 에바 가드너(Ava Gardner 1922~1990)와 염문을 뿌리고 다녀서 부인과의 관계는 파경에 이르렀다.

　이런 상황이 벌어지던 1950년 1월 에반스가 심장마비로 갑자기 사망했다. 시나트라는 부인과 별거를 공식적으로 발표했고, 언론 매체는 시나트라에 대해 부정적인 기사를 쏟아냈다. 시나트라는 자신에 쏟아지는 비판을 감당할 수 없었다. 부인과 이혼함에 따라 재산을 나누고 위자료를 주어야 했으니, 원래 지출이 많았던 시나트라는 곤경에 처하고 말았다. 가정적이고 가톨릭교회를 나가는 이탈리아인이라는 이미지를 잃어버린 시나트라의 인기는 급속하게 추락했고, MGM과 컬럼비아 레코드는 시나트라와의 계약을 해지했다.

　시나트라는 에바 가드너와 결혼했으나 음악 활동은 거의 중단되고 말았다. 무엇인가 해야겠다고 생각한 시나트라는 컬럼비아 픽처스가 베스트셀러 《지상에서 영원으로(From Here to Eternity)》를 영화로 만들 계획임을 알고 이탈리아계 미군 병사 안젤로 마지오 역(役)을 맡고 싶어 했다. 하지만 시나트라에 대한 평이 나빠서 컬럼비아 픽처스는 그를 쓸 생각이 없었다. 시나트라는 이 배역을 따기 위해 온갖 연줄을 동원했으나 여의치 않았다. 하지만 컬럼비아 픽처스는 결국에 시나트라를 마지오 역으로 낙점했다. 부인 에바 가드너가 힘을 썼기 때문이라고 하지만 마피아가 컬럼비아 픽처스에 압력을 가해서 그것이 가능했다고 보기도 한다.

　1953년 8월에 개봉한 영화 〈지상에서 영원으로〉는 흥행에 성공했다. 컬럼비아 픽처스는 돈벼락을 맞았고 시나트라는 재기에 성공했다. 인기를 회복한 시나트라는 캐피털 레코드와 계약을 맺고 음반 취입과 공연, 그리고 영화 출연으로 다시 전성기를 구가했다. 시나트라는 또다시 여러 여자들과 어울렸고, 화가 난 에바 가드너는 별거에 들어가고 이혼 절차를 밟기 시작했다. 그러자 시나트라는 에바 가드너를 찾아가 소란을 피우는 등 제정신이 아니었다. 시나트라의 친구이며 작곡가인 지미 밴 호이슨(Jimmy Van Heusen 1913~1990)은 시나트라의 정신 상태가 정상이 아니라고 생각해 정신과 진료를 받도록 했다. 이때 찾아간 의사가 나중에 먼로의 정신과 주치의가 되는 랠프 그린슨이었다. 시나트라와 에바 가드너는 1957년에 정식으로 이혼했다.

많은 이탈리아계 미국인이 그러하듯이 시나트라는 민주당을 지지했고 또 정치에 관심이 많았다. 시나트라가 마피아와 관련이 있다는 소문도 파다했다. 시나트라가 1946년 12월 쿠바 아바나 나쇼날 호텔(Hotel Nacional de Cuba)에서 열린 마피아 최고회의에 참석했음은 나중에 확인됐다. 시나트라가 아바나에서 특별한 역할을 하지는 않았으나 참석했다는 자체만으로도 마피아와 관련이 있음을 보여준 것이다. 이 회의에서 라스베이거스 플라밍고 카지노 호텔을 운영하는 벅시 시걸 제거 결정이 내려졌고, 시걸은 이듬해 6월 LA에서 총을 맞고 죽었다. 영화 〈벅시(Bugsy, 1991년)〉에 이 회의 장면이 나온다.

시나트라가 존 F. 케네디와 가까워진 계기는 피터 로포드가 케네디의 누이동생 패트리샤와 결혼한 후라고 알려져 있다. 1959년 시나트라는 피터 로포드와 함께 베벌리 힐스에 '푸치니(Puccini)'라는 이탈리안 레스토랑을 열었다. 베벌리 힐튼 호텔에서 가까운 곳(224 S. Beverly

Drive)에 위치한 푸치니에는 할리우드 스타뿐 아니라 정계와 재계의 유명인사들이 드나들었다.

시나트라는 험프리 보가트 등 유명한 가수와 배우들이 이끌어 온 그룹 '랫 팩'이 해체되자 이를 인수해 새 멤버를 꾸려 라스베이거스에서 쇼를 시작했다. 시나트라가 주동해서 만든 랫 팩에는 딘 마틴, 새미 데이비스 2세, 피터 로포드 그리고 코미디언 조이 비숍이 참여했다. 이들은 라스베이거스의 카지노 호텔에서 공연을 자주 가져서 인기가 높았다. 1960년 2월, 대통령 출마를 선언한 케네디는 라스베이거스의 샌즈 호텔에서 하는 랫 팩 공연에 참석한 적이 있었다. 그때 시나트라는 케네디를 차기 대통령이라고 소개해서 눈길을 끌었다.

당시 시나트라는 랫 팩 그룹과 함께 영화 〈오션스 일레븐(Ocean's 11)〉을 찍고 있었고, 케네디는 라스베이거스의 〈오션스 일레븐〉 촬영 세트장을 구경했다. 〈오션스 일레븐〉에서 시나트라는 주연인 대니 오션으로 나온다. 영화는 대니 오션이 2차 세계대전 중 같은 부대에서 근무했던 10명과 함께 라스베이거스의 샌즈 등 카지노 호텔 다섯 곳에서 거액을 훔치는 데 성공하지만 뜻밖에 일이 생긴다는 내용이다.

그해 8월에 개봉된 〈오션스 일레븐〉은 케네디와 깊은 관계로 알려지는 앤지 디킨슨(Angie Dickinson 1931~)이 조연으로 출현했다. 디킨슨이 영화에서 맡은 배역에 비해 영화 포스터에는 큼직하게 나오는데, 케네디가 언제부터 디킨슨과 가까워졌는지는 분명치 않다. 케네디가 대통령이 된 후에도 디킨슨은 백악관 침실을 여러 차례 다녀갔음이 확인됐다. 〈오션스 일레븐〉은 2001년에 조지 클루니가 주연한 영화로 리메이크된 바 있다.

1960년은 시나트라가 타호호 북쪽 끝 캘리포니아와 네바다 경계선에 걸쳐 있는 칼 네바 카지노 호텔(Cal Neva Lodge and Casino)의 지분 25%를 확보한 해이기도 하다. 시나트라는 점차 지분을 늘려서 1962년에는 50%를 차지했다. 하지만 이 카지노 호텔의 실질적인 소유자는 샘 지안카나라는 소문이 많아서 FBI는 요원을 배치해서 감시했다. 당시 라스베이거스 카지노협회는 카지노에 출입할 수 없는 블랙리스트에 샘 지안카나를 올려놓고 감시했으나 라스베이거스 카지노 호텔에 다른 사람 명의로 지분을 갖고 있는 그는 교묘하게 카지노를 드나들었다. 하지만 1962년과 1963년에 지안카나가 칼 네바에 다녀갔음이 확인되어 시나트라는 카지노 면허를 상실하고 지분을 매각하게 된다.

시나트라는 음악, 영화, 공연, 카지노 사업 등에 막대한 영향을 미치고 있어서 '의장(Chairman)'이란 별명이 따라다녔다. 부친이 할리우드에서 영화사업을 하면서 여배우 글로리아 스완슨과 염문을 피우는 것을 보고 자란 존 F. 케네디도 연예인과 어울리기를 좋아했다. 케네디는 유명 배우와 가수가 선거에 영향을 미치고 있음을 잘 알았다. 케네디는 시나트라가 할리우드의 유명인들을 움직일 수 있을뿐더러 마피아와도 관계가 있어 마피아가 장악하고 있는 노조원들의 표를 얻는 데도 도움이 된다고 생각했다. 케네디와 시나트라, 케네디와 샘 지안카나, 시나트라와 먼로와 케네디 사이의 복잡한 관계는 결국 먼로의 죽음과 케네디 암살로 이어지게 된다. 케네디가 죽었다는 소식을 듣고 시나트라는 사흘 동안 외출하지 않고 슬퍼했다고 한다.

그 후 시나트라는 민주당과 멀어지며 1970년 캘리포니아 주지사 선거에선 재선에 나선 로널드 레이건 주지사를 공개적으로 지지했다. 1972년 대선을 앞두고 당적을 공화당으로 바꾼 시나트라는 리차드 닉슨 대통령의 재선을 지지했다. 1980년 대선이 다가오자 시나트라는 일찌감치 로널드 레이건에 대한 지지를 선언하고 모금 캠페인을 벌였으며 자신도 거액을 레이건 선거본부에 기부했다. 시나트라는 레이건 대통령 취임식 전야제 행사를 성대하게 조직했다. 레이건 대통령은 시나트라에게 자유 메달(Medal of Freedom)을 수여했다.

케네디의 복잡한 여자 문제

케네디 가문은 아버지와 아들이 바람을 핀 이야기로 자연스럽게 대화를 했고 여자들은 그것을 인용(認容)하는 가풍(家風)을 자랑했다. 케네디의 그러한 버릇과 욕구는 대통령이 된 후에도 바뀌지 않았다. 케네디 대통령이 백악관에서 온갖 여인들과 난잡한 성관계를 가졌음을 처음 폭로한 사람은 1951년부터 1972년까지 백악관에서 반려견 관리인으로 일했던 트래프스 브라이언트(Traphes Bryant)이다. 그는 1975년 7월에 나온 책《백악관에서의 도그 데이(Dog Days at the White House)》의 22쪽에서 40쪽에 케네디 대통령의 여성 편력에 대해 백악관에서 돌았던 이야기와 자기가 겪었던 일을 다음과 같이 서술했다.

당시 백악관에선 마릴린 먼로가 드나들었다는 소문이 파다했지만 직접 목격하지는 못했다. 백악관 직원들은 재클린이 백악관을 비우면 케네디가 젊은 여자들과 관계를 맺는다는 사실을 모두 알았으나 그것을 발설하면 직장을 잃어버리기 때문에 침묵했다. 재클린은 외부 일정을 만들어서 백악관을 자주 비웠고, 케네디는 재클린이 백악관을 비우기를 고대했다. 케네디의 신변을 오랫동안 돌봐온 백악관 총무비서 데이비드 파워스(David F. Powers 1912~1998)가 외부 여자를 백악관으로 불러들이는 역할을 맡았다. 케네디가 가는 곳이면 항상 따라다녔던 파워스는 어디서나 여자를 불러오는 일이 중요한 과업이었다.

허리 통증이 심한 케네디는 수영을 좋아했다. 케네디 임기 초에 백악관 침실에서 수영장으로 곧장 내려올 수 있게 대대적인 수리를 했는데, 그 비용은 조지프 케네디가 부담했다. 케네디 백악관에선 피들(Fiddle)과 패들(Faddle)로 불리는 두 여자가 항상 대비하고 있었다. 두 사람은 케네디가 나체로 수영할 때 같이하는 것이 임무였다. 재클린이 외부 일정으로 백악관을 비우면 케네디는 수영장에서 젊은 여성들과 나체로 수영을 즐겼다. 케네디는 파워스와 함께 난교(亂交)를 즐기기도 했다.

한번은 재클린이 외부로 나갔다가 무엇을 빠트려서 다시 백악관에 돌아온 적이 있었는데, 수영장에 있던 여자들이 벌거벗은 채 뛰어나가고 청소부는 수영장 옆에 있던 칵테일 잔과 음식을 쏜살같이 치우느라고 진땀을 뺐다. 재클린이 없는 동안에 대통령 가족이 사는 거실과 침실을 청소하거나 반려견을 데리러 가려면 조심해야 했다. 침실 복도에서 젊은 금발 여자를 만날 수 있기 때문이었다. 실제로 브라이언트는 엘리베이터를 여는 순간 벌거벗은 여자가 복도를 뛰어가는 모습을 보기도 했다. 재클린도 이런 사정을 알고 있었으나 모르는 체했다. 한번은 이런 일도 있었다고 한다. 침대 시트 아래서 여자 팬티를 발견한 재클린은 그것을 두 손가락으로 펼쳐 보이면서 케네디한테 "다음에 쇼핑할 땐 누구를 위한 것인지 살펴요. 이것은 내 사이즈가 아니에요"라고 말했다는 것이다.

케네디가 젊은 여성들을 어떻게 대했는지는 베트남 전쟁 당시 밀라이 학살 사건을 처음으로 보도해서 퓰리처상을 탄 세이모어 허시(Seymour Hersh 1937~)가 1997년에 펴낸 《캐밀롯의 어두운 면(The Dark Side of Camelot)》에 잘 나온다. 허시가 인터뷰한 여성은 래드클리프대 학생 때 케네디 상원의원 모금 모임에 참석했다가 케네디와 인사를 했고, 케네디가 만나자고 유혹하자 그대로 빠져들어서 깊은 관계를 맺기 시작했다고 고백했다. 대통령이 된 후 케네디는 그녀를 맥조지 번디 안보보좌관실 직원으로 채용토록 하고 이따금 관계를 가졌다.

2021년 가을, 83세의 다이애나 드 베(Diana de Vegh)가 주간 잡지 〈피플(People)〉과의 인터뷰에서 자신이 세이모어 허시의 책에 나온 래드클리프대 학생이라고 커밍아웃했다. 그녀는 1958년부터 1962년까지 4년 동안 케네디와 관계를 맺었고, 백악관을 나온 후 여러 가지 일을 하면서 성공적인 삶을 살았다.

말로만 전해지던 수영장 이야기도 허시의 책에서 다루어졌다. 허시는 케네디 백악관에서 경호원으로 근무했던 사람들을 만나서 진술을 들었다. 당시 30대 젊은이였던 이들은 70세를 바라보는 노년이 돼서 당시 있었던 일을 털어놓았다. 케네디 백악관에는 의심스러운 젊은 여성들이 신체 검색도 받지 않고 수시로 드나들었고, 수영장 소문도 모두 사실이라고 인정했다. 또 케네디가 재클린 없이 다른 도시를 방문하면 데이비드 파워스가 현지에서 여자를 조달해 케네디의 숙소로 데리고 왔다고 회고했다.

2000년대 들어서는 에드워드 클라인 같은 전기 작가의 책에 케네디의 여자 문제가 언급되기 시작했다. 그즈음 케네디 백악관 공보실에서 타이핑도 못하고 이렇다 할 능력도 없는 젊은 여자 인턴이 1년 반 동안 있었던 것은 케네디 대통령과 수시로 성관계를 했기 때문이라는 폭로가 나왔다. 당사자로 지목된 미미 앨포드(Mimi Alford 1943~ , 결혼 전 이름은 Mimi Beardsley)는 사실을 인정하고 자신만 알고 있었던 비밀을《오래전의 비밀(Once Upon A Secret)》이란 책으로 2012년에 펴냈다. 두 번 결혼한 그녀는 손자 손녀를 여럿 둔 70세를 바라보는 노년이었다.

고등학교를 졸업하고 백악관에 인턴으로 취직한 그녀는 케네디를 처음 만난 날 백악관 침실에서 관계를 가졌으며 케네디는 자신에게 첫 남자였다고 고백했다. 특히 그녀는 쿠바 미사일 위기가 절정에 달했던 1962년 10월 27~28일 밤을 케네디 대통령과 함께 백악관 근처의 호텔에서 보냈다고 밝혔다. 당시 재클린과 두 아이는 만일에 대비해서 버지니아에 있는 케네디의 사저(私邸)로 피난을 가 있었다.

1960년 대선을 앞두고 케네디에게 여자 문제가 터질 뻔했다. 상원의원 시절에 케네디는 조지타운에 살았는데, 멀지 않은 곳에 케네디의 비서였던 파멜라 터뉴어(Pamela Turnure 1937~2023)가 작은 아파트에 살고 있었다. 케네디는 밤늦게 파멜라의 아파트에 머물다가 귀가하곤 했는데, 파멜라에게 아파트를 빌려준 집주인 플로렌스 케이터(Florence Kater)가 그 장면을 여러 번 보고 몰래 사진을 찍어 놓았다. 케네디가 대통령 선거 출마를 발표하자 독실한 가톨릭 신자였던 이 중년 여인은 케네디 같은 위선자가 대통령이 되어서는 안 된다고 생각해서 그 사진을 여러 언론에 보냈으나 어느 신문도 보도하지 않았다. 대통령이 된 케네디는 파멜라를 재클린의 공보비서로 채용했고, 파멜라는 재클린을 위해 일하면서도 케네디와 수시로 관계를 가졌다.

케네디의 난잡한 여자관계는 FBI의 에드가 후버 국장, CIA의 고위 간부, 합동참모본부의 장성들도 알고 있었다. 케네디에게 유고(有故)가 생기면 대통령직을 승계할 린든 존슨 부통령도 잘 알고 있었다. 샘 지안카나 등 마피아 보스들도 물론 잘 알고 있었다. 로버트 케네디 법무부 장관도 형의 여자 문제를 알고 있었다.

1963년 여름, 로버트 케네디는 동독 출신으로 워싱턴 주재 서독 대사관 직원의 부인이며 고급 클럽의 파티 걸인 엘렌 로메티시(Ellen Rometsch)를 긴급하게 본국으로 추방해 버렸다. 그녀가 케네디 및 몇몇 상원의원과 깊은 관계이며 동독 스파이일 가능성이 있다고 에드가 후버 FBI 국장이 보고했기 때문이었다.

케네디의 여자관계가 공식적으로 알려진 계기는 1975년 11월, CIA의 불법 활동을 조사한 상원 조사위원회(프랭크 처치 의원이 위원장을 지내서 '처치 위원회'라고 부른다)가 펴낸 보고서에 이름을 밝히지 않은 한 여성이 등장하면서부터다. 그해 12월부터 그녀의 이름이 주디스 캠벨(Judith

케네디 형제와 에드가 후버(가운데) FBI 국장

Cambell Exner 1934~1999)이며, 케네디와 관계를 맺으면서 동시에 마피
아 보스와도 연인 관계였다는 보도가 언론에 나오기 시작했다. 케네스
오도넬은 "모두 거짓말"이라고 반박했고, 데이비드 파워스는 "내가 아
는 캠벨은 토마토 수프 캔뿐"이라고 둘러댔다.

문제의 여인, 주디스 캠벨 엑스너

　1975년 12월 17일, 주디스 캠벨은 샌디에이고 자택에서 35분 동안
기자 회견을 가졌다. 주디스는 자신이 1960년 2월 라스베이거스에서

케네디를 처음 만난 후 백악관에서 20여 차례 만났고 다른 곳에서도 여러 차례 만났다고 밝혔다. 주디스는 자기와 케네디의 관계는 케네디의 나이 든 여비서 이블린 링컨과 비서실장인 케네스 오도넬도 잘 알고 있었다고 말했다.

주디스는 자신의 삶은 다룬 책《마이 스토리(My Story)》를 1977년 6월에 펴냈다. 이 책에는 케네디와의 관계가 상세하게 서술돼 있고 증거물도 제시돼서 반박할 여지가 없었다. 케네디는 허리가 아파서 자기가 케네디 위에 올라타고 섹스를 해야 했고, 한번은 케네디가 다른 여자와 셋이서 하자고 해서 자기가 거절했다는 이야기까지 소상하게 밝혔다. 백악관 침실에도 자주 드나들었던 주디스는 샘 지안카나의 연인이기도 했으니, 미국 대통령이 마피아 보스와 연인을 공유했던 것이다.

주디스는 1960년 초에 케네디를 만난 후 2년 반 동안 케네디와 깊은 관계를 가졌다. 또 1960년 대선을 앞두고 케네디와 지안카나 사이에서 돈을 전달하는 역할도 했으며, 케네디가 대통령이 된 후에는 재클린이 없을 때 백악관에도 자주 들렀다고 책에서 주장했다. 주디스는 자기가 백악관에 갈 때는 케네디의 비서관인 데이비드 파워스가 안내를 했으며, 자기는 LA와 라스베이거스 지역의 마피아인 존 로젤리와도 가까웠다고 말했다.

케네디 대통령과 주디스의 관계는 여러 사람의 증언과 FBI의 도청 기록으로 사실로서 인정된다. 에드가 후버 FBI 국장은 케네디와 주디스, 지안카나와 주디스의 관계를 도청한 기록을 갖고 있었다. 법무부 장관이 된 로버트는 형에게 에드가 후버를 교체하자고 주장했으나 에드가 후버 국장이 서류철을 들고 케네디 대통령을 독대하고 난 후 그런 이야기는 들어가고 말았다.

먼로와 케네디

마릴린 먼로가 언제부터 존 F. 케네디와 관계를 했는지는 분명하지 않다. 대략 1954년 여름, 먼로의 에이전트였던 찰스 펠드먼의 저택에서 열린 파티에서 처음으로 두 사람이 만났다고 알려져 있다. 할리우드를 상대로 변호사 업무를 하던 펠드먼은 자신만의 제작사를 차리고 여러 배우를 데뷔시킨 전설적인 에이전트였다. 하지만 주변 사람들의 증언에 의하면 최소한 1951년부터 케네디는 LA를 방문하는 기회에 먼로를 만난 것으로 확인되고 있다. 20세기 폭스 회장인 조지프 쉔크는 자신의 큰 저택에서 파티를 자주 열었는데, 하원의원이던 케네디도 이따금 참석했고, 그 자리에서 먼로를 만났다는 것이다. 먼로는 한때 쉔크의 저택 별채에서 생활했으며 먼로가 영화에 나올 수 있도록 쉔크가 도와주기도 했다.

케네디는 상원의원이 된 후에도 LA에 와서 먼로와 함께 말리부 비치를 산책하고 펠드먼의 저택이나 호텔에서 깊은 관계를 가졌다. 캘리포니아에선 케네디가 그다지 알려지지 않아서 이목(耳目)을 사지 않았다. 케네디는 1953년 9월에 재클린과 결혼했으며, 먼로는 1954년 1월에 조 디마지오와 결혼했다. 1954년 가을, 케네디는 척추 수술을 위해 꽤 오랫동안 입원했는데, 핫팬츠를 입고 다리를 벌리고 있는 먼로의 큰 사진을 병실 벽에 붙여 놓아서 주변 사람들을 놀라게 했다.

조 디마지오와 이혼하고 뉴욕으로 옮겨 간 후에도 먼로는 할리우드 스튜디오에서 촬영하기 위해 LA에 머무는 경우가 많았고, 그러면 피터 로포드의 집에서 열리는 파티에 참석하곤 했다. 아서 밀러와 결혼한 후에도 먼로는 케네디가 뉴욕에 오면 칼라일 호텔에서 밀회를 즐겼다. 1960년 들어서 먼로는 밀러와 심정적으로 멀어지며 그해 여름에는 〈미스핏〉 촬영을 위해 네바다에 머물렀다.

1960년 7월 11~15일 LA 메모리얼 콜로시엄에서 민주당 대통령 후보를 지명하는 전당대회가 열렸고 케네디가 대통령 후보로 지명됐다. 민주당 전당대회 공식 본부는 LA 다운타운에 있는 빌트모어 호텔이었고, 축제 분위기였던 마지막 날에는 여러 곳에서 축하 파티가 열렸다. 네바다 리노에 머물던 먼로는 항공편으로 그날 저녁에 LA에 도착해서 베벌리 힐튼 호텔에 투숙했다.

피터 로포드는 케네디의 대통령 후보 지명을 축하하기 위해 호텔 레스토랑에서 파티를 크게 열었는데, 코미디언 새미 데이비스 2세(Sammy Davis Jr. 1925~1990)가 먼로를 대동하고 파티 석상에 나타났다. 얼마 후 케네디가 나타났고 두 사람은 슬그머니 사라져서 케네디의 객실로 들어갔다. 재클린은 LA 전당대회에 참석하지 않았고, 먼로는 일부러 LA에 와서 케네디를 만난 것이다. 먼로의 친구인 지니 칼멘은 먼로가 그날 케네디와 정사(情事)를 가졌다고 자기한테 말했다고 20년이 지나서 그때 일을 증언했다.

그해 11월 대통령 선거에서 케네디는 근소한 차이로 공화당 후보 리처드 닉슨을 누르고 대통령에 당선됐다. 1961년 1월 20일, 케네디는 대통령에 취임했고 바로 그날 먼로는 멕시코 후아레스에서 밀러와의 이혼을 확정지었다. 민주당원이기도 한 먼로는 케네디의 당선을 진심으로 반겼다. 케네디와 먼로가 깊은 관계라는 소문은 백악관 주변과 할리우드에 파다했지만, 누구도 그것을 공개적으로 말하지는 않았다.

케네디의 보좌관인 케네스 오도넬과 데이비드 파워스는 케네디의 여성 편력을 적극적으로 돕고 관리했다. 백악관의 젊은 여비서들은 그들 자신이 케네디와 관계를 맺는 당사자였고, 경호실 요원들은 보고 들은 것을 절대로 발설하지 않았다. 이 같은 '침묵의 카르텔'은 케네디가 죽은 후 20년 이상 유지됐다.

케네디가 백악관에 있을 때 마릴린 먼로가 백악관에 왔었는지는 알수가 없다. 백악관 경호실과 백악관 스태프 사이에선 먼로가 한 번 또는 두 번 왔었다는 소문이 파다했다. 먼로는 진한 선글라스와 검은색 가발을 쓰고 항공편도 가명을 썼기 때문에 이목을 피할 수 있었다. 더구나 케네디 백악관에는 워싱턴의 콜걸들도 수시로 드나들었기 때문에 가발을 하고 선글라스를 쓴 먼로는 그저 그런 여자 방문객으로 알았을 가능성이 크다.

케네디는 상원의원 시절부터 뉴욕에 올 때면 칼라일 호텔 스위트에 묵었다. 칼라일 스위트는 정문 외에도 별도의 비공개 입구가 있어서 호텔에 묵는 특별한 손님들은 몰래 드나들 수 있었다. 칼라일 호텔에서 멀지 않은 57번가 아파트에 살고 있던 먼로는 칼라일 호텔의 비공개 입구를 이용해서 케네디가 묵고 있는 스위트를 찾아가서 은밀하게 만났다.

영화 〈살인 복장(Dressed to Kill, 1980)〉으로 잘 알려진 앤지 디킨슨도 케네디 백악관을 드나들었다. 앤지 디킨슨은 입이 가벼워서 케네디와 나누었던 이야기를 주변에 퍼뜨렸는데, 그런 과정에서 먼로 등 케네디가 관계했던 다른 여성들에 관한 이야기가 흘러나왔다. 하지만 어느 순간부터 디킨슨은 침묵을 지켰고 나중에는 자신과 케네디의 관계도 부인하고 일절 입을 열지 않았다. 이처럼 케네디 시절의 백악관에선 상상을 초월하는 일들이 벌어졌다.

Marilyn Monroe
& the Kennedy Brothers

먼로, LA로 돌아오다

6

"다른 누군가와 함께 불행하느니,

혼자 불행한 게 나아요."

1961년 1월 20일, 워싱턴 DC에선 케네디 대통령 취임식이 열렸다. 워싱턴은 전날 밤 들이닥친 폭설과 한파의 여파로 쌀쌀한 날씨였다. 같은 날 아침 일찍 먼로는 패트 뉴컴과 변호사를 대동하고 뉴욕을 출발해 멕시코로 향했다. 텍사스 댈러스 공항에서 비행기를 갈아타기 위해 기다리는 동안 먼로는 케네디 대통령 취임식을 TV로 보았다. 먼로는 그날 멕시코 법원에서 밀러와의 이혼 판결을 받아냈다. 케네디 취임식 날에 멕시코에 가서 이혼하기로 한 아이디어는 패트 뉴컴이 냈다. 대통령 취임이 먼로의 이혼 이슈를 충분히 덮을 수 있다고 본 것이다. 나흘 후 먼로와 뉴컴은 뉴욕으로 돌아왔다.

1961년 들어서 먼로는 영화를 하고 싶었지만 마땅한 제안이 들어오지 않았다. 20세기 폭스는 먼로에게 새로운 영화를 제안해왔으나 영화 내용이 마음에 들지 않아 거절했다. 또 NBC에서 TV 연속극 주연을 좋은 조건으로 제안했으나 먼로는 감독을 리 스트라스버그가 해야 한다고 고집해서 성사되지 못했다. 할리우드 영화 스튜디오는 자기들을 버리고 뉴욕으로 건너가서 독자적으로 영화 제작사를 만들었으나 성공한 영화를 만들지 못한 먼로를 경멸했다. 먼로 역시 할리우드 스튜디오 시스템을 경멸했다.

정신과 병동에 갇히다

새로운 일을 찾지 못한 데다 클라크 게이블이 죽은 데 대한 죄책감을 떨치지 못한 먼로는 깊은 우울증에 시달렸다. 먼로는 자신의 13층 아파트 창문에서 도로를 내려다보는 시간이 많았다. 먼로는 마사지하러 자신의 아파트로 온 랠프 로버츠에게 창문을 열고 아래로 뛰어내리고 싶다고 말했다고 전해진다. 먼로는 높은 곳에서 뛰어내리면 땅에 떨어지기 전에 의식을 잃어버린다고 해서 그대로 하고 싶었으나 도로에 사람들이 있어서 망설였다고 말해서 주변 사람들을 놀라게 했다. 정신과 의사 마리안느 크리스를 만난 자리에서 먼로가 이런 이야기를 하자 이에 놀란 크리스는 먼로에게 병원에 입원해 휴식을 취하는 게 좋겠다고 했다. 〈미스핏〉 촬영을 하던 중 LA의 병원에 입원해서 기운을 회복했던 경험이 있는 먼로는 크리스의 아이디어에 찬성했다.

1961년 2월 7일, 크리스는 먼로를 자기 차에 태우고 뉴욕 병원(New York Hospital)에 도착했다. 먼로는 '페이 밀러(Miss Faye Miller)'라는 가명으로 병원 서류에 서명했다. 하지만 병원 담당자들은 그녀가 먼로임을 잘 알았다. 그런데 입원 서류에 서명한 먼로는 무엇이 잘못되어 가고 있음을 느꼈다. 먼로의 증상을 잘 아는 듯이 의사와 간호사는 먼로를 정신과 병동인 페인 휘트니 클리닉(Fayne Whitney Clinic)으로 데려갔다. 먼로를 자살할 가능성이 있는 환자로 알고 있는 의료진은 먼로를 창살이 있는 독방에 가두었다. 그들은 먼로의 소지품을 빼앗고 목욕 후 환자 옷으로 갈아입혔다. 시멘트벽에 갇힌 먼로는 이웃 방에서 나는 비명을 간간이 들었다. 자신이 정신병동에 갇혔음을 실감하게 된 먼로는 정신병원에 있는 자기의 어머니를 떠올렸다.

다음 날부터 병원은 먼로를 정신 장애인 사회화 프로그램에 집어넣었다. 먼로는 다른 환자들과 섞여서 트럼프 카드놀이를 해야 했다. 그런 과정에서 먼로는 자살하려고 칼로 여러번 자해 시도를 했었다는 여자 환자를 만나기도 했다. 무언가 심각하게 잘못됐다고 생각한 먼로는 다른 환자가 알려준 대로 전화가 있는 곳으로 찾아가서 전화를 걸려고 했으나 병원 직원이 전화를 쓰지 못하게 했다. 다시 방에 갇힌 먼로는 의자를 유리창에 세게 던져서 깨려 했으나 작은 유리 조각이 깨져서 바닥에 떨어졌을 뿐이다. 소음을 듣고 의사와 간호사가 오자 먼로는 깨진 유리 조각을 들고 자해하겠다고 위협했다. 하지만 먼로는 곧 병원 직원과 간호사에 제압돼서 유리 조각을 빼앗겨 버렸다. 그리고 위험한 환자를 수용하는 독방으로 옮겨졌다.

먼로는 더욱더 황당한 일을 겪었다. 먼로가 뉴욕 병원에 입원해 있다는 소문이 나자 기자들이 병원에 문의했다. 병원 담당자는 먼로가 신경

쇠약 증세로 쉬고 있다고 둘러댔다. 하지만 위험한 환자로 분류된 먼로는 병원 직원들에 의해 몸수색을 당하고 옷을 벗기는 수모를 당해야 했다. 한 간호사가 먼로를 동정해서 종이를 주고 외부로 전할 메모를 쓸 수 있게 해주었다. 먼로는 리 스트라스버그에게 자기를 도와달라고 메모를 전했으나 아무런 답을 얻지 못했다. 그러다가 간신히 전화를 걸 수 있게 되어 사업차 플로리다에 머무르고 있는 조 디마지오와 통화할 수 있었다.

디마지오, 먼로를 구해 내다

먼로는 디마지오에게 울먹이면서 상황을 이야기하며 도와달라고 애원했다. 디마지오는 즉시 공항으로 가서 뉴욕행 비행기를 탔다. 저녁에 뉴욕 병원에 도착한 디마지오는 다짜고짜 먼로를 내놓으라고 했다. 먼로는 크리스 박사에 의해 입원했기 때문에 크리스의 동의가 없이는 퇴원할 수 없다고 해도 디마지오는 막무가내였다. 디마지오는 "내가 먼로의 남편이니까 무조건 먼로를 내놓아라. 아니면 내가 이 병원을 산산조각내 부숴 버리겠다"고 큰소리를 질렀다. 병원 관계자들도 디마지오가 더 이상 먼로의 남편이 아님을 알고 있었으나 디마지오의 위세가 너무 무서워서 다음 날 아침 먼로를 디마지오에게 인계했다.

나흘간 감옥 같은 정신병동에 갇혀 있던 먼로는 병원을 나와서 랠프 로버츠와 마리안느 크리스가 기다리고 있던 차에 올라탔다. 먼로는 크

홍보 비서 패트 뉴컴과 함께 병원을 나서는 먼로 ⓒ 게티이미지

리스를 보고 사납게 질책하고 화를 내서 크리스는 거의 정신을 잃을 뻔
했다. 크리스는 "나는 이런 줄 몰랐다"라고 변명하면서 몹시 당황해했다.

　먼로는 랠프 로버츠의 자동차로 컬럼비아 장로교 병원(Columbia
Presbyterian Hospital)에 도착해 입원 수속을 마쳤다. 이 병원이야말로 먼
로가 바라던 곳이었다. 먼로는 3주일간 이 병원에 머물면서 심신을 회
복할 수 있었다. 먼로는 화장하고 예쁘게 차려입고 외출도 했다. 말론
브란도 등 많은 사람이 안부를 물어오고 편지와 꽃을 보냈다. 플로리다
로 다시 내려간 디마지오는 매주 한 번씩 뉴욕에 올라와서 먼로를 만났

다. 3월 5일, 먼로는 이 병원에서 퇴원했다. 먼로는 자기를 기다리던 기자들에게 "이제 기분이 아주 좋다"고 간단하게 답한 후 패트 뉴컴과 함께 자신의 아파트로 향했다.

1주일 후 먼로는 액터스 스튜디오 모금을 위한 행사장에 나와서 즐겁게 대화하고 샴페인을 많이 마셨다. 디마지오에게 고마워한 먼로는 디마지오가 머무르고 있는 플로리다의 바닷가 휴양지로 가서 며칠 동안 같이 지냈다. 먼로와 디마지오는 그 후 연인 같은 친구로 지내게 된다.

퇴원하고 맨해튼 57번가 아파트로 돌아와서 쉬고 있던 먼로에게 접근한 사람은 프랭크 시나트라였다. 에바 가드너와 이혼한 후 다시 독신이 된 시나트라는 왕성한 활동을 하고 있었다. 시나트라는 아서 밀러와 이혼하고 독신이 된 먼로를 특별하게 생각하고 접근했다. 외로운 먼로도 그렇게 접근하는 시나트라를 좋아했다. 시나트라가 뉴욕에 와서 월도프 아스토리아 호텔에 머물면 먼로는 그곳으로 가서 시나트라와 같이 지냈다.

먼로는 이즈음 하복부에 불편함을 느끼곤 했다. 5월 26일, 할리우드를 방문하던 중 먼로는 시더스 오브 레바논 병원(Cedars of Lebanon Hospital) 부인과 병동에 입원해서 자궁내막증 증상을 완화하기 위한 간단한 수술을 받았다. 수술에서 회복한 먼로는 6월 7일, 라스베이거스 샌즈 호텔에 가서 개막식 연회에 참석했다. 그곳에서 먼로는 시나트라와 딘 마틴을 만났다. 엘리자베스 테일러, 에디 피셔 등 스타들이 대거 참석한 이 모임에서 먼로는 시나트라 품에 안겨서 주목을 받았다.

뉴욕으로 돌아와서 지내던 중 먼로는 이따금 복통을 느끼는 등 건강이 좋지 않았다. 6월 28일 먼로는 심한 복통으로 급하게 폴리클리닉 병원(Polyclinic Hospital)에 입원했다. 검사 결과 쓸개 전체가 감염되었다고 판명이 나 어쩔 수 없이 쓸개 제거 수술을 해야만 했다. 이로 인해 먼로의 오른쪽 하복부에는 약 13센티미터의 흉터가 남게 됐다. 먼로가 마취에서 깨어나 보니 디마지오가 옆에 있었다.

7월 11일, 먼로는 퇴원해서 57번가 아파트로 돌아왔다. 먼로는 아무것도 하지 않고 멍하니 창밖을 보고 있는 시간이 많았다. 아파트에는 병원에서 처방해 준 각종 약병들이 굴러다녔고 방은 정리가 안 돼 어수선했다. 외로운 먼로는 플로리다에 살고 있는 언니 버니스 미라클에게 전화를 걸어 뉴욕으로 와달라고 했다. 뉴욕으로 올라온 버니스 미라클은 먼로의 아파트에 머물면서 오붓한 시간을 보냈다.

그러면서도 먼로는 시나트라와는 자주 연락을 했다. 시나트라는 먼로에게 몰티즈와 푸들의 교잡종인 흰색 강아지를 선물했다. 동물을 좋아하는 먼로는 아서 밀러와 이혼하면서 함께 지냈던 반려견 휴고를 밀러에게 보내서 매우 허전해하고 있던 참이었다. 시나트라는 나탈리 우드(Natalie Wood 1938~1981)의 어머니로부터 이 어린 강아지를 입양해서 먼로에게 선물했다. 20세기 폭스에서 같이 일해서 먼로와 알고 있는 나탈리 우드는 이 강아지를 먼로의 아파트로 데리고 와서 적응 훈련을 시켜주었다. 먼로는 이 강아지의 이름을 '마프 허니(Maf Honey)'라 짓고, '마프'라고 불렀다. 이렇게 한 달을 보내면서 먼로는 겨울이 추운 뉴욕을 떠나서 LA로 돌아가야겠다고 생각했다.

뉴욕에서 LA로 돌아오다

1961년 8월, 먼로는 강아지 마프와 함께 LA로 돌아왔다. 먼로는 랠프 로버츠에게 자기를 따라 LA로 가자고 했다. 먼로는 디마지오와 결혼하기 전인 1953년에 살았던 베벌리 힐스의 도헤니 드라이브(Doheny Drive)에 있는 침실 하나에 화장실 하나인 아파트에 다시 보금자리를 틀었다. 뉴욕 생활을 청산하고 먼로와 함께 LA로 온 랠프 로버츠는 노마 플레이스(Norma Place)에 있는 작은 아파트에 정착했다. 먼로는 맨해튼 57번가 아파트는 그대로 유지를 하고 뉴욕에 갈 때면 그곳에서 머물렀다.

도헤니 드라이브의 아파트에서 먼로는 지니 칼멘(Jeanne Carmen 1930~2007)을 다시 만났다. 모델이며 B급 영화에 자주 나온 배우이고 묘기 골퍼였던 지니 칼멘은 먼로가 도헤니 드라이브의 아파트에 살았을 때 같은 건물에 살았었다. 지니 칼멘은 1950년대 초에 할리우드에서 영화를 찍고 유흥가에서 사람들과 어울릴 때 먼로를 처음 만났다. 두 사람은 그 후에도 종종 만났고 먼로가 뉴욕에 살 때도 촬영차 LA에 오면 칼멘을 만나곤 했는데, 이제 다시 한 건물에서 살게 된 것이다.

먼로가 도헤니 드라이브의 아파트에 자리를 잡게 된 이유는 또 있었다. 같은 아파트 건물에 프랭크 시나트라의 비서인 글로리아 러벨(Gloria Lovell)이 살고 있었다. 먼로는 글로리아 러벨과 가깝게 지냈으며, 먼로가 죽은 후 갈 곳이 없어진 먼로의 강아지 마프는 러벨이 맡아 키우게 된다.

LA로 돌아온 후 먼로는 시나트라와 더욱 가깝게 지냈다. 시나트라는 먼로를 초청해서 베벌리 힐스에서 '로마노프(Romanoff)'라는 유명한 레스토랑을 운영하는 마이클 로마노프 부부, 딘 마틴 부부와 함께 요트로 나흘 동안 카탈리나 군도 근처를 유람했다. 같이 있었던 글로리아 로마노프는 시나트라와 먼로는 마치 부부 같았다고 나중에 회고했다. 시나트라는 에메랄드와 다이아몬드가 촘촘하게 박힌 귀고리 한 쌍을 먼로에게 선물했다. 시나트라의 비서이면서 경호원이었던 질리 리조(Jilly Rizzo 1917~1992)에 의하면 시나트라는 1961년 연말에 먼로에게 청혼했으나 먼로가 거절했다고 한다. 그 이유는 정확히 알 수 없으나 아마도 먼로는 케네디를 생각하고 있었을 것이다.

시나트라는 케네디 대통령 부자(父子)와도 관계가 돈독했다. 시나트라는 케네디가 대통령이 되는 데 많은 기여를 했다고 생각했고, 케네디도 시나트라에 대해 감사하게 생각했다. 하지만 시나트라는 백악관 만찬이나 캠프 데이비드 행사에는 초대되지 못했다. 시나트라가 마피아와 관련이 있다는 소문이 떠돌았을뿐더러 재클린이 시나트라를 싫어했기 때문이었다.

1961년 9월 23일, 시나트라는 일반인이 출입하지 않는 문을 통해서 백악관을 방문했다. 그는 케네디의 비서 데이비드 파워스의 안내로 백악관 구경을 하고 가든이 보이는 발코니에서 칵테일을 마시면서 감회에 젖었다고 전해진다. '우리'가 케네디를 대통령으로 만들었다고 생각했을 것이다. 백악관을 은밀하게 방문한 다음 날 시나트라는 케네디 가족의 자가용 비행기 '캐롤라인'을 타고 조지프 케네디가 머무르고 있는 매사추세츠 히아니스포트로 향했다. 이 비행기에는 피터 로포드의 부인 패트리샤와 에드워드 케네디가 함께 타고 있었다.

시나트라는 조지프 케네디가 좋아하는 이탈리아 와인과 샴페인, 이탈리아 빵과 아이스크림을 선물로 잔뜩 갖고 갔다. 조지프 케네디는 시나트라를 반갑게 맞았고 샴페인 잔을 들고 함께 정원을 거닐었다. 다음 날 케네디 대통령이 히아니스포트에 도착했다. 이들은 가족 전용 요트 '허니 프리츠(Honey Fritz)'를 타고 부근 대서양에서 즐거운 시간을 보냈다. 그러면서 시나트라는 자기가 소설《맨츄리안 캔디데이트(The Manchurian Candidate)》를 영화로 만들려고 하는데 유나이티드 아티스트의 아서 크림(Arthur B. Krim 1910~1994) 회장이 반대한다면서 크림에게 압력을 가해달라고 부탁했다. 아서 크림은 이 소설 내용이 케네디와 비슷한 면이 있다고 생각해서 영화로 만드는 데 소극적이었다. 하지만 이 소설을 읽고 흥미를 느꼈던 케네디 대통령은 아서 크림에게 전화를 걸어서 시나트라가 이 영화를 만들 수 있게 도와주었다.

〈맨츄리안 캔디데이트〉는 유력한 정치인의 아들인 미군 병사가 한국전쟁 당시 공산군 포로로 잡혀 만주로 끌려갔다가 미국에 돌아와서 명예훈장을 받고 유명해지지만, 러시아와 중국 공산주의자들로부터 세뇌당한 그는 공산 첩자의 지시에 따라 대통령 후보를 저격하려 한다는 첩보 스릴러 영화였다. 1962년에 개봉돼서 호평을 받았고 흥행에도 크게 성공했다. 〈맨츄리안 캔디데이트〉는 2004년에 댄젤 워싱턴과 메릴 스트립이 주연한 영화로 리메이크됐다. 2004년 영화에서 댄젤 워싱턴이 맡은 역할이 1962년 영화에서 시나트라가 맡은 역할이다.

시나트라가 해결해야 할 매우 곤란한 숙제는 마피아 수사를 독려하고 있는 법무부 장관 로버트 케네디였다. 샘 지안카나는 시나트라한테 이 문제를 케네디 대통령이나 조지프 케네디에게 전달해 주기를 원했다. 시나트라는 이를 직접 전달하기보다는 피터 로포드나 그의 부인 패트리샤를 통해서 전달하려고 했다. 그런 과정에서 시나트라는 패트리샤 로포드와 깊은 관계를 맺기도 했다. 샘 지안카나 등 마피아 보스들은 자신들이 지지했던 케네디 정부의 법무부 장관 때문에 인내심이 바닥나고 있었다.

오랜 친구 지니 칼멘

아칸소 시골 마을에서 태어난 지니 칼멘은 10대 초에 집을 나와서 뉴욕 맨해튼의 유흥가에서 일하다가 빼어난 용모가 눈에 띄어 잡지 모델을 했다. 그녀는 돈을 걸고 하는 묘기 골프(trick golf)에 뛰어난 재주가 있어 첫 남편에 이끌려서 골프장 투어로 수입을 올렸다. 그러던 칼멘은 LA와 라스베이거스에서 활동하는 잘생긴 마피아 존 로젤리를 만났다. 로젤리는 칼멘을 LA로 데려온 후 할리우드 영화계와 라스베이거스 카지노에 데뷔시켰다. 그녀는 B급 영화라고 부르는 시시한 영화에 출연하는 등 배우와 모델로 활동했지만, 골프계에서는 묘기 골프의 귀재로 이름을 날렸다. 먼로와 많이 닮은 지니 칼멘은 존 로젤리를 통해서 프랭크 시나트라, 피터 로포드 등 랫 팩 멤버들과도 알게 됐다.

LA로 돌아온 먼로는 같은 아파트 건물에 사는 칼멘과 자주 만나면서 많은 대화를 했다. 따라서 칼멘은 먼로로부터 케네디 형제와의 관계 등 많은 이야기를 들었다. 1962년 봄, 먼로가 브렌트우드에 집을 사서 이사 간 후에도 먼로와 칼멘은 자주 통화하고 자주 만났다. 먼로가 죽던 1962년 8월 4일에도 여러 차례 통화했다. 먼로는 오후 9시경 칼멘에게 다시 전화해 자기 집으로 와달라고 했으나 칼멘은 다음 날 가겠다며 전화를 끊었다. 그 전화가 둘의 마지막 전화가 될 줄은 칼멘도 먼로 자신도 몰랐다. 그리고 얼마 후 먼로는 숨을 거두었다.

먼로가 사망하자 존 로젤리는 칼멘에게 전화를 걸어 생명이 위험하니까 즉시 LA를 떠나라고 했다. 칼멘은 도망치듯이 LA를 떠나서 애리조나에 숨어 지냈다. LA에서의 모델과 배우, 그리고 골퍼로서의 화려한 생활을 버리고 애리조나에 숨어 살면서 칼멘은 결혼해서 자녀 셋을 두었다. 먼로가 죽고 20년이 지나서 탐사 언론인들이 먼로의 죽음에 관한 진실을 파헤치기 시작하자 칼멘도 입을 열었다. 지니 칼멘은 먼로의 죽음, 그리고 먼로와 케네디 형제와의 관계를 알고 있는 중요한 증인이었다.

1990년대 들어서 칼멘은 보다 자유롭게 여러 매체와 인터뷰를 했는데, 그녀는 먼로가 살해당했다고 주장했다. 칼멘은 자기가 먼로와 함께 피터 로포드의 바닷가 저택 파티에 자주 갔었고, 거기서 상원의원이던 케네디와 동생 로버트를 만났다고 말했다. 당시는 말리부에 누드 비치가 있을 때라서 함께 누드 비치에 간 적도 있었다고 회고했다. 먼로는 로버트 케네디가 부인 에셀과 이혼하고 자기와 결혼할 것이라고 칼멘에게 말했고, 칼멘은 그런 일은 불가능하다고 여러 차례 이야기했으나 먼로는 곧이듣지 않았다고 증언했다.

칼멘은 먼로가 케네디 형제와의 관계 등 중요한 일을 빨간색 표지 다이어리(Red Diary)에 적어 놓았으며, 8월 4일 밤 9시에 마지막 통화를 할 때도 먼로는 멀쩡했다고 말했다. 먼로가 죽은 후 먼로의 다이어리는 사라져 버렸다. 칼멘에 따르면, 먼로는 먼로가 죽던 날 로버트 케네디가 자기 집에 올 것을 알았다고 한다. 칼멘은 그날 로버트 케네디는 먼로의 집을 다녀갔다고 믿는다고 증언했다. 지니 칼멘은 2007년 12월, 일흔일곱에 암으로 사망했다.

먼로를 정신적으로 지배했던 랠프 그린슨

먼로는 LA로 돌아오자마자 정신과 의사 랠프 그린슨을 찾았다. 먼로는 뉴욕에 있을 때 상담했던 정신과 의사 마리안느 크리스를 통해서 그린슨을 알게 됐고, 영화 촬영을 위해 할리우드에 올 때면 그를 찾아 상담하곤 했다. 먼로가 네바다에서 〈미스핏〉 촬영을 하던 중 정신을 잃어서 LA 병원에 잠시 입원했을 때에도 그린슨의 진료를 받았다.

컬럼비아 대학을 나오고 유럽에서 지그문트 프로이트(Sigmund Freud 1856~1939)의 문하생(門下生)으로 공부한 그린슨은 당시 유행하던 정신분석학 분야에서 이름이 높았다. UCLA 임상교수를 겸임한 그의 병원에는 캘리포니아의 저명한 인사들이 드나들었다. 당시는 정신분석학이 성행했던 때라 정신과 상담이 높은 신분의 징표로 여겨졌다. 그린슨은 2차 세계대전 후 귀국한 병사들이 겪고 있는 정신적 장애를 연구해서 이를 PTSD(Post-traumatic stress disorder, 외상 후 스트레스 장애)로 주장해서 유명해졌다.

그린슨과 그의 부인 힐디(Hildi)는 지그문트 프로이트의 딸이며 역시 정신분석학 학자인 안나 프로이트(Anna Freud 1895~1982)와 교분이 깊었다. 뉴욕에서 먼로를 상담하고 진료한 정신과 의사 마리안느 크리스도 프로이트를 추종하는 정신분석학파였다. 그린슨이 상담하고 진료해 온 환자 같지 않은 환자 중에는 비비안 리, 토니 커티스, 프랭크 시나트라 등 할리우드 유명인들이 있었다. 하지만 냉철하게 본다면, 프랭크 시나트라처럼 개성이 강하고 자기 실천 욕구가 강한 사람이 정신분석의를 만났다는 것 자체가 우스운 일이었다.

그린슨 부부는 UCLA 의대의 정신과 의사 모임과 할리우드 유력인사들의 사교 모임의 중심을 이루었다. 여러 유명인사를 만난 그린슨에게도 먼로는 독특한 환자였다. 먼로는 누구나 아는 유명인사였지만 외로운 사람이었고, 아름다웠지만 자존감(自尊感)이 낮은 사람이었다. 먼로는 막강한 영향력을 휘두를 수 있는 사람이었으나 내면적으로 아무것도 할 수 없다는 좌절감에 시달리고 있었다. 그린슨은 먼로가 특이한 환자이기 때문에 특이한 처방이 필요하다고 생각했다. 또 먼로가 너무 유명하기 때문에 병원으로 와서 상담하기보다는 자기 집에서 상담하는 것이 좋겠다고 생각했다.

사람이 그리웠던 먼로는 그린슨에게서 위안을 찾았다. 그린슨은 정신과 의사로서의 금기(禁忌)를 깨고 먼로를 오후 늦게 자기 집으로 오도록 해서 진료 상담을 하고 이어서 자신의 부인, 아들딸과 저녁을 같이 하는 등 가족처럼 지냈다. 그린슨은 친지들을 집으로 초대해서 먼로와 같이 어울리기도 했다. 먼로는 콧수염을 기른 그린슨에게서 아버지 같은 느낌을 받았을 것이다. 이처럼 그린슨은 환자와 사적인 관계를 맺어서는 안 된다는 정신과 의사의 기본 수칙(守則)을 위반했다. 아마도 그린슨은 먼로를 사랑했을 것이라고 그를 아는 사람들은 나중에 이야기했다. 그러면서도 그린슨은 먼로에게 정신과 진료 청구서를 꼬박꼬박 보냈다.

먼로는 노래하고 춤추는 배우가 아닌 연기력을 갖춘 진정한 배우가 되기 위해 끊임없이 노력했다. 뉴욕에서는 리 스트라스버그를 찾아가 연기 수업을 받았다. 문제는 스트라스버그가 먼로에게 부정적인 인식을 심어주었다는 것이다. 그녀의 연기력이 부족할 뿐만 아니라 먼로가 누리는 인기는 허망한 것이라고 말하곤 했다. 그러나 사실을 말하자면 스트라스버그를 만날 당시 먼로는 스타로서 정상의 지위에 있었다.

하지만 그녀가 LA로 돌아와서 그린슨을 만났을 때는 배우로서는 물론이고 스타로서도 내리막을 달리고 있었다. 원래 자존감이 낮은 먼로는 더욱 불안해했고, 그린슨은 그런 먼로를 심적으로 동정하고 사랑하면서 동시에 구원하려고 했다. 더 나아가서 먼로를 정신적으로 지배하려고 했다. 그린슨은 먼로의 문제는 그녀가 알아 왔던 사람들이 그녀를 이용했던 데 있다는 인식을 먼로에게 심어 주었다. 말하자면 세뇌를 한 것이다.

먼로는 뉴욕을 떠날 때 가까운 대화 상대였던 랠프 로버츠에게 LA로 같이 가자고 했고, 로버츠는 그 말을 듣고 LA에 와서 아파트를 구해서 정착했다. 그린슨은 먼로에게 그런 로버츠를 버리라고 요구했다. 먼로는 처음에는 그럴 이유가 없다고 했으나 그린슨이 자기를 버리든가 로버츠를 떠나보내라고 이야기하자 항복하고 말았다. 먼로는 랠프 로버츠에게 울면서 전화를 걸었고, 청천벽력 같은 이야기를 들은 로버츠는 그날로 짐을 싸서 뉴욕행 비행기에 몸을 실었다. 원래 살던 맨해튼에 도착한 로버츠는 먼로와 같은 아파트 건물에 사는 시나트라의 비서 글로리아 러벨에게 전화를 걸어 자기가 맨해튼에 잘 도착했음을 알렸다. 러벨은 로버츠가 떠난 날 밤 먼로는 자기 아파트에서 밤새 비명을 지르면서 크게 울어서 건물 전체가 시끄러웠다고 알려주었다.

　　로버츠가 떠난 후 그린슨은 운전하고 집안일을 돌봐줄 사람으로 쉰아홉 살의 유니스 머레이(Eunice Murray 1902~1994)를 추천했고 먼로는 이에 응했다. 유니스 머레이가 랠프 그린슨과 깊이 엮여 있는 관계임을 먼로는 알지 못했다. 그린슨은 좌익 노동운동을 했던 유니스 머레이의 아버지와 잘 알았고, 그린슨이 살고 있는 집은 머레이의 아버지가 살던 집이었다. 머레이는 단순한 가정부 역할을 넘어서 먼로의 일상에 간여해서 먼로의 홍보비서 패트 뉴컴과 관계가 좋지 않았다. 뉴컴은 머레이가 먼로와 자기에 대해 지나치게 간섭한다고 생각했다.

　　그린슨이 먼로에게 정신적으로 도움을 주었는지 그 자체가 의문이었다. 먼로에게 메이크업을 해주면서 먼로와 가까이 지낸 화이티 스나이더는 그린슨이 먼로에게 도움이 되지 않았다고 나중에 말했다. 랠프 로버츠는 정신과 상담을 받아야 할 사람은 먼로가 아니라 그린슨이라고 지적했다. 그린슨이 먼로를 철저하게 이용했다고 보는 것이다. 먼로가 정신과 의사에게 의존한 그 자체가 어리석었다고 보는 견해도 있다. 먼로가 죽은 후 〈미스핏〉을 감독한 존 휴스턴은 정신과 의사들이 먼로를 죽음으로 몰아넣었다고 말했다. 먼로는 정신과 의사와의 상담에 위안을 얻고 그들의 의견을 존중했으니 정신과 의사들도 갈수록 약물에 의존하는 먼로에 대해선 아무런 대책이 없었다.

랠프 그린슨과 유니스 머레이는 먼로가 죽던 날 밤에 매우 의심스러운 행적으로 의혹의 중심에 서게 된다. 그린슨은 자신을 둘러싼 의혹에 대해 아무런 해명을 하지 않고 1979년에 사망했다. 그가 죽은 후 그린슨의 부인과 자녀도 그린슨을 둘러싼 의문점에 대해 아무런 말을 하지 않았다. 그리고 오랜 시간이 흘러간 후 그린슨이 먼로를 죽였다는 증언이 나오게 된다.

먼로의 법률 담당 변호사 밀튼 루딘

먼로는 LA로 돌아온 후 자기의 여러 법률문제를 담당할 변호사가 필요했다. 랠프 그린슨은 자기의 처남인 밀튼 루딘(Milton Rudin 1920~1999)을 추천했다. 뉴욕의 유대인 가정에서 태어난 루딘은 UCLA와 하버드 로스쿨을 졸업하고 배우 등 연예인을 주로 대리해서 성공했다. 루딘이 대리한 배우와 가수로는 프랭크 시나트라와 마릴린 먼로 외에도 루실 볼(Lucille Ball 1911~1989), 엘리자베스 테일러(Elizabeth Taylor 1932~2011), 라이자 미넬리(Liza Minnelli 1946~) 등이 있다. 그는 가수와 배우가 자신의 음악과 연기를 담은 저작물에 대한 권리를 확실하게 보장받는 데 크게 이바지했다.

　루딘은 1955년부터 1987년까지 32년 동안 시나트라의 변호사로서 계약, 저작권, 회사 설립 같은 문제뿐 아니라 이혼과 결혼, 그리고 아이들 문제까지 관리했다. 그 외에도 워너브라더스 같은 영화 제작사, 마빈 데이비스, 스티브 로스 같은 제작사를 인수한 부호(富豪)를 대리했다. 밀튼 루딘은 1947년에 랠프 그린슨의 여동생 엘리자베스와 첫 번째 결혼을 했다. 두 사람은 자녀 셋을 두고 1978년에 이혼했고, 루딘은 캐롤과 재혼을 했다. 루딘은 20세기 폭스가 먼로를 해고하고 손해배상 소송을 제기했을 때 먼로를 대리해서 20세기 폭스에 대응했다.

　루딘은 먼로가 1962년 8월 4일에서 5일로 넘어오는 자정 직전에 사망한 후 먼로의 집에 도착했다. 먼로에게 유고(有故)가 생겼다는 연락을 받고 피터 로포드, 패트 뉴컴, 아서 제이콥스가 먼로의 집으로 달려왔고 이어서 루딘이 도착했다. 루딘은 이들과 함께 대책을 의논했고, 그런 후에 랠프 그린슨이 내과 의사 하이먼 엔젤버그로 하여금 경찰에 전화로 신고하도록 한 것으로 여겨진다. 루딘은 먼로의 변호사 자격으로 먼로의 장례식에 참석했다. 장례식을 주관한 조 디마지오는 프랭크 시나트라, 피터 로포드, 딘 마틴 등은 장례식에 참석하지 못하게 했다. 시나트라와 가까웠던 사람은 8월 5일 새벽에 루딘이 시나트라에게 전화를 걸어서 먼로는 살해됐다고 알렸다고 오랜 세월이 지나 증언을 했다.

1987년에 루딘은 그의 오랜 친구이기도 한 시나트라와 변호사 계약 관계를 끝냈는데, 그 이유는 알려지지 않았다. 두 사람은 그 후에도 친구로 가까이 지냈으며 루딘은 시나트라의 장례식에 참석했고 이듬해에 79세로 사망했다. 루딘은 사망하기 전까지 20년 동안 라이자 미넬리의 변호사로 일했다. 라이자 미넬리는 1970~80년대에 뮤지컬 '뉴욕 뉴욕(New York, New York)' 등으로 선풍적인 인기를 얻었다. 루딘은 의뢰인과의 관계에서 알게 된 사실은 비밀로 지켜야 한다는 변호사 윤리에 입각해 아무런 기록이나 증언을 남기지 않았다. 유대인인 그는 히브리 대학을 후원하는 등 자선활동에 많은 기부를 했다.

케네디 대통령의 LA 방문

1961년 11월 중순, 케네디 대통령은 취임 후 처음으로 LA를 방문했다. 케네디는 베벌리 힐튼 호텔에 묵었으며 호텔 연회장에서는 약 200명의 지지자와 후원자들이 참석한 리셉션이 열렸다. 임신 중인 재클린은 이번에도 케네디를 따라오지 않았다. 그때 마릴린 먼로가 케네디와 밀실에서 같이 있는 것이 목격됐다. 행사에 참석한 사람들은 먼로를 보고 그다지 놀라지도 않았다고 전해진다. 그날 밤 먼로는 케네디와 뜨거운 시간을 가졌다.

1961년 11월 케네디가 LA를 방문하고 마릴린 먼로와 밤을 즐길 즈음 법무부의 젊은 법률가들은 마피아가 시나트라를 통해 케네디 정부에 접근하려 함을 알게 됐다. 이를 알아차린 에드가 후버 FBI 국장은 1961년 12월 11일, 로버트 케네디에게 FBI가 그 같은 정보를 파악했다고 보고했다. 그때부터 시나트라가 운영하는 칼 네바 카지노 호텔이 사실상 샘 지안카나의 소유라는 등 시나트라가 마피아와 관계가 있다는 소문이 돌았다.

FBI는 샘 지안카나, 존 로젤리 등의 통화를 도청해 온 결과 케네디 대통령이 주디스 캠벨을 백악관 등 여러 곳에서 만났다는 사실을 알았다. FBI는 주디스 캠벨이 샘 지안카나의 정부(情婦)임도 파악했다. 1962년 2월 27일, 에드가 후버 국장은 로버트 케네디에게 주디스 캠벨이 케네디 대통령과 깊은 관계임을 보고했다. 하지만 로버트 케네디와 케네스 오도넬은 이를 심각하게 여기지 않았다. LA에 사는 주디스 캠벨은 배우도 아니고 단지 미모의 여성일 뿐이라며 대수롭지 않게 생각했다.

LA의 좋은 가정에서 자란 주디스 캠벨은 미모가 뛰어났으나 학교 공부에는 관심이 없고 노는 데 열심이었다. 예쁘게 꾸미고 클럽에 놀러 다니는 파티 걸이었다. LA의 유흥가에 영향력이 있던 존 로젤리는 주디스를 알게 되어 그녀를 프랭크 시나트라에게 소개했고, 결국 샘 지안카나까지 연결됐다. 든든한 스폰서가 있는 그녀는 라스베이거스 유흥가에도 자주 놀러 갔고, 결국 케네디와도 알게 됐다. 1960년 대통령 선거를 앞두고 주디스 캠벨은 케네디와 지안카나의 연락책 역할을 했다. 케네디가 전해준 돈 가방을 지안카나에게 직접 전달한 적도 있었다. 주디스 캠벨과 케네디가 깊고 지속적인 관계라는 사실은 백악관 측근 참모들도 알았으나 케네디는 여자관계가 워낙 난잡해서 크게 신경을 쓰지 않았다. 하지만 주디스 캠벨이 샘 지안카나와도 깊고 지속적인 관계라면 그것은 문제가 아닐 수 없었다.

1961년 12월 19일, 조지프 케네디가 뇌졸중으로 쓰러져 오른쪽 반신을 쓸 수 없게 됐다. 이제 케네디 형제는 아버지의 지시를 받지 않고 나라를 운영할 수 있게 됐다. 하지만 샘 지안카나에게 이는 좋지 않은 변화였다.

이렇게 1961년 한 해가 저물어 갔다. 1961년 한 해 동안 먼로는 영화를 한 편도 찍지 않았다. 아서 밀러와 이혼하고 이브 몽땅과의 결합도 이루지 못한 먼로에게 케네디는 희망이고 위안이었다. 먼로는 케네디와 재클린 사이가 파탄이 났다고 생각했다. 그 시기에 먼로를 가까이서 만난 사람들은 먼로가 케네디와 결혼해서 퍼스트레이디가 되는 엉뚱한 꿈을 꾸고 있었다고 전했다.

Marilyn Monroe
&
the Kennedy Brothers

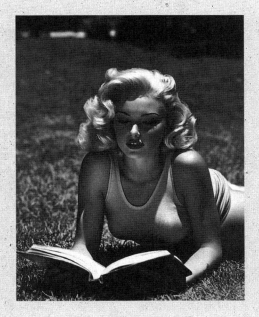

1962년 그해
7

"남자들은 여자들을 책처럼 생각해요.

표지가 눈에 띄지 않으면 속 내용을 읽어보려 하지 않죠."

취임 2년 차를 맞은 케네디 대통령에게는 여러 가지 어려운 문제가 산적해 있었다. 피그만 침공 때 카스트로 군대에 포로로 잡힌 반공(反共) 쿠바 난민 부대원 1200여 명은 케네디 정부에게 큰 부담이었다. 카스트로는 이들을 재판에 회부해 처형하겠다고 협박했고, 케네디 대통령은 쿠바와의 교역을 전면적으로 금지하는 금수령(禁輸令)을 내렸다. 유에스 스틸 등 철강회사들이 철강 가격을 인상하려고 하자 인플레이션을 우려한 케네디 대통령은 상무부로 하여금 인상을 철회하도록 지시했다. 케네디 정부의 안보팀은 악화해 가는 베트남 등 동남아 상황을 다루어야 했다. 로버트 케네디가 이끄는 법무부는 조직범죄를 본격적으로 다루기 시작했다.

1962년 4월, 21세기 엑스포(The Century 21 Exposition)가 워싱턴주 시애틀에서 화려하게 문을 열었다. 시애틀 세계박람회(The Seattle World

Fair)로 불리는 이 행사에는 6개월 동안 1000만 명이 다녀갔다. 그해 6월, 미국 대법원은 공립학교에서 기도문(祈禱文, Prayer)을 독송하는 것은 위헌이라고 판시했다. 7월에는 AT&T가 세계 최초로 통신위성을 지구 궤도로 발사해서 가동시켰다. 그해 여름 쿠바에는 미국 본토를 타격할 수 있는 소련제 핵미사일이 들어왔으나 미국 정보 당국은 8월에 들어서야 의심하게 됐다. 그해 여름 일어난 큰 사건 중의 하나는 바로 마릴린 먼로 사망이었다.

로버트 케네디의 LA 방문

로버트 케네디는 마릴린 먼로를 여러 차례 만났다. 법무부 장관은 공식 일정이 아닌 경우에는 그 일정이 공개되지 않기 때문에 로버트 케네디가 LA를 얼마나 자주 드나들었는지는 알 수 없다. 로버트 케네디가 LA의 피터 로포드의 집에 머물면서 마릴린 먼로를 만났다고 확인된 날은 1962년 2월 1일이다.

로버트 케네디는 2월 4일부터 26일 동안 일본과 동남아, 그리고 로마를 거쳐 서베를린을 방문했다. 법무부 장관이 한 달 가까이 자리를 비우며 외교 순방을 하는 경우는 전에 없었다. 로버트는 부인 에셀과 언론인 출신 보좌관 존 시겐설러(John Seigenthaler 1927~2014), 국무부의 브랜든 그로브(Brandon Grove 1929~2016), 기자 10명과 함께 도쿄에 도착해서 이케다 수상을 만났다. 일행은 오사카도 방문해서 뜨거운 환영을 받았다. 이어서 타이페이, 홍콩, 싱가포르, 사이공, 방콕을 거쳐서 자카르타에 도착했다.

베트남 사이공에선 응고엔 지엠 대통령의 동생인 응고엔 누를 만났고, 인도네시아 자카르타에선 수카르노 대통령을 만났다. 사이공에서 로버트 케네디는 미군이 남베트남을 지킬 것이며, 미국은 공산주의자들을 이겨낼 것이라고 말해서 언론에 크게 났다. 그 후 로마를 거쳐 서베를린에 도착한 로버트 케네디는 자유대학에서 연설한 후 귀국했다.

로버트 케네디는 일본으로 출발하기 전인 2월 1일, LA에서 하루를 보냈다. 피터 로포드는 그날 저녁 자기 집에서 로버트를 위해 파티를 열었다. 그 자리에는 로버트가 알고 있는 배우 킴 노박(Kim Novak 1933~)과 마릴린 먼로도 초청했다. 패트 뉴컴도 참석했고 로버트 케네디의 일행 중 몇 사람도 참석했다. 그날 파티에 참석한 한 기자는 먼로가 로버트에게 트위스트 추는 방법을 가르쳐 주었고, 로버트를 바짝 따라다녔다고 나중에 그때를 되돌아보았다.

여러 사람이 참석하는 자리이고 특히 자기보다 젊은 킴 노박도 오기 때문에 먼로는 로버트와 나눌 대화를 미리 준비했다고 전해진다. 로버트는 파티 도중에 플로리다 팜비치의 별장에서 요양하고 있는 아버지 조지프 케네디에게 전화를 걸고 먼로를 바꾸어 주었다. 팜비치 별장에는 케네디의 여동생 진 스미스가 아버지 옆에 있었고, 진 스미스는 나중에 먼로에게 고맙다는 편지를 보냈다.

이날 파티에는 여러 사람이 참석했기 때문에 그날 밤에 먼로와 로버트가 성관계를 했는지는 확인되지 않았다. 하지만 먼로는 로버트와 이미 만난 적이 있었다고 여겨진다. 킴 노박도 케네디 형제와 관계가 있다는 소문이 있었다. 해외 순방에서 돌아온 로버트 케네디는 먼로에게 안부 전화를 걸었고 이들은 자주 통화했음이 확인됐다.

브렌트우드에 집을 사다

랠프 그린슨은 먼로가 자주 옮겨 다니며 살아온 것이 그녀의 정서에 좋지 않은 영향을 주었다고 생각했다. 그 때문에 먼로가 주택을 사서 자기만의 영역을 꾸리면 정서적 안정을 찾는 데 도움이 된다고 생각했다. 먼로는 그린슨의 이런 제안에 동의했고, 1962년 2월 서부 LA 부촌(富村)인 브렌트우드(Brentwood)에 있는 저택을 사서 이사했다. 헬레나 5번 드라이브 12305(12305 5th Helena Drive)에 있는 먼로의 집은 조용한 주택가 안쪽에 위치해서 아늑했다.

1929년에 지어진 이 저택은 약 600평 부지 위에 4개의 방과 커다란 거실과 부엌이 있는 전형적인 스페인풍(風)으로, 야외 풀(수영장)이 있고 정원이 넓었다. 또한 그린슨의 집과 패트 뉴컴이 살고 있는 아파트와도 가까워 먼로에게는 안성맞춤이었다. 먼로는 이 집을 7만 5000달러를 주고 샀는데, 절반은 현금으로 나머지 절반은 모기지로 해결했다. 먼로는 당시 돈이 없어서 디마지오로부터 돈을 빌렸다.

〈무엇이든 해야(Something's Got to Give)〉 촬영은 4월로 잡혀 있었다.

랠프 그린슨은 먼로에게 여행을 권했다. 촬영을 시작하려면 두 달 정도 여유가 있는 데다가 브렌트우드 집은 수리할 곳이 많아서 수리하는 동안 여행하면서 쉬는 게 좋겠다는 생각이었다. 먼로는 이참에 뉴욕 양키즈의 훈련을 보기 위해 플로리다에 있는 조 디마지오도 만나고, 멕시코로 여행을 떠나기로 했다. 먼로는 어머니가 태어나서 어린 시절을 보낸 멕시코의 풍광과 사람을 좋아했다.

먼로는 피터 로포드의 저택에서 열린 로버트 케네디의 아시아 순방 축하 파티에 참석한 후 플로리다로 떠났다. 플로리다에서 디마지오를 만난 먼로는 좋은 시간을 보냈다. 2월 6~7일 이틀간 케네디 대통령은 플로리다 팜비치의 퐁텐블로 호텔 17층 스위트에 머물고 있었고, 먼로는 팜비치로 가서 케네디가 머무는 호텔 스위트와 가까운 객실에 묵었다. 이런 사실은 당시 호텔 지배인에 의해 나중에 확인됐다.

그리고 먼로는 패트 뉴컴과 함께 멕시코시티행 비행기에 올랐다. 시나트라는 먼로가 편안히 쉴 수 있도록 멕시코시티 힐튼 호텔에 객실을 잡아주었다. 먼로는 특별한 일정 없이 멕시코 여행을 하면서 새집에 필요한 가구와 소품을 살 생각이었다. 그러나 먼로가 멕시코시티에 온다는 소식을 전해 들은 기자들이 공항에 몰려들어 한때 소동이 벌어졌다. 먼로는 기자회견을 하고 멕시코 영화 관계자들을 만나고 멕시코 음식과 술을 즐겼다.

멕시코시티 방문으로 감시의 대상이 되다

멕시코시티에 일주일 먼저 도착한 유니스 머레이는 전 남편 존 머레이의 형제인 처칠 머레이를 만났다. 처칠 머레이는 먼로와 유니스 머레이를 멕시코시티의 미국인 망명객들의 모임에 데리고 갔다. 1950년대 들어서 공산주의 동조자들에 대한 탄압과 감시가 심해지자 미국 공산당원 등 좌파 성향 인물들이 멕시코시티로 건너가 모여 살았다. 미국인 망명객들의 중심은 프레데릭 밴더빌트 필드(Frederick Vanderbilt Field 1905~2000)였다. 프레데릭 필드는 미들네임이 보여주듯이 그의 어머니가 철도 재벌 코르넬리우스 밴더빌트(Cornelius Vanderbilt 1789~1877)의 증손녀였다.

하버드를 나온 프레데릭 필드는 공산주의자여서 밴더빌트 가문으로부터 파문을 당했다. 미국 당국의 수사를 피해서 멕시코시티로 건너간 그는 자신과 비슷하게 망명해 온 미국인 20여 가족과 모임을 이루었다. 먼로는 이들과 만나 담소를 하며 즐겁게 보냈다. 먼로는 매카시즘을 싫어했기 때문에 이들과 통하는 바가 있었다.

그리고 먼로는 멕시코 가구와 옷을 사는 등 쇼핑을 즐겼다. 잡지 〈코스모폴리탄〉에 실린 먼로의 유명한 사진은 이때 산 멕시코 스웨터를 입고 찍은 것이다. 먼로는 쇼핑하면서 자기보다 열 살이나 어린 멕시코 영화감독 호세 볼라노스(Jose Bolanos 1935~1994)를 만났다.

멕시코 사람들은 오늘날까지도 먼로의 멕시코시티 방문을 큰 사건으로 기억한다. 하지만 먼로의 멕시코시티 방문은 먼로에게 예기치 못한 결과를 낳게 된다. CIA와 FBI가 공산주의자들과 어울리는 먼로의 행적을 면밀하게 감시했기 때문이다. 공산당 동조자였던 아서 밀러와 결혼한 후 먼로는 FBI의 감시 대상이었는데, 그런 먼로가 미국에서 도망간 공산주의자들과 멕시코시티에서 어울렸으니 FBI와 CIA는 주목하지 않을 수 없었다.

먼로는 호세 볼라노스와 함께 멕시코시티를 떠나서 LA로 돌아왔다. 그리고 3월 5일 저녁에 열린 골든 글로브 수상식에 함께 참석했다. 먼로는 그날 남우주연상을 수상한 찰턴 헤스턴과 함께 그해 전 세계적으로 가장 인기 있는 배우에게 수여하는 골든 글로브 헨리에타 어워드(Henrietta Award)를 수상했다. 먼로는 그날 입은 화사한 드레스와 더불어 미국에는 전혀 알려지지 않은 젊은 멕시코 영화인을 행사장에 데려와 화제가 됐다. 호세 볼라노스는 그 후에도 먼로와 자주 연락했다. 먼로가 죽던 날에도 LA를 방문 중이던 그는 먼로와 잠시 통화를 했다.

플로리다와 멕시코 여행을 마친 먼로는 브렌트우드 집으로 돌아왔다. 집은 아직도 수리할 곳이 많았다. 가구도 변변치 않아 먼로는 모든 것을 새로 장만해야 했다. 멕시코시티에서 사 온 가구와 소품을 집에 들여놓았고 더 필요한 것들은 티후아나에 가서 사 왔다. 먼로는 자기 집을 매우 좋아했고, 자기는 집에서 "세상으로부터 안전함을 느낄 수 있다"고 기자에게 말했다. 집으로 들어가는 정문 바닥에는 'Cursum Perficia'라는 문구가 있는 큰 타일이 있었다. 이는 라틴어로 '나의 여정은 여기서 끝난다(Here Ends My Journey)'를 의미해서 마치 먼로의 죽음을 예고한 것 같다면서 먼로가 죽은 후에 화제가 됐다.

팜 스프링스에서 대통령을 만나다

1962년 들어서 케네디 대통령은 캘리포니아 팜 스프링스(Palm Springs)를 방문할 계획이었다. 1940년대부터 유명한 연예인들이 팜 스프링스에 크고 호화로운 저택을 소유하는 유행이 돌았다. 프랭크 시나트라는 유명한 건축가에게 의뢰해 호화롭고 큰 저택을 지어서 두 번째 부인인 배우 에바 가드너와 살았다. 에바 가드너와 이혼한 시나트라는 1957년에 이 저택을 팔고 조금 떨어진 랜초 미라지(Rancho Mirage)라는 동네에 이보다 작은 집을 사서 이사했다. 그러고는 집 옆의 땅을 사서 별채를 추가로 건축하는 등 약 3000평에 달하는 큰 집으로 키웠다. 시나트라는 이 집에서 네 번째 부인 바버라와 함께 1996년까지 살았고 건강이 나빠지자 LA로 이사해서 살다가 얼마 후 사망했다.

케네디는 대통령 선거운동을 하면서 시나트라의 집에 묵은 적이 있었다. 시나트라는 그해 대선에서 케네디를 지지했고, 피터 로포드와 함께 대통령 취임 전야제 행사를 주관했다. 시나트라는 대통령 임기 중 언젠가는 케네디가 자기 집을 방문할 거란 생각에 헬리콥터 착륙장을 만드는 등 많은 돈을 들여서 집을 정비했다. 시나트라의 예상대로 케네디는 1962년 3월 23~25일 팜 스프링스를 방문하기로 했다. 부근에 사는 아이젠하워 전 대통령을 만나는 것이 가장 큰 일정이고 나머지는 여유롭게 쉬기 위함이었다. 하지만 케네디는 다른 목적도 있었다. 마릴린 먼로를 몰래 만날 생각이었다.

케네디는 팜 스프링스로 떠나기 전날인 3월 22일, FBI 국장 에드가 후버의 요청에 따라 후버와 백악관에서 점심을 같이했다. 이 자리에서 에드가 후버는 상원의원 시절부터 케네디가 깊은 관계를 이어 오던 주디스 캠벨에 관해 이야기했다. 후버는 주디스 캠벨이 샘 지안카나의 연인(戀人)이기 때문에 미국 대통령이 마피아 보스와 연인을 공유(共有)해서는 곤란하다고 케네디에게 충고했다. 에드가 후버는 케네디의 치명적인 약점을 직설적으로 이야기한 것인데, "나는 너의 모든 것을 알고 있다"라는 협박이기도 했다. 점심이 끝나고 후버가 나간 후에 케네디는 "내가 저 자식을 파면할 거야"라고 외쳤다고 한다. 물론 케네디는 자신의 모든 약점을 쥐고 있는 후버를 파면할 수 없었다.

에드가 후버가 백악관을 떠난 후 케네디는 로버트를 불러서 다음 날로 예정된 팜 스프링스 방문 문제를 의논했다. 로버트 케네디는 마피아와 관련이 있다는 소문이 있는 시나트라의 집에서 묵게 되면 마피아와 엮일 수 있다면서 시나트라의 집에 머무는 데 반대했다. 케네디는 피터 로포드에게 전화를 걸어 시나트라의 집 대신 다른 곳을 알아보라고 했다.

로포드는 시나트라에게 이 사실을 알렸고, 동시에 팜 스프링스에 있는 빙 크로스비 저택으로 숙소를 변경했다. 대통령 경호실은 빙 크로스비의 저택이 시나트라의 집보다 더 외진 곳에 있어서 경호하기 쉽다며 변경 이유를 설명했다. 마침 빙 크로스비는 장기 여행 중이어서 별다른 문제는 없었다. 그러나 케네디의 자기 집 방문이 취소되자 시나트라는 엄청난 배신감을 느꼈다. 이 사건을 계기로 시나트라는 피터 로포드와 사이가 벌어졌고 케네디 형제와도 멀어지기 시작했다.

빙 크로스비는 시나트라보다 한 세대 앞선 가수로 크리스마스 캐럴을 불러서 널리 알려진 대중적 스타였다. 프랭크 시나트라는 물론이고 엘비스 프레슬리도 그의 창법(唱法)을 모델로 삼을 정도로 유명했다. 크로스비는 음반과 방송 사업으로도 크게 성공했고 공화당원이었다.

3월 23일 금요일 저녁, 케네디 대통령이 탄 전용기는 팜 스프링스 공항에 착륙했다. 팜 스프링스 시장을 위시해 주민들이 마중을 나왔다. 케네디는 2차 세계대전 중 해군 PT 109호 정장으로 있을 때 수병이었던 맥마혼을 만났다. 맥마혼은 공항 부근 우체국에서 일하고 있었다. 재클린은 동생 리 라지월과 함께 2주간에 걸쳐 인도와 파키스탄을 방문하고 있었고, 케네디는 재클린이 외국 순방하는 기간에 팜 스프링스 일정을 잡았던 것이다. 백악관 참모와 기자단, 경호팀은 각기 다른 호텔에 숙소를 잡았다. 금요일, 토요일, 일요일 사흘 동안 풍성한 파티가 열렸고, 기자들은 좋은 음식과 술을 마음껏 즐겼다. 먼로가 그날 케네디와 밤을 보내기 위해 팜 스프링스에 와 있을 거라고는 상상도 하지 못했을 것이다.

케네디는 토요일 점심을 앞둔 시간에 부근에 살고 있는 아이젠하워 전 대통령을 골프 클럽에서 만나 환담을 나누고 포토 세션을 가졌다. 토요일 오후 늦게 대통령 일행을 환영하는 음악회가 열렸고 저녁 만찬이 거나하게 진행됐다. 토요일 오후, 피터 로포드는 검은 가발과 선글라스를 쓴 마릴린 먼로과 함께 전세 비행기 편으로 팜 스프링스 공항에 도착했다. 이들은 빙 크로스비 저택으로 향했고, 케네디 역시 저녁 파티에서 빠져나와 빙 크로스비 저택에 도착했다. 그리고 게스트 스위트에서 케네디와 먼로는 밤을 보냈다.

그날 먼로는 케네디의 등과 허리를 마사지해주면서 사람의 근육과 골격에 관해 설명해주었고 케네디는 흥미롭게 들었다. 먼로는 케네디에게 자기를 마사지해주는 랠프 로버츠 이야기를 하면서 로버츠에게 전화를 걸어서 자기 옆에 케네디가 있다고 재잘거렸다. 또 전화기를 케네디에게 건네주고는 이야기해보라고 했다. 랠프 로버츠는 TV 뉴스에서 듣던 케네디의 목소리를 들었고 몇 마디 대화를 나누었다고 나중에 증언했다.

다음 날 일요일 아침, 케네디는 예고도 없이 부근에 있는 팜 데저트 성심 성당(Palm Desert Sacred Heart Church)에 도착해서 신자들과 함께 미사를 보았다. 그때 케네디가 앉았던 자리는 그것을 기념하는 표지가 남아 있다. 바로 전날 케네디는 먼로와 긴 밤을 함께 보낸 후 성당에서 진지한 표정으로 미사에 참석했으니 케네디가(家) 남자들에게는 가톨릭 신자가 지켜야 하는 십계명은 적용되지 않는 듯했다.

일요일 저녁에도 파티가 있었고 케네디 일행이 탄 대통령 전용기는 오후 11시에 이륙해서 워싱턴으로 향했다. 케네디의 공보비서 피에르 샐린저가 같이 간 기자들을 연일 파티에 잡아 놓은 덕분에 먼로는 들키지 않고 조용히 LA로 돌아올 수 있었다. 빙 크로스비 저택은 크로스비가 죽은 후 주인이 몇 차례 바뀌었는데, 케네디와 먼로가 하룻밤을 보낸 침실과 화장실은 'JFK Wing'으로 불린다.

팜 스프링스에서 케네디를 만나고 온 마릴린 먼로는 브렌트우드 집을 어떻게 수리하고 어떤 가구를 들여놓을지 궁리하고 있었다. 당시 먼로는 지니 칼멘과 가까이 지냈고, 피터 로포드와도 그러했다. 정신과 의사 랩프 그린슨도 거의 매일 만났다. 그린슨의 추천으로 먼로를 위해 가사와 운전을 맡아 온 유니스 머레이는 자기의 사위 노먼 제프리스를 불러서 집수리를 시켰다. 이처럼 먼로의 집에는 유니스 머레이가 머물렀고, 머레이의 사위 제프리스와 먼로의 홍보 비서 패트 뉴컴이 자주 드나들었다. 이들은 먼로가 죽은 날에도 먼로의 집에 있었다.

문제가 많았던 영화 〈무엇이든 해야〉

먼로는 1961년 한 해 동안 영화를 한 편도 찍지 않았기 때문에 1962년 들어 20세기 폭스와의 계약에 따라 〈무엇이든 해야〉에 출연하기로 했다. 하지만 먼로는 이 영화의 스토리를 좋아하지 않았다. 여자 주인공이 태평양에서 실종됐다가 몇 년 만에 집으로 돌아왔더니 자기는 죽은 것으로 돼 있고 남편은 새로 결혼해서 이상한 상황이 됐다는 영화였다. 감독은 먼로가 이브 몽땅과 함께 출연한 〈사랑을 합시다〉의 조지 큐커(George Cukor 1899~1983)였고, 남자 주인공은 딘 마틴(Dean Martin 1917~1995)이었다. 감독과 상대역 남자 배우 모두 먼로에게 편한 사람이었다.

먼로의 생각과 달리 20세기 폭스는 이 영화에 기대를 많이 걸었다. 당시 20세기 폭스는 〈클레오파트라〉 제작으로 주가가 폭락해 파산할 위기에 처해 있었다. 〈클레오파트라〉는 클레오파트라, 안토니우스, 시저가 등장하는 서사적(敍事的) 역사극으로 엘리자베스 테일러가 클레오파트라로 나온다. 유럽에서 찍은 이 영화의 제작비는 그때까지 찍은 영화 역사상 최고였다. 엘리자베스 테일러는 출연료로 무려 100만 달러를 받았다. 시대극은 제작이 오래 걸리는데다 제작 장소를 두고 혼란을 겪어서 불필요한 지출이 너무나 많았다. 더구나 엘리자베스 테일러가 안토니우스 역(役)인 리차드 버튼(Richard Burton 1925~1984)과 촬영 도중 애정 행각을 벌여서 뉴스에 오르고 제작에도 영향을 주었다.

〈무엇이든 해야〉는 먼로가 오랜만에 나오는 영화이기도 하고 제작비가 적게 들기 때문에 빨리 만들어서 현금을 확보할 수 있다고 20세기 폭스는 생각했다. 촬영은 4월 23일에 시작했는데, 첫날부터 먼로는 스튜디오에 나오지 못했다. 먼로는 촬영장에 늦게 나타나기로 유명했으나 촬영 첫날에 안 나오는 일은 없었다. 출연진과 100명이 넘는 스태프는 먼로를 기다리다가 그냥 돌아가고 말았다. 몸 상태가 나쁜 먼로는 5월 5일부터 1주일간 집에서 쉬어야 했고, 5월 14일이 되어서야 촬영을 재개할 수 있었다. 먼로 때문에 촬영이 지연되고 있었는데, 먼로는 5월 19일 뉴욕 매디슨 스퀘어가든에서 열리는 케네디 생일 축하 행사에 다녀오고자 했다.

5월 17일, 다소 흥분한 먼로는 아침 일찍 일어났다. 20세기 폭스의 스튜디오에서 〈무엇이든 해야〉 오전 촬영을 마친 먼로는 피터 로포드가 빌려온 하워드 휴즈(Howard Highes 1905~1976)의 자가용 헬기를 타고 패트 뉴컴, 폴라 스트라스버그와 함께 LA 공항으로 향했다. 일행이 탄 비행기는 LA를 출발해 뉴욕에 무사히 도착했다. 먼로는 이날 행사에 참석하러 뉴욕에 간다고 큐커 감독에게 이야기했고, 20세기 폭스의 임원들은 먼로가 이 행사에 가는 것을 좋아하지 않았으나 먼로의 완강한 주장에 어쩔 수 없이 승인해주었다. 먼로가 이날 행사에 참석할 것이라는 소문을 들은 민주당 정치인 중에는 먼로가 무대에 오르는 데 대해 우려하는 분위기도 있었으나 먼로의 의지를 꺾을 사람은 없었다.

매디슨 스퀘어가든 행사와 리셉션

1962년 5월 19일 저녁, 뉴욕의 매디슨 스퀘어가든에서는 케네디 대통령의 마흔다섯 번째 생일을 축하하고 민주당 정치자금을 모으는 거창한 행사가 열렸다. 케네디의 생일을 열흘 앞당겨서 열린 이 행사는 유나이티드 아티스트 대표이면서 민주당 재정위원장인 아서 크림이 주관했다. 민주당 재정위원회는 스타급 연예인들이 대거 출연한다고 광고해서 1만 5000명이 입장권을 사서 참석하는 대성황을 이루었다. 피터 로포드는 먼로를 이 행사에 부르면 흥행에 큰 도움이 될 것으로 생각했다.

피터 로포드로부터 이 행사에 초청받은 먼로는 너무나 좋아했다. 먼로는 행사에 입을 드레스를 프랑스 디자이너 장 루이(Jean Louis 1907~1997)에게 6000달러를 주고 특별히 주문해 놓았다. 먼로의 몸에 꼭 맞는 피치 핑크빛 실크 드레스에는 모조 다이아몬드인 라인스톤과 금박 장식 수천 개를 촘촘하게 달아 조명을 받으면 빛나게 돼 있었다. 이 드레스는 먼로가 입었던 옷 중 가장 유명하며, 1999년 경매에서 126만 달러에 팔렸고 2016년 경매에선 480만 달러에 팔리는 기록을 세우게 된다.

5월 19일 행사에는 소프라노 마리아 칼라스(Maria Callas 1923~1977), 가수 해리 벨라폰테(Harry Belafonte 1927~2023)와 페기 리(Peggy Lee 1920~2002), 배우 셜리 매클레런(Shirley MacLaine 1934~) 등 정상급 연예인들이 무대 위에 섰고 피터 로포드가 사회를 보았다. 그리고 마지막으로 마릴린 먼로가 생일축하 노래를 불렀다. 먼로가 무대 위에 섰던 시간은 1분이었다. 하지만 그날 행사는 먼로의 '1분 공연'으로 기억되고 있다. 그것이 먼로의 매력이고 먼로의 힘이었다. 먼로는 자신의 그러한 힘을 잘 알았고 그것을 잘 이용했다.

피터 로포드가 연단에서 먼로를 소개하자 먼로는 입고 있던 흰색 모피 코트를 벗어서 로포드에게 건네주었다. 그러자 얇은 피치 핑크 빛 드레스가 조명을 받아 눈부시게 빛났다. 청중은 벗은 모습 그대로인 먼로의 자태(姿態)에 탄성(歎聲)을 쏟아냈다. 그리고 먼로는 매우 섹시한 목소리로 "Happy Birthday To You, Happy Birthday To You, Happy Birthday Mr. President"를 노래하고 이어서 'Thanks for the Memory' 곡(曲)에 맞추어서 자기가 직접 만든 가사(歌詞)를 불렀다. 가사 중에서 유에스 스틸(U.S. Steel)을 언급한 부분이 흥미롭다. 케네디가 인플레 우려가 있다는 이유로 유에스 스틸 사(社)에 대해 가격 인상을 하지 말도록 했기 때문이다.

"Thanks, Mr. President

For all the things you've done

The battles that you've won

The way you deal with U.S. Steel

And our problems by the ton

We thank you so much"

먼로의 노래가 끝나자 숨을 죽이고 있던 청중은 열렬한 박수를 보냈다. 케네디는 "이렇게 달콤하고 좋은 생일축하 노래를 들어서 나는 이제 정치에서 물러날 수 있겠다(I can now retire from politics after having had Happy Birthday sung to me in such a sweet, wholesome way)"라는 조크로 답을 했다. 청중들은 또다시 큰 박수를 보냈다. 재클린은 이날도 다른 일정을 이유로 뉴욕에 오지 않았다.

이날 행사는 일반 국민이 케네디와 먼로가 특별한 관계일 거라 짐작하게 하는 계기가 됐다. 방송 진행자이며 칼럼니스트인 도로시 킬겔런(Dorothy Kilgallen 1913~1965)은 "그날 대통령은 국민들이 보는 앞에서 먼로와 섹스한 것과 마찬가지였다"고 썼다. 케네디의 사생활을 추적해서 여러 차례 자신의 칼럼에 쓴 도로시 킬겔런은 케네디가 암살된 후 오스월드를 죽인 잭 루비에 관한 책을 준비하던 중 자택에서 사망했다. 경찰은 수면제 과용이라고 결론을 내렸으나 의문점이 많은 죽음이었고, 그녀가 준비했던 원고 뭉치는 연방 요원이라고 자처하는 사람들에 의해 사라져 버렸다.

매디슨 스퀘어가든 행사가 끝난 후 행사를 주관한 아서 크림은 부근에 있는 자신의 타운하우스에서 리셉션을 열었다. 리셉션에는 케네디 대통령과 로버트 케네디 부부 등 케네디 가족, 행사에 참여한 연예인들, 래리 오브라이언, 아서 슐레진저 등 백악관 참모와 민주당 재정위원, 그리고 영화계 인사들이 참석했다. 린든 존슨 부통령도 잠시 들렀다.

먼로는 전 남편인 아서 밀러의 아버지 이시도어 밀러를 이 리셉션에 초대했다. 아서 밀러와 이혼한 후에도 먼로는 시아버지였던 이시도어 밀러와 편지를 주고받는 등 연락하고 지냈다. 먼로는 그에게 편지를 쓸 때면 항상 'Dear Father'로 시작했다. 아버지를 모르고 자란 먼로는 아버지 같은 연상(年上)의 남자에게서 아버지에 대한 갈증을 해소했다. 이시도어 밀러는 오늘날의 헝가리 지역에서 태어나서 미국에 이민 온 평범한 유대인이었다. 이날 먼로는 그를 케네디에게 소개시켜 주었다.

이날 저녁 케네디는 늦게까지 리셉션 장소에 있다가 자정을 넘긴 오전 2시가 되어서 숙소인 칼라일 호텔에 도착했다. 칼라일 호텔의 스위트는 별도의 출입구가 있어 사람들의 눈에 띄지 않아 케네디는 뉴욕에 올 때면 이 호텔에 묵곤 했다. 케네디가 호텔로 들어가고 얼마 후에 마릴린 먼로가 호텔로 들어갔다. 먼로는 두 시간 후인 오전 4시경 리무진을 타고 57번가에 있는 자기의 아파트로 돌아왔다. 먼로는 그날 밤 약 두 시간 동안 케네디와 함께 있었다. 이날 5월 20일이 먼로가 케네디와 함께 지낸 마지막 밤이었다.

먼로와 뜨거운 시간을 보낸 사람은 케네디 대통령만이 아니었다. 행사장 준비실에 일찍 도착한 먼로는 노래 연습을 하고 머리 화장을 했다. 그날 먼로의 머리를 손질한 케네디의 헤어 디자이너 미키 송(Mickey Song)은 나중에 흥미로운 목격담을 남겼다. 먼로가 행사 준비실에 다른 사람들과 있을 때 로버트 케네디는 먼로 옆을 떠나지 않고 따라다녔다. 먼로가 의상을 갈아입는 작은 별실에 미키 송과 함께 있을 때 로버트 케네디가 들어와서 미키에게 잠시 나가 있으라고 했다. 로버트는 문을 잠그고 먼로와 단둘이 있더니 15분 후에 문을 열고 나왔다. 그런데 먼로의 머리가 헝클어져서 미키 송은 먼로의 머리를 다시 손보아야만 했다. 미키 송은 케네디 가족의 머리를 오래 해 온 남성 헤어 디자이너였다.

먼로와 케네디 형제가 함께 찍힌 사진

1962년 5월 19일 밤 리셉션에 참석한 마릴린 먼로는 유명한 사진 두 컷을 남겼다. 하나는 스티븐 스미스와 함께한 사진이고, 다른 하나는 케네디 형제와 함께한 사진이다. 두 사진 모두 백악관 사진가 세실 스토턴(Cecil Stoughton 1920~2008)이 찍었다. 스토턴은 케네디가 대통령에 취임한 후부터 댈러스에서 죽을 때까지 케네디와 그 가족의 사진을 찍었다. 케네디가 암살된 후 공군 1호기에서 존슨 대통령이 취임 선서를 하는 역사적 사진도 스토턴이 찍었다. 그는 존슨 대통령 임기 2년 차까지 백악관에서 일하다가 그 후 국립공원청으로 자리를 옮겼다.

먼로와 케네디 형제가 같이 나온 사진은 스토턴 사망 후에 발견되어 2010년에 공개됐다. 그날 많은 사람이 사진을 찍었으나 다음 날 백악관 경호실 요원들이 찾아와 필름을 보고 돌려주겠다고 가져가서는 돌려주지 않았다. 스토턴은 자기가 찍은 이 사진 필름을 자신만 아는 곳에 숨겨서 오랫동안 보관했던 것으로 보인다.

사진(1)은 케네디의 막내 여동생 진 케네디의 남편인 스티븐 스미스(Stephen Smith 1927~1990)가 먼로를 왼팔로 껴안고 이끌어가는 장면이다. 먼로는 왼손으로 빈 샴페인 잔을 들고 있다. 부유한 사업가의 아들로 태어난 스티븐 스미스는 조지타운 대학을 나왔고, 가족 사업을 운영하다가 진 케네디와 결혼했다. 그는 케네디의 대통령 선거에서 재정을 관리했으며, 조지프 케네디가 1961년 12월에 뇌졸중으로 쓰러진 후에 케네디 가문의 재산을 운영했다. 스미스가 암으로 사망한 후 그의 부인 진 스미스는 클린턴 행정부에서 아일랜드 주재 대사를 지냈다.

사진(2)는 리셉션에서 먼로가 케네디 형제와 가까이 있는 장면이다. 케네디 형제가 먼로와 같이 찍힌 유일한 사진이다. 이 사진은 케네디 전자 라이브러리 자료에는 올라 있지 않다. 케네디 가문으로서는 불편한 장면이기 때문일 것이다. 사진 오른쪽에 얼굴이 잘린 사람은 아서 슐레진저 2세(Arthur Schlesinger Jr. 1917~2007)다. 슐레진저는 먼로의 모습에 넋이 나갔는지 입을 벌리고 있다. 외부 행사에 나갈 때는 대체로 속옷을 입지 않았던 먼로는 이날도 브래지어는 물론이고 팬티도 입지 않았다. 그래서 먼로의 몸이 그대로 표현됐고, 먼로를 처음으로 가까이 본 아서 슐레진저는 입을 다물지 못했다.

아서 슐레진저는 하버드의 역사학 교수로 있다가 케네디 대선 캠프에 가담했다. 케네디는 그에게 작은 나라 대사 자리를 제안했지만, 백악관에서 일하고 싶다고 해서 특별보좌관으로 임명했다. 대통령 참모들이 있는 웨스트 윙이 아닌 이스트 윙의 작은 사무실을 배정받은 슐레진저는 특별히 할 일이 없었다. 사무실에서 신문을 읽고 백악관 일정표를 참고해서 일지(日誌)를 쓰는 게 그의 일과였다.

케네디가 임기 중에 사망하자 슐레진저는 자기가 쓴 일지를 토대로 《1000일 : 백악관에서의 존 F. 케네디(A Thousand Days : John F. Kennedy in the White House)》를 펴냈다. 케네디에 대한 추모 열기에 힘입어서 그 책은 베스트셀러가 됐다. 슐레진저의 이 책과 시어도어 화이트(Theodore H. White 1915~1986)가 쓴 《1960년 대통령 만들기(The Making of the President 1960)》는 '케네디 신화(The Kennedy Myth)'를 만드는 데 결정적 역할을 했다.

케네디가 죽은 후 뉴욕시립대학 교수가 된 아서 슐레진저는 1973년에 《제왕적 대통령(The Imperial Presidency)》을 펴냈다. '제왕적 대통령'이란 용어는 여기에서 비롯됐다. 그는 워터게이트로 미국이 시끄러울 때 나온 이 책에서 존슨 대통령의 북베트남 폭격과 닉슨 대통령의 캄보디아 침공 등 베트남 전쟁을 거치면서 대통령은 마치 제왕처럼 됐다면서 의회가 더 많은 역할을 해야 한다고 주장했다.

하지만 슐레진저는 베트남 전쟁은 케네디가 본격적으로 시작했으며 케네디는 남베트남 대통령 지엠과 그의 동생 누를 제거하도록 승인해서 이들을 죽게 한 장본인임을 무시해 버렸다. 케네디는 카스트로를 암살하도록 CIA에 지시했으나 그 목적은 달성하지 못하고 자기가 먼저 죽고 말았다. 슐레진저는 대외정책 실패, 많은 여자와의 무분별한 관

먼로의 허리를 감싸안고 있는 스티븐 스미스(사진 1)

리셉션 장에서 찍힌 사진. 케네디 형제와 먼로가 함께 있는 유일한 사진(사진 2)

계, 대(代)를 물려서 내려온 마피아와의 관련 등 케네디에 불편한 사실
은 아예 묵살했다.

마릴린 먼로가 케네디 대통령의 마흔다섯 생일축하 행사에서 몸매
가 드러나는 얇은 옷을 입고 섹시한 축가(祝歌)를 부른 사건은 여파가
컸다. 많은 사람이 대통령과 먼로의 관계가 어떨 것이라고 추측하고 수
군거렸다. 매력적인 퍼스트레이디는 다른 행사에 가 있었고 대통령은
밤늦도록 리셉션에서 시간을 보냈으니 타블로이드 같은 B급 신문, 잡
지들은 그럴싸한 추측 기사를 내보냈다. 메이저 언론은 그런 기사는 쓰
지 않았으나 기자들도 그것을 화제로 삼았다. 백악관은 이런 현상에 대
해 우려하지 않을 수 없었다.

아찔한 누드 수영 사진

20세기 폭스는 그해 4월 말부터 〈무엇이든 해야〉 촬영을 시작했으
나 먼로의 컨디션 난조로 제대로 진도를 나가지 못했다. 촬영 중간에
매디슨 스퀘어가든 행사를 다녀온 먼로는 조지 큐커 감독에게 거듭 사
과하고 월요일부터 촬영장에 나갔다. 다행히 그녀의 컨디션은 좋았고
다소 들떠 보였다. 영화에는 여자 주인공이 밤에 풀장에서 수영하고 벗
은 모습으로 나오는 장면이 있었다.

먼로는 밤에 풀장에서 벗은 모습으로 나오는 장면에 각별한 의미를

두었다. 자기보다 다섯 살 아래인 엘리자베스 테일러가 스타로 등극하는 데 대해 마음이 편하지 않았던 먼로는 이 기회에 자기의 존재감을 확실하게 알리고자 했다. 5월 23일, 이 장면을 찍기 위해 먼로는 피부색 비키니를 입었으나 좀처럼 만족스러운 장면이 나오지 않았다. 촬영감독이 매우 난감해하자 먼로는 조지 큐커 감독에게 귓속말로 뭐라고 하고는 탈의실로 들어갔다. 큐커는 필수 요원을 제외하곤 현장을 나가라고 했다. 그리고 먼로가 푸른 가운을 입고 나왔다. 카메라가 돌아가기 시작하자 먼로는 가운을 벗어 버렸다. 먼로는 전라(全裸)였다. 이렇게 해서 먼로는 야간 수영 장면을 누드로 찍었다.

먼로는 자신을 오랫동안 찍어 온 사진가 돈 오니츠(Don Ornitz 1920~1972)와 〈파리 마치〉 지(誌)의 로렌스 쉴러(Lawrence Schiller 1936~)를 그날 현장에 초청했다. 그러나 돈 오니츠는 몸이 안 좋아 그의 소속사 글로브 포토(Globe Photos)는 사진 기자 윌리엄 우드필드(William Woodfield 1928~2001)를 대신 보냈다. 두 사람 외에 20세기 폭스의 사진가 지미 미첼이 먼로의 야간 누드 수영 장면을 찍을 수 있었다. 세 사람 가운데 스물다섯의 로렌스 쉴러가 좋은 사진을 많이 찍었다. 쉴러는 그날 저녁 36컷짜리 흑백 필름 16롤과 36컷짜리 컬러 필름 3롤을 모터드라이브를 돌려서 찍었다.

먼로가 누드로 촬영했다는 소문은 할리우드에 금방 퍼졌다. 20세기 폭스는 나오게 될 영화를 미리 홍보했다고 흡족해했다. 먼로의 누드 수영 장면을 찍은 세 명의 사진가는 자신들이 터트린 잭팟을 어떻게 해야 할지 몰랐다. 이들은 자기들이 찍은 사진을 팔기 위해선 먼로의 승인이 필요하다고 생각했다. 이들이 인화해서 가져온 많은 사진을 본 먼로는 몇 장만 골라내고 나머지는 OK를 했다. 로렌스 쉴러의 소속사인 〈파리 마치〉는 먼로의 수영장 누드 사진을 특종으로 내보냈다. 〈라이프〉 잡지도 급하게 사진을 사서 6월 22일 자에 내보냈다.

당시에는 먼로의 누드 사진을 실을 수 있는 잡지는 〈플레이보이〉밖에 없었다. 사진가들은 발행인 휴 헤프너에게 사진을 갖고 갔고, 2만 5000달러에 사진을 넘겼다. 먼로의 무명 시절 누드 사진을 500달러에 사들인 것에 비하면 9년 만에 무려 50배나 오른 셈이다. 이번에도 먼로의 누드 사진으로 재미를 본 사람은 휴 헤프너였다. 〈플레이보이〉는 2만 5000달러에 사들인 사진으로 15만 달러 매출을 올렸다. 2012년 로렌스 쉴러는 자기가 찍은 먼로의 사진을 중심으로 먼로에 대한 추억을 담은 책 《마릴린과 나(Marilyn & Me)》를 펴냈다.

케네디, 먼로를 버리다

먼로가 뉴욕의 매디슨 스퀘어가든에서 케네디 생일 축가를 부르고 3일이 지난 5월 22일, 에드가 후버 FBI 국장은 긴급한 용무가 있다면서 케네디 대통령에게 면담을 요청했다. 5월 24일, 두 사람은 백악관 집무실에서 만나서 무언가 중요한 이야기를 나누었다. 그리고 백악관 전화 교환실에는 마릴린 먼로의 전화는 연결하지 말라는 지시가 떨어졌다. 그리고 케네디는 먼로가 알고 있는 자신의 직통 전화번호를 바꾸었다. 케네디는 주디스 캠벨에게는 직접 전화를 걸어 자신과의 관계가 끝났다고 통보했지만, 먼로에게는 피터 로포드를 통해 자기와의 관계가 끝났다고 알렸다.

5월 27일 저녁, 먼로는 누군가의 전화를 받고 기분이 굉장히 상했다고 그때 집에 있었던 유니스 머레이가 나중에 전했다. 히아니스포트 케네디 본가에 머물고 있던 피터 로포드의 전화였다. 로포드는 먼로에게 다시는 케네디에게 연락하지 말라면서, "마릴린, 너는 케네디의 여러 섹스 상대의 하나일 뿐이야(Look, Marilyn, you're just another one of Jack's fucks.)"라고 말하고 끊었다고 전해진다. 이 전화를 받은 먼로는 거의 졸도할 뻔했다. 매디슨 스퀘어가든에서 케네디의 생일 축가를 부르고 나서 열흘이 안 되어 이런 말을 들었으니 청천벽력(靑天霹靂)이었다.

다음 날인 5월 28일, 먼로는 딘 마틴 등과 함께 8분짜리 장면을 촬영하러 스튜디오에 나왔다. 하지만 먼로는 일어서기도 힘들 정도로 상태가 심각했다. 조지 큐커 감독은 무언가 잘못됐다고 생각했다. 먼로는 급하게 시나트라와 통화하고자 했으나 시나트라는 외국 순회공연 중이었다. 먼로는 자신의 분장실에 붉은색 립스틱으로 "프랭크, 도와줘"라고 거울에 써놓아서 사람들을 놀라게 했다. 패트 뉴컴이 달려와서 먼로에게 진정제를 먹도록 했고, 먼로는 촬영하지 못하고 귀가했다. 먼로는 다음 날인 5월 29일에는 정상적으로 촬영에 임했다. 이처럼 5월 21일부터 6월 1일까지 먼로는 28일 하루를 제외하곤 매일 촬영을 했다.

6월 1일은 먼로의 서른여섯 번째 생일이었다. 유럽에서 〈클레오파트라〉를 찍던 엘리자베스 테일러의 생일 파티에는 5000달러를 쓴 20세기 폭스 경영진은 먼로의 생일에는 케이크조차 보내지 않았다. 〈무엇이든 해야〉를 촬영하던 스튜디오의 동료들이 돈을 각출해서 생일 케이크를 사 왔다. 패트 뉴컴은 먼로의 집에서 먼로가 좋아하는 돔 페리뇽 샴페인을 가져왔다. 딘 마틴도 샴페인을 가져왔다.

먼로는 생일 파티를 시작하기 전에 자기가 나올 장면 촬영을 마쳤다. 그리고 조지 큐커 감독, 딘 마틴 등 출연 배우와 스태프들이 케이크를 둘러싸고 생일 축하 노래를 불렀다. 먼로는 촛불을 불어서 껐다. 로렌스 쉴러는 이 모습을 필름에 담았다. 이날 먼로가 찍은 장면이 먼로의 마지막 연기이며, 그날이 먼로가 할리우드 스튜디오를 나온 마지막 날이고, 동시에 그녀의 마지막 생일이 될 줄은 아무도 몰랐다.

생일 파티가 끝난 후 먼로는 쌀쌀해진 날씨에도 불구하고 다저스 스타디움으로 향했다. 근육 장애 아동들을 위한 자선 경기 일정이 잡혀 있었기 때문이다. 먼로는 기온이 뚝 떨어진 저녁에 시구(始球)를 하고 휠체어에 탄 장애 아동들과 사진도 찍었다. 집으로 돌아온 먼로는 눈에 통증을 느꼈다. 6월 2일과 3일, 먼로는 침실에서 지니 칼멘, 그리고 후배 배우인 테리 무어(Terry Moore 1929~)와 오랜 시간 동안 전화를 했다. 테리 무어는 그날 먼로가 케네디가 자기와 연락을 끊어서 큰 충격을 받았다고 이야기했다며 오랜 세월이 지나서 증언했다.

그 주말 동안 먼로는 상태가 좋지 않았으나 그린슨은 외국 출장 중이었다. 3일 일요일 오후, 먼로는 그린슨의 아들 대니와 딸 조앤에게 자기 집으로 와달라고 했다. 그린슨의 아들과 딸은 먼로가 흐느끼면서

"나는 더 이상 살 자격이 없다"는 말을 해서 매우 놀랐다. 이들이 아는 의사의 처방을 받아서 먼로에게 진정제를 가져다주었다. 4일 월요일, 먼로는 눈이 잘 안 보이는 정맥염이 재발해서 고열에 시달렸다. 먼로는 또다시 촬영장에 나갈 수 없었다.

일방적인 해고와 먼로의 반격

6월 8일, 인내심이 바닥난 20세기 폭스의 경영진은 〈무엇이든 해야〉 촬영을 중단하고 먼로를 해고했다. '먼로 해고'는 할리우드에서 톱뉴스였다. 20세기 폭스는 유럽에서는 엘리자베스 테일러가 나오는 〈클레오파트라〉를, LA에선 먼로가 나오는 〈무엇이든 해야〉를 찍고 있었는데 둘 다 지연되어서 큰 어려움을 겪고 있었다. 하지만 정말로 큰 문제는 〈클레오파트라〉였다. 제작비 상승과 촬영 지연으로 20세기 폭스가 파산할 수도 있다는 소문이 돌았다.

20세기 폭스의 경영진은 결단을 내려야 했다. 〈클레오파트라〉는 어찌할 수 없고, 〈무엇이든 해야〉는 주연인 먼로를 교체하면 영화를 완성할 수 있다고 보았다. 그래서 먼로를 해고하고 계약 불이행을 이유로 손해배상 청구 소송을 제기했다. 20세기 폭스 임원들은 엘리자베스 테일러는 뜨는 스타이지만 먼로는 지는 스타라고 생각했다. 실제로 먼로는 1961년 한 해 동안 영화를 한 편도 찍지 않았다. 20세기 폭스 경영진은 먼로가 촬영에 성의가 없을뿐더러 대사와 연기에서 NG가 너무 많이 나와서 더 이상 배우로 기용할 수 없다고 보았다.

20세기 폭스는 먼로를 대신할 여자 배우를 물색했는데, 먼로와 닮은 신인 여배우를 대상자로 선정했다. 그러자 남자 주인공 딘 마틴이 먼로와 함께하지 않으면 자기도 그만두겠다면서 "마릴린이 없으면 영화도 없다(No Marilyn, No Picture)"라고 말해서 언론에 크게 나왔다. 딘 마틴은 먼로의 오랜 친구였다. 그러자 20세기 폭스는 딘 마틴도 해고하고 계약 불이행을 이유로 소송을 제기했다. 딘 마틴이 먼로와 함께하겠다는 결정도 할리우드에선 톱뉴스였다. 먼로를 좋아하는 팬들이 20세기 폭스에 항의 편지를 보내고 전화를 걸어서 회사는 난처한 지경에 이르렀다.

먼로도 반격에 나섰다. 먼로는 프랭크 시나트라의 친구이며 할리우드 배우와 가수를 대변해 온 밀튼 루딘 변호사에게 20세기 폭스를 상대하도록 했다. 또한 먼로는 화보 촬영과 인터뷰를 통해 20세기 폭스와 엘리자베스 테일러를 꺾을 수 있다고 생각했다. 먼로는 6월 20일부터 한 달 동안 인기 잡지인 〈보그〉, 〈코스모폴리탄〉, 〈라이프〉와 화보 촬영 및 인터뷰를 하기로 했다. 먼로는 패트 뉴컴를 통해 자기를 해고한 20세기 폭스의 조치가 부당하다는 내용의 서신을 자기와 함께했던 스태프에게 보내도록 했다.

〈보그〉는 사진작가 버트 스턴(Bert Stern 1929~2013)을 촬영 장소인 벨 에어 호텔로 보내 먼로를 촬영하도록 했다. 6월 말 3일 동안 스턴은 과감한 세미 누드 포즈를 취한 먼로를 찍었다. 스턴은 그가 찍은 먼로의 사진을 모아서 1982년에 《마지막 세팅(Last Setting)》이란 사진집을 펴냈다. 〈코스모폴리탄〉은 먼로를 잘 아는 조지 배리스(George Barris 1922~2016)로 하여금 먼로를 촬영하도록 했다. 그는 6월 9일부터 7월 18일까지 샌타모니카 바닷가와 할리우드 힐스에서 자연스러운 포즈를 취하는 먼로를 찍었다. 먼로는 조지 배리스에게 자기가 살아온 세월을 이야기했다. 촬영을 마무리할 무렵 먼로는 자기가 지금 가장 행복하며 새로운 출발을 하고 있다고 말했다.

조지 배리스가 촬영을 마치고 두 주일이 지나 먼로가 죽었기 때문에 그는 먼로를 찍은 마지막 사진작가가 됐다. 배리스는 자기가 찍은 먼로의 마지막 사진과 그때 먼로가 자기의 인생에 관해 이야기한 내용을 되살려서 1995년에 《마릴린 : 그녀의 삶을 말하다(Marilyn : Her Life in Her Own Words)》라는 책자를 펴냈다. 그는 어떠한 배우도 먼로를 능가할 수는 없다고 지난날을 돌이켜 보았다.

〈라이프〉는 먼로와 동갑내기인 리차드 메리먼(Richard Meryman 1926~2015) 기자에게 인터뷰를 맡겼다. 메리먼은 동부의 좋은 집안 출신으로 명문대학을 나왔고 1950년부터 〈라이프〉에서 일하면서 인물 관련 기사와 종교와 도덕 관련 지면을 책임져 왔다. 먼로는 메리먼을 먼저 만나보고 그와 인터뷰하기로 했으며, 녹음을 허용해 총 8시간에 달하는 테이프를 남겼다. 메리먼은 8월 3일 자 〈라이프〉에 '먼로는 유명함에 대해 내려놓았다(Marilyn Lets Her Hair Down About Being Famous)'라는 제목으로 인터뷰 기사를 썼다. 8월 3일 자 〈라이프〉가 가판대에 오르고 며칠 후 먼로는 사망했다. 메리먼은 그가 이룬 많은 저술에도 불구하고 '먼로를 마지막으로 인터뷰한 기자'로 이름을 남기게 됐다.

먼로의 인터뷰 기사를 읽으면 그녀의 정신세계를 어느 정도 이해하게 된다. 먼로는 10대 청소년, 노인들, 노동자들이 순수하다고 보았으며, 왜 사람들이 더 너그럽지 못한지 이해할 수 없다고 했다. 영화 비즈니스에선 질투가 심하고, 자기는 자신을 상품으로 보지 않지만 많은 사람은 그렇게 본다고 말했다. 먼로는 어릴 때 힘들었던 시절을 되돌아보았다. 배우는 기계가 아니며 자신을 스스로 통제할 수 있어야 하며 자기는 스튜디오의 규율을 따르는 사람이 아니라고 했다. 유명함(fame)은 특별한 부담이며 글래머스하다거나 섹슈얼하다는 이야기에 자기는 개의치 않는다고 했다. 또 우리 인간은 본성적으로 성적 존재(sexual creature)인데, 많은 사람이 이러한 자연스러운 선물을 경멸하고 파괴하려고 함은 한심하다고 했다. 마지막으로, 먼로는 자기가 유명하다고 할지라도 그것은 변덕스러운 것으로 언젠가는 사라질 것이라면서 끝을 맺었다.

8월 3일 자 〈라이프〉 인터뷰 기사가 나오고 며칠 뒤 먼로가 사망하자 〈라이프〉는 8월 17일 자 커버로 먼로를 내세우고 특집기사를 펴냈다. 리차드 메리먼은 '외로운 여자와의 마지막 긴 대화(A Last Long Talk With A Lonely Girl)'란 기사를 썼다. 먼로를 인터뷰하러 브렌트우드 집으로 갔을 때 집은 정리되어 있지 않았고 가구도 별로 없었으며, 먼로는 자기가 사는 모습을 사진으로 찍지 말라고 했다면서 메리먼은 먼로에게서 '분노와 희망, 친절과 후회, 유머와 깊은 슬픔'을 읽었다고 돌아보았다. 메리먼은 먼로의 집은 외롭고 요새(fortress) 같은 기분이 들었다고 나중에 언급하기도 했다.

'먼로의 승리'로 끝나다

　20세기 폭스는 〈클레오파트라〉 제작 지연과 예산 초과로 주가가 폭락했다. 이런 상황에서 먼로를 해고하자 먼로의 팬들이 회사에 항의하는 등 매우 혼란스러웠다. 20세기 폭스 경영진의 내부 사정은 더욱 복잡했다. 지배주주 변동에 따라 경영진이 바뀌었기 때문이다. 자신이 해고당했다는 소식을 들은 먼로는 사장 시프로스 스쿠라스에게 전화를 했다. 스쿠라스는 1942년부터 20세기 폭스 사장을 지내면서 먼로가 나온 영화를 많이 제작했으며 먼로를 잘 알고 있었다.

　건강이 안 좋아서 뉴욕에서 큰 수술을 하고 쉬고 있던 스쿠라스는 먼로를 해고한 조치는 자기와는 관계가 없으며, 그것은 이사회 회장 새뮤얼 로즌먼(Samuel Rosenman 1896~1973)과 이사 밀튼 굴드(Milton Gould), 존 로브(John Loeb)가 벌인 일이라고 알려주었다. 사실 그 당시 스쿠라스는 20세기 폭스를 장악하지 못하고 있었으며 사임 직전이었다.

　20세기 폭스를 장악한 사람들은 월가(街) 투자자들이었다. 새뮤얼 로즌먼은 루스벨트 백악관에서 참모로 일했던 변호사로, 월가의 대형 로펌 대표였다. 로즌먼은 케네디 가족과 가까웠으며 케네디 대통령은 그를 노사관계를 다루는 위원회 등에 위원으로 위촉했다. 1962년 2월, 그는 20세기 폭스의 이사회 회장이 됐다. 20세기 폭스의 이사로 진출해 있는 밀튼 굴드와 존 로브도 월가(街)의 변호사와 투자자였다. 월가 투자자들이 20세기 폭스 주식을 대거 매입해서 경영권을 장악하고 새 뮤얼 로즌먼을 이사회 회장으로 선출한 것이다.

할리우드에서 수십 년 동안 영화를 만들어 온 스쿠라스 사장이 회사를 장악하지 못한 상태에서 20세기 폭스는 몇 가지 특이한 결정을 내렸다. 첫째, 로버트 케네디가 1960년에 펴낸 책《내부의 적(The Enemy Within)》을 영화로 만들기로 하고 출판사로부터 영화제작권을 사들였다. 20세기 폭스는 이 책을 영화로 만들지 않았기 때문에 결국 돈만 날린 꼴이 되었다. 현직 대통령의 동생이며 현직 법무부 장관인 로버트 케네디의 책을 영화화하겠다는 발상은 지금 같으면 상상도 할 수 없는 일이다.

둘째, 새뮤얼 로즌먼이 이사회 회장이 되고 나서 20세기 폭스는 스튜디오에 인접해 있는 방대한 토지를 직접 개발하지 않고 알코아(ALCOA)에 매각했다. 이들은 〈클레오파트라〉 제작으로 인한 자금 부족 때문에 땅을 매각했다는 논리를 세웠다. 이렇게 매각한 땅이 오늘날의 LA 남서부에 있는 센추리 시티(The Century City)다. 이 토지 매각은 할리우드 역사상 가장 어리석었던 자산 관리라고 평가된다. 월가 출신인 회장과 이사들이 20세기 폭스의 자산을 자신들의 이해와 관련된 알코아에 매각했다고 보기도 한다.

월가 출신 회장과 이사들이 취한 세 번째 조치가 마릴린 먼로 해고였다. 그러나 먼로는 보통 배우가 아니었다. 먼로는 1955년에 20세기 폭스와의 불공정한 계약을 파기하고 뉴욕에서 자기 이름을 딴 프로덕션을 만들어서 결국은 20세기 폭스가 백기를 들고 새로운 계약을 체결토록 한 바 있었다. 무엇보다 먼로는 그녀를 좋아하는 보통 미국 사람들의 굳건한 지지를 얻고 있음을 월가 사람들은 잘 알지 못했다.

스쿠라스 사장을 통해 일련의 사정을 전해 들은 먼로는 파리에 머물면서 노르망디 상륙작전을 다룬 영화 〈사상 최대의 작전〉을 제작하고 있던 대릴 자누크에게 전화를 했다. 먼로는 자기가 실제로 아파서 촬영하지 못했다면서 〈무엇이든 해야〉 촬영을 끝내고 싶다는 뜻을 전했다. 자누크는 먼로가 나오는 영화를 제작하긴 했지만, 연기자로서의 먼로는 높게 평가하지 않았으며 가까운 사이도 아니었다. 하지만 자누크도 먼로를 해고한 조치가 어리석었다고 생각했다. 자누크는 먼로에게 자기가 20세기 폭스 경영에 복귀할 테니까 기다려 보라고 했다. 그리고 월가의 침입자들을 이사회에서 몰아내기로 스쿠라스와 비밀리에 합의했다.

7월 25일 뉴욕에서 열린 20세기 폭스 이사회는 치열한 공방 끝에 8대 3으로 대릴 자누크를 후임 사장으로 선출했다. 반대표를 던진 세 명은 월가 출신인 로즌먼 이사회 회장, 밀튼 굴드, 존 로브였다. 월가 출신 3명은 사임했고 스쿠라스는 이사회 회장이 되어 몇 년 동안 이사회를 이끈 후에 은퇴했다.

8월 1일, 20세기 폭스와 먼로는 새로운 계약을 체결했다. 20세기 폭스는 먼로에게 〈무엇이든 해야〉 출연료 10만 달러 외에도 배상금을 지급하고 다음 영화에 출연할 경우 먼로에게 50만 달러를 지급하며, 10

월부터 촬영을 재개하기로 했다. 먼로는 활짝 웃었고, 할리우드 언론은 이것을 '먼로의 승리'라고 썼다. 하지만 사흘 후 먼로는 사망했다. 먼로는 20세기 폭스와 재계약을 하고 〈라이프〉에 인터뷰 기사가 나와서 의기양양했기 때문에 사흘 후에 깊은 우울증에 빠져 자살했겠는가 하는 의문이 자연스럽게 제기됐다. 먼로가 사망함에 따라 20세기 폭스는 〈무엇이든 해야〉 제작을 포기했다. 1990년대 말, 20세기 폭스는 중도에 포기했던 이 영화 필름을 복원해서 세상에 내놓았다.

로버트 케네디와 그의 처가 스케이컬 가문

로버트 케네디는 하버드를 나오고 버지니아대학(UVA) 로스쿨을 다녔다. 로스쿨을 다니던 1950년에 에셀 스케이컬(Ethel Skakel Kennedy 1928~2024)과 결혼했다. 에셀은 로버트의 여동생 진과 같은 대학을 다닌 친구였다. 로버트와 에셀은 아들 일곱, 딸 넷을 두었는데, 그중 둘째인 조지프 케네디 2세(1952~)는 1987년부터 1999년까지 하원의원을 지냈다. 셋째가 2024년 대선 과정에서 무소속 후보였던 로버트 케네디 2세(1954~)다. 그는 하버드와 버지니아 로스쿨을 나오고 환경법 변호사로 활동했으며, 트럼프 2기 정부에서 보건복지부 장관에 임명되었다.

로버트 케네디 부부의 대중적 이미지는 존 F. 케네디와 재클린의 그것과는 사뭇 다르다. 형이 암살된 후 법무부 장관을 그만둔 로버트 케네디는 뉴욕주에서 상원의원으로 당선되었는데, 법무부 장관 시절과는 전혀 다른 모습을 보였다. 캘리포니아의 멕시코계(系) 이주 노동자들을 만나고 뉴욕 할렘과 브루클린의 열악한 흑인 지역을 방문했다. 그래서 대중에게 로버트 케네디는 흑인과 빈민을 생각한 정치인으로 각인되어 있다. 재클린은 화려한 패션과 미모로 대중에게 각인되어 있지만, 로버트의 부인 에셀은 아이를 많이 낳아 기른 독실한 가톨릭 신자로 대중에게 알려져 있다. 하지만 그것은 단편적인 이미지일 뿐이다.

로버트가 법무부 장관이 됐을 때 나이는 서른다섯이었다. 그는 상원 조사위원회 법률고문을 지내면서 지미 호파, 칼로스 마르셀로 등 마피아 보스들과 싸우고, 형의 선거를 도운 것 외에는 해 본 것이 없었으나 정권 초부터 인사는 물론이고 안보 외교 사안에도 간여했다. 대표적인 예가 케네디 임기 초인 4월 17~20일에 있었던 피그만(灣) 침공이었다. 대통령 선거 당시 쿠바 해방을 약속한 케네디는 이를 실천에 옮겼는데, CIA가 작성했던 계획보다 규모를 축소하고 상륙지점도 달리하도록 했다.

이 어설픈 침공 작전은 케네디 대통령과 로버트 법무부 장관이 밀어붙인 것이다. 원래의 침공계획을 기안했던 리차드 비셀(Richard Bissell 1909~1994) CIA 부국장은 수정된 계획의 문제점을 대통령한테 제대로 브리핑도 하지 못했다. 회의에서 난색을 표명한 체스터 보울스(Chester Bliss Bowles 1901~1986) 국무부 차관을 향해 로버트 케네디는 "우리는 침공한다"라면서 말문을 막아 버렸다. 체스터 보울스는 로버트보다 스물넷이나 위이고 주지사와 하원의원을 지낸 사람이며, 리차드 비셀은 CIA에서 오래 근무한 베테랑이었다. 그 결과는 대재앙이었고 카스트로는 승리를 만끽했다. 의원 내각제 같으면 그날로 내각이 총사퇴할 상황이었으나 케네디는 자신의 책임을 인정함으로써 위기를 넘겼다.

카스트로는 미국의 또 다른 침공 시도에 대응하기 위해 소련에 미사일을 배치해 달라고 했다. 소련이 핵미사일을 쿠바에 배치했음이 미군 U-2 정찰기에 의해 확인되자 1962년 10월 미국과 소련이 대치하는 미사일 위기가 발생했다. 쿠바 미사일 위기는 피그만 침공을 밀어붙인 케네디 형제가 자초한 것이었다.

로버트 케네디는 아이젠하워 행정부에서 육군 참모총장을 지낸 맥스웰 테일러(Maxwell Taylor 1901~1987) 장군을 좋아해서 그를 현역으로 복귀시킨 후 합참의장으로 임명토록 했다. 맥스웰 테일러는 군사 고문단이란 명분으로 미군 전투병력을 증강해 케네디가 암살될 때 남베트남에 주둔한 미군이 1만 6000명에 달했다. 미국이 베트남의 수렁에 빠지는 계기를 만든 사람이 바로 맥스웰 테일러였다. 1962년 2월 사이공을 방문한 로버트 케네디는 미국이 남베트남을 지킬 것이며 또 승리할 것이라고 언론과 인터뷰를 했다. 베트남 문제에 대해선 로버트 케네디가 형보다 강경했고 그런 방향으로 밀고 나갔다.

로버트 케네디의 부인 에셀은 재클린에 비하면 검소하고 수수해 보인다. 하지만 에셀의 아버지는 당시 미국인 부자 순위에 오를 정도로 부자였다. 에셀의 아버지 조지 스케이컬(George Skakel 1892~1955)은 시카고의 빈한한 가정에서 태어나서 온갖 일을 하다가 석탄 세일즈맨으로 두각을 나타냈다. 그는 1919년 동료 몇몇과 함께 그레이트 레이크 석탄 코크사(The Great Lakes Coal and Coke Co.)라는 석탄공급회사를 차렸다. 이 회사는 폭풍 성장을 해서 스케이컬은 1920년대에 이미 부유한 개인 기업가로 이름이 났다. 그는 자신의 재산 규모를 철저하게 비밀에 붙였다. 그의 가족은 호화로운 저택에서 살았고 부인 앤(Ann)은 시카고 쇼핑가를 휩쓸던 여자로 유명했다. 스케이컬 가문은 대공황에도 영향받지 않았고, 2차 세계대전으로 철광과 알루미늄 생산이 늘어나자 석탄과 코크스의 수요가 폭증해서 재산을 더 불릴 수 있었다.

에셀은 스케이컬 부부의 6남매 중 다섯 번째였다. 조지 스케이컬 부부는 1955년 10월 자가용 비행기가 추락해서 함께 죽었고 사업은 아들들이 물려받았다. 스케이컬의 회사는 그 후 그레이트 레이크 카본사(The Great Lakes Carbon Company : GLC)로 명칭을 바꿨다. GLC의 가장 큰 고객은 정제된 탄소를 많이 쓰는 알루미늄 제조업체 알코아(ALCOA)였다. 케네디가 대통령이 되던 시점에 GLC는 알코아에 투자해서 지분을 갖고 있었고, 지금은 LA의 부유층이 사는 란초 팰로스버디스(Rancho Palos Verdes)에 넓은 땅을 갖고 있었다. GLC는 1992년에 독일의 다국적 화학회사와 합병해서 SLG Carbon Group이 됐다.

1962년 6월 8일, 마릴린 먼로가 해고됐을 당시 20세기 폭스의 이사회는 알코아를 대리하는 월가(街)의 투자자와 변호사들이 장악하고 있었다. 이들은 20세기 폭스가 소유하고 있던 방대한 토지를 알코아에 매각했고, 그 지역은 화려한 부도심 센추리 시티로 개발돼서 알코아는 막대한 이익을 남겼다. 이 거래로 인해 로버트 케네디의 처가인 스케이컬 가족은 큰 혜택을 보았다. 로버트 케네디가 대통령의 동생이고 법무부 장관이어서 이런 거래가 가능했을 것이다.

마릴린 먼로는 자기가 해고되자 자신이 잘 알고 있던 시프로스 스쿠라스 사장과 통화를 했다. 두 사람의 통화 내용은 알 수 없지만 스쿠라스는 먼로를 해고하고 자신을 몰아내려는 이사들이 알코아 사람들이라고 이야기해 주었을 것이다. 더 나아가서 스쿠라스는 로버트 케네디가 관련이 있다고 먼로에게 이야기해 주었을 것이다. 먼로가 케네디 형제와 관계가 있음은 할리우드에선 이미 알려진 일이기 때문이다. 만일에 먼로가 자기를 해고한 사람들이 로버트 케네디와 관련이 있음을 알았다면 어떤 생각을 했을지는 상상해 보는 수밖에 없다.

그렇다면 마릴린 먼로가 죽기 전인 그해 6월에서 7월에 이르는 두 달 동안 먼로와 로버트 케네디 사이에는 어떤 일이 있었을까?

로버트, 네바다 핵 실험장을 찾다

1962년 6월에서 7월에 이르는 두 달 동안 케네디 대통령은 6월 29일부터 3일간 일정으로 멕시코시티를 국빈 방문한 것 외에는 큰 일정이 없었다. 같은 기간 중 로버트 케네디는 로스앤젤레스를 여러 차례 방문했다. 마릴린 먼로가 죽고 20여 년이 지나서 먼로의 앞집에 살았던 사람들과 피터 로포드의 이웃 사람들은 그해 여름 로버트 케네디가 먼로의 집과 피터 로포드의 집을 여러 차례 방문했다고 먼로의 죽음을 추적하던 탐사 기자들에게 진술했다. 기자들은 정보자유화법을 통해서 얻어낸 방대한 자료를 조사하는 과정에서 먼로가 로버트 케네디 자택으로 보낸 6월 13일 자 웨스턴 유니언 전보를 통해 다른 일정 때문에 피터 로포드 부부 결혼 기념 모임에 참석할 수 없음을 통보한 사실도 확인했다.

그해 6월 26일 로버트 케네디는 조직범죄 회의 일정으로 LA를 방문했다. 그날 저녁 마릴린 먼로는 로버트 케네디를 피터 로포드 집에서 만났음도 복수의 목격자에 의해 확인됐다. 또 그다음 날에도 로버트 케네디가 먼로를 브렌트우드 집에서 만났음이 확인됐다. 7월 4일에는 로버트 케네디가 LA에서 가까운 네바다 핵 실험장에서 이루어진 핵실험을 참관했다.

그해 7월 17일, 로버트 케네디가 맥스웰 테일러 장군과 함께 네바다의 핵 실험장에서 소형 전술핵무기 데이비 크로켓(Davy Crockett) 시험 발사를 참관했음이 2016년 정보자유화법에 의한 문서 공개로 발견된 영상 필름으로 확인됐다. 데이비 크로켓은 미군의 전술핵무기 중 가장 소형으로, 무반동포(無反動砲)로 발사해서 2km 밖에 있는 적의 탱크를 무력화시킬 수 있었다. 이날의 실험은 미국 본토 내에서 이루어진 마지막 지상 핵폭발 시험이었다. 데이비 크로켓은 동서 냉전의 최전선인 한국과 서독에 주둔하고 있던 미군에 배치돼 있다가 1971년에 퇴역했다.

네바다 사막에서 행하는 핵무기 실험을 법무부 장관이 두 차례나 참관했으며 두 번째 경우는 공개되지 않은 일정이었다는 점은 특이하다.

따라서 이런 의혹이 제기된다. 네바다 핵 실험장에서 LA까지는 멀지 않기 때문에 로버트 케네디는 LA를 다녀가기 위해 네바다를 방문한 것이 아니냐는 것이다.

마릴린 먼로와 FBI

1962년 5월 24일, 백악관 집무실에서 케네디 대통령과 에드가 후버 FBI 국장이 무슨 이야기를 했는지는 알 수 없다. 하지만 후버가 다녀간 후에 케네디는 먼로의 전화를 차단했고, 피터 로포드로 하여금 먼로에게 전화를 걸어서 자신과의 관계는 끝났다고 전하라고 했음은 확인이 됐다. 1990년대에 정보자유화법에 의해 공개된 FBI 문건 중에는 그 내용이 지워져 있지만, 먼로가 멕시코시티에 있을 때 먼로를 감시하고 도청했음을 확인해 준 것이 있다. FBI는 멕시코시티에서 먼로를 감시했고, 그 결과는 후버 국장에게 즉시 보고되었다. 후버는 그것을 갖고 있다가 5월 24일에 케네디를 만나서 이야기했을 것으로 보인다.

FBI는 먼로가 공산당에 우호적이었던 아서 밀러와 결혼한 후부터 예의 주시해 왔다. 그런데 먼로가 멕시코시티에서 미국인 공산주의자들과 가까이했으니 당연히 감시 대상이 될 수밖에 없었다. 에드가 후버는 먼로가 케네디 형제와 대화 중에 들은 민감한 안보 사안을 공산주의자들에게 이야기했으며, 그것이 멕시코시티에 있는 소련 대사관과 쿠바 대사관으로 흘러 들어갔을 가능성이 크다고 케네디 대통령에게 보고했을 것이다.

1950~60년대에 멕시코시티의 미국 대사관에 들어와 있는 CIA 멕시코 지부는 CIA 본부 외에는 가장 큰 규모였다. CIA는 그곳에서 중남미 지역 전체를 총괄하고 있었다. 과테말라에 사회주의 정권이 들어서자 군부 쿠데타를 일으켜서 우익 정부가 들어서게 한 작전을 지휘한 곳도 CIA 멕시코 지부였다. CIA 멕시코 지부는 멕시코 정치에도 깊숙이 간여했다. CIA는 멕시코의 집권당 정치에 개입해서 대통령을 연이어 탄생시켰다. 멕시코 정치에 대한 CIA의 개입은 1970년대 초까지 이어졌다. 멕시코시티에는 소련 및 동유럽 국가 대사관, 그리고 쿠바 대사관이 있어서 냉전 시절 첩보 전쟁의 최전선이었다. 미국 외교관 신분으로 멕시코시티 대사관에 나와 있는 CIA와 FBI 요원들은 공산권 국가 대사관에 접근하는 미국인 등 서방 인사를 감시했다.

중국 본토가 공산화되고 한국에서 전쟁이 일어나자 미국 의회는 정부 내의 공산주의 혐의자와 공산당 경력 민간인을 소환해서 심문하기 시작했다. 먼로의 남편이던 아서 밀러도 하원 위원회에 불려 나갔으며 답변을 거부해서 의회모욕죄로 기소되는 등 고생을 했다. 이런 분위기를 피해서 멕시코시티로 도피한 미국인들이 있었는데, 대표적 인물이 밴더빌트 가문인 프레데릭 밴더빌트 필드였다. 먼로는 멕시코시티를 방문했을 때 필드 부부 등 공산주의 성향의 미국인들과 어울려 시간을 보냈다. 먼로는 중국 공산혁명과 카스트로 혁명을 긍정적으로 보았기 때문에 망명 인사들과 의기투합했을 것이다. CIA 멕시코 지부는 이를 도청하고 또 정보원을 통해서 이들을 감시했는데, 이런 정보망(網)에 먼로가 걸려들었다.

케네디 형제는 여자관계도 난잡했지만 입도 가벼웠다. 임기 초에 있었던 피그만 침공 작전도 새로 들어선 케네디 정부의 초보자들이 말을 너무 헤프게 해서 워싱턴, 마이애미, 심지어 쿠바 아바나에서도 모르는 사람이 없었다. 먼로는 정치와 외교 이슈에도 관심이 많았고 자기의 생각이 있었다. 따라서 케네디 형제가 먼로에게 쿠바 문제라든가 핵실험 등에 관하여 이야기했을 가능성이 매우 크다. 케네디 형제는 먼로와 섹스하면서 이런 이야기를 했고, 그것을 들은 먼로는 다른 사람에게 전하곤 했다는 것이다.

에드가 후버는 먼로가 멕시코시티에서 프레데릭 필드 등 요주의 인물들과 나눈 대화에는 일반인이 도저히 알 수 없는 내용이 있음을 알았다. 프레데릭 필드 등은 멕시코시티에 나와 있는 소련이나 쿠바의 외교관 및 첩보원과 접선할 가능성이 있어 후버는 우려하지 않을 수 없었다. 요약한다면, FBI가 보기에는 먼로 때문에 미국 대통령과 그의 동생인 법무부 장관이 국가안보 리스크(national security risk)에 노출된 것이다. 이런 사정을 전혀 모르는 먼로는 위험한 곳으로 끝없이 빠져들어가고 있었다.

이처럼 1962년 여름, 케네디 형제에게 가장 골치 아픈 문제는 바로 마릴린 먼로였다. 만일에 먼로가 입을 열기라도 하면 케네디 정부는 무너질 것이며, 케네디 가문 전체가 몰락할 것임은 불 보듯 분명했다. 따라서 로버트 케네디는 '먼로 리스크'를 해결해야만 했다. 케네디 형제가 이처럼 먼로 문제에 신경을 곤두세우고 있을 때 쿠바에선 엄청난 일이 벌어지고 있었다. 그해 7월 쿠바에는 소련의 핵미사일과 이를 보호할 방공 시스템, 그리고 이를 운용하기 위한 소련군 4만 3000명이 비밀리에 들어왔다. 미국 정보기관은 이런 상황을 사전에 감지하지 못했다.

미군 정보 당국은 8월 들어서야 소련이 쿠바에 미사일 기지를 건설하고 있다고 의심하기 시작했고, 9월 들어서 쿠바에 새로운 대공 미사일이 배치됐음을 파악했다. 10월 14일, 미 공군 U-2 고공 정찰기가 쿠바 상공을 비행하면서 소련제 핵미사일과 방공 시스템 사진을 찍는 데 성공했다. 10월 16일, 케네디 대통령은 확대 안보회의를 소집했다. 이렇게 해서 '쿠바 미사일 위기'라고 부르는 미소 간의 핵전쟁 위기상황이 발생했다. 먼로가 죽고 얼마 안 돼 발생한 3차 세계대전 위기로 인해 먼로의 죽음은 뉴스에서 사라져 버렸다.

1990년대 들어서 1962년 8월 초 날짜로 된 CIA 비밀문서 한 건이 비밀 해제되어 공개됐는데, 마릴린 먼로에 관한 문건을 종합해서 보고한 것이었다. 내용은 삭제되어서 알 수 없으나 CIA가 먼로를 관리했음을 보여주는 증거였다. 이 문건에 결재한 책임자는 CIA 국장이 아니라 CIA 방첩단장(Counter-intelligence Chief) 제임스 앵글턴(James Angleton 1917~1987)이었다. 서로 협력하면서 견제하는 관계인 FBI와 CIA 방첩단은 먼로가 야기하는 문제에 대해 공통된 우려를 한 것이다.

당시 CIA 국장은 케네디가 임명한 존 매콘(John McCone 1902~1991)이었으나 외부인사인 매콘은 CIA를 장악하지 못했다. 반면에 리차드 헬름스(Richard Helms 1913~2002) 부국장과 제임스 앵글턴 방첩단장은

CIA 창업 멤버였다. 케네디가 암살된 후 대통령이 된 린든 존슨은 에드 가 후버에 대해선 정년퇴직 조항을 없애서 계속 일하도록 했고, 리차드 헬름스를 CIA 국장으로 임명했다. 케네디 암살 연구자들은 에드가 후 버와 제임스 앵글턴이 대통령 암살 움직임을 사전에 감지하고도 모른 척 방치했을 가능성이 크다고 본다.

5월 말~7월 말, 먼로와 케네디 형제

1962년 5월 말부터 7월 말까지 두 달 동안 마릴린 먼로에게는 많은 일이 생겼다. 날짜 순으로 정리하면 아래와 같다.

5월 19일, 먼로는 뉴욕 매디슨 스퀘어가든에서 열린 케네디 생일 파 티 행사에 참석했다.

5월 23일, 먼로는 야간 누드 수영 장면을 촬영했다.

5월 24일, 에드가 후버 FBI 국장이 케네디 대통령을 만났다. 케네디 는 먼로와의 연락을 차단하도록 지시했다.

5월 27일, 피터 로포드가 먼로에게 전화해서 케네디와의 관계가 끝 났다고 통보했다.

6월 1일, 먼로는 당일 촬영을 마친 후 자신의 생일 파티를 하고 다저 스 구장 자선 경기에 다녀왔다.

6월 2~7일, 먼로는 감기와 정맥염으로 촬영을 하지 못했다.

6월 8일, 20세기 폭스는 먼로를 해고했다.

6월 11일, 먼로는 파리에 있는 대릴 자누크와 통화를 했다.

6월 13일, 먼로는 피터 로포드 결혼 기념 모임에 참석할 수 없음을 로버트 케네디의 자택으로 보낸 전보로 통보했다.

6월 20일~7월 중순, 먼로는 〈보그〉, 〈코스모폴리탄〉과 화보 촬영을 하고 〈라이프〉와 인터뷰를 했다.

6월 23일, 로버트 케네디는 LA의 피터 로포드 저택에서 먼로를 만났다. (추정)

6월 25일, 로버트 케네디는 20세기 폭스 경영진에게 먼로와의 재계약을 지시했다. (추정)

6월 26일, 로버트 케네디는 조직범죄회의 일정으로 LA 도착해서 저녁에 피터 로포드 집에서 먼로를 만났다.

6월 27일, 로버트 케네디는 브렌트우드 집으로 와서 먼로와 만났다.

6월 말, 20세기 폭스는 새 계약안을 먼로의 변호사 밀튼 루딘에게 제의했다.

7월 4일, 로버트 케네디는 네바다 핵 실험장에서 핵폭발 실험을 참관했다.

7월 13일, 후버는 FBI 멕시코시티 지부로부터 먼로에 관한 정보를 보고 받았다.

7월 14~15일(토~일요일), 먼로는 피터 로포드와 함께 칼 네바 카지노 호텔에 가서 주말을 보냈다.

7월 15~16일, 후버 국장은 멕시코시티에서의 먼로의 행적을 로버트 케네디에게 보고했다.

7월 17일, 로버트 케네디는 네바다 핵 실험장에서 전술핵무기 실험을 참관했다.

7월 17~18일, 로버트 케네디는 직통전화 번호를 변경하고 먼로와의 연락을 차단했다.

7월 25일, 20세기 폭스 이사회는 대릴 자누크를 사장으로 선출하고 월가(街) 출신 이사들을 축출했다.

7월 26일, 로버트 케네디는 LA에서 열린 전국보험협회 모임에서 연설을 했다.

7월 28~29일(토~일요일), 먼로는 피터 로포드와 함께 칼 네바 카지노 호텔에 가서 프랭크 시나트라와 주말을 보냈다.

7월 30일, 먼로가 집 전화로 법무부에 8분 동안 전화했음이 통화기록에 의해 확인됐다. 먼로가 전화를 걸어서 통화했거나 통화를 시도했을 것으로 여겨지고 있다.

5월 23일 저녁, 먼로가 누드로 수영하는 장면을 찍고 나서 그 소문이 나니까 20세기 폭스 경영진들은 영화 홍보를 했다면서 좋아했다. 그리고 6월 2일부터 먼로가 아파서 촬영장에 못 나오자 먼로를 해고했다. 먼로를 좋아하는 팬들의 항의로 20세기 폭스는 곤경에 처했다. 6월 말 20세기 폭스 경영진은 먼로의 변호사에게 연락해서 먼로에게 우호적인 조건으로 재계약을 하자고 제안했으나 먼로는 답을 미루었다.

20세기 폭스의 이 같은 변덕스러운 조치는 로버트 케네디의 지시에 따른 것으로 보는 견해가 유력하다. 당시 20세기 폭스 이사진의 다수는 할리우드 영화와는 관계없이 주식을 매집한 월가 투자자와 변호사가 장악하고 있었는데, 이들은 로버트 케네디의 사람들이었다. 로버트 케네디는 먼로를 압박하는 수단으로 해고를 했다가 먼로가 침묵하도록 유리한 조건을 제시했다는 것이다.

먼로는 프랑스에서 노르망디 상륙작전을 그린 〈사상 최대의 작전〉을 제작하던 대릴 자누크와 연락을 했다. 먼로의 해고 조치를 납득할 수 없었던 자누크는 자기가 경영권을 장악하면 복귀시켜 주겠다고 먼로에게 알려주었다. 자누크와 먼로가 이런 모의를 꾸미는지를 로버트 케네디는 알지 못했다. 그래서 먼로는 20세기 폭스가 제시한 유리한 재계약에 서명하지 않고 보류했던 것이다.

7월 13일, 에드가 후버 FBI 국장은 멕시코시티 지부로부터 비밀전문을 보고받았다. 내용은 먼로 주변에 심어 놓은 CIA의 정보원(정식 요원이 아니고 돈을 주고 첩보를 얻어 오도록 CIA가 고용한 사람)에 의하면 먼로가 피터 로포드의 집에서 로버트 케네디로부터 핵실험에 관한 이야기를 듣고 핵실험의 도덕성을 두고 논란을 벌였으며, 먼로가 멕시코시티에서 만난 프레데릭 필드가 7월 10일에 뉴욕에 도착해서 57번가에 있는 먼로의 아파트에 머물고 있다는 것이었다.

1962년 2월 멕시코시티를 방문한 먼로는 프레데릭 필드 등 미국인 공산주의자 망명객들과 어울렸고, 영화 일을 하는 호세 볼라노스를 만나 쇼핑도 하고 함께 시간을 보내는 등 즐거운 한때를 보냈다. 먼로는 볼라노스와 함께 LA로 와서 3월 5일에 열린 골든 글로브 시상식에 같이 참석했다. 그 후에도 먼로는 볼라노스를 4월에 뉴욕에서 만났고, 7월 초에 LA에서 마지막으로 만났다. 먼로가 프레데릭 필드 등 좌파 망명객들과 한 이야기를 들은 사람은 볼라노스밖에 없었다. 따라서 호세 볼라노스는 CIA에 의해 고용된 정보원이었을 것으로 추정하기도 한다.

결국, 미국 대통령의 동생이기도 한 미국 법무부 장관이 핵실험에 관한 미국의 은밀한 정보와 정책을 정부(情婦)에게 말했고, 그 여인은 멕시코에 사는 공산주의자를 뉴욕의 자기 아파트에 머물게 해준 꼴이 됐다. 볼라노스로부터 그런 정보를 입수한 CIA 멕시코 지부는 그것을 CIA 방첩단장 제임스 앵글턴에게 보고했고, FBI 멕시코시티 주재관은 에드가 후버 국장에게 이를 보고했다. 7월 15일 또는 16일, 에드가 후버는 로버트 케네디에게 멕시코 지부에서 올라온 내용을 보고했다. 로버트 케네디가 먼로에게 한 이야기가 미국의 안보에 위험을 야기한다는 보고였다.

로버트 케네디는 후버가 자신과 형의 모든 것을 알고 있다는 데 놀랐다. 후버로부터 협박에 가까운 보고를 받은 로버트 케네디는 먼로의 전화는 연결하지 말라고 지시했다. 먼로는 갑자기 로버트 케네디마저 연락이 되지 않자 화를 내고, 몹시 당황해했다고 전해진다.

7월 25일, 20세기 폭스 이사회가 열렸다. 주식을 은밀하게 사들여서 자기 지분을 늘린 대릴 자누크는 월가 출신들을 이사회에서 몰아냈고, 새로 구성한 이사회는 자누크를 사장으로 선임했다. 하지만 이에 앞서 월가(街) 출신 이사들은 20세기 폭스가 갖고 있던 땅을 로버트 케네디의 처가와 관련이 있는 ALCOA에 팔아넘겼다.

7월 26일, 로버트 케네디는 LA에서 열린 전국보험협회 모임에서 연설을 했다. 하지만 그날 로버트가 먼로를 만났는지는 확인되지 않았다.

7월 30일, 먼로의 집 전화로 법무부와 약 8분간 통화한 기록이 확인됐으나 먼로가 로버트 케네디와 통화했는지는 알 수 없다.

8월 1일, 20세기 폭스는 먼로와 재계약을 체결했다. 이렇게 해서 먼로는 1955년에 이어서 두 번째로 20세기 폭스와 싸워서 승리를 거두었다. 하지만 먼로가 간과한 것이 있었으니, 이렇게 함으로써 먼로는 자기가 사랑한다는 미국 법무부 장관과 위험한 게임을 한 것이다.

먼로는 죽기 1주일 전인 7월 28~29일 주말을 타호호에 있는 칼 네바 카지노 호텔에서 보냈다. 그 주말에 프랭크 시나트라와 피터 로포드는 먼로에게 로버트 케네디를 잊으라고 설득했으나 먼로는 듣지 않았다. 먼로는 로버트 케네디를 직접 만나서 이야기하고 싶어 했다. 8월 4일, 로버트 케네디는 브렌트우드에 있는 먼로의 집을 찾았고, 그날 밤 먼로는 죽었다.

로버트 케네디와 링컨 컨버터블

먼로의 브렌트우드 집은 정문이 골목 끝에 있어서 이웃집에서 누가 오는지 볼 수 있었다. 이웃집 사람들은 먼로가 죽던 날 로버트 케네디가 컨버터블(자동차 지붕을 접을 수 있는 차)을 타고 먼로의 집에 왔을뿐더러 그전에도 같은 차를 타고 온 적이 있었다고 먼로가 죽은 후 20~25년이 지나서 말했다.

　로버트 케네디가 먼로의 집에 올 때 탔다는 컨버터블은 당시 FBI LA 지국장이던 윌리엄 사이먼(William G. Simon 1913~1997)의 흰색 링컨 컨티넨탈이었다. FBI 초창기부터 수사관으로 일한 그는 1964년에 은퇴하고 변호사를 하면서 에드가 후버 재단을 창설하고 오랫동안 이사를 지냈다. 그는 아무런 증언도 남기지 않았으나 그의 아들 그레그와 딸 스테파니는 로버트 케네디가 LA에 올 때마다 아버지는 자신의 링컨 컨버터블을 내주었으며, 먼로가 죽은 날에도 그랬다고 확인해 주었다. 이들은 로버트가 한번은 자동차에 선글라스를 두고 내린 적이 있다고 말해서 먼로 이웃집 사람들의 증언이 진실임을 뒷받침했다.

　FBI는 법무부 장관의 지휘를 받기 때문에 법무부 장관이 다른 도시를 방문하는 경우에 FBI 공식 차량을 이용하고 경호를 받는다. 하지만 로버트는 LA에 올 때면 사이먼 지국장의 개인 승용차인 링컨 컨버터블을 빌려 타고 다녔다. 윌리엄 사이먼은 먼로가 죽던 날에 로버트 케네디가 먼로의 집에 간다면서 자신의 링컨 컨버터블을 타고 갔다고 에드가 후버 국장에게 전보로 보고했다. 당시 후버의 참모였던 카사 데클 들로치(Cartha Deckle DeLoach 1920~2013)는 이 전보를 보았다고 오랜 세월이 지나서 확인해 주었다.

　데클 들로치는 케네디가 암살당한 다음 날 존슨 대통령의 요청으로 백악관 FBI 연락관에 임명되고, 그 후 FBI의 3인자인 차장을 지내고 1970년에 은퇴했다(그의 후임이 워터게이트 사건을 워싱턴포스트에 비밀리에 제보한 마크 펠트다). 은퇴 후에는 에드가 후버 재단 이사장직을 오랫동안 지냈다. 들로치는 케네디 암살에 관해 FBI가 최대한 신속하게 수사했다는 구술 증언을 남겼고, 먼로의 죽음에 대해선 링컨 컨버터블에 관해서만 확인해 주었다. 에드가 후버가 사망한 후 후버가 갖고 있던 방대한 비밀자료는 그의 측근 참모들에 의해 파기된 것으로 알려져 있다.

로버트 케네디는 형에게 에드가 후버를 교체하자고 몇 번이나 이야기했으나 케네디 대통령은 후버를 교체할 수 없었다. 로버트 케네디가 태어나기 전부터 FBI 국장을 지내고 있는 후버는 로버트를 어린아이로 생각했다. 케네디 대통령 임기 동안 후버 국장과 케네디 형제 사이에는 긴장감이 흘렀다. 로버트 케네디가 LA에 오면 먼로를 만나러 간다면서 FBI 지국장한테서 자동차를 빌려 갔다는 사실은 그가 얼마나 무분별한지를 잘 보여준다. 상식적으로 생각해도 FBI 지국장은 그런 사실을 후버 국장에게 보고한다고 보아야 하는데 로버트 케네디는 도무지 그런 관념이 없었다.

윌리엄 사이먼 지국장이 그 후 뉴스에 나온 적이 있었다. 1963년 12월 프랭크 시나트라의 열아홉 살 난 아들이 납치되자 시나트라는 몸값 24만 달러를 현찰로 지불하고 아들을 되찾았다. FBI LA 지부는 범인들을 체포하고 시나트라의 돈을 회수했는데, 이 과정에서 사이먼 지국장이 뉴스에 나왔다.

Marilyn Monroe
&
the Kennedy Brothers

먼로의 죽음과 의문투성이 사건 현장

8

"나는 누구에게도 속하지 않았고,

아무도 나에게 속하지 않았어요."

마릴린 먼로에게 1962년 6월 말부터 8월 4일까지 무슨 일이 있었는지를 정리하면 다음과 같다. 6월 26일, 조직범죄회의 참석차 LA에 온 로버트 케네디는 저녁 늦게 캐주얼 차림으로 링컨 컨버터블을 몰고 피터 로포드 집에 도착했다. 로버트와 로포드는 저녁을 같이했고, 늘 그러하듯이 먼로는 두 시간 반 늦게 도착했다. 다음 날 로버트는 같은 자동차를 몰고 먼로의 브렌트우드 집에 도착했다. 당시 먼로의 집에는 유니스 머레이가 있었고, 그녀의 사위인 노먼 제프리스가 집수리를 하고 있었다. 로버트 케네디는 한 시간 정도 머물다 돌아갔으며 먼로는 로버트의 방문을 그리 달가워하지 않는 것처럼 보였다고 제프리스는 30년이 지나서 말했다.

6월 말에서 7월 중순까지 먼로는 화보 촬영과 인터뷰로 바빴다. 먼로는 7월 1일부터 8월 4일 죽을 때까지 35일 중 27일을 정신과 의사 그린슨과 만났고, 13일을 내과 의사 엔젤버그와 만났다. 7월 중순, 먼로는 오랜 친구인 로버트 슬래처를 만나서 말리부 해안도로로 드라이브를 했다. 그때 먼로는 로버트 케네디와 나눈 대화의 요지를 적은 일기장을 슬래처에게 보여주었다. 며칠 후 먼로는 뉴욕에 있는 폴라 스트라스버그를 LA로 오라고 해서 같이 시간을 보냈다. 폴라는 먼로가 우울해 보였고 해가 저문 후에 샌타모니카 해변을 거닐어서 쓸쓸한 모습이었다고 나중에 이야기했다.

칼 네바 카지노 호텔에서 생긴 일

7월 14일 토요일, 피터 로포드는 부인 패트리샤와 함께 먼로를 데리고 타호호 북쪽에 있는 칼 네바 카지노 호텔로 향했다. 이들은 프랭크 시나트라의 사무실과 거실이 있는 널찍한 52호 별채에 묶었다. 그날 밤 먼로는 보드카와 샴페인을 많이 마시고 잠이 안 온다며 수면제를 먹고는 전화기를 손에 쥔 채 의식을 잃었다. 먼로의 객실 전화가 이상하다고 느낀 교환원이 급하게 시나트라에게 연락했고, 시나트라는 사람들을 데리고 먼로의 객실로 뛰어가서 먼로를 잡아 일으켰다. 의식을 되찾고 어느 정도 회복한 먼로는 시나트라의 자가용 비행기 편으로 LA로 돌아왔다.

그다음 주 먼로는 매우 우울했는데, 멕시코에 가서 낙태 수술을 했기 때문이라고 여겨졌다. 먼로는 그런 사정을 헤어와 메이크업을 담당했던 애그네스 플래네건에게 이야기했으며, 먼로의 전화를 도청한 프레드 오타시도 그런 일이 있었다고 인정했다. 그때 없앤 태아는 케네디 형제 중 한 명과의 사이에서 생겼을 것으로 생각됐다.

7월 28일 토요일, 먼로는 피터 로포드 부부와 함께 시나트라가 보내준 자가용 비행기 편으로 칼 네바 카지노 호텔로 향했다. 시나트라는 20세기 폭스가 다음에 기획하고 있는 영화 〈너무 잘했어(What a Way to Go)〉에 먼로와 같이 출연하게 되어 축하하는 의미로 먼로를 초대했다고 했다. 먼로는 그 주말에 칼 네바 호텔에서 딘 마틴의 공연이 있어 그를 만나서 도중에 중단된 영화 〈무엇이든 해야〉 촬영 재개 일자를 협의하려고 했다.

하지만 시나트라와 로포드가 그곳으로 먼로를 데리고 온 진정한 이유는 다른 데 있었다. 케네디 형제가 결국에는 자기를 섹스 파트너로 데리고 놀았다고 생각한 먼로는 배신감을 느낀 나머지 기자 회견을 해서 모두 불어 버리겠다고 주변에 이야기한 것이 시나트라의 귀에 들어간 것이다. 시나트라와 로포드는 먼로에게 케네디 형제를 잊으라고 회유하고 압박하려고 했다.

프랭크 시나트라와 피터 로포드의 만남도 흥미롭다. 시나트라는 케네디 대통령이 그해 3월 팜 스프링스에서 체류할 때 자기 집이 아닌 빙 크로스비 집에서 머문 데 대해 화가 나서 그 후론 로포드와 연락하지 않고 지냈다. 따라서 이날 시나트라가 로포드와 또다시 만나야 했던 절박한 이유는 먼로를 달래기 위한 것 외에는 달리 찾을 수 없다. 칼 네바의 별채 캐빈에 도착한 먼로는 로포드, 시나트라와 함께 잠시 밖에 나와서 사진이 찍히기도 했다.

  먼로는 조 디마지오와 자주 전화를 했는데, 먼로가 칼 네바 호텔에 간다고 하자 샌프란시스코에 있던 디마지오는 먼로를 만나러 그곳으로 왔다. 하지만 시나트라의 경호원들은 디마지오를 호텔 경내에 들어오지 못하게 해서 할 수 없이 건너편 호텔에 묵어야 했다. 그날 밤 먼로에게 무슨 일이 벌어졌는지는 정확히 알려지지 않았다. 먼로가 죽은 후 피터 로포드는 그날 밤 먼로가 수면제를 많이 먹고 자살하려 했다고 말했으나, 이는 먼로의 죽음을 자살로 몰아가기 위한 거짓말이었다. 여하튼 그날 밤부터 일요일까지 먼로는 술을 많이 마셨고 아마도 환각제를 했을 것으로 보인다.

  7월 29일 일요일 밤늦게 피터 로포드와 먼로는 시나트라의 자가용 비행기 편으로 LA로 돌아왔다. 먼로는 몸을 제대로 가누지도 못했다고 전해진다. 시나트라 전용기 기장인 피터 리토(Peter Lieto)는 그날에 대한 증언을 남기지 못하고 사망했으나 그의 부인 바버라는 리토로부터 들은 이야기를 20년이 지나서 전할 수 있었다. 일요일 밤에 피터 리토는 별안간 호출되어서 네바다 리노 공항으로 가서 로포드 부부와 먼로를 태우고 샌프란시스코 국제공항에 착륙했다. 거기서 동부로 가는 비행기를 타야 하는 패트리샤 로포드는 내리고, 피터 로포드와 먼로를 태운 시나트라 전용기는 LA 국제공항에 착륙했다. 로포드와 먼로의 집에서 가까운 샌타모니카 공항은 자정이 넘으면 폐쇄하기 때문에 보다 먼 LA 국제공항에 자정이 넘은 시각에 착륙한 리토 기장은 술에 취해서 인사불성인 먼로를 리무진에 태워 집으로 보냈다.

　리토 기장은 자신의 승용차로 로포드를 그의 집까지 데려다주고 귀가하려 했다. 그런데 집에 거의 다 왔을 무렵 로포드는 차를 세우고 동전을 잔뜩 들고 공중전화에 가서 30분 동안 통화를 했다. 일요일 밤 자정을 넘어 도착한 것도 피곤한데 전화를 건다고 30분 동안 기다려서 화가 잔뜩 난 리토는 자기 집에 도착해서 부인 바버라한테 그날 있었던 일을 소상하게 이야기했다. 그래서 피터 리토는 이미 사망했어도 부인 바버라가 그날 있었던 일을 20년이 지나서 먼로의 죽음을 추적하던 앤서니 서머스에게 증언할 수 있었다.

　피터 로포드가 집에 들어가기 전에 공중전화에서 30분간 통화를 한 이유는 도청을 피하기 위함이었음이 분명했다. 로포드가 누구와 무슨 통화를 했는지는 알 수 없다. 그러나 다음과 같은 합리적 추측은 가능하다. 아마도 피터 로포드는 로버트 케네디에게 전화했을 것이다. 그리고 "우리는 먼로를 설득하는 데 실패했으니 당신이 직접 와서 먼로와 이야기하는 수밖에 없다"고 했을 것이다. 실제로 먼로는 로버트 케네디와 만나서 이야기하고 싶어 했다. 1주일 후 로버트 케네디는 먼로를 만나러 비밀리에 LA로 오며, 그날 밤 먼로는 죽었다.

칼 네바 카지노 호텔

시에라네바다산맥 기슭에 자리 잡은 타호호는 아름다운 주변 경관과 맑은 물로 유명하다. 주변에는 휴양 호텔이 많으며 영화 〈대부 II〉에 나오는 마이클 콜레오네(알 파치노)의 호숫가 저택 같은 고급주택도 많다. 타호호는 캘리포니아와 네바다의 경계를 이루는데, 그 북쪽 끝에 칼 네바 카지노 호텔(Cal Neva Lodge and Casino)이라는 한때 유명한 카지노 호텔이 있었다. 호텔 부지의 절반은 캘리포니아에 있고 나머지 절반은 네바다에 있어서 그런 명칭을 붙였다. 카지노 시설은 카지노가 합법인 네바다 쪽에 자리 잡았다.

칼 네바 카지노 호텔은 1926년에 샌프란시스코의 한 부호가 자기 친지들을 초대하기 위해 만들었는데, 1930년대 들어서 네바다주가 도박을 허용함에 따라 카지노 호텔로 바꾸어서 오랫동안 번창했다. 1950년대에 이 카지노 호텔을 경영했던 사람은 조지프 케네디의 친구여서 케네디 가족은 이곳을 자주 찾았다. 1960년 들어서 프랭크 시나트라가 지분 25%를 인수하고, 딘 마틴 등이 나머지 지분을 인수해서 시나트라가 경영하게 됐다. 시나트라는 쇼를 할 수 있는 홀을 새로 만들고 기존 시설을 수리해서 새롭게 개장했으며 자기 지분을 늘려나갔다. 시나트라와 그의 친구인 딘 마틴, 피터 로포드 등 '랫 팩(Rat Pack)' 멤버가 쇼를 해서 인기를 끌었다. 1960년 여름, 시나트라는 네바다의 사막에서 〈미스핏〉을 촬영하던 존 휴스턴 감독과 스태프, 그리고 클라크 게이블, 마릴린 먼로 등 배우들을 칼 네바 호텔로 초대한 적이 있다.

칼 네바를 경영하게 된 시나트라는 '랫 팩' 멤버를 자주 초청해서 공연을 열었을 뿐만 아니라 피터 로포드 등이 오면 머물 수 있도록 전용 캐빈을 제공했다. 시나트라는 마릴린 먼로에게도 3호 캐빈을 전용으로 제공했다. 캐빈은 호수 전망이 좋을뿐더러 카지노 호텔과는 지하 통로로 연결되어 있어서 남의 눈에 뜨이지 않게 이동할 수 있었다.

1960년에 먼로는 뉴욕에 살았으나 영화 촬영을 위해 LA에 오면 칼 네바 호텔에 종종 들렀다. 그렇다면 당시 상원의원으로 대통령 출마를 선언한 존 F. 케네디도 칼 네바를 다녀갔는가 하는 의구심이 생긴다. 기록에 의하면 1960년 2월에 케네디는 칼 네바를 다녀간 적이 있으나 그때 먼로가 다녀갔는지는 알 수 없다. 케네디는 대통령이 된 후에 칼 네바 호텔에 다녀간 적은 없다. 그러면 로버트 케네디는 어떠했을까? 대통령과 달리 법무부 장관은 주말이나 휴가 중 자유롭게 여행을 할 수 있으므로 칼 네바 호텔을 다녀갔을 가능성을 부인할 수는 없다. 실제로 로버트는 타호호를 다녀간 적이 있음을 인정한 적이 있다. 아마도 칼 네바를 우회적으로 말했던 것으로 여겨지고 있다.

FBI는 프랭크 시나트라가 운영하는 칼 네바 카지노 호텔에 샘 지안카나의 돈이 들어가 있다고 보아서 시나트라를 감시했다. FBI는 먼로가 칼 네바에 다녀간 바로 그날 지안카나도 다녀갔다는 증거를 포착했다. 이듬해에 네바다 사행산업위원회는 시나트라에 대한 카지노 허가를 취소했고, 시나트라는 칼 네바 호텔 지분을 매각할 수밖에 없었다. 그 후 칼 네바는 서서히 쇠락했고 몇 차례 소유가 바뀌었다. 2013년에 리노베이션을 위해 휴업에 들어갔고, 공사 도중 소유주가 파산해서 다시 주인이 바뀌었으며 지금도 공사 중이다.

먼로의 마지막 한 주

7월 30일 월요일, 먼로가 집 전화로 법무부에 8분간 전화를 건 기록이 나중에 확인됐다. 먼로가 로버트 케네디와 통화했거나 통화를 시도했을 것으로 여겨진다. 칼 네바에서 주말을 보내고 돌아온 다음 날인 7월 30일에 먼로가 로버트 케네디와 통화했다면 이는 매우 중요한 의미를 지닌다. 과연 먼로가 로버트와 통화했는지, 했다면 무슨 내용이었는지는 먼로의 전화를 도청한 사람들만 알 것이다.

이날 먼로는 〈무엇이든 해야〉를 끝낸 후 새로 시작할 영화 〈너무 잘했어〉에 대해 리 톰슨(Lee Thompson 1914~2002) 감독과 의논했다. 또한 〈브루클린에서 자라는 나무(A Tree Grows in Brooklyn)〉의 뮤지컬판(版) 출연에 관해 진 켈리(Gene Kelley 1912~1996)와 통화를 했다. 먼로는 뉴욕에 사는 의류업체 사장인 헨리 로젠펠드에게 전화해 9월 6일 워싱턴에서 열리는 뮤지컬 '대통령(Mr. President)' 개막식에 자기를 에스코트해 달라고 부탁했다. 케네디와 재클린이 참석할 뮤지컬 개막식을 위해서 먼로는 그날 입을 이브닝 가운을 장 루이에게 6000달러를 주고 주문했다.

7월 31일 화요일, 먼로는 메이크업을 담당하는 화이티 스나이더와 스타일리스트 마조리 플레처(Marjorie Plecher)를 집으로 초대해서 시간을 보냈다. 스나이더와 플레처는 결혼할 예정이었다. 먼로가 죽은 후에 스나이더는 그날 먼로는 새로운 계획을 이야기하는 등 의욕적이었다고 회고했다. 먼로는 케네디의 헤어 스타일리스트이기도 한 미키 송을 집으로 오도록 했다. 먼로는 미키 송에게 케네디 형제에게 다른 여자가 있는지 등 이들의 신상에 관해 물었고, 자기를 도와줄 수 있냐고 물었다. 그러나 미키 송은 이런 일에 얽히기 싫다고 답했다.

먼로는 이처럼 메이크업을 해주는 화이티 스나이더, 마사지를 해주는 랠프 로버츠, 헤어 디자이너 시드니 길라로프 등과 가까이 지냈다. 먼로는 스나이더에게 혹시 자기에게 무슨 일이 생기면 마지막 화장(化粧)을 해달라고 부탁하고 그 정표로 골드 머니 클립을 선물로 주었다. 스나이더는 먼로가 죽은 후 부검을 거쳐서 훼손된 먼로의 시신을 가꾸어서 입관(入棺)시켰으며 운구(運柩)도 했다. 할리우드의 유명한 여배우들의 머리를 관리했던 길라로프는 먼로의 시신을 보고 졸도해서 먼로는 마지막으로 머리를 하지 못하고 영화 〈미스핏〉에서 썼던 가발을 써야만 했다. 길라로프도 스나이더와 함께 먼로의 장례식에서 운구를 담당했다.

8월 1일 수요일, 먼로의 변호사 밀튼 루딘은 먼로를 대리해서 20세기 폭스와 새로운 계약에 서명했다. 할리우드를 다루는 언론은 먼로의 20세기 폭스 복귀를 크게 다루었다. 이날 먼로의 인터뷰와 풀장 누드 사진이 실린 8월 3일 자 〈라이프〉 잡지가 전국 가판대에 깔렸다.

8월 2일 목요일, 먼로는 샌타모니카에 있는 프랭크 수목원(Frank's Nursery)에 네 시간 머물면서 자기 집 정원에 심을 오렌지 나무와 꽃이 피는 나무를 주문했다. 그날 저녁 로포드는 먼로를 자기 집으로 초대했고, 먼로는 자기가 좋아하는 돔 페리뇽 샴페인 한 병을 갖고 갔다. 같이 자리했던 로포드의 친구 딕 리빙스턴은 먼로가 헐렁헐렁한 옷을 입고 왔다고 기억했다.

8월 2일~3일 이틀 동안 먼로는 그동안 연락하지 못했던 말론 브란도 등 여러 사람과 통화했다고 그 며칠 동안 먼로를 마사지했던 랠프 로버츠는 전했다. 3일 금요일에 먼로는 오하이오에 가 있는 오랜 친구 로버트 슬래처와 긴 통화를 했다. 이처럼 7월 30일부터 8월 3일까지 먼로의 행적은 새로운 시작을 위해 의욕에 찬 모습이었고, 결코 자살할 사람으로 보이지 않았다. 그러나 8월 3일 금요일 밤, 먼로는 한숨도 자지 못했다. 그 이유가 무엇이었는지는 분명치 않다.

로버트 케네디의 1962년 8월 3~8일

1962년 8월 3일 금요일 오후, 로버트 케네디와 부인 에셀, 그리고 아이 4명은 샌프란시스코 국제공항에 도착했다. 일간지 〈샌프란시스코 크로니클〉은 로버트 케네디가 "항상 짓던 미소가 사라졌으며 자신을 환영하러 나온 사람들과 딱딱한 모습으로 악수를 했다"고 썼다. 법무부는 로버트 케네디가 월요일에 샌프란시스코에서 미국 변호사협회(ABA) 대의원을 상대로 연설을 하고, 시애틀로 올라가서 열흘 동안 휴가를 보낼 예정이라고 밝혔다.

로버트와 그의 가족은 샌프란시스코 남쪽으로 약 100㎞ 떨어진 길로이(Gilroy)에 있는 존 베이츠(John Bates) 소유의 전원 농장에 묵었다. 존 베이츠는 케네디 대통령과 해군에서 같이 근무했으며 케네디 지지

활동을 했다. 성공한 변호사인 존 베이츠는 로버트 케네디 저택도 여러 번 방문하는 등 케네디 형제와 가까운 사이였다. 로버트 케네디는 존 베이츠에게 법무부 차관보 자리를 제의했으나 끝내 사양했다. 베이츠는 길로이에 넓은 땅을 사서 전원 농장을 만들었고, 그의 아들은 포도 밭을 일구어서 와인을 생산해 오고 있었다. 경호원 없이 도착한 로버트는 가족과 함께 별채에 머물렀다.

로버트 케네디는 8월 4일 토요일 하루 종일 베이츠 농장에 있었다는 것이 법무부의 공식적 입장이다. 존 베이츠도 로버트 케네디가 가족과 함께 자신의 농장에 온종일 머물러 있었다고 주장했다. 그러나 그날 내내 베이츠 농장에 머물렀다는 로버트를 본 사람은 없으며 그날 찍은 사진도 존재하지 않는다.

8월 5일 일요일 아침, 마릴린 먼로가 사망했음이 알려져서 미국 전체가 떠들썩했다. 로버트 케네디는 부인과 아이들을 데리고 길로이에 있는 세인트 매리 성당(Saint Mary Church)에 가서 오전 9시 30분에 시작한 미사에 참석했다.

8월 6일 월요일, 로버트는 샌프란시스코 시내에서 미국 변호사협회 대의원들을 상대로 연설을 했다. 연설문에 특별한 내용은 없었으며 모임 사진도 남아 있지 않다. 그리고 로버트와 그의 가족은 샌스란시스코를 떠나 시애틀에 도착해 시내 호텔에 묵었다.

8월 7일 화요일, 로버트와 그의 가족은 시애틀 월드 페어(The World Fair)를 참관했다. 1962년 시애틀 엑스포는 미국에서 열린 마지막 공식 월드 페어로 당시에는 큰 행사였다. 오후 3시, 로버트 케네디는 많은 사람이 모여든 극장에서 간단한 연설을 했다.

8월 8일 수요일, 마릴린 먼로의 장례식이 치러지고 있을 때 로버트 케네디는 진보적 판결로 유명한 대법관 윌리엄 더글러스(William O. Douglas 1898~1980)를 만났다. 그는 더글러스 부부와 함께 올림피아 반도에서 일주일간 하이킹을 즐겼다. 그리고 로버트는 워싱턴으로 복귀했다.

먼로가 사망한 8월 4일 오후~5일 오전 사이에 로버트 케네디가 과연 가족과 함께 베이츠의 농장에 머물렀는지, 아니면 LA를 다녀갔는지는 먼로 죽음의 의문을 푸는 가장 중요한 열쇠다. 참고로 거리상 베이츠 농장에서 LA를 당일치기로 다녀가는 것은 얼마든지 가능하다.

1962년 8월 4일 자정~5일 오전 5시

1962년 8월 4일, 마릴린 먼로의 옆집에 사는 에이브 랜도(Abe Landau) 부부는 저녁 식사 모임에 갔다가 밤늦게 귀가했다. 부부는 먼로의 집 앞에 앰뷸런스와 경찰차가 있는 것을 보고 자기 집으로 들어갔다. 그날 자정에 베벌리 힐스의 올림픽대로(Olympic Boulevard)를 동쪽으로 달리는 검은색 링컨 콘티넨탈 승용차가 속도제한을 초과하자 그곳을 순찰 중이던 린 프랭클린 경관(Officer Lynn Franklin 1922~2005)은 사이렌을 울리며 따라가 정지시켰다. 프랭클린 경관이 플래시를 비추어서 차 안을 보았더니 운전자 외에 두 명이 타고 있었다.

프랭클린 경관은 첫눈에 운전자가 피터 로포드임을 알 수 있었다. 뒷좌석을 비추어 보았더니 로버트 케네디 법무부 장관이 타고 있어서 놀랐다. 프랭클린은 앞 좌석 오른쪽에 타고 있던 사람이 누구인지는 알아보지 못했다. 피터 로포드는 베벌리 힐튼 호텔로 간다고 프랭클린 경관에게 말했다. 프랭클린은 베벌리 힐튼은 정반대 방향이라고 알려주고 과속 티켓은 발부하지 않았다. 자정 넘어서 피터 로포드의 이웃 주민들은 헬리콥터가 이륙하는 시끄러운 소리에 짜증을 냈다. 그다음 날 프랭클린 경관은 로포드 옆에 타고 있던 사람이 먼로의 정신과 의사 랠프 그린슨임을 알게 됐다.

8월 4일에서 5일로 넘어오는 밤 12시, 잭 클레몬스 경사(Sergeant Jack Clemmons 1924~1998)는 퍼듀가(街)에 있는 LA 서부경찰청에 당직 근무를 하러 출근했다. 새벽이 가까워지는 시각에 클레몬스 경사는 전화 한 통을 받았다. 상대방은 자기가 하이먼 엔젤버그라고 하면서 "마릴린 먼로가 죽었어요. 그녀는 자살했어요(Marilyn Monroe has died. She's committed suicide.)"라고 했다. 클레몬스 경사는 장난 전화인 줄 알고 "당신이 누구라고 그랬나요?"라고 물었다. 그러자 "나는 마릴린 먼로의 내과 의사인 하이먼 엔젤버그예요. 나는 그녀의 집에 있어요. 그녀는 자살했어요"라고 답했다. 클레몬스는 "주소가 어디인가요? 곧 가겠습니다"라고 했다. 그는 당직 일지에 오전 4시 25분에 전화를 받았다고 기록하고 순찰차를 몰고 먼로의 집 주소인 헬레나 5번 드라이브 12305로 향했고 지원 출동을 요청했다.

골목 끝에 있는 먼로의 집에 도착한 클레몬스 경사는 열려있는 문을 밀고 차를 마당에 세웠다. 마당에는 차 몇 대가 이미 주차되어 있었다. 현관문을 노크하자 현관 등이 켜지고 중년 여자가 문을 열어 주었다. 그녀는 유니스 머레이였다. 머레이는 클레몬스 경사를 침실로 안내했다.

침대에는 엎드린 시신이 있었다. 시트가 머리까지 덮여 있어서 금발만 제대로 보였다. 침대 옆에는 자기가 의사 엥젤버그라고 소개한 남자가 앉아 있었고, 또 다른 의사 그린슨은 서 있었다. 그린슨은 "먼로가 자살했다"면서 침대 옆 테이블 위에 있는 수면제 넴뷰탈 빈 병을 가리켰다. 시트를 들어 살펴보니 죽은 이는 먼로였고 아무것도 입지 않은 상태였다. 먼로는 화장하지 않은 얼굴에 피부색은 죽은 사람의 색깔인 납빛이었다. 전화선이 한쪽에 있었고 먼로의 몸 아래 깔려 있었다. 오른쪽 팔은 약간 휘어 있었고, 두 다리는 직선으로 가지런했으며 멍든 자국이 있었다.

자살한 시체를 많이 보아 온 클레몬스 경사는 먼로의 상태를 이상하게 생각했다. 수면제 음독으로 자살한 사람은 경련을 경험하며 구토한 후에 구부러진 모습을 하는데 먼로의 모습은 그렇지 않았기 때문이다. 클레몬스는 먼로의 시신이 옮겨진 것 같다는 느낌을 받았다. 두 의사에게 "시신을 옮겼냐?"고 물었더니 "그대로"라고 답했다. 클레몬스의 질문에 주로 그린슨이 답을 했는데, 그는 그린슨이 지나치게 방어적이라는 느낌을 받았다. "먼로를 살리려고 노력했냐?"고 묻자 그린슨은 "너무 늦었다"고 답했다. 먼로가 "언제 수면제를 먹었는지 아느냐?"고 물었더니 그린슨은 "모른다"고 답했다.

클레몬스 경사는 유니스 머레이와 이야기하려고 했으나 그녀는 침실에 없었다. 집안을 살펴보았더니 부엌 밖에 있는 차고(車庫)에서 세탁기와 건조기가 돌아가고 있었다. 빨랫감을 들고 있던 머레이는 클레몬스와 마주치자 짜증스러운 표정을 지었다. 클레몬스가 머레이에게 "언제 먼로가 이상함을 발견했냐?"고 묻자, "자정 직후"라고 답했다. 이어서 머레이는 이렇게 이야기했다.

"나는 할 일도 있었고 마릴린의 침실 문 아래로 빛이 새어 나와 그녀가 자거나 친구와 전화하는 줄 알고 10시경에 내 침실로 갔어요. 그리고 자정쯤 깨어나서 화장실을 갔는데 그때까지 마릴린의 침실 문 아래에선 불빛이 있어서 조금 걱정이 됐어요. 문을 열려고 했지만 안에서 잠겨 있었어요. 노크했으나 답이 없어서 멀지 않은 곳에 사는 그린슨에게 전화를 했고, 그는 12시 30분경에 도착했어요. 그린슨은 방문을 노크해도 아무런 반응이 없자 밖으로 나가서 창문으로 안을 들여다보았어요. 먼로가 침대 위에서 움직이지 않은 채 누워있는 모습이 이상하다고 생각한 그는 부지깽이로 창문 유리를 깨고 침실로 넘어 들어가 문을 열었어요. 그린슨은 나에게 우리는 그녀를 잃었다고 말하며 내과 의사인 엔젤버그에게 전화를 걸었어요."

클레몬스 경사는 유니스 머레이의 진술이 사전에 준비된 것처럼 느껴졌다. 머레이는 똑같은 어조로 이야기했고 조바심하면서 빨래를 하고 있었다. 먼로가 죽었음을 12시 30분에 알았는데 경찰에는 4시 25분에 신고했다는 사실을 경험 많은 경찰관인 클레몬스는 믿을 수 없었다. "그리고 무엇을 했냐?"고 묻자 머레이는 "집을 고치던 사위 노먼 제프리스를 불러 부서진 창문을 고치도록 했고, 그 후 집안일을 했어요"

라고 답했다.

　다시 먼로가 죽어있는 침실로 온 클레몬스 경사는 그린슨한테 "왜 4시간이나 지나서 경찰에 신고했냐?"고 물었더니 "우리는 다른 사람에게 알리기 전에 영화 스튜디오 홍보 담당자의 승인을 얻어야 했다"고 답했다. "그 답변을 기다리는 동안에 무엇을 했냐?"고 묻자 "우리는 그냥 이야기하고 있었다"고 답했다.

　클레몬스 경사는 모든 것이 이상하다고 느꼈다. 먼로가 숨져 있는 침대 옆 테이블에는 빈 약병 여러 개가 놓여 있었지만, 물컵은 보이지 않았다. 도무지 어떻게 그 많은 수면제 알약을 삼켰는지 의심스러웠다. 클레몬스는 두 의사한테 물컵을 찾아보라고 했으나 찾지 못했다. 더구나 먼로의 침실에 붙어 있는 화장실은 공사 때문에 물이 나오지 않았음이 나중에 밝혀졌다. 클레몬스는 엔젤버그에게 "먼로가 주사를 하느냐?"고 물었더니 "그러지 않았다"고 답했다. 그는 "나는 먼로에게 먹는 약을 처방했으며, 최근 설사를 해서 주사를 놓은 적이 있다"고 답했다.

　클레몬스 경사는 그린슨에게 "처음 먼로를 발견했을 때 어떠했냐?"고 물었다. 그린슨은 "먼로가 한 손으로 전화기를 꽉 붙잡고 있어서 내가 전화기를 손에서 떼어 놓았다"고 말했다. 그러면서 "먼로가 도움을 구하는 전화를 하려던 것 같았다"고 덧붙였다. 클레몬스는 이런 이야기가 이상하게 들렸다. 유니스 머레이가 집에 있고 침실이 크지 않아서 조금만 움직이면 문을 열 수 있는데, 도움을 구하러 전화한다는 것도 이상했다. 그러나 사건 수사는 클레몬스의 일이 아니었다. 클레몬스의 임무는 최초 상황을 적어서 제출하는 것이었다.

얼마 후 로스앤젤레스 경찰국(LAPD) 본청 소속의 마빈 이아논 경사(Sergeant Marvin Iannone) 일행이 도착했다. 이들은 집안 출입을 통제했다. 소문을 듣고 달려 온 기자들과 주변 사람들이 먼로의 집 앞에 모여들었다. 본청 소속 경찰관들에게 현장을 인계하고 사무실로 향하면서 클레몬스 경사는 무언가 크게 잘못됐다고 느꼈다. 왜 두 의사는 경찰에 신고하기 전에 4시간 동안이나 이야기를 했으며, 안으로 잠겼다는 침실에는 왜 물컵이 없는지, 어떻게 많은 수면제 알약을 삼켰다는 것인지, 또 왜 급하게 창문을 수리하고자 했는지 이해가 되지 않았다. 주인인 먼로가 죽었는데, 가정부 머레이가 새벽 시간에 세탁기를 돌려 빨래하는 것도 이상했다.

클레몬스는 그들이 거짓말을 한다고 생각했다. 며칠 후 경찰이 찍은 현장 사진을 보고 클레몬스는 또 이상한 점을 발견했다. 자기가 처음 보았을 때는 침대 옆에 물컵이 없어서 두 의사와 함께 물컵을 찾았지만 찾지 못했다. 그런데 자기가 현장을 떠난 후에 찍은 사진에는 푸른색 물컵이 침대 옆 바닥에 있었다. 클레몬스는 자기가 현장을 떠난 후에 누가 물컵을 갖다 놓고 사진을 찍었다고 생각했다.

1962년 8월 5일 오전 5시~6일

1962년 8월 5일 오전 5시 45분, LA 서부경찰청 형사과 소속 로버트 바이런(Robert Byron) 경사가 형사과장 그로버 암스트롱(Grover

Armstrong) 경위와 함께 먼로의 집에 도착했다. 먼로의 집에 처음 도착한 잭 클레몬스 경사가 LAPD 본청 소속 마빈 이아논 경사 일행에게 현장을 인계하고 먼로의 집을 떠난 후였다. 바이런 경사는 먼로의 집에와 있던 먼로의 변호사 밀튼 루딘, 내과 의사 하이먼 엔젤버그, 유니스 머레이, 패트 뉴컴과 인터뷰를 했다. 그린슨은 클레몬스 경사가 떠나고 곧바로 현장을 떠나서 바이런 경사는 그와 인터뷰할 수 없었다. 루딘 변호사와 패트 뉴컴이 언제 먼로의 집에 도착했는지는 명확하지 않다. 그 후 LAPD에서 은퇴한 잭 클레몬스는 자기가 먼로의 집을 모두 둘러보지 않았기 때문에 루딘과 뉴컴이 별채에 있었던 것 같다고 회고했다.

바이런 경사가 유니스 머레이에게 지난밤에 있었던 일을 물어보았더니 클레몬스 경사한테 답했던 것과 거의 같은 이야기를 했다. 그런데 눈에 띄게 달라진 부분이 있었다. 먼로의 침실 문 아래로 불빛이 나와서 이상하게 느낀 시간이 자정 직후가 아닌 오전 3시 30분으로, 그린슨에게 전화한 시간이 오전 3시 35분으로 바뀌었다. 불과 한 시간 만에 클레몬스 경사에게 진술했던 내용이 3시간 늦춰진 것이다. 하이먼 엔젤버그는 바이런 경사에게 자기가 먼로에 대한 사망 선고를 오전 3시 50분에 했다고 말했다. 그린슨이 클레몬스에게 이야기한 시간보다 세 시간이 늦은 시각이었다.

8월 6일에도 그린슨, 엔젤버그, 머레이는 일련의 사건이 오전 3시 30분에서 3시 50분 사이에 일어났다고 말을 맞추었다. 바이런 경사는 인터뷰 보고서에 이들의 진술이 미리 말을 맞춘 것처럼 느껴졌다고 썼다. 바이런 경사와 함께 머레이를 인터뷰한 암스트롱 경위도 머레이의 진술이 신뢰하기 어렵다고 보고서에 써서 제출했다.

8월 5일 오전 5시 45분, 웨스트우드 빌리지 안치소(Mortuary)의 대표 가이 호켓(Guy Hockett)은 먼로의 시신을 옮기라는 경찰의 지시를 받고 아들과 함께 먼로의 집에 도착했다. 두 사람은 먼로의 시신을 바르게 펴서 들것에 옮겨 그들의 자동차 뒤에 실었다. 호켓은 먼로가 이미 사후(死後) 경직(硬直)이 많이 진행됐다고 언론에 이야기했다. 먼로의 시신을 바로 반출시킨 것은 현장에 나온 경찰 책임자가 먼로의 죽음을 범죄로 보지 않고 단순한 사망으로 단정했기 때문이다.

몇몇 기자가 먼로의 집에 도착했다. 타임/라이프지(誌)의 토미 톰슨(Tommy Thompson) 기자는 사진기자 리 위너(Leigh Wiener 1929~1993)에게 급히 연락을 취해 먼로의 집에 함께 도착했다. 그 덕분에 리 위너 기자는 먼로의 침실과 먼로의 시신이 반출되는 장면을 찍을 수 있었다. 할리우드를 다루던 〈뉴욕헤럴드트리뷴〉의 조 히암스(Joe Hyams 1923~2008) 기자도 사진기자 윌리엄 우드필드와 함께 도착했다. 이들도 먼로의 시신이 들것에 실려 나가는 장면과 현장에 있던 사람들의 사진을 찍었다.

8월 6일 월요일, 패트 뉴컴은 자기가 어떻게 먼로의 죽음을 알게 됐나를 기자들에게 설명했다. 베벌리 힐스의 아파트에서 자고 있는데 5일 오전 4시경에 밀튼 루딘 변호사로부터 먼로가 수면제 과다복용으로 사망했다는 전화를 받았고 자동차를 몰고 먼로의 집에 도착했더니 자기 회사 대표인 아서 제이콥스가 이미 와 있었다고 말했다. 하지만 뉴컴의 설명은 먼로의 집에 처음 도착한 잭 클레몬스 경사의 보고서와 부합하지 않았다. 클레몬스는 오전 4시 40분에 도착해서 LAPD 본청 경찰관들이 도착한 후 먼로의 집을 떠났는데, 그 시간 동안 패트 뉴컴과 아서 제이콥스를 보지 못했다.

먼로의 장례식이 치러진 다음 날인 8월 9일, 먼로의 친구 로버트 슬래처는 먼로의 집을 찾았다. 집은 머레이가 지키고 있었다. 슬래처는 머레이와 함께 먼로가 숨진 침실을 가보았다. 집을 수리하느라 두툼한 카펫을 깔아서 먼로의 침실 문은 잘 닫히지 않았다. 머레이의 침실은 머레이의 화장실과 직접 통하게 되어 있어서 머레이가 화장실을 가다가 먼로의 침실 문 아래로 새어 나오는 불빛을 본다는 것은 불가능했다.

또 한 가지 이상한 점이 있었다. 먼로는 두 대의 전화를 갖고 있었는데, 모두 전화 룸에 설치되어 있고 전화선은 각각 10m에 달했다. 밤에 전화를 자주 하는 먼로는 자기 전에 전화기 두 대를 모두 자기 침실에 들여놓곤 했다. 전화선이 문을 통해서 먼로의 침실로 들어오기 때문에 침실 문을 닫을 수 없었다. 따라서 침실 문이 안쪽에서 잠기는 것은 불가능했다. 슬래처는 이에 대해 머레이에게 물어보았으나 머레이는 자기도 잘 모르겠다는 식으로 얼버무렸다.

먼로의 수면제 미스터리

2차 세계대전 후 합성화학의 발전은 진정제, 각성제 그리고 수면제를 만들어 냈다. 할리우드에선 의사 처방으로 이런 약물을 복용하는 배우나 스태프가 많았다. 1950년대에는 세코날(Seconal)과 넴뷰탈(Nembutal)이 수면제로 널리 쓰였다. 의사들은 적정 투여량을 지켜서 처방했지만 여러 병원을 돌아다니면서 약을 많이 처방받는 경우가 흔했다.

스타가 된 후 마릴린 먼로는 불면증에 시달렸다. 수면제에 대한 의존도가 높아진 먼로는 수면제를 먹고 밤늦게 간신히 잠들고 아침에 일어나서 각성제를 먹고 일정을 시작하곤 했다. 먼로가 주로 복용한 수면제는 넴뷰탈이었다. 먼로와 가까운 사람들은 갈수록 수면제 양을 늘리는 먼로를 불안하게 생각했다.

먼로가 숨진 침대 옆 탁자 위에는 넴뷰탈과 클로랄 하이드레이트 약병들이 빈 채로 나뒹굴고 있었다. 먼로의 내과 의사 하이먼 엔젤버그는 먼로가 죽기 하루 전날인 8월 3일 넴뷰탈 50정을 리필하도록 처방을 내렸고, 먼로가 그 처방전을 들고 빈센트 약국에서 리필받았음은 확인됐다. 넴뷰탈보다 약한 클로랄 하이드레이트 역시 7월 31일 처방받은 것으로 확인되었다.

먼로는 7월 31일에 클로랄 하이드레이트 50정, 8월 3일에 넴뷰탈 50정을 처방받아 갖고 있었는데 빈 병만 남았다. 따라서 먼로는 50정에서 70정에 이르는 넴뷰탈과 클로랄 하이드레이트를 단숨에 삼키고 숨졌다는 이야기가 된다. 이는 치사량을 훨씬 넘기 때문에 죽음은 이상할 것이 없다. 그러나 수면제 50~70정을 한 번에 삼키는 것이 과연 가능한가 하는 의문이 제기됐다. 불면증이 심한 먼로가 보통 사람이 먹는 수면제 양의 3~4배를 먹고 잠들었다고 하더라도 그것은 10~15정 수준이다. 대부분 수면제 50정을 삼키기 전에 구토하거나 정신을 잃기 때문에 그런 분량의 수면제를 삼킬 수는 없다.

더구나 탁자 위에는 물컵이 놓여 있지 않았다. 클레몬스 경사가 물컵을 찾아보라고 그린슨과 엔젤버그에게 이야기했으나 두 의사는 물컵을 찾아내지 못했다. 그렇다면 먼로의 화장실에선 공사 때문에 물이 나오지 않았으니 부엌에 가서 수도꼭지에 입을 대고 물을 마시면서 수면제 50여 정을 삼키고 문을 4개 통과해서 침실로 와 쓰러져 죽었다는 이야기가 된다.

랠프 그린슨은 먼로가 한 손에 전화 수화기를 잡고 죽어서 자기가 수화기를 손에서 떼어 냈다고 했다. 그린슨은 정신분석을 전공한 정신과 의사이기 때문에 의과대학을 다닐 적에 배운 기초지식을 잊어버린 듯했다. 사람이 잠들 때는 손에 기운이 빠져서 잡고 있던 전화 수화기도 놓치게 된다. 더구나 다량의 수면제를 먹으면 괴로워 구토하고 경련을 일으키곤 하는데, 먼로는 평화롭게 전화기를 잡은 상태로 죽었다고 하니 좀처럼 이해가 되지 않는다.

먼로는 사망하고 상당 시간 방치되어 있었기 때문에 경직(硬直) 현상이 진행돼 있었다. 경직 상태가 시작되는 상태에서 손에 전화 수화기를 쥐게 하면 수화기를 꼭 붙잡게 된다. 따라서 먼로가 수화기를 붙잡고 있었다면 먼로가 죽은 후 경직 현상이 시작될 때 다른 사람이 먼로의 손에 수화기를 쥐도록 했다는 이야기가 된다. 따라서 그린슨의 이런 이야기는 먼로가 전화로 도움을 청하려다가 죽었다고 꾸며 내기 위해 지어낸 것으로밖에 볼 수 없었다. 이처럼 먼로가 죽은 현장은 의혹투성이였다.

의혹의 사건 현장

8월 5일 일요일 오전 6시 30분, 웨스트우드 빌리지 안치소의 가이 호켓 부자(父子)는 마릴린 먼로의 시신을 먼로가 쓰던 감색 담요로 덮어 자신들의 운구용 자동차에 싣고 안치소로 출발했다. 가이 호켓은 먼로의 시신을 수습하면서 먼로의 손톱과 발톱이 짙푸르게 변해 있었고, 다리와 몸통 여러 곳에 멍이 들어 있음을 보았다. 손발톱 변색과 푸른 멍은 수면제 복용으로 인한 사망이 아니라는 논란을 일으켰다. 조 히암스 기자와 사진기자 윌리엄 우드필드는 먼로가 들것에 실려 나가는 과정을 지켜보았다.

그런데 히암스와 우드필드는 LAPD 정보부장 제임스 해밀턴 경감이 먼로의 집에 나와 있는 것을 보고 의아하게 생각했다. 통상적인 자살이나 사고사 현장을 LAPD의 사실상 2인자인 정보부장이 지휘한다는 것은 너무 이상했다. 두 기자는 먼로의 죽음에 석연치 않은 문제가 있음을 직감하고 사고 현장을 면밀하게 살펴보았다. 먼로의 시신을 안치소로 가는 운구용 차량에 실은 후, 부엌에 있던 패트 뉴컴과 유니스 머레이, 머레이의 사위인 노먼 제프리스가 마빈 이아논 경사의 안내를 받으며 밖으로 나왔다. 제프리스가 머레이의 승용차 앞 좌석 문을 열어주고 뉴컴이 차에 올라타는 순간이 사진기자들에게 포착됐다. 이때 뉴컴은 "계속 찍어라, 야수(野獸)들아!(Keep shooting, vultures!)"라고 신경질을 내면서 소리쳤다. 머레이와 뉴컴이 탄 자동차가 먼로의 집을 나갈 때도 뉴컴은 "너의 친구가 죽었다면 좋아할 수 있느냐?"고 밖에 대고 고함을 쳤다.

히암스 기자와 우드필드 기자는 자신들의 자동차로 먼로의 시신을 실고 안치소로 향하는 차량을 따라갔다. 웨스트우드 안치소에는 경비원 한 사람만 있었고, 기자들이 몰려들어서 소란스러워졌다. 먼로의 시신을 안치소에 넣은 호켓은 경비원 증원을 요청했고, 이들이 도착해서 상황은 안정을 찾았다. 우드필드 기자는 어렵사리 먼로의 시신이 냉장보관함에 들어가는 장면을 찍을 수 있었다.

무언가 이상하다고 느낀 조 히암스와 윌리엄 우드필드는 먼로의 이웃을 만나서 탐문을 시작했다. 먼로의 이웃은 그 전날 밤 강아지가 크게 짖어댔으며, 젊은 여자가 "살인이야, 너희들은 살인이야! 그녀가 죽어서 너희는 만족하니?(Murders! You murders! Are you satisfied now that she's dead?)"라고 외치는 소리를 들었다고 알려주었다. 또 다른 이웃은 4일에서 5일로 넘어가는 자정쯤에 헬기 소리가 멀리서 들렸다고 두 기자에게 말했다.

8월 6일 월요일, 미국의 모든 신문 톱기사는 먼로의 죽음이었다. 모두 약물 과다복용이나 자살 같다고 제목을 달았다. 히암스와 우드필드는 패트 뉴컴이 언론에 한 이야기를 듣고 이상하게 생각했다. 뉴컴이 5일 오전 4시경 밀턴 루딘 변호사의 전화를 받고 급히 먼로의 집으로 자동차를 운전해서 왔다고 말했기 때문이었다. 그런데 히암스와 우드필드는 뉴컴이 머레이의 자동차 앞 좌석에 타고 먼로의 집을 떠나는 것을 보았다. 뉴컴의 자동차는 먼로의 집 마당에 없었던 것이다. 두 기자는 뉴컴이 거짓말을 하고 있다고 생각했다.

로버트 케네디, 헬기로 떠나다

조 히암스와 윌리엄 우드필드는 먼로의 죽음을 둘러싼 주변 상황을 파헤치기 시작했다. 조 히암스는 대학을 졸업하고 2차 세계대전 참전 후 1951년부터 〈뉴욕헤럴드트리뷴〉 기자로 할리우드를 취재했다. 할리우드 취재가 10년째인 그는 LA를 잘 알았다. 사진기자로 출발해서 나중에는 극작가로도 성공하는 윌리엄 우드필드는 5월 23일 먼로의 누드 수영 장면을 찍었으며 프랭크 시나트라 등 인기 연예인 사진도 많이 찍었다.

두 기자는 한밤중에 멀리서 헬리콥터 소리가 났다는 데 주목했다. 이들은 얼마 전까지 LAPD에서 일했던 전직 경찰관을 고용해서 8월 4~5일 밤 헬기와 관련해 경찰이 갖고 있는 정보가 있는지 알아보게 했다. 그랬더니 바닷가에 있는 피터 로포드 저택의 이웃에서 제기한 민원이 있었다. 한밤중에 헬기가 이륙해서 시끄러웠고, 바닷모래가 풀장에 날아들었다는 민원이었다. 두 기자는 피터 로포드의 이웃 사람들을 만나서 8월 4일 밤 자정에서 5일 오전 2시 사이에 피터 로프드 집 근처에서 헬기가 이륙했다는 증언을 얻어냈다.

케네디가 대통령이 된 후에 피터 로포드의 집 근처에서 작은 헬기가 이착륙하는 경우가 많아서 이웃 사람들은 민원을 제기하곤 했다. 히암스 기자가 고용한 전직 경찰관은 로포드의 이웃에 사는 워드 우드라는 사람으로부터 8월 4일 늦은 오후에 로버트 케네디가 고급 승용차를 타고 피터 로포드의 집에 오는 것을 보았다는 진술을 확보했다.

히암스 기자는 LA의 헬기 렌털 회사를 샅샅이 뒤져보았다. 한 회사는 먼로가 죽던 날 밤에 소형 헬기를 탔던 사람이 있었다고 인정하면서도 더는 알려줄 수 없다고 해 취재는 진전이 없었다. 그는 시나트라가 자랑하는 자가용 비행기를 찍기 위해 작은 헬기를 이용한 적이 있는데, 그때 피터 로포드와 시나트라가 그 헬기를 자주 이용한다는 이야기를 조종사한테 들었던 기억이 났다. 어쩌면 그 헬기 조종사로부터 뭔가 쓸 만한 정보를 얻을 수 있지 않을까 하는 생각이 스쳤다.

그는 샌타모니카 공항에 있는 코너스 헬기 서비스(Conners Helicopter Service)로 그 조종사를 찾아갔다. 그러고는 자기가 할리우드의 유명인사들이 헬기를 어떻게 이용하는가에 관한 기사를 쓴다고 능청을 떨며 헬기 운항일지를 볼 수 없냐고 했다. 그 조종사는 자기가 한번 태워 준 적이 있는 우드필드 기자에게 운항일지를 보여주었다. 우드필드는 8월 4~5일 밤에 그 헬기가 피터 로포드의 집에서 승객을 태우고 LA 국제공항에 내려주었다는 기록을 보았다.

이렇게 해서 히암스와 우드필드는 로버트 케네디가 8월 4일 오후 늦게 고급 승용차를 타고 로포드의 집에 도착했고, 5일 자정을 넘은 오전 1시 전후로 로포드의 집 부근에서 헬기를 타고 LA 국제공항에 내렸음을 알게 됐다. 두 기자는 이런 이상한 일이 먼로의 죽음과 관련이 있다고 직감으로 느꼈다. 히암스 기자는 먼로가 죽던 날 밤 미국 법무부 장관이 몰래 자기 매형인 피터 로포드의 집에 도착했고, 한밤중에 헬기 편으로 LA 국제공항으로 떠났다는 기사는 초(超)특종이 될 것으로 생각하고 흥분했다.

히암스 기자는 로버트 케네디에게 이런 일이 있었는지 확인할 필요를 느꼈다. 히암스는 법무부 장관실로 전화를 걸어서 이런 내용의 기사를 쓰려고 한다면서 입장표명을 요청했다. 얼마 후 법무부 장관실은 "법무부 장관은 당신이 그런 기사를 쓰지 않으면 고맙게 생각하겠다"는 대답을 보냈다. 이런 말을 들었음에도 히암스는 기사를 써서 본사에 보내고 편집국과 통화를 했다. 얼마 후 본사 편집자가 히암스에게 전화를 했다. 그는 히암스의 단독 취재를 축하하면서도 이렇게 이야기했다. "비록 〈뉴욕헤럴드트리뷴〉은 친(親)공화당 성향이지만 그런 기사는 미국 대통령에게 한 방 먹이는 것이어서 우리는 게재하지 않기로 했다." 히암스와 우드필드는 거대한 보이지 않는 그림자가 진실을 덮고 있음을 느꼈다.

조 히암스 기자는 1964년에 독일 태생의 여배우 엘크 소머(Elke

Sommer 1940~)와 결혼해서 소머의 남편으로도 유명해졌다. 그가 몸담았던 〈뉴욕헤럴드트리뷴〉은 장기간 노사분규로 경영이 악화하더니 1966년에 폐간했다. 히암스는 그 후 여러 잡지의 기자와 기고가로 활약하고 책도 여러 권 펴내는 등 성공적인 삶을 살았다. 사진기자로 출발해서 히암스와 함께 먼로가 죽던 날의 미스터리를 파헤친 윌리엄 우드필드는 그 후 극작가로 활발하게 살았다. 하지만 두 사람은 먼로가 죽던 날에 로버트 케네디가 LA에 다녀갔다는 사실은 아무에게도 말하지 않았다. 두 사람은 20년이 지난 1980년대 들어서 앤서니 서머스에게 비로소 그날 있었던 이야기를 털어놓았다.

먼로가 죽던 날 로버트 케네디가 LA에 와서 피터 로포드를 만났으며 한밤중에 소형 헬기로 로포드의 집에서 LA 국제공항으로 떠났다는 사실은 먼로의 죽음에 로버트 케네디가 직접 연루돼 있음을 보여주는 '스모킹 건'이었다. 하지만 이는 히암스와 우드필드의 증언밖에 없어서 보다 정확한 증거나 증인이 필요했다. 앤서니 서머스는 두 사람의 증언을 뒷받침하는 다른 증인을 찾아 나섰다.

코너스 헬기 서비스 회사의 대표이던 할 코너스(Hal Conners)는 이미 사망한 후였다. 하지만 할 코너스의 딸 패트리샤는 먼로가 죽던 날 아버지가 밤늦게 집에 들어왔다고 분명히 기억하고 있었다. 패트리샤는 5일 아침에 "먼로가 죽었다"고 아버지에게 말했으나 아버지는 아무 말도 하지 않았다고 증언했다. 서머스는 당시 코너스 회사에서 일했던 조종사 두 명을 수소문해서 인터뷰했다. 이들은 20여 년 전 그날 밤에는 회사 사장인 할 코너스가 직접 헬기를 조종해서 로버트 케네디를 피터 로포드의 집에서 LA 국제공항까지 데려다주었다고 증언했다.

8월 4일 자정 직전, 순찰 중이던 베벌리 힐스 경찰국 소속 린 프랭클린 경관은 과속으로 달리던 링컨 컨티넨탈 자동차를 세웠다. 그 차에는 피터 로포드와 로버트 케네디가 타고 있어서 과속 티켓을 떼지 않았고, 로포드가 반대 방향으로 가고 있다고 알려 준 사실이 있음도 먼로가 죽고 20년이 지나서 확인됐다. 따라서 여러 증언을 짜 맞추면 다음과 같은 이야기가 된다.

로버트 케네디는 8월 4일 낮에 LA에 도착해서 피터 로포드의 집에 머물다가 함께 먼로의 집으로 갔다. 그리고 오후 10시 전후로 무슨 일이 있었다. 자정을 앞두고 로포드는 랠프 그린슨과 로버트 케네디를 태우고 자기 집으로 향했다. 그런데 몹시 당황한 나머지 가깝고 친숙한 도로임에도 반대 방향으로 과속하다가 순찰 중이던 프랭클린 경관에게 적발됐다. 로포드를 알아본 프랭클린 경관은 그가 잘못된 방향으로 가고 있다고 친절하게 알려주었다. 자정이 넘어서 피터 로포드의 집에 도착한 로버트 케네디는 오전 1시경 대기 중이던 헬기를 타고 LA 국제공항으로 향했다. 그날 헬기 조종사는 코너스 회사의 사장인 할 코너스였다.

로버트 케네디는 LA 공항에서 대기 중인 소형 비행기를 타고 야간 착륙이 가능한 샌프란시스코 국제공항에 도착했을 것이다. 공항에서 샌프란시스코 남쪽 길로이에 있는 베이츠 농장에 승용차로 도착한 시각은 대체로 오전 4시~5시였을 것이다. 케네디 형제와 친분이 있는 존 베이츠의 전원 농장은 인적이 없는 한적한 곳이어서 새벽에 들어온 로버트 케네디를 본 사람은 없었다. 그리고 로버트 케네디는 아무 일도 없다는 듯이 부인과 네 아이와 함께 길로이의 세인트 매리 성당에 가서 오전 9시 30분 미사에 참석했다. 누구의 영혼을 위해서 로버트가 기도했을지는 상상해 볼 만하다. 그해 3월 24일 일요일, 팜 스프링스의 빙 크로스비 저택에서 먼로와 긴 밤을 보낸 케네디 대통령이 오전에 팜 스프링스 성당에서 미사를 본 것과 똑같은 멘탈리티이다.

먼로, 부검대에 오르다

　사람이 죽으면 그 시신은 안치소(morgue, mortuary)에 보관되며, 특이한 문제가 없으면 죽은 사람의 가족이나 친지의 주관으로 장례식이 치러진다. 미국은 남북전쟁 시기부터 시신을 방부(防腐) 처리하는 관습이 생겼고, 이렇게 시신을 생시의 모습으로 재현하는 것을 '엠바밍(embalming)'이라고 한다. 문상객들은 고인의 모습을 마지막으로 보는데, 이 과정을 '뷰잉(viewing)'이라고 부른다. 장례식은 통상적으로 교회나 성당에서 진행하고 그다음은 묘지(cemetery)에 매장하거나 '크립트(crypt)'라고 부르는 사자(死者)의 아파트에 안치하거나 화장한 후 바다나 사막 등에 뿌린다.

　만일 죽음이 통상적이 아니면 부검(剖檢 autopsy)을 거쳐야 한다. 살인 등 사망 경위가 의심스러운 경우에 경찰은 검시소(檢屍所 Coroner's Office)에 부검을 의뢰하며, 검시소에선 부검의(剖檢醫 medical examiner)

가 부검을 진행한다. 검시관(Coroner)이 발표한 부검 결과의 공신력은 절대적이고 웬만하면 뒤집히지 않는다. 살인 사건이나 사망 경위가 이상해서 부검할 필요가 있는 경우에 그 시신은 안치소를 거치지 않고 곧장 검시소로 향한다. 우리가 TV 드라마 'CSI'에서 흔히 보던 장면이다.

먼로 사망 당시 로스앤젤레스 카운티 검시관은 시어도어 커피 (Theodore Curphey 1897~1986)였다. LA와 주변의 여러 작은 시(市)를 포함하는 LA 카운티는 그때나 지금이나 미국에서 가장 인구가 많은 카운티다. LA 다운타운 정부 청사 지하에 있는 LA 카운티 검시소는 검시관 외에 부검의 3명과 약물 분석가 등 스태프로 구성되어 있었다. LA는 살인, 자살, 사고사가 많은 큰 도시라서 부검해야 하는 시신이 넘쳐흘렀다. 시어도어 커피는 뉴욕주 나소 카운티에서 부검의를 20년 동안 했던 베테랑으로 1957년에 LA 검시관이 됐다. 마릴린 먼로 부검은 그가 LA 검시관으로 담당했던 가장 큰 사건이었다.

1962년 8월 5일 일요일 이른 아침, LA 카운티 검시소에 출근한 부검의 토머스 노구치(Thomas Noguchi 1927~)는 시어도어 커피 검시관으로부터 먼로를 부검하라는 지시를 받았다. 도쿄에 있는 일본의과대학을 졸업한 노구치는 미국에 이민을 와 LA 근교에 있는 로마린다 의대에서 전공의 과정을 거친 후 1961년 검시소에 취직했다. 그는 LA 검시소에서 가장 젊은 신참 부검의였지만 살인 등 사건이 많은 LA이기 때문에 신참인데도 부검을 맡게 되었다. 노구치는 먼로가 죽었다는 뉴스를 듣지 못하고 출근한 탓에 자기가 먼로를 부검하게 됐다는 사실에 놀랐다.

유명인 부검은 통상적으로 시니어 부검의가 하기 때문이었다.

노구치는 토요일 밤에서 일요일 아침 사이에 검시소에 들어온 시신 명단을 살펴보았으나 먼로는 없었다. 노구치는 검시소 직원 라이오넬 그랜디슨(Lionel Grandison)에게 확인해 보라고 지시했다. 그랜디슨은 먼로의 시신이 웨스트우드 빌리지 안치소에 있는 것을 확인하고 먼로의 시신을 검시소로 보내 달라고 요청했다. 이렇게 해서 뒤늦게 먼로의 시신은 검시소에 도착했다. 사인(死因)이 분명하지 않은 시신은 검시소로 직접 오는 것이 원칙인데, 어떻게 해서 먼로의 시신이 안치소로 가서 방부처리 준비를 하고 있었는지는 의문이었다.

오전 9시, 먼로의 시신은 검시소에 도착해서 33호 냉장 보관함에 안치됐으며, 81128호 사건이 됐다. 오전 10시 15분, 검시소 직원 에디 데이(Eddie Day)가 먼로의 시신을 1호 부검대 위에 올려놓았다. 노구치가 부검을 시작했고 LA 검찰청의 존 마이너 검사(Deputy DA John Miner 1918~2011)가 입회했다. 의료법에 지식과 경험이 많은 마이너 검사는 부검에 입회를 많이 했으며 남가주대학 의대에서 법의학 실무교수를 겸하고 있었다. 마이너 검사는 부검대에 놓인 먼로는 금방 일어나서 걸어 나올 것 같았다고 나중에 당시를 되돌아보면서 이야기했다.

노구치는 먼로의 복부를 절개하여 모든 장기(臟器)를 검사했고, 두개골을 가르고 뇌(腦) 조직을 살펴보았다. 먼로의 신체에 외상(外傷)은 없었다. 부검이 끝난 먼로의 모습은 원래의 먼로와는 거리가 멀었다. 먼로의 얼굴은 사체 강직이 진행될 때까지 엎드려 있었던 탓에 시반(屍班)이 생겨 있었다. 등과 엉덩이 그리고 허벅지에 멍이 있었으나 죽음으로 이어질 부상은 아니었다. 노구치는 먼로의 몸에 주사 자국이 있는지도 살폈으나 찾아내지 못했다.

외과적 사망원인이 없었기 때문에 사인은 독극물 검사로 설명할 수 밖에 없었다. 독극물 분석가인 랠프 애버나시(Ralph Abernathy)는 먼로의 혈액과 오줌, 위(胃)·소장(小腸)·간 등 장기 조직을 검사하기 시작했고 몇 시간 후 그 결과가 나왔다. 먼로의 혈액에서는 4.5밀리그램 퍼센트의 펜토바비탈 성분과 8밀리그램 퍼센트의 클로랄 하이드레이트가 검출됐고, 간에서는 13밀리그램 퍼센트의 펜토바비탈이 검출되었다. 펜토바비탈의 제품명은 넴뷰탈로 불면증에 시달리던 먼로가 자주 먹었던 수면제였고, 클로랄 하이드레이트 역시 먼로가 먹던 비교적 위험성이 낮은 수면제였다. 먼로의 위는 공복 상태였고 수면제를 과다하게 복용하면 생기는 핏빛 라이닝이 있었으나 수면제가 위나 소장에 남아 있지는 않았다. 알코올 성분 역시 검출되지 않았다.

8월 10일, 노구치는 먼로가 숨진 침실에서 수면제 빈 약병이 발견됐으며 치사량을 넘는 성분이 혈액에서 확인됐다는 이유로 먼로의 사인을 자살(suicide) 또는 사고사(accidental)로 분류하고 그 위에 '자살 가능성(probable suicide)'으로 적은 최종 부검서를 제출했다. 노구치는 먼로의 부검으로 유명인사가 됐다. 1967년에 검시관으로 승진해서 1982년까지 일하면서 샤론 테이트, 재니스 조플린, 나탈리 우드, 존 벨루치 등 유명한 배우와 가수의 시신을 부검했다. 노구치는 1968년에는 로버트 케네디의 시신도 부검했다. 노구치는 가장 널리 알려진 일본계 미국인 중 한 명이었다.

석연치 않은 부검 결과

먼로 시신에 대한 부검은 8월 5일 저녁 늦게 끝났다. 추후 검사를 위해서 간, 신장, 위, 장(腸) 조직을 샘플로 추출하고 개복(開腹)한 곳을 봉합한 먼로의 시신은 33호 냉장 보관함으로 다시 들어갔다. 자정 가까운 시간에 타임/라이프의 리 위너 기자가 야간 경비원에게 위스키 한 병을 주고 몰래 들어가서 먼로의 얼굴 모습을 카메라에 담았다. 이것이 현재 남아 있는 유일한 먼로의 시신 얼굴 사진이다. 타임/라이프사는 사진이 너무 끔찍해서 지면에는 게재하지 않았으나 외부로 유출되고 말았다.

8월 6일 월요일, 시어도어 커피 검시관은 먼로의 사인 규명에는 LA 자살예방센터도 참여할 것이라고 기자들에게 브리핑했다. 이렇게 해서 UCLA 부속기관인 LA 자살예방센터 소속으로 UCLA 의대 교수이며 정신과 의사인 로버트 리트먼(Robert Litman 1922~2010), 노먼 파베로우(Norman Farberow 1918~2015) 등 3명의 정신과 의학자가 먼로의 최종 검시 결과를 함께 판단하게 됐다. 리트먼 등은 모두 정신분석학을 전공한 학자로 UCLA 임상교수이기도 한 랠프 그린슨의 동료였다.

사인 규명에 정신분석학자가 참여하는 일은 전에 없었으나 부검을 담당한 토머스 노구치는 신참 부검의라서 검시관의 이러한 조치에 이의를 제기할 수 없었다. UCLA 의대는 사건 연루자인 그린슨이 속해 있는 기관이기 때문에 이 역시 은폐 작업이 아니었나 하는 논란을 야기했다. 노먼 파베로우 등 3명의 정신의학자는 기자 회견을 열고 이들이 먼로의 정신 상태를 파악하기 위해 관계자들을 인터뷰하겠다고 밝혔다. 하지만 이들이 과연 누구를 인터뷰했는지는 밝혀지지 않았다. 피터 로 포드, 유니스 머레이, 패트 뉴컴 등 주요 증인 누구도 이들과 인터뷰한 적이 없었다. 이들은 자신들의 동료이자 먼로의 정신과 의사였던 랠프 그린슨과 인터뷰를 했다.

8월 14일, 이들은 먼로가 내면적으로 갈등이 심해서 정서적으로 혼 란스러운 상태에 있었다고 결론을 내렸다. 하지만 이들의 활동 내역은 공개되지 않았고 심지어 활동 기록이 있는지도 의심스러웠다. 8월 21 일, 시어도어 커피 검시관과 두 정신의학자는 기자 회견을 열고 먼로의 사망원인은 '자살 가능성'이라고 결론을 내렸다.

먼로의 사망원인으로 지금까지 남아 있는 유일한 자료는 먼로의 간 에서 13밀리그램 퍼센트의 펜토바비탈이 검출됐으며, 혈액에서 펜토 바비탈 4.5밀리그램 퍼센트와 클로랄 하이드레이트 8.0밀리그램 퍼센 트가 검출됐다는 독극물 검사의 결과뿐이다. 추후 검사를 위해 적출한 위, 간, 신장, 및 장 조직 샘플은 UCLA 의대 실험실에서 보관 중 사라져 버렸다. 먼로의 부검을 입회한 존 마이너 검사는 1970년에 은퇴했는 데, 그는 LA 검시소 역사상 인체 샘플이 사라진 적은 한 번도 없었다고 지적했다. 마이너는 그 후 변호사로 활동하면서 먼로의 죽음은 자살이 나 사고사가 아니라고 주장해 주목을 받았다.

통상적으로 다량의 수면제를 삼키게 되면 구토를 하고 경련을 일으 키지만, 서서히 수면제를 다량으로 섭취하거나 수면제에 대한 내성(耐 性)이 생긴 경우에는 구토하지 않을 수도 있다. 따라서 먼로가 구토하지 않았다는 이유만으로 수면제 복용 자체를 부인할 수는 없다. 하지만 먼로는 과거에도 수면제 과용으로 구토했던 경우가 있었기 때문에 이 점도 의문으로 남는다. 과연 먼로가 수면제를 몇 정이나 먹었는지는 정확히 알 수 없고 단지 추측할 수밖에 없었다. 먼로의 내과 의사 엔젤버그는 7월 31일과 먼로가 죽기 하루 전인 8월 3일에 수면제를 각각 50정씩 처방해 주었으나 모두 빈 병으로 발견됐다. 부검의 노구치는 먼로가 30~40정을 먹었다고 추정했고, 다른 부검의들은 15~40정 정도로 추정했다.

1990년대 들어서 혈액에서 추출한 화학 성분으로 그 사람이 삼킨 수면제가 어떤 약물이며 어느 정도를 먹었는지 정확히 파악할 수 있게 됐다. 그 같은 현대적 분석방법을 먼로에게 적용하면 다음과 같은 결과가 나온다는 연구가 있었다. 먼로의 혈액에서는 펜토바비탈이 4.5밀리그램 퍼센트, 클로랄 하이드레이트가 8.0밀리그램 퍼센트가 나왔는데, 이는 넴뷰탈 27~42정과 클로랄 하이드레이트 14~23정에 해당한다. 먼로의 간(肝)에서는 13밀리그램 퍼센트의 펜토바비탈이 나왔는데, 이는 넴뷰탈 11~24정을 추가로 섭취해야 나오는 수치라고 보았다. 따라서 먼로는 수면제 52~89정을 삼켰다는 이야기가 된다.

따라서 먼로가 수면제 약 70정을 의도적이든 과실로든 삼킬 수 있느냐는 의문이 제기됐다. 또 이 많은 수면제를 구토 없이 삼키고, 더구나 위와 소장에 수면제 잔존물이 전혀 남지 않을 수 있느냐는 의문이 뒤따랐다. 이렇게 많은 수면제를 한꺼번에 먹는 것은 불가능하므로 항문으로 관장(灌腸)했거나 주사로 약물 투입을 했을 거란 주장이 제기됐다. 노구치는 먼로의 시신에서 주사 흔적을 찾지 못했기 때문에 관장을 통해서 넴뷰탈과 클로랄 하이드레이트를 체내로 투입한 것이 아니냐는 의문이 제기됐다. 여배우들은 체중 관리를 위해 다이어트를 하고 변비로 고생하곤 했는데, 먼로 역시 다이어트로 인한 변비로 관장을 자주 했다. LA 검찰청에서 수많은 시신 부검을 입회하고 먼로의 부검을 입회한 존 마이너 검사가 검찰청에서 은퇴 후 다음과 같은 가설을 제기했다.

8월 5일 새벽에 먼로가 죽었다는 신고를 받고 먼로의 집에 처음 도착한 잭 클레먼스 경사는 그런 상황에서 유니스 머레이가 세탁기를 돌리고 있어서 이상하다고 느꼈음을 앞서 설명한 바 있다. 주인이 죽었는데 가정부가 빨래를 돌리고 있으니 이상하지 않을 수 없었다. 따라서 의식을 잃은 먼로를 완전히 죽이기 위해 강제로 관장하는 과정에서 나온 분비물이 침대 시트와 먼로의 옷에 묻어서 그것을 세탁기에 넣고 돌리고 있었는데, 예상보다 일찍 클레몬스 경사가 먼로의 집에 도착한 것이 아니냐는 가설이었다. 유니스 머레이가 수시로 먼로에게 관장을 해주었음은 확인된 바 있다.

마릴린 먼로의 장례식

부검을 끝낸 시신은 가족에게 인계되어 장례식을 치르게 되지만 마릴린 먼로는 가족이 없었다. 먼로의 어머니 글래디스는 정신병원에 수용되어 있었고, 먼로라는 딸이 있는지도 모르는 상태였다. 플로리다에

살고 있는 아버지가 다른 언니 버니스 미라클이 가족이라면 가족이었
다. 먼로와 재결합을 꿈꿨던 조 디마지오는 먼로가 죽었다는 소식을 듣
고 급히 LA에 도착했다. 버니스 미라클은 먼로의 시신 인수와 장례에
관한 모든 일을 디마지오에게 위임했다. 디마지오는 먼로의 매니저이
자 먼로 어머니의 법정 후견인인 이네즈 멜슨(Inez Melson 1901~1985)과
함께 먼로의 장례식을 준비하기 시작했다.

　　먼로는 어릴 때 자기를 돌보아준 어머니의 친구 그레이스 맥키와 그
레이스 맥키의 이모인 애나 로우어가 사망한 후 안치된 웨스트우드 메
모리얼 파크(Westwood Memorial Park)를 이따금 들렀다. 그러면서 먼로
는 자기가 죽은 후에 안치될 크립트를 사서 갖고 있었다. 먼로의 시신
을 먼로의 집에서 인수해 간 웨스트우드 빌리지 안치소가 바로 옆에
있어서 8월 8일 수요일 오후 1시에 그곳의 채플에서 장례식을 하기로
했다.
　　먼로의 시신은 8월 7일 정오에 웨스트우드 안치소에 도착했다. 먼로
의 장례식을 주관하게 된 디마지오는 먼로의 시신 복구부터 해야만 했
다. 메이크업 아티스트 화이티 스나이더와 먼로의 긴밀한 관계를 잘 알
고 있던 디마지오는 그 일을 스나이더에게 맡겼다. 먼로는 자기가 죽으
면 화이티 스나이더가 마지막 메이크업을 해주기로 약속했으며, 먼로
는 그 약속으로 스나이더에게 ‘화이티에게, 내가 아직 살아 있을 때…
마릴린(Whitey Dear, While I am Still Warm… Marilyn)’이란 구절을 새긴 골드
머니 클립을 선물로 주었음도 디마지오는 알고 있었다. 시(詩)를 좋아

했던 먼로의 감성이 잘 녹아 있는 이 구절이 새겨있는 머니 클립을 소중히 간직해 온 스나이더는 먼로의 마지막 메이크업을 하게 됐다.

부검을 끝낸 먼로의 시신은 처참하기 이를 데 없었다. 얼굴은 시반(屍班)으로 덮여 있었고 절개한 후 두개골은 대충 봉합해 놓았으며 그 유명한 봉긋한 유방은 개복한 탓에 주저앉아 있었다. 스나이더는 감정을 억누르며 먼로의 얼굴과 가슴을 생시의 아름다운 모습으로 복구했다. 할리우드 최고의 메이크업 아티스트가 처참한 시신이 돼버린 미국 최고의 미인을 원래 모습으로 복원한 것이다. 엉망이 돼버린 먼로의 머리는 헤어 디자이너 시드니 길라로프가 다듬어야 했지만, 먼로의 시신을 보는 순간 졸도해 버려 그럴 수 없었다. 할 수 없이 영화 〈미스핏〉에서 썼던 가발을 급하게 찾아와서 사용해야만 했다. 먼로에게 무슨 옷을 입힐 것인가를 두고 이네즈 멜슨과 버니스 미라클은 의논 끝에 먼로가 멕시코 방문 때 입었던 에밀리오 푸치(Emillio Pucci)가 디자인한 초록색 옷을 입히기로 했다.

디마지오는 장례식 참석 인원을 30명으로 제한했다. 버니스 미라클과 이네즈 멜슨 외에 유니스 머레이, 랠프 그린슨과 그의 가족, 뉴욕에서 온 리 스트라스버그 부부, 밀튼 루딘 변호사, 패트 뉴컴, 화이티 스나이더와 시드니 길라로프, 그리고 랠프 로버츠가 참석했다. 해병대 복무 중인 디마지오의 아들도 참석했다. 먼로는 디마지오 2세를 마치 자기 아들처럼 생각했고, 죽던 날인 8월 4일에도 통화를 했다. 기자로서는 디마지오와 가까운 월터 윈첼만 참석할 수 있었다. 먼로와 서신을 통해 교류해 온 시인이며 링컨의 전기를 쓴 칼 샌드버그(Carl Sandburg

먼로 장례식 사진. 운구는 먼로의 신변을 돌보던 사람들과 장례식장 직원들이 맡았다. ⓒ 게티이미지

1878~1967)는 노령임에도 불구하고 참석했다.

메모리얼 파크의 작은 채플에서 진행된 장례식에선 목사가 주관한 성경 구절 낭독이 있었고 리 스트라스버그의 조사(弔辭)가 이어졌다. 디마지오는 칼 샌드버그에게 조사를 부탁했으나 그가 사양함에 따라 리 스트라스버그가 간단한 조사를 읽었다. 스트라스버그는 먼로의 죽음으로 "이 세상에 즐거움을 가져다준 감성적인 예술가이면서 여성인 그녀를 보다 잘 이해하게 되기를 바란다"면서 "먼로가 가는 세계에 언젠가는 우리 모두도 가게 될 것"이라고 끝을 맺었다.

먼로의 관(棺)을 닫기 전에 디마지오는 한참 동안 먼로를 내려다보고 이마에 마지막 키스를 하며 사랑한다고 흐느꼈다. 가지런히 모은 먼로의 두 손의 손톱 색깔은 진한 푸른색이었다. 심장에서 보낸 피가 가장 멀리 가는 곳이 손톱과 발톱이기 때문에 클로랄 하이드레이트를 복용한다고 해서 손톱과 발톱까지 시퍼렇게 변색하지는 않는다. 따라서 먼로를 죽게 한 수면제 성분이 주사로 직접 혈관으로 들어간 증거라고 보기도 한다.

통상적으로 관(棺)을 옮기는 운구(運柩)는 고인과 가까운 친지가 맡게 된다. 하지만 먼로의 운구는 그렇지 못했다. 디마지오는 케네디 패밀리와 시나트라 그룹 때문에 먼로가 이렇게 됐다고 생각해 피터 로포드, 프랭크 시나트라, 딘 마틴은 장례식장에 들어오지도 못하게 했고, 아서 밀러는 더 이상 자기가 아는 먼로가 아니라면서 참석을 사양했기 때문이다. 결국 먼로의 신변을 돌보았던 화이티 스나이더와 시드니 길라로프, 그리고 장례식장 직원들이 먼로의 관(棺)을 장례식장에서 사자(死者)의 아파트로 옮겼다. 먼로는 10년 전에 사둔 자신의 크립트에 안치됐고, 'Marilyn Monroe 1926~1962'라는 동(銅) 플레이트가 붙여졌다.

LA 경찰국은 경비 병력을 보내서 군중을 차단하고 운구할 때 에스코트를 했다. 많은 기자와 일반인이 장례식을 보기 위해 모여들었지만 메모리얼 파크 경내로 들어갈 수는 없었다. 사진기자들은 묵직한 망원렌즈를 단 카메라로 연신 셔터를 눌렀다. 먼로의 누드 수영 사진을 찍은 로렌스 쉴러도 망원렌즈로 장례식 행렬을 찍을 수밖에 없었다.

공식적인 장례절차가 끝나고 경찰이 바리케이드를 철수하자 사람들이 먼로의 크립트를 향해 달려들어서 큰 소동이 일었다. 디마지오는 먼로의 장례식에 참석하도록 초청한 30명 중에 먼로의 숨을 끊어 놓은 사람이 있는 줄은 물론 몰랐다. 새로운 증언이 나오기까지는 무려 30년 세월이 걸렸다.

Marilyn Monroe
& the Kennedy Brothers

로스앤젤레스 경찰국

9

"두려움은 어리석고, 후회도 그래요."

먼로는 LA에서 죽었기 때문에 먼로의 죽음을 처리하는 권한은 LA 경찰국(LAPD)에 있다. 그러면 먼로 같은 유명한 배우의 석연치 않은 죽음에 대해 LAPD는 무엇을 했나 하는 의문이 제기된다. LAPD가 먼로의 집을 범죄 현장으로 보존하고 그곳에 있었던 사람들을 조사했다면 사정은 달라졌을 것이다. 하지만 LAPD는 그렇게 하지 않았다. 그리고 그 배경은 간단하지 않다. 우선 LA가 어떤 도시였고, LAPD가 어떤 기관인지를 이해할 필요가 있다.

'죄악의 도시(Sin City)' LA

LA는 주변에 큰 강이 없어서 도시가 성장할 수 없었다. 1900년대 들어서 시에라네바다의 오웬스 밸리에서 물을 끌어들이는 도수로(導水路) 사업을 기획, 1913년에 완공함에 따라 황무지였던 샌 페르난도 밸리가 개발되고 인구가 폭증하기 시작했다. 20세기에 들어서 급속히 성장한 LA는 1920년부터 샌프란시스코의 인구를 앞서기 시작했다. 온갖 사람들이 LA로 모여들었고 자연히 범죄가 기승을 부렸다. 범죄와 싸워야 하는 경찰관들이 범죄집단과 연루된 경우가 많아서 LA는 무법천지였다. 스페인어로 '천사의 도시(City of Angels)'인 LA는 '악마의 도시(City of Demons)'라는 자조(自嘲)가 나올 지경이었다.

1920년대부터 로스앤젤레스 사람들은 '콤비네이션(the Combination)'이 LA를 지배하고 있다고 공공연하게 말했다. 정치세력, 경찰, 조직범죄단이 결탁해서 LA를 움직인다는 말이었다. 1921~28년에 시장을 지낸 조지 크라이어(George Cryer 1875~1961)는 콤비네이션의 얼굴마담이었다. LAPD는 범죄조직과 결탁해서 공생(共生)했고, 시장과 시의원 등 정치인들도 마찬가지였다. 〈LA 타임스〉의 창업자 해리슨 오티스(Harrison Otis 1837~1917)와 그의 사위인 해리 챈들러(Harry Chandler 1864~1944) 가문도 LA를 움직이는 큰 세력이었다. 〈LA 타임스〉의 사장직을 물려받은 챈들러는 당시 미국 전체에서 가장 큰 부동산 개발업자였다. LA가 성장함에 따라 지역개발 여론을 주도한 〈LA 타임스〉의 사주(社主) 챈들러 가문과 유력한 정치인들은 막대한 부(富)를 챙겼다.

그 시절 미국의 대도시는 불법 복권, 도박, 매춘 그리고 소매상인을 등쳐먹는 공갈범죄가 성행했는데, 신흥도시 LA도 마찬가지였다. 급속하게 성장해서 외지인들이 모여든 LA는 구조적으로 범죄에 취약했다.

LA에서 생겨난 갱단들이 불법 도박과 매춘 등 지하경제를 장악하고 있었다. 차이나타운에선 아편을 공공연하게 피웠고 그 주변은 거대한 매음굴(賣淫窟)이었다. 할리우드에서 배우가 되겠다는 꿈을 안고 젊은 여성들이 모여든 LA에선 매춘이 성행했다. 1920년대 들어 금주법(禁酒法)이 시행되자 밀주(密酒) 사업이 번창했고 뉴욕과 시카고의 마피아가 남부 캘리포니아를 새로운 시장으로 보고 LA로 진출했다. LA는 그야말로 '죄악의 도시(Sin City)'였다.

범죄조직은 LA의 부패한 정치인들을 좌지우지했다. LA를 범죄로부터 지켜야 하는 LAPD는 부패한 정치인들과 그들을 주무르는 조직범죄단의 영향력 때문에 제 기능을 할 수 없었다. 직업공무원으로서의 신분 보장이 없는 경찰관들은 사명감도 자부심도 없었다. LAPD가 범죄에 대처하지 못할 뿐만 아니라 자체가 부패했다는 비판이 높아지자 이런 상황을 타개해야 한다는 목소리가 LA 경찰관 협의회로부터 나오기 시작했다. 이런 분위기에 힘입어서 1934년 LA 시의회는 경찰관과 소방관의 신분을 보장하는 조례를 주민투표에 붙여 통과시켰다.

새로운 제도는 경찰관의 신분 보장 못지않게 경찰 자체를 외압으로부터 보호하는 효과가 있었다. 1937년에는 경찰국장(Chief of LAPD)도 직업 공무원(civil service) 지위를 갖도록 하는 제안이 주민투표를 통과했다. 이로써 LAPD 국장은 경찰위원회에 의해 임명되면 징계를 당하지 않는 한 해임할 수 없게 됐다.

이제 LAPD 국장은 내부에서 승진시험을 보아 최고 점수를 받은 복수의 후보 중에서 경찰위원회가 임명하고, LAPD 국장은 임기도 없고 정치적 해임도 불가능한 지위를 갖게 됐다. 다른 도시에는 유례가 없는 이 제도에 의해 LAPD 국장은 시장과 시의회로부터 독립되어 엄정하게 법을 집행할 것으로 기대됐다. 하지만 이로 인해 경찰국장이 막강한 권력을 행사하게 될 거란 사실을 당시 정치인들은 알지 못했다. 이 특이한 제도는 1992년 LA 폭동 후 폐기됐고, LAPD 국장은 다른 도시의 경찰국장처럼 임기제로 임명하게 됐다.

LAPD 국장의 특별한 법적 지위

LAPD가 이렇게 독립성을 갖게 될 당시의 경찰국장은 제임스 데이비스(James E. Davis 1989~1949)였다. 1926~29년 및 1933~38년 두 차례 경찰국장을 지낸 데이비스는 LAPD를 매우 공격적인 집단으로 변화시켰다. 그는 거리의 범죄뿐 아니라 파업 등 노조 활동도 적극적으로 진압했고 공산주의자와 사회주의자들을 탄압했다. 자신도 권총 두 자루를 항상 갖고 다녔고 경찰관들이 총기를 적극적으로 사용하도록 독려했다. 따라서 오늘날 LAPD의 총기문화는 데이비스 국장 시절 때부터 생겼다고 본다. 우리가 영화에서 흔히 보는 기동타격대(SWAT)도 LAPD가 처음 도입했는데, 이 역시 LAPD의 총기문화와 무관하지 않다.

경찰관은 물론이고 경찰국장도 신분을 보장하는 개혁을 입안하고 추진한 사람은 당시 경위였던 윌리엄 파커(William H. Parker 1905~1966)였다. 파커는 1950년 8월부터 1966년 7월 사망할 때까지 16년 동안

미국 역사상 가장 막강했던 경찰국장 윌리엄 파커(왼쪽).

LAPD 국장을 지냈다. 그는 미국 역사상 가장 막강했던 경찰국장으로 평가되는데, 그것은 LAPD 국장의 특별한 법적 지위 때문이기도 하다. 파커가 LAPD 국장을 지낼 때 LA에서 가장 막강한 권력자는 시장(Mayor)도 아니고 검사장(DA)도 아니고 경찰국장이라는 말을 들었다. LA 시장과 LA 검사장은 4년마다 선거에 나가야 했으나 경찰국장은 징계를 당하지 않는 한 임기가 정년까지 보장되었다.

윌리엄 파커가 이끄는 LAPD는 무장집단이고 별도의 정보 조직이 있어 어느 누구도 파커에 도전할 수 없었다. 영화 〈LA 컨피덴셜(LA Confidential, 1997)〉은 윌리엄 파커가 국장이던 1950년대 LAPD를 그린

'시네 누아르(Cine Noir)'로, 검사장보다 훨씬 강력한 인물로 나오는 경찰국장은 윌리엄 파커를 모델로 삼았다고 한다. 이렇게 막강한 윌리엄 파커는 마릴린 먼로가 죽었을 당시 LAPD 국장이었다. 그러면 윌리엄 파커는 도대체 어떤 사람이었나?

윌리엄 파커는 사우스다코타의 작은 마을에서 태어났다. 그의 조부는 남북전쟁에 북군으로 참전했고 하원의원을 지냈다. 파커의 부모는 좀 더 나은 삶을 찾아 파커가 열다섯 되던 해에 LA로 이사했다. 근면하고 성실한 파커는 변호사가 되려고 했다. 1920~30년대에 있었던 로스앤젤레스 로스쿨을 다니던 파커는 부모에게서 독립하기 위해 1927년에 LAPD 경찰관이 됐다. 그리고 로스쿨을 다니던 중에 만난 전화교환원 헬렌과 결혼했다. 부부는 집안이 모두 가톨릭이었다. 그 시절 미국에선 가톨릭 신자에 대한 편견이 많았다. 파커는 1930년에 변호사 자격을 획득했으나 경찰관이 자기 적성에 맞는다고 생각해서 LAPD에 머물렀다.

윌리엄 파커는 1931년에 경사로 승진했다. 당시는 경찰관의 교육수준이 낮았기 때문에 파커는 학력이 매우 높은 경찰관이었다. 그가 경찰관의 신분 보장을 주장하는 직장협의체에서 두각을 나타내자 당시 국장이던 제임스 데이비스는 그를 눈여겨보았다. 파커는 경찰관은 물론이고 경찰국장도 직업공무원으로 신분이 보장되도록 하는 조례를 시의회가 통과시키는 데 큰 역할을 했다.

1933년 LA 시장으로 당선된 프랭크 쇼(Frank Shaw 1877~1958)는 부패의 고리인 콤비네이션의 대리인과 마찬가지였다. 그 시기에 카페

테리아 식당을 처음으로 고안한 양심적인 사업가 클리포드 클린턴 (Clifford E. Clinton 1900~1969)이 LA 시청과 경찰국의 부패를 고발해서 큰 파문이 일었다. 그러던 중 LA 경찰국의 어떤 세력이 클린턴의 집에 폭발물을 설치해 그를 죽이려다 실패한 사건이 발생했다. 〈LA 타임스〉는 이 사건을 덮으려 했으나 군소 신문의 기자들이 이 사건을 파헤쳤다. 기자들은 LAPD 내의 갱스터 스쿼드(Gangster Squad)라는 조직이 클린턴을 죽이려 했음을 밝혀냈다. 기자들은 이 조직이 부패 추방 운동을 벌이던 플레처 보우런(Fletcher Bowron 1887~1968) 판사의 전화를 도청했음도 밝혀냈다.

그러자 부패를 척결해야 한다는 여론이 비등했고, 프랭크 쇼 시장은 1938년 9월 주민소환 투표로 해임됐다. 이어진 시장 선거에서 플레처 보우런 판사가 당선됐다. 보우런 시장은 부패 공무원들을 숙청하고 LAPD 국장과 고위직에 대해 사임하라고 압력을 가했다. 법적으로는 신분이 보장돼 있더라도 데이비스 국장은 사임하는 수밖에 없었고, 몇몇 간부들도 물러나고 말았다. 이렇게 해서 LA를 장악해 온 콤비네이션은 와해됐고, 플레처 보우런은 1953년까지 15년 동안 시장을 지내게 된다.

데이비스 국장이 물러남에 따라 경찰위원회는 데이비드 데이비즌을 국장 서리로 임명했다. LAPD 국장이 되기 위해선 시험을 보아야 했는데, 데이비즌은 국장에 뜻이 없었다. 국장 후보를 뽑는 시험에서 아서 호먼 (Arthur Hohmann 1895~1985) 경위가 1등을 해서 1939년 6월에 정식으로 경찰국장이 됐다. 같이 시험을 본 윌리엄 파커는 8등을 했다. 파커는 이 듬해 2월에 경감(Captain)으로 승진했고, 호먼 국장은 파커의 능력과 정직성을 높이 샀다. 하지만 호먼 국장은 시장과 사이가 원만하지 않았다.

1941년 재선에 성공한 보우런 시장은 도청 등 불법행위를 한 경찰관을 파면하라는 요구를 순순히 받아들이지 않은 호먼 국장에게 사임 압력을 가했다. 호먼은 결국 경찰국장직을 내려놓고 경위로 복귀했으며 클레먼스 호랠(Clemence Horrall 1895~1960)이 경찰국장이 됐다. 윌리엄 파커는 이런 일련의 사태를 보고 크게 실망해 경찰관을 그만둘까도 생각했다. 그러던 중 일본군이 진주만을 공습해서 미국이 2차 세계대전에 뛰어들게 됐다. LA 경찰국은 LA에 살고 있는 일본계 주민들을 검속(檢束)해서 수용소로 보내는 일을 해야 했다.

LAPD 내에서의 자신의 진로가 불투명하다고 느낀 윌리엄 파커는 육군에 입대했다. LAPD 경감 직위를 휴직하고 육군 중위가 된 파커는 알제리 전선에 투입됐고 이어서 독일군이 철수한 이탈리아의 섬 사르데냐에 배치됐다. 파커의 역할은 미군이 해방시킨 지역의 치안을 유지하는 것이었다. 그러다 노르망디 상륙 작전 개시 5일 만에 파커는 프랑스에 발을 내디뎠으나 독일 공군기 기총소사에 총상을 입고 야전병원에 입원했다. 현직 LAPD 경감이 노르망디 전선에서 총상을 입었다는 소식이 신문을 통해 알려지자 파커는 유명인사가 되었다. 부상에서 회복한 파커는 미군이 점령한 뮌헨과 프랑크푸르트의 경찰을 탈(脫) 나치화(de-Nazification) 하는 일을 맡았다.

1945년 10월, 명예롭게 전역한 파커는 LAPD에 복귀했다. 1947년 여름, 프랑스 정부는 전쟁 중 그의 노고를 치하해 은성무공훈장을 수여했다. 그리고 파커는 총경(Inspector)으로 승진했다. 유명해진 파커는 이제 자신이 꿈꾸어왔던 경찰국장을 눈앞에 두고 있었다. 그리고 파커는 자신이 미키 코헨이란 강력한 조직범죄 두목을 상대해야 함을 깨달았다. 그런데 1947년은 LAPD에게는 '악몽의 한 해'였다.

희대의 LAPD 섹스 스캔들

2차 세계대전을 거치면서 LA는 많은 변화를 겪었다. 남부 캘리포니아에는 군수산업이 일어났고 동북부의 대기업이 진출했다. 이와 함께 동북부에서나 있었던 노조가 남부 캘리포니아에 정착했다. 공장과 자동차로 인해 스모그라고 부르는 심각한 대기오염이 LA의 하늘을 가렸다. 전쟁 기간 중 LAPD는 안보 사범을 다루는 데 주력했다. 전쟁이 끝나자 LAPD는 새로운 인원을 확충했는데, 대부분 2차 세계대전 참전용사들이었다. LA 시장은 여전히 플레처 보우런이었고, LAPD 국장은 여전히 클레먼스 호랠이었다.

1947년 LA는 블랙 달리아(Black Dahlia) 살인 사건으로 시작했다. 1월 15일 아이와 산책하던 젊은 여성이 허리가 잘리고 무참하게 난도질당한 젊은 여인의 시체를 길가에서 발견했다. 피살자 신원은 22세의 엘리자베스 쇼트로 밝혀졌으나 LAPD는 형사 수백 명을 투입하고도 범인을 검거하지 못했다. 모방 범죄가 발생하고 자기가 범인이라고 나서는 사람들이 나타났으나 결국 영구미제(永久未濟)사건이 되고 말았다. 이 사건을 다룬 책과 영화가 여러 편 나왔다.

그해 6월 20일, LA를 주름잡던 마피아 벅시 시걸이 베벌리 힐스의 고급 주택가에 위치한 애인 버지니아 힐(Virginia Hill 1916~1966)의 집에서 카빈총에 맞아 사망했다. 버지니아 힐은 파리로 여행을 떠나고 집에 없었다. LAPD는 범인을 잡을 만한 단서도 정보도 갖고 있지 못했다.

시걸은 뉴욕 출신의 유대인으로, 뉴욕 마피아를 장악한 럭키 루치아노(Lucky Luciano 1897~1962) 아래에 있었다. 시걸은 1930년대 들어서 LA로 와 사업을 벌였고, 역시 유대인인 미키 코헨(Mickey Cohen 1913~1976)이 그의 지휘를 받았다. 키가 크고 미남이면서 패션 감각이 좋아서 여자들한테 인기가 좋았던 시걸은 냉혹한 킬러였다. 키가 작고 권투선수 출신인 코헨은 금주법 시절에 시카고에서 앨 캐펀 밑에서 일하면서 살인과 탈세 수법을 배웠다. 벅시와 미키가 LA에 자리를 잡자 잭 드래그나(Jack Dragna 1891~1956) 등 이탈리아계 LA 마피아는 밀려났다.

벅시 시걸은 LA 사업은 미키 코헨에게 맡기고 자신은 라스베이거스에서 플라밍고 카지노 호텔 건설에 힘을 쏟았다. 하지만 비용이 초과하고 공사가 지연되자 마피아 최고회의(The Commission)가 그 책임을 물어 벅시를 제거한 것으로 1960년대 들어서 밝혀졌다. 벅시가 사망하자 미키 코헨과 잭 드래그나 사이에서 마피아 전쟁이 벌어져서 LA는 소란스러웠다. 미키 코헨은 드래그나 측의 암살 시도를 피해 가는 등 용케 버텼으나 윌리엄 파커가 경찰국장이 된 후 LAPD와 FBI의 합동작전에 따라 탈세 혐의로 기소되어 감옥에 갇혔다.

하지만 LAPD를 뿌리째 흔든 사건은 블랙 달리아 살인도 아니고 벅시 시걸 피살도 아니었다. 그것은 한 노상강도 사건에서 비롯된 희대의 섹스 스캔들이었다. 1947년 2월 21일 저녁, LA 시내 아파트 건물 앞에 주차해 있던 차에는 남녀가 타고 있었다. 그때 강도가 권총을 들이대고 돈을 요구했다. 차 창문을 내리고 있던 남자는 지갑을 꺼내는 척하다가 권총으로 강도를 사살했다. 차에 타고 있던 남자는 LAPD의 엘머 잭슨 경사였다. 강도를 사살한 행위는 정당방위이므로 문제될 게 없었다.

잭슨 경사는 같이 타고 있던 우아한 여인이 경찰 속기사라고 둘러댔다. 그런데 이 사건을 주의 깊게 살펴본 정직한 경찰들이 있었다. LAPD의 바이스 팀(Vice Team: 매춘 등 풍속사범을 담당하는 부서) 소속인 이들은 자신들의 상관인 잭슨 경사와 같이 있었던 여인을 의심했고, 그 여인이 매춘조직을 운영하고 있던 브렌다 앨런(Brenda Allen)임을 알아냈다.

이들은 법원의 영장 없이 무단으로 브렌다의 전화를 도청하기 시작했다. 브렌다 앨런과 잭슨 경사가 깊은 관계일뿐더러 함께 사업하는 파트너란 사실을 알아냈다. 이들은 브렌다가 젊은 여자 114명을 거느리고 전화를 이용한 콜걸 서비스를 하고 있음도 알아냈다. 그전까지 매춘은 방이 여럿 있는 큰 집을 빌려서 장사하다 발각되곤 했는데, 자기도 그런 조직에서 몸을 팔았던 브렌다는 몰락한 매춘조직을 인수해서 전화로 고객을 관리하면서 여자를 보내는 에스코트 콜걸 서비스를 개발했다.

이런 선구적인 사업 방식에 힘입어서 브렌다는 많은 고급 고객을 확보했다. 브렌다는 자기를 위해 일하는 여자들에게 정당한 보수를 주어서 이들이 경찰에 밀고하는 일이 없도록 했다. 그러면서 자기 애인이기도 한 잭슨 경사를 통해 경찰 지휘부 곳곳에 뇌물을 뿌렸다. 그뿐만 아니라 브렌다는 LA 지하세계를 장악한 벅시 시걸과 미키 코헨의 보호를 받았다. 이렇게 해서 브렌다는 하루에 4500달러(현 가치로는 9만 달러)의 매출을 올렸다.

1948년 5월, 정의감에 충만한 몇몇 경찰관들은 영장을 발부받아서 브렌다의 거점을 급습해서 고객 인텍스 200여 장을 압수했다. 이 증거물이 대배심에 제출되자 이를 훑어본 판사가 놀라서 절대로 공개해서는 안 된다는 명령을 내렸다. 〈LA 타임스〉는 물론이고 온갖 신문이 이 흥미로운 사건을 열심히 보도했고 누가 명단에 있다더라는 루머가 돌아다녔다.

브렌다를 매춘 알선 혐의로 기소하고 싶어도 과거의 경우와 달리 증언하겠다는 사람이 한 명도 나오지 않았다. 브렌다의 여자들은 보수도 적절하게 받았고 함부로 입을 열었다간 미키 코헨의 부하한테 어떤 꼴을 당할지 모르기 때문이었다. 브렌다에 불리한 증언을 할 증인을 구하지 못한 경찰은 미모의 여자 경찰관 오드리 데이비스로 하여금 브렌다를 만나도록 했다. 법정에서 오드리 데이비스 경찰관은 브렌다가 자기에게 매춘을 하라고 유인했다고 증언했고 이로 인해 브렌다는 징역 8개월을 선고받았다. 하지만 그 후 오드리 데이비스는 브렌다가 그렇게 말한 것은 아니고 자기가 매춘을 하겠다고 먼저 브렌다에게 말했다면서 자기가 위증했다고 고백했다. 이에 근거해서 브렌다는 항소했고 이에 따라 석방됐다가 나중에 재수감되어 잔여 형기를 채우는 등 우여곡절이 있었다.

젊은 여자가 처참하게 살해되어도, 또 벅시 시걸이 카빈총을 맞고 사망해도 무기력해서 체면이 말이 아닌 LAPD는 이제 섹스 스캔들에 뇌물 스캔들까지 터져 곤혹을 느꼈다. 화가 잔뜩 난 플레처 보우런 시장은 클레멘스 호랠 경찰국장에게 은퇴하지 않으면 더 크게 다친다고 협박했고, 결국 호랠 국장과 부국장 그리고 연루자들은 모두 퇴직했다. 1949년 6월, LAPD 지휘부는 이렇게 초토화되고 말았다.

미국 역사상 가장 막강했던 윌리엄 파커 국장

　LAPD는 브렌다 앨런 스캔들로 지휘부가 붕괴해서 심각한 문제에 봉착했다. 플레처 보우런 시장은 외부의 명망가를 초빙해서 LAPD를 정비할 수밖에 없다고 생각했다. 보우런 시장의 선택은 LA 남쪽 펜들턴 해병 기지(Camp Pendleton)에서 전역식을 마친 윌리엄 워튼(William A. Worton 1897~1973) 예비역 소장이었다. 당시는 2차 세계대전 직후라서 전투를 지휘한 장성들에 대한 신뢰가 높았다. 워튼은 처음에는 사양했으나 시장의 간곡한 부탁에 1949년 6월 30일 자로 임시 국장(Interim Chief)으로 취임했다.

　보스턴 출신으로 하버드와 보스턴대 로스쿨을 졸업한 윌리엄 워튼은 학창시절에 군사훈련을 받고 예비역 중위로 임관됐다. 1차 세계대전이 발발하자 프랑스로 파견돼서 베르 등 여러 곳에서 전투를 치렀고 부상을 입었다. 1차 세계대전 후에는 중국 본토에 파견되어 미국 공관을 보호하고 중국어를 공부해서 해군 정보장교로 활동했다. 2차 세계대전이 발발하자 대령으로 진급한 그는 괌, 이오지마, 오키나와 전투에 참여했다. 전후에는 중국의 장제스 군대를 지원하는 역할을 하다가 퇴역했다. 누가 보더라도 워튼 장군은 훌륭한 군인이고 리더였다.

LAPD 국장이 된 워튼은 부패한 경찰들을 숙정하고 기강을 확립하는 일이 급했다. LAPD 내부 사정을 몰라서 자신을 도와줄 사람이 필요한 워튼은 총경으로 승진한 윌리엄 파커에게 도움을 청했다. 워튼은 내사부(內事部 Internal Affairs)를 새로 만들고 파커를 부장으로 임명했다. 워튼은 파커로 하여금 부패 경찰을 사정(司正)하도록 했을뿐더러 모든 문제에 대해 파커의 의견을 들었다. 새로이 LAPD에 들어온 루키(rookie: 신참 경관) 1400명의 90%가 2차 세계대전 참전용사들이었고, 이들은 파커를 자신들의 롤 모델로 생각했다. 문제가 있는 간부들이 밀려났고, LA 경찰학교는 해병대 훈련소처럼 바뀌는 등 LAPD는 군대를 닮아갔다.

파커는 LAPD의 당면 과제가 미키 코헨이 지배하는 조직범죄를 척결하고 공산주의 세력의 침투를 막는 것이라 여겼다. 워튼 국장은 미키 코헨이 간여하는 사업을 감시하도록 지시했다. 얼마 전만 해도 코헨의 동업자이던 LAPD가 코헨의 목을 조르기 시작한 것이다. 그리고 워튼은 후임 국장을 뽑는 대로 은퇴할 생각이었다. 워튼은 LAPD 국장도 뉴욕, 시카고 등 다른 대도시 경찰국장처럼 정치적 책임을 지도록 개편하려고 했으나 파커의 반대로 뜻을 이루지 못했다.

1950년 봄, 보우런 시장은 LAPD 국장을 새로 선발하겠다고 발표했다. LAPD 국장이 되기 위한 시험에서 파커가 단연 1위를 했고 태드 브라운(Thad Brown 1902~1970)이 2위를 했다. 당시 LA 경찰위원회는 위원

5명으로 이루어져 있었다. LA의 가톨릭 교구와 신자들은 가톨릭 신자인 파커를 지지했다. 하지만 LAPD는 개신교가 강한 집단이었다. 〈LA 타임스〉는 태드 브라운을 지지했다. 경찰위원 5명 중 3명이 태드 브라운을 지지하는 것으로 알려졌는데, 그러던 중 태드 브라운을 지지하는 여성 위원이 유방암으로 사망했다. 차기 LAPD 국장을 두고 분열이 심각함을 느낀 보우런 시장, 워튼 국장, 그리고 경찰위원 네 명이 비밀리에 회동했고 경찰위원회는 전원일치로 파커를 차기 국장으로 선출했다고 발표했다. 윌리엄 파커가 LAPD 국장이 됐다는 소식을 듣고 가장 실망한 사람은 미키 코헨이었다.

파커는 1950년 8월 5일 국장에 취임해서 1966년 7월 16일 심장마비로 사망할 때까지 무려 16년 동안 LAPD 국장으로 재임했다. 파커는 LAPD를 청렴하고 정직하며 범죄와 싸우는 경찰로 탈바꿈시켰다. 파커는 지하갱단을 강력하게 단속하고 감시해서 이들의 숨통을 조였다. 파커는 갱스터 스쿼드를 확충해서 조직범죄에 대처하도록 했다. LAPD는 과거에 흑인 거주 지역은 순찰을 제대로 하지 않았으나 파커는 흑인 지역에 순찰차를 집중적으로 배치해서 범죄에 대처했다. 가정적이고 반공주의자인 윌리엄 파커는 성향상으로는 남부 캘리포니아 출신인 리차드 닉슨과 가까웠다. 하지만 그는 1950년대 중반부터 케네디 형제와 인연을 맺게 된다.

LAPD와 로버트 케네디

해병 소장으로 퇴역한 후 LAPD 국장이 된 윌리엄 워튼은 2차 세계대전 전 중국 본토에서 정보장교로 일했다. 그는 당시의 경험을 바탕으로 LAPD의 정보활동을 강화했다. 1950년 8월, LAPD 국장이 된 윌리엄 파커는 갱스터 스쿼드를 확장하고 기존의 정보반을 확대해서 정보부(Intelligence Division)로 만들었다. 파커는 제임스 해밀튼 경감을 정보부장으로 임명했다. 제임스 해밀튼은 윌리엄 파커가 LAPD 국장 자리를 두고 태드 브라운과 경합할 때 파커를 지지했다.

파커가 LAPD 국장이 되자 미키 코헨 등 LA 조직범죄단 수괴들이 비밀리에 모여서 대책회의를 했다. LAPD 정보부는 이 모임을 도청해서 동향을 미리 파악하는 등 조직범죄단을 앞서기 시작했다. 이처럼 당시 미국 대도시 경찰국으로선 LAPD만이 조직범죄에 대해 선제적으로 대응했다. 정보기능의 중요성이 커지면서 제임스 해밀튼 경감은 LAPD의 사실상 2인자로 부상했다. 더구나 그는 LAPD를 그린 영화에 주인공으로 등장해서 화제가 됐다.

1949년부터 LAPD를 주제로 한 라디오 연속극 〈일망타진(Dragnet)〉이 인기를 끌었다. ('Dragnet'은 저인망을 의미하며 경찰이 범인을 일망타진하는 것을 뜻한다.) NBC는 라디오 연속극의 인기에 힘입어 1951년부터 TV 드라마로 제작해서 방영했고 1954년에 같은 이름의 영화가 나와 히트를 했다. 영화에는 주인공인 조 프라이데이 경사 역을 제임스 웨브(James Webb)가, 그의 상관인 제임스 해밀튼 경감 역을 리차드 분

(Richard Boon)이 담당했다. 프라이데이 경사는 가상 인물이지만 해밀튼 경감은 LAPD의 2인자를 그대로 등장시킨 것이다.

〈일망타진〉이 LAPD의 이미지 제고에 크게 기여했음은 물론이다. 또 이에 힘입어서 그 후 〈NYPD Blue〉에서 〈LAPD Rookie〉에 이르는 TV '경찰 드라마(police drama)'가 성행하게 된다. 이렇게 인기가 있던 〈일망타진〉의 주인공이 실존 인물 제임스 해밀튼이었으니 당시 그의 지명도와 위상이 어떠했을지는 짐작할 수 있다. 그가 이끄는 정보부는 범죄 정보를 수집해서 LAPD가 조직범죄를 제압하는 데 큰 역할을 했다.

그 외에도 LAPD 정보부는 LA에서 벌어지는 모든 사안에 대한 정보를 수집했다. 해밀튼은 그가 획득한 정보를 파커 국장에게만 보고했다. 파커 국장은 해밀튼을 통해 LA의 돌아가는 사정과 유력인사들의 동향을 파악하고 있었다. 이렇게 해서 파커는 LA의 에드가 후버 같은 존재가 됐다.

제임스 해밀튼이 영화로 유명해질 때 로버트 케네디는 조지프 매카시 상원의원이 운영하는 상원 특별조사소위원회(흔히 '매카시 위원회'라고 불린다)에 법률고문으로 일하고 있었다. 로버트 케네디는 매카시 위원회에서 일하면서 트럭 운수노조(팀스터 유니온) 같은 대형 노조에 조직범죄가 침투해 있음을 알게 됐다. 당시에는 에스테스 키파우버(Estes Kefauver 1903~1963) 상원의원이 대도시를 순회하면서 조직범죄 청문회를 열어서 마피아에 관한 관심이 커질 때였다.

로버트 케네디가 노조에 침투한 조직범죄에 집착하고 있을 때 이 문제를 파헤치던 언론인 빅터 리젤(Victor Riesel 1913~1995)이 뉴욕 거리에서 황산 테러를 당해서 실명(失明)하는 사건이 발생했다. 경찰이 용의자를 지목해서 수사에 나서자 그 용의자가 시체로 발견되고, 사건은 오리무중(五里霧中)이 되었다. 로버트 케네디는 이 사건을 무겁게 받아들였다.

로버트 케네디는 조직범죄에 대해 뉴욕 경찰국(NYPD)에 문의했으나 별다른 정보를 얻지 못했다. 그러던 중 LAPD가 조직범죄와 전쟁을 벌여서 성과를 내고 있다는 이야기를 들었다. 1956년 11월 14일, 로버트 케네디는 가명으로 비행기 표를 예약하고 비밀리에 LAPD 본부 사무실에 도착해서 윌리엄 파커 국장과 제임스 해밀튼 경감을 만났다. 파커 국장은 로버트 케네디를 최대한 도우라고 해밀튼에게 지시했다. 로버트 케네디는 새로 지은 LAPD 청사와 파커 국장의 환대에 감명받았다. 해밀튼 경감은 로버트에게 조직범죄의 행태와 계보 등 정보부가 파악하고 있는 정보를 아낌없이 알려주었다. 하루 만에 로버트 케네디와 제임스 해밀튼은 가까운 친구가 됐고, 해밀튼은 자기 옆에 로버트의 사무실을 만들어 주었다.

1957년 들어서 로버트 케네디는 존 매클레런(John McClellan 1896~1977) 상원의원이 이끄는 노사관계에서의 불법행위를 조사하는 위원회의 법률고문으로 활약했다. 로버트는 법률고문에 불과했지만 위원장을 대신해서 지미 호파, 샘 지안카나, 칼로스 마르셀로 등 마피아 보스들을 출두시키고 질문을 퍼부었다. 지미 호파 등은 묵비권을 수십 번씩 행사하고 그러면 로버트가 다시 질문을 퍼붓는 장면이 TV로 중계돼서 큰 화제가 됐다.

로버트 케네디는 제임스 해밀튼이 알려준 정보에 근거해서 마피아 두목들을 거세게 몰아붙일 수 있었다. 원래는 매클레런 위원회 위원이 아니었던 존 F. 케네디 상원의원은 동생이 마피아를 지나치게 몰아붙일까 봐 다른 상원의원 대신에 이 위원회 위원으로 참여했으나 조직범죄에 꽂혀 버린 로버트를 어떻게 할 수 없었다. 형과 나이 차이가 많은 로버트는 아버지와 형이 샘 지안카나와 잘 아는 사이임을 알지 못했다.

매클레런 위원회는 1959년 9월에 활동을 종료했다. 로버트 케네디는 매클레런 위원회에서의 활동을 중심으로 책을 펴내고자 했다. 형이 펴낸《용기 있는 사람들(Profiles of Courage)》이 대필 비난에 시달린 것을 잘 아는 로버트는 자기가 직접 원고를 썼다. 로버트가 펴낸《내부의 적(The Enemy Within)》은 조직범죄를 다룬 책으로 1960년 1월 1일 자로 출판돼서 잠시 베스트셀러에 올랐다. 책의 서문에서 로버트 케네디는 "나의 친구 제임스 해밀튼에게 깊이 감사한다"고 썼다.

케네디와 LAPD의 특별한 관계

1960년 대통령 선거 민주당 후보를 결정하는 전당대회는 그해 7월 11일~15일에 LA에서 열렸다. 지금과 달리 당시에는 프라이머리를 하는 주가 많지 않아서 전당대회에서의 대의원 투표 비중이 컸다. 케네디는 10개 주 프라이머리에서 승리했으며, 대의원 투표에서도 린든 존슨을 누르고 무난하게 후보로 선출됐다. 그리고 고심 끝에 존슨을 러닝메이트로 결정했다.

전당대회는 LA 스포츠 아레나와 콜로시엄에서 열렸고, 케네디의 선거본부는 빌트모아 호텔에 있었다. 당시는 대통령 경호실 규모가 작아서 대통령 후보에게는 경호실 경호가 없었다. 따라서 대선 후보는 자신의 경호를 자체 경호원과 현지 경찰에 의존해야 했다. LAPD는 민주당 대선후보로 유력한 케네디 상원의원에게 최대한의 경호를 지원했다. 정복 경찰과 사복 경찰 외에도 흰색 헬멧을 쓴 기동경찰을 배치해 케네디를 보호하고 또 돋보이게 했다. 그때 케네디의 경호를 책임진 사람은 해밀튼 경감이었고, 그 휘하의 마빈 이아논 경사가 현장을 지휘했다.

1962년 8월 5일 새벽, 마릴린 먼로가 죽었다는 신고를 듣고 제일 처음 먼로의 집에 도착한 경찰관은 LAPD 서부지청 소속인 잭 클레몬스 경사였다. 얼마 후 LAPD 본청 소속의 마빈 이아논 경사가 본부 인원을 데리고 도착해서 현장을 인수하고 클레몬스 경사는 사무실로 복귀하도록 했다. 오전 5시 30분, 서부지청 소속의 바이런 경사와 암스트롱 경위가 현장에 도착했을 때 이아논 경사는 이미 현장을 떠난 후였다.

먼로가 죽었다는 소식을 듣고 먼로의 집에 급히 도착한 조 히암스 기자는 먼로의 집에 제임스 해밀튼 경감이 와 있는 것을 보고 이상하게 생각했다. 이에 대해 의문을 품은 조 히암스 기자는 취재를 계속해서 전날 밤 로버트 케네디가 LA에 왔었고, 피터 로포드 집 부근에서 헬기를 타고 LA 공항으로 갔음을 밝혀냈으나 그가 쓴 기사는 끝내 나오지 못했다.

먼로가 죽고 4개월이 지난 1962년 12월 10~12일 윌리엄 파커 국장은 워싱턴을 방문했다. 그는 워싱턴 근교인 메릴랜드 칼리지파크에 있는 파크 유니버시티 모텔에서 로버트 케네디를 만났다. 두 사람이 무슨 이야기를 나누었는지는 알 수 없다. 1963년 6월, 제임스 해밀튼 경감은 LAPD를 사직하고 내셔널 풋볼리그의 보안책임자로 자리를 옮겼다. 민간 직장이 보수가 많다지만 LAPD 정보부장이란 요직에서 물러난 데 대해서 모두가 놀랐다. 해밀튼은 사임하기 직전에 자신의 충실한 보좌역이던 마빈 이아논 경사를 경위로 진급시켰다. 해밀튼은 민간 직장의 높은 보수를 오래 즐기지 못했다. 그는 이듬해 뇌종양이 발병해서 사망했다. 이에 앞서 케네디 대통령은 1963년 11월 댈러스에서 총에 맞아 사망했다.

1965년 8월, LA 흑인거주 지역인 와츠(Watts)에서 발생한 폭동은 LAPD에 큰 시련이었다. 윌리엄 파커 국장은 책임론에 시달렸으나 자리를 유지할 수 있었다. 하지만 이듬해인 1966년 7월 16일, 파커 국장은 행사 도중 심장마비를 일으켜서 61세로 사망했다. 1968년 6월 6일, 로버트 케네디는 LA에서 암살자의 총을 맞고 44세로 사망했다. 마릴린 먼로의 죽음과 그 죽음의 은폐에 책임이 있는 사람들이 불과 몇 년 만에 모두 사망했으니 '먼로의 저주'라는 말이 나올 만도 하다.

대릴 게이츠, LAPD 국장이 되다

 윌리엄 파커는 LAPD를 효율적인 경찰기구로 확립시키는 커다란 업적을 남겼다. 그에 힘입어서 LAPD는 부패했던 미국 대도시 경찰 중에서 가장 효율적인 기관이라는 평가를 받았다. 하지만 파커는 흑인을 경찰 인력으로 받아들이는 데 인색했다. LAPD는 흑인 사회와 갈등이 생겼고 결국 와츠 지역에서 폭동이 발생했다.

 1950년 파커가 국장이 될 때 경쟁자였던 태드 브라운이 파커의 후임자로 취임했으나 국장이 되기 위한 시험을 치르지 않았다. 그 후임으로 토마스 레딘(Thomas Reddin 1916~2004)이 국장이 됐으나 2년 후 방송 진행자가 되기 위해 사임했다. 뒤를 이어서 에드워드 데이비스(Edward Davis 1916~2006)가 국장이 됐다. 선출직에 관심이 있던 데이비스는 1978년에 사퇴하고 주지사가 되고자 했으나 실패했으며 그 후 주 의회 상원의원을 지냈다. 그 후임으로 대릴 게이츠(Daryl Gates 1926~2010)가 국장이 되어 1992년 6월까지 14년 동안 국장을 지냈다.

 대릴 게이츠는 윌리엄 파커와 떼려야 뗄 수 없는 관계이다. 경찰국장이 된 윌리엄 파커는 총명하고 근면한 초임 경관 대릴 게이츠를 한눈에 알아보고 자신의 운전기사로 임명했다. 게이츠는 파커 국장을 태우고 다니면서 파커로부터 많은 이야기를 듣고 파커를 깊이 존경하게 됐다. 2차 세계대전 중 해군으로 태평양 전쟁에 참전한 게이츠는 경찰관으로 근무하면서 남가주대학을 졸업했고, 경사 진급 시험 등 시험만 보면 1등을 했다. 파커는 게이츠를 국장실에 근무시켜서 LAPD가 돌아가는 것을 알게 했으며, 제임스 해밀튼 경감이 정보부장직을 사임하고 LAPD를 떠나자 게이츠를 경감으로 승진시켜서 정보부장을 맡도록 했다. 파커는 자기의 철학을 이을 후계자는 게이츠라고 생각했으나 게이츠는 아직 젊어서 선배들이 많았다.

1978년 에드워드 데이비스 국장이 사임하자 경찰위원회는 대릴 게이츠를 후임 국장으로 임명했다. 윌리엄 파커가 사망한 지 12년 만에 그가 후계자로 생각했던 게이츠가 국장이 됐다. 게이츠가 국장으로 취임한 1970년대 말 미국 도시는 과거와는 다른 문제에 봉착해 있었으니, 바로 마약과 갱이었다. 양복을 잘 차려입은 1930~50년대 갱과 달리 게이츠가 다루어야 했던 갱은 매우 폭력적이며 대부분 소수인종이었다. 게이츠 국장은 전부터 도입을 검토해 왔던 특별기동대(SWAT)를 설치하고 CRASH라고 부르는 취약지역 집중순찰 제도를 도입해서 이같은 범죄에 강력하게 대처했다.

대릴 게이츠의 라이벌은 LA 시장 톰 브래들리(Tom Bradley 1917~1998)였다. 1940년 LAPD에 경찰관으로 취직한 브래들리는 경찰관으로 근무하면서 야간 로스쿨을 다녔다. 윌리엄 파커 국장은 흑인 경찰관이 많지 않던 시절에 로스쿨을 다녀서 변호사 자격을 획득한 브래들리를 좋게 생각하고 경위로 진급시켰다. 하지만 브래들리는 LAPD를 위해서 일하기보다는 흑인 커뮤니티와의 교류에 더 열심이었다. 파커 국장은 그를 진급시킨 것을 후회했으나 어쩔 수 없었다. 브래들리는 1963년에 흑인 최초로 LA 시의원이 됐고, 1973년에 흑인으로선 최초로 LA 시장이 돼서 연이어 5선을 했다. 대릴 게이츠는 물론이고 LAPD를 지켜

온 백인 경찰관들은 LAPD 경력을 발판으로 삼아 정치적으로 성공한 브래들리를 좋아할 수 없었다.

뉴욕, 시카고 등 다른 대도시와 달리 LAPD 국장은 정치적 임명직이 아니어서 LA 시장은 경찰국장에 대해 영향력을 행사할 수 없었다. 하지만 시장과 경찰국장 사이의 불화(不和)로 인해 1992년 4월 LA 폭동 때 경찰이 신속하게 대응하지 못해서 코리아타운 등이 큰 피해를 봤다는 비판도 제기됐다. LA 폭동 후 브래들리 시장은 재선을 포기했고 게이츠 국장은 사퇴했다. 이렇게 해서 윌리엄 파커가 만들어 놓은 'LAPD 전성기'가 막(幕)을 내렸다.

대릴 게이츠는 재직 중이던 1992년 초에 회고록《경찰국장: LAPD에서의 나의 삶(Chief: My Life in the LAPD)》을 펴냈다. 이 책에서 게이츠는 "마릴린 먼로가 죽던 날 로버트 케네디가 LA에 다녀갔다"고 썼다. LAPD 국장이 재직 중에 펴낸 회고록에서 로버트 케네디가 먼로의 죽음과 관련이 있다고 고백한 것이다.

윌리엄 파커가 사망한 후 잠시 국장직을 맡았던 태드 브라운은 LAPD 내에서 파커 국장의 경쟁자였다. 태드 브라운은 형사부장(Detective Division)을 오래 지냈는데, 먼로가 죽었을 때도 형사부장이었다. 먼로의 사망에 의문점이 있었다면 형사부장인 태드 브라운이 수사를 이끌었을 것이다. 하지만 먼로의 죽음은 정보부장이던 제임스 해밀튼 경감이 다루었다. 태드 브라운은 1970년에 사망했고 그가 남긴 유품과 서류는 그의 딸 집의 창고에 오랫동안 방치되어 있었다.

1982년, LA 검찰청은 먼로의 죽음을 재조사하였으나 새로운 증거가 없다는 결론을 내렸다. 그리고 이때부터 영국 언론인 앤서니 서머스가 먼로의 죽음을 원점부터 재조사하기 시작했다. 앤서니 서머스는 태드 브라운의 딸이 갖고 있던 부친의 서류 무더기에서 먼로에 관한 문서를 찾아볼 수 있었다. 이는 먼로의 죽음에 로버트 케네디가 연루되어 있음을 당시 LAPD 간부들이 알고 있었음을 의미했다.

월리엄 파커의 라이벌이었던 태드 브라운은 파커 국장에 대한 카드로 먼로 파일을 몰래 갖고 있었던 것이다. 잘나가던 제임스 해밀턴 경감이 LAPD를 사임하고 나간 것도 먼로의 죽음과 관련해서 파커 국장의 부담을 덜기 위함이었을 가능성이 크다. 대릴 게이츠는 은퇴 후 18년이 지난 2010년 4월 83세로 사망했다. 대릴의 장엄한 장례식은 이제는 전설이 된 LAPD의 영광을 상징했다.

Marilyn Monroe
& the Kennedy Brothers

진실의 문을 열다

10

"돈을 벌고 싶지 않아요. 그냥 멋진 사람이 되고 싶어요."

마릴린 먼로가 사망하고 나서 얼마 후에 쿠바 미사일 위기가 발생했다. 그해 10월 미국과 소련은 핵전쟁 위기를 겪었고, 이런 분위기 속에서 먼로의 죽음은 그대로 묻히는 듯했다. 먼로가 살해됐다고 인쇄 매체를 통해 처음 주장한 사람은 프랭크 캐펠(Frank Capell 1907~1980)이다. 극우 성향의 뉴스레터를 발간하면서 근거가 박약한 선동적 주장을 펴던 캐펠은 1964년 봄에 '마릴린 먼로의 이상한 죽음(The Strange Death of Marilyn Monroe)'이란 팸플릿을 펴냈다. 그는 먼로의 주변에는 공산주의자가 많았고, 로버트 케네디와 깊은 관계를 맺은 먼로는 공산주의자들의 음모에 의해 살해됐다고 주장했다. 캐펠은 신뢰성이 떨어지는 사람이기 때문에 그의 주장은 주목을 받지 못했지만, 당시 법무부 장관이던 로버트 케네디는 캐펠을 도청하라고 지시했음이 나중에 확인됐다.

먼로의 죽음을 재수사하라는 목소리가 높아지다

1969년에는 프레드 가일스(Fred Guiles 1920~2000)가 《노마 진: 마릴린 먼로의 삶(Norma Jeane: The Life of Marilyn Monroe)》이란 500쪽이 넘는 전기를 펴냈다. 맥그로 힐 출판사가 펴낸 이 책은 베스트셀러가 됐고 유명해진 가일스는 제인 폰다 등 유명한 배우들의 전기를 계속해서 출간했다. 그는 먼로의 출생부터 사망까지 전 생애를 다루었으나 먼로의 죽음에 대해선 공식적인 부검 결과를 따랐다. 그러나 가일스는 책의 끝부분에 먼로가 정부의 중요한 사람과 깊은 관계를 가졌다고 써서 케네디와의 관계를 함축적으로 암시했고, 많은 사람이 그 의미를 알아차렸다.

1973년에는 《나자(裸者)와 사자(死者), The Naked and the Dead, 1948》로 유명한 소설가 노먼 메일러(Norman Mailer 1923~2007)가 《마릴린: 전기(Marilyn: A Biography)》를 펴냈다. 사진작가들이 찍은 먼로의 사진을 함께 실은 이 책은 프레드 가일스의 책에 근거해서 상상력을 가미한 것이지만 베스트셀러가 됐다. 메일러는 여러 정황으로 보건대 먼로는 케네디 형제와 깊은 관계를 맺었으며, 먼로의 죽음은 살인이며 재조사해야 한다고 주장했다. 메일러는 먼로의 죽음에 대해 독자적으로 조사한 바는 없으며 자기주장을 뒷받침할 만한 근거도 제시하지 못했다. 하지만 유명한 소설가가 먼로의 죽음을 재조사해야 한다고 주장했기 때문에 상당한 파문을 일으켰다.

마릴린 먼로의 죽음은 자살이나 약물 과다복용으로 인한 사고사가 아니라 살인이며, 로버트 케네디와 관련이 있다고 처음 공개적으로 주장한 사람은 로버트 슬래처였다. 슬래처는 1974년에 퍼트남 출판사에서 펴낸《마릴린 먼로의 삶과 이상한 죽음(The Life and Curious Death of Marilyn Monroe)》에서 그런 주장을 했다. 이 책은 베스트셀러가 됐지만 탐사 보도 훈련이 없었던 저자가 주로 기억에 의존해서 썼기 때문에 주류 미디어(main stream media)로부터 비난을 많이 받았다. 그러나 먼로와 관련된 많은 사람을 인터뷰한 앤서니 서머스는 슬래처의 주장이 먼로와 가까웠던 사람들의 진술과 부합하기 때문에 진실성이 있다고 보았다.

오하이오 출신인 로버트 슬래처는 오하이오주립대학을 다녔고 기자 생활을 하면서 할리우드를 취재하러 1946년 LA를 들렀다. 그러던 중 20세기 폭스 로비에서 마릴린 먼로를 만났다. 슬래처와 친해진 먼로는 그가 콜럼버스에 있으면 장거리를 전화를 걸어 오랫동안 이야기를 나누곤 했다. 또 월세를 절약하기 위해 두 사람은 아파트를 같이 쓰기도 했고, 책을 많이 갖고 있던 슬래처는 책을 좋아하는 먼로에게 읽을 만한 책을 주기도 했다.

슬래처는 신문에 영화 등 대중문화 기사를 많이 썼고, 먼로는 인기 배우가 되기 위해 꾸준히 노력했다. 철없을 때 만난 두 사람의 관계는 오랫동안 이어졌다. 먼로가 유명해진 1952년 후에도 두 사람은 비밀리에 사랑을 나누었고, 먼로가 조 디마지오와 사귀어서 뉴스에 난 후에도 마찬가지였다. 1952년 8월, 칼럼니스트 도로시 킬겔런은 마릴린 먼로의 사랑을 차지하기 위한 다크호스가 나타났는데, 그는 오하이오 출신 로버트 슬래처라고 칼럼에서 언급하기도 했다.

슬래처는 먼로가 죽기 2주 전에 케네디 형제에 대한 먼로의 감정을 직접 들을 수 있었다. 슬래처는 먼로와 마지막으로 만난 날이 1962년 7월 중순이라고 되돌아 보았다. 먼로가 공중전화로 잠깐 만나자고 해서 자기가 차를 몰고 약속한 장소로 가서 먼로를 태우고 말리부로 드라이브를 떠났다고 한다. 먼로가 공중전화를 이용했다는 것은 집 전화가 도청되고 있음을 뒤늦게 깨달았던 것으로 해석된다. 그때 먼로는 "케네디 대통령이 자기 전화를 받지 않더니 이제는 로버트 케네디마저 자기와 연락을 끊었다"면서 화가 잔뜩 나 있었고, 슬래처는 "이제 모두 잊어버려라"라고 했으나 먼로는 "그럴 수는 없다"고 했다고 한다.

먼로는 로버트 케네디와 나눈 대화 내용을 적은 메모장을 핸드백에서 꺼내 보여주었는데, 거기에는 로버트가 마피아를 시켜 카스트로를 암살하려고 하며, 지미 호파를 감옥에 보내려고 한다고 적혀 있었다. 슬래처는 "왜 이런 메모를 하냐"고 물었더니 "로버트가 자기를 만나면 이런저런 이야기를 해서 잊어버리지 않기 위해 메모했다"고 답했다고 한다. 슬래처는 먼로에게 조심하라고 하고 그다음 날 고향인 오하이오 콜럼버스로 향했다.

먼로가 죽자 슬래처는 먼로의 죽음은 케네디 형제와 관련이 있다고 직감적으로 느꼈다. 먼로가 슬래처에게 보여준 것이 먼로의 '레드 다이어리(Red Diary)'로, 먼로의 다른 서류들과 함께 사라져 버렸다. 8월 5일 일요일 밤에 누군가 먼로의 집에 침입해서 가져간 것이다. 슬래처는 먼로의 집을 다녀갔거나 먼로와 관계되는 사람을 만나서 진술을 받아냈다. 먼로의 집에 가장 먼저 도착한 잭 클레몬스 경사는 LAPD에서 은퇴한 후라서 그가 갖고 있던 의문을 말해 슬래처의 책에 반영됐다. 슬래처는 이 책을 준비하는 도중에 협박 전화에 시달리고 괴한한테 폭행을 당하기도 했다. 슬래처는 먼로의 죽음은 살인이라면서 재수사가 필요하다고 주장했다.

슬레처의 책에는 잭 퀸이라는 사람이 등장한다. LA 관공서에서 기록을 관리하면서 먼로에 관한 비밀 파일을 읽을 수 있었다는 잭 퀸은 슬래처가 먼로의 죽음에 관한 책을 준비한다는 소식을 듣고 슬래처를 만나서 당시에는 알려지지 않은 이야기를 전했다. 짙푸르게 변한 먼로의 손톱은 클로랄 하이드레이트와 넴뷰탈의 영향인데도 부검 보고서에서 삭제되는 등 편집이 많았으며, LAPD의 마릴린 먼로 비밀 파일에는 먼로가 죽던 날 로버트 케네디가 피터 로포드와 함께 먼로의 집에 갔었다는 진술이 있다고 잭 퀸은 이야기했다. 또한 먼로가 죽던 날 먼로는 로버트를 만난 자리에서 케네디 형제가 자기를 함부로 대했다고 언성을 높이는 등 두 사람이 언쟁을 벌였고, 그 와중에 로버트는 먼로를 바닥에 밀쳐 버렸으며 그러자 옆에 있던 의사가 먼로의 겨드랑이에 주사를 놓아서 먼로는 의식을 잃었다는 것이다. 슬래처는 그의 진술을 녹음기에 담았다.

하지만 잭 퀸이라는 사람은 그 후 연락을 끊어 버려서 슬래처는 그의 신분을 확인할 수 없었다. 당시에는 이런 사실이 공개된 적이 없었고, 슬래처는 근거를 제시하지 못하고 추정하는 데 그쳤다. 슬래처의 책은 근거가 박약하다는 혹평을 들었으나 10여 년이 지나서 그가 제기한 의문점은 대부분 사실로 밝혀졌다. 그러나 슬래처가 만난 잭 퀸이라는 사람이 누구인지는 여전히 미스터리로 남아 있다.

이처럼 슬래처는 먼로의 죽음이 로버트 케네디와 관계가 있다고 생각했다. 슬래처가 책에서 제기한 먼로의 죽음을 둘러싼 의문점은 1980~90년대에 이루어진 탐사 취재 결과 대부분 사실로 확인됐다. 슬래처는 작가로서 활동했고 1992년에는 《마릴린 파일(The Marilyn Files)》을 출간했다. 그는 2005년 3월에 사망했고 먼로가 잠들어 있는 웨스트우드 메모리얼 파크에 안치됐다.

유명한 소설가 노먼 메일러가 비록 가설임을 전제로 했으나 먼로의 죽음에 의문을 제기하고, 먼로의 친구임을 주장하는 로버트 슬래처가 먼로의 죽음을 다시 조사해야 한다고 목소리를 높이자 드디어 LA 카운티 위원회에서도 같은 주장이 나오기 시작했다. 이런 분위기 속에서 LAPD는 먼로의 죽음을 재조사하기 시작했는데, 이 작업을 맡은 사람은 나중에 경찰국장이 되는 대릴 게이츠 경감이었다.

게이츠 경감은 먼로의 사망 당시 형사부장이었던 태드 브라운의 유품 서류 더미 속에서 먼로의 죽음이 알려진 8월 5일 저녁 전화회사 GTE에서 압수한 먼로의 통화기록 사본을 발견했다. 그러나 게이츠는 이 사실을 외부에 알리지 않았다. 게이츠 경감은 피터 로포드를 만나서 당시 상황에 대한 진술을 들었다. 로포드는 먼로가 죽었을 당시에 했던 주장을 되풀이했다. 게이츠는 당시 살아 있던 랠프 그린슨과는 인터뷰하지 않았다. 게이츠는 관련 자료를 모아서 보고서로 만들었으나 몇 년이 흐르는 동안 먼로 죽음의 진상은 관심 밖으로 사라졌고, LAPD는 아무런 조치도 취하지 않았다.

그리고 먼로가 죽은 지 20년이 되는 1982년이 됐다. 먼로의 20주기(週忌)를 맞아 먼로가 안치된 웨스트우드 메모리얼 파크에선 꽃이 바다를 이룬 추모 행사가 열렸다. 그러면서 자연히 먼로의 죽음에 대한 재조사가 필요하다는 논의가 다시 일었고, LA 검찰청이 뒤늦게 정식 수사를 할 것인지를 검토하게 됐다.

진실의 문을 열게 한 앤서니 서머스

아일랜드 출신으로 영국 BBC 방송에서 다큐멘터리를 제작해 온 앤서니 서머스(Anthony Summers 1942~)는 탐사 취재 프리랜서로 활동하고 있었다. 그는 미국 하원 암살조사특위가 케네디 암살을 재조사하는 것을 보고 케네디 암살을 다룬 책《음모(Conspiracy)》를 1980년에 출간해 호평을 받았다. 서머스는 영국의 한 언론사로부터 먼로의 죽음을 다루어 보라는 의뢰를 받았다.

먼로에 대해 깊이 아는 바가 없었던 서머스는 먼로의 죽음에 관련된 사람들을 접촉했으나 하나같이 인터뷰를 거절했다. 그래서 서머스는 먼로의 생애를 처음부터 조사하기 시작했다. 서머스는 650명이 넘는 사람을 인터뷰해서 먼로의 생애를 재구성했다. 이렇게 해서 나온 책이

《여신(女神): 마릴린 먼로의 비밀스러운 생애(Goddess : The Secret Lives of Marilyn Monroe)》이다. 몇 달이면 될 줄 알았던 이 작업은 3년이 걸려서 1985년에야 책으로 나올 수 있었다.

먼로가 죽고 20년이 지나서 케네디 형제는 물론이고 먼로의 정신과 의사 랠프 그린슨도 죽었다. 생존에 있는 피터 로포드는 알코올 중독으로 폐인처럼 살고 있었는데, 서머스에게 매우 함축성 있는 말을 남겼다. 이처럼 서머스의 집요한 취재로 인해 사건을 목격했거나 이에 관해 알고 있던 사람들이 20년 만에 입을 열기 시작했다. 본인이 사망한 경우에는 그들의 자식을 찾아가서 당시 아버지가 했던 말을 기억해내도록 했다. 이렇게 해서 '진실의 문(門)'이 열리기 시작했다. 《여신》은 베스트셀러가 됐고, 그 후 내용을 보완해 2000년 판과 2022년 판을 내놓았다. 서머스는 먼로와 그녀가 교류했던 많은 사람의 이야기를 생동감 있게 그려서 마치 먼로가 살아서 자기 이야기를 하는 것처럼 느껴진다.

서머스는 먼로와 존 F. 케네디의 관계가 오래됐으며 케네디가 대통령이 된 후에도 케네디 형제는 먼로와 여러 차례 성관계를 가졌음을 밝혀냈다. 케네디 형제와 먼로의 관계는 할리우드와 워싱턴 정가에서 떠돌았던 풍문이었는데, 서머스는 이런 풍문을 사실로 확립시켰다. 서머스는 한 사람이 작은 사실을 인정하면 그것을 근거로 다른 관계자에게 질문해서 한 발 더 나간 사실을 확인하는 식으로 사실을 조립해 나갔다.

서머스는 먼로의 홍보회사 대표였던 아서 제이콥스의 부인 나탈리 트룬디(Natalie Trundy 1940~2019)로부터 매우 중요한 진술을 받아냈다. 먼로가 죽던 날 그녀는 아서 제이콥스와 함께 헨리 맨시니 음악회에 있었으며, 먼로가 죽었다는 연락을 받은 시간이 오후 11시 전이라고 확인해 준 것이다. 이는 먼로의 죽음이 의도적으로 은폐된 것임을 밝히는 실마리를 제공했다. 서머스는 관계자와의 인터뷰 외에도 공개되지 않고 있던 자료를 구해서 먼로가 케네디 형제와 자주 통화했다는 사실을 입증했다.

앤서니 서머스는 책이 완성될 무렵 CBS 제작자였던 테드 랜드레스(Ted Landreth 1943~)와 함께 책 내용을 다큐멘터리로 만들어 보려고 미국 방송 3사(CBS, NBC, ABC)와 접촉했으나 모두 실패했다. 그 후 영국 공영방송인 BBC가 이를 제작하기로 해서 두 사람은 BBC와 함께 다큐멘터리 제작에 들어갔다. 이렇게 해서 1985년에 BBC는 '대통령에게 안녕을 전해주어요(Say Goodbye to the President)'를 방송해서 큰 호응을 얻었다.

서머스는 BBC 다큐멘터리를 제작하면서 먼로의 집에서 일했던 유니스 머레이와 인터뷰를 했는데 뜻밖의 수확을 얻었다. 머레이는 "내 나이에 아직도 이 일을 덮어야 하는지 모르겠다"면서 "먼로가 죽던 날 로버트 케네디가 먼로를 만났으며, 먼로가 아직 살아 있을 때 의사와 앰뷸런스가 왔다"고 인정했다. 유니스 머레이는 1994년 3월 5일, 애리조나에서 94세로 사망했다.

BBC 방송에서 먼로 다큐멘터리가 큰 성공을 거두자 미국의 ABC 방송도 뉴스 매거진 '20/20'으로 먼로의 죽음을 다룬 프로그램을 만들었으나 경영진의 압력으로 방영을 못하는 사태가 발생했다. 담당 PD였던 실비아 체이스(Sylvia Chase 1938~2019)가 이에 항의해서 사표를 내는 등 큰 파문이 일었으나 방송 내용은 그 후에도 공개되지 못했다. 하지만 실비아 체이스가 도청 전문가인 프레드 오타시와 인터뷰하는 과정에서 오타시가 "먼로가 죽던 날 로버트 케네디가 먼로의 집에 와서 먼로와 크게 다투는 소리가 녹음된 테이프로 갖고 있으며, 케네디 형제와 먼로가 관계를 갖는 녹음 테이프도 갖고 있다"고 암시하는 장면이 누출됐다.

이처럼 앤서니 서머스의 책은 먼로의 죽음과 케네디 형제와의 관계에 대한 진실을 공론의 장(場)으로 끌어내는 계기로 작용했다. 한편 피터 로포드는 1984년 12월 24일 61세로 사망했다. 먼로의 정신과 의사 랠프 그린슨은 1979년 11월 24일 68세로 이미 사망한 후였다. 그린슨과 로포드는 먼로가 죽은 후 폐인(廢人)처럼 황량한 삶을 살다가 죽었다.

먼로가 죽던 날 먼로의 집에는 먼로의 집을 수리하던 유니스 머레이의 사위 노먼 제프리스가 있었다. 앤서니 서머스는 제프리스를 인터뷰하려고 노력했으나 유니스 머레이는 끝내 제프리스를 연결해 주지 않았다. 앤서니 서머스와 함께 BBC 다큐멘터리를 제작하던 테드 랜드레스는 1983년에 제프리스가 캘리포니아 라구나 비치에 살고 있음을 알아내고 연락했으나 그는 인터뷰를 거절했다. 그리고 10년이 지난 1993년, 아칸소 러셀빌에서 죽음을 앞에 둔 제프리스는 드디어 말문을 열었다.

제프리스는 자기가 먼로가 죽을 때 유니스 머레이와 함께 거실에 있었으며, 그날 오후에 로버트 케네디와 피터 로포드가 왔을 때도 거실에 있었고, 밤늦게 앰뷸런스가 올 때도 거실에 있었으며, 먼로의 시신이 별채 침실에서 본채 침실로 옮겨질 때도 거실에 있었다고 고백했다. 또 머레이가 그린슨을 부른 이유는 별채에서 먼로가 코마 상태(comatose)에 빠졌기 때문이라고 30년 동안의 침묵을 깨고 증언했다. 이처럼 1990년대 들어서 인생의 황혼기에 접어든 당시 목격자들과 관련자들, 또는 관련된 무엇인가를 알았던 사람들은 입을 열었다. 하지만 먼로의 죽음과 관련된 거의 모든 증거는 사라져 버린 후였다.

오래된 사건에 대한 증언은 진실에 접근하는 중요하고 유일한 방법이다. 오래된 사건에 대한 사람의 진술은 주관적이라서 신뢰성이 의심스러울 수 있으나 관련된 사람들의 진술을 짜서 맞추면 진실이 드러나거나 진실에 근접한 추정이 나올 수 있다. 이렇게 해서 먼로가 죽은 후 30년 만에 먼로의 죽음을 둘러싼 의문점이 많이 풀렸다. 하지만 어떻게 해서 먼로가 코마 상태에 빠졌는지는 명쾌한 답이 나오지 못했다. 앤서니 서머스는 2022년에 발표된 넷플릭스의 다큐멘터리 영화 〈마릴린 먼로 미스터리 : 비공개 테이프〉에 내레이터로 나온다.

절친 지니 칼멘의 기억

먼로에게 전화는 특별한 존재였다. 항상 외로웠고 밤에 잠을 잘 자지 못하는 먼로는 친한 사람들과 밤늦게 통화를 자주 그리고 오래 했다. 당시에는 장거리 전화가 너무 비싸 스타가 되기 전의 먼로는 전화 요금을 제때 내지 못해 고생하곤 했다. 먼로가 1961년 여름 LA로 돌아온 후에 가까이 지낸 친구는 같은 아파트에 살던 지니 칼멘이었다. 먼로가 브렌트우드로 이사한 후에도 지니 칼멘은 먼로의 집에 자주 놀러 왔고 전화도 자주 했다.

1962년 8월 5일 아침, 먼로가 죽었다는 뉴스가 나오자 칼멘은 깜짝 놀랐다. 바로 전날 밤에도 먼로와 통화했기 때문이다. 칼멘의 애인이었던 존 로젤리는 전화로 "생명이 위태로우니 최대한 빨리 LA를 벗어나라"고 했다. 존 로젤리는 샘 지안카나의 LA와 라스베이거스 사업을 총괄하던 마피아 거물이었다. 칼멘은 황급하게 LA를 벗어나서 애리조나로 피신했고, 가명으로 20년 동안 숨어 살았다.

LA에서 모델과 배우, 그리고 묘기 골프 선수로 돈도 잘 벌고, 프랭크 시나트라, 딘 마틴 등과 어울리면서 하루하루 재미있게 살던 서른두 살의 칼멘이 모든 것을 버리고 LA를 떠나야 했던 이유는 분명했다. 먼로가 자기와 케네디 형제에 관한 모든 것을 칼멘에게 이야기했기 때문이다.

칼멘은 먼로가 죽은 8월 4일에도 먼로와 오후 9시~10시에 통화했다고 앤서니 서머스 등 먼로의 죽음을 파헤치는 탐사 작가들에게 이야기했다. 먼로는 칼멘에게 전화해 그 시간에 자기 집으로 와달라고 했으나 칼멘은 다음 날 가겠다며 끊었다고 한다. 칼멘은 당시 먼로의 목소리는 수면제에 취하지 않았으며, 매우 정상적이었다고 기억했다. 칼멘은 그때 자기가 먼로의 집으로 갔으면 어떻게 됐을까 하고 생각하면서 살았다고 지난 세월을 돌아보았다.

칼멘의 기억이 정확하다면 먼로는 수면제를 다량으로 먹고 서서히 죽은 것이 아니라 급작스럽게 죽은 것이 되기 때문에 공식적인 부검 결과와 부합되지 않는다. 먼로가 정말 칼멘에게 8월 4일 밤에 전화했는지는 전화회사의 기록을 보면 알 수 있다. 그런데 8월 5일 일요일 이른 아침, LA의 전화회사 GTE 건물에는 검은 양복을 입고 선글라스를 쓴 남자들이 들이닥쳐서 먼로의 전화 기록을 통째로 가져갔고, 그 후 그 기록은 사라져 버렸다.

지니 칼멘은 먼로가 케네디는 재클린과 이혼하고 자기와 결혼한다고 해서 그런 일은 절대로 일어나지 않으니까 황당한 꿈을 깨고 잊어버리라고 말해서 먼로와 여러 차례 싸웠다고 당시를 되돌아보았다. 먼로는 미국 최고의 미인인 자기가 젊고 잘생긴 미국 대통령과 결혼해서 퍼스트레이디가 되고 싶었다는 것이다. 그러다가 대통령과는 결혼이 어렵다는 사실을 알게 된 먼로는 법무부 장관과의 결혼은 가능하다고 생각했다고 한다. 지니 칼멘은 그런 일도 절대로 생길 수 없다고 여러 차례 이야기했지만, 먼로는 로버트가 부인 에셀과 이혼하고 자기와 결혼한다고 했다면서 정색하고 대들었다고 한다.

가정이 있는 남자가 부인과 이혼한다면서 다른 여자와 바람피우다 그렇게 뜻대로 되지 않으면 치정살인(癡情殺人)이 발생하기도 함은 누구나 알 것이다. 케네디 대통령은 또 다른 정부(情婦)였던 매리 메이어(Mary Pinchot Meyer 1920~1964)에게 1964년 재선에 성공하면 재클린과 이혼하고 결혼하겠다고 말했던 것은 확인된 바 있다. 케네디의 비서실장이던 케네스 오도넬도 케네디가 댈러스에서 죽기 얼마 전에 자기에게 그런 말을 한 적이 있다고 인정했다. 그러니까 케네디가 먼로와 섹스를 하면서 그런 말을 했을 가능성은 충분히 있다고 보아야 한다. 매리 메이어는 산림청장과 펜실베이니아주 지사를 지낸 귀포드 핀초 (Gifford Pinchot 1865~ 1946)의 조카딸로 CIA 간부와 결혼했으나 이혼하고 혼자 살다가 케네디가 죽은 후 의문의 총격으로 사망했다.

　문제는 아버지를 모르고 자란 먼로는 항상 남자를 필요로 했다는 데 있다. 아서 밀러, 이브 몽땅 등 다른 남자와의 관계가 모두 끊어져 버린 먼로에게 케네디 형제는 마지막 희망이었다. 하지만 먼로는 그것이 위험할 수 있음을 잘 몰랐다. 케네디 형제가 자기와 관계를 끊자 먼로는 배신감을 느끼고 폭로해 버리겠다고 주변 사람들에게 말했다. 자연히 그런 이야기는 케네디 형제의 귀에 들어갔고 이들은 먼로가 자신들을 파멸시킬 수 있음을 뒤늦게 알았다. 케네디 형제는 자기들의 이런 상황을 마피아, 에드가 후버 FBI 국장, 그리고 린든 존슨 부통령이 알고 있다고 생각했다. 형제에게 먼로는 매우 위험한 인물이 되어 있었다.

진실의 단서를 제공한 나탈리 트룬디

　아무리 튼튼한 댐도 구멍이 한 곳에 나면 결국은 무너질 수 있다. 마릴린 먼로의 죽음에 관한 '침묵의 카르텔'은 튼튼하게 만든 댐 같았다. 하지만 누군가 침묵을 깨고 말을 시작하면 그 카르텔은 무너지게 되어 있다. 앤서니 서머스에게 진실을 여는 단서를 제공한 사람은 나탈리 트룬디였다. 그녀는 1984년에 놀랄 만한 증언을 했다.

먼로의 홍보 담당 회사의 대표는 아서 제이콥스였다. 그는 영화사에 취직해서 홍보 일을 담당하다가 독립해서 할리우드 배우들의 홍보 업무를 대행했다. 그러다 1956년에 자기 이름을 딴 홍보회사를 차렸다. 그는 그레고리 펙, 주디 갈런드, 마릴린 먼로 등 유명 배우의 홍보 업무를 맡았다. 먼로의 생애 마지막 2년 동안 먼로를 수행하는 등 먼로와 가까웠던 패트 뉴컴은 제이콥스의 회사에서 일하다가 먼로의 홍보 비서가 됐으며 아서 제이콥스와의 연락을 담당했다. 아서 제이콥스는 영화제작에도 손을 대서 〈유인원의 행성(Planet of the Apes)〉 등 여러 영화를 만들었다. 아서 제이콥스는 자기보다 거의 스무 살이나 젊은 배우 지망생 나탈리 트룬디와 사랑에 빠졌고 1968년에 정식으로 결혼했다. 제이콥스는 자기가 만드는 영화에 나탈리를 출연시켰다. 제이콥스는 1973년에 심장마비로 사망했으며, 그가 죽은 후에 제이콥스의 회사는 나탈리에게 귀속됐다.

먼로가 죽던 1962년 8월 4일 밤, 아서 제이콥스와 나탈리는 할리우드 야외 공연장에서 열린 헨리 맨시니 오케스트라 음악회에 참석하고 있었다. 다음 날이 나탈리의 생일이어서 두 사람은 오후 8시 30분에 시작한 콘서트를 VIP석에서 즐기고 있었다. 음악회가 거의 끝나갈 무렵에 공연장 직원이 급한 전갈이 있다면서 제이콥스에게 메모를 가져왔다. 메모는 "먼로가 죽었다"는 것이었다. 나탈리는 그 메모를 보낸 사람이 패트 뉴컴이었고, 음악회는 오후 11시 전에 끝나게 되어 있어서 메모가 전달된 시각은 오후 10시 30분에서 오후 11시 사이였다고 기억했다.

제이콥스는 승용차로 나탈리를 집에 데려다주고 먼로의 집으로 향했다. 나탈리는 제이콥스를 그 후 이틀 동안 보지 못했다고 앤서니 서머스에게 증언했다. 당시 제이콥스의 회사 직원이던 줄리엣 로스웰도 제이콥스가 8월 4일 오후 11시쯤에 먼로의 집에 도착한 것으로 안다고 서머스에게 이야기했다. 먼로가 죽었다는 메모를 오후 11시 전에 받았다는 나탈리 트룬디의 증언, 그리고 피터 로포드와 로버트 케네디가 탄 승용차를 심야에 과속으로 세운 린 프랭클린 경관의 증언을 조합하면 8월 4일 오후 11시를 넘긴 시각에 먼로의 집에는 유니스 머레이와 그의 사위인 노먼 제프리스 외에도 로버트 케네디, 피터 로포드, 랠프 그린슨, 패트 뉴컴, 그리고 아서 제이콥스가 모여 있었고, 얼마 후에 먼로의 변호사 밀튼 루딘이 도착한 것으로 보인다. 이들은 시나리오를 만들고 입을 맞추었을 것이다.

도청 전문가 프레드 오타시의 증언

1962년 7월 중순, 먼로는 오랜 친구인 로버트 슬래처를 만나자고 할 때 공중전화를 사용했다. 먼로는 슬래처에게 집 전화가 도청되는 것 같다고 말했다. 그즈음부터 피터 로포드도 집 전화를 쓰지 않고 동전을 수북이 들고 나가서 공중전화를 이용하는 경우가 많아졌다. 두 사람은 뒤늦게 자기 집 전화가 도청되고 있다고 느낀 것이다.

에드가 후버는 그해 3월 22일 케네디 대통령에게 케네디의 또 다른 정부(情婦)였던 주디스 캠벨이 샘 지안카나의 정부(情婦)이기도 하다는 사실을 보고했다. 후버는 이런 사실을 마피아의 전화를 도청해 알았다고 케네디에게 말했다. 그해 5월 24일, 후버는 먼로가 멕시코에서 공산주의자들을 만났다고 보고했고, 이를 계기로 케네디 대통령은 먼로와의 연락을 끊어 버렸다. 7월 중순, 후버는 먼로가 멕시코에서 만난 미국인 공산주의자를 자기의 맨해튼 아파트에 머물 수 있도록 했다고 로버트 케네디에게 보고했다. 그러자 로버트 케네디도 먼로와의 연락을 차단했다. 로버트 케네디가 자신이 피터 로포드나 마릴린 먼로와 통화하면 도청될 수 있음을 안 시점도 그즈음이었다.

2차 세계대전 후 할리우드에서 영화산업이 번창하자 배우와 모델을 꿈꾸는 젊은 여성들이 전국에서 모여들어 LA에선 매춘과 스캔들이 번창했다. LA에서 여자 모델의 반쯤 벗은 사진을 내거는 잡지의 편집인인 로버트 해리슨(Robert Harrison 1904~1978)은 LA의 연예인과 정치인 등 유명인 주변 이야기와 사생활을 담은 〈컨피덴셜(Confidential)〉이란 계간(季刊) 잡지를 1952년 12월에 창간했다. 이 잡지는 선풍적 인기를 끌어서 이듬해 여름부터는 격월간으로 냈다.

〈컨피덴셜〉이 많은 단독보도를 하는 데 한몫한 사람은 프레드 오타시(Fred Otash 1922~1992)였다. 레바논 이민자의 아들로 태어난 오타시는 2차 세계대전 중 해병대로 참전하고 전후에 그 경력으로 LAPD 경찰관이 됐다. 그는 풍속단속반으로 거리에서 매춘여성과 마약 판매를 단속했다. 그러면서 매춘여성들로부터 그들의 고객에 관한 정보를 수집했다. 오타시는 이런 정보를 〈컨피덴셜〉에 팔아서 부수입을 올렸다.

경찰이 적성에 맞지 않은 오타시는 경찰을 그만두고 탐정 사무실을 차려 배우자의 부정을 파악하는 일 등으로 돈을 벌었다. 1950년대 LA는 비리와 섹스 스캔들이 넘쳐흘러서 오타시는 크게 성공했다. 오타시가 개척한 분야가 도청이다. 전화선에 도청기를 달아서 통화 내용을 녹음하는 것 외에도 집이나 사무실에 침입해서 도청장치를 심고 대화를 녹음했다. 오타시는 자신의 고객 신분을 철저하게 보호했고, 공산주의자가 아니면 누구를 위해서든 일을 했다.

마릴린 먼로가 1961년 봄에 LA로 돌아온 후 프레드 오타시는 먼로를 도청해 왔음은 분명하다. 케네디 형제와 적대적인 트럭 운수노조 팀스터 유니언 대표인 지미 호파는 케네디 형제의 약점을 잡기 위해 LA에 있는 주디스 켐벨, 마릴린 먼로, 피터 로포드를 도청하도록 프레드 오타시에게 의뢰했다. 오타시는 전화를 도청했을 뿐만 아니라 먼로와 로포드의 집안 여러 곳에 도청장치를 설치해 대화를 엿들었다.

지미 호파가 이렇게 확보한 녹음테이프를 누구와 공유했는지는 알 수 없다. 에드가 후버 FBI 국장과 제임스 앵글턴 CIA 방첩단장이 먼로와 로포드를 독자적으로 도청했는지, 또는 이들이 오타시에게 의뢰해 도청했는지도 알 수 없다. CIA 방첩단이 먼로를 도청했음을 보여주는 문서가 우연한 기회에 공개된 것으로 미루어 보건대, 에드가 후버와 제임스 앵글턴은 먼로와 로포드를 도청해서 케네디 형제를 감시했을 것으로 보인다.

1985년에 앤서니 서머스가 《여신(女神)》을 펴내자 BBC TV는 먼로의 죽음을 다루는 다큐멘터리를 제작했다. 현업에서 은퇴한 프레드 오타시는 오랜 침묵을 깨고 자기가 먼로와 로포드의 집에 도청장치를 설치했으며, 로포드의 집에서 케네디와 먼로가 침실에서 같이 있는 소리도 녹음했다고 BBC 제작진에게 시인했다. 오타시는 그 후 먼로가 죽던 날 먼로에게 무슨 일이 있었는지를 녹음한 테이프도 있다고 인정했다. 담배를 많이 핀 오타시는 1992년 10월, 70세 나이로 심장마비로 사망했다. 그의 증언은 그와 같이 일했던 사람들에 의해서 확인됐으며, 그가 갖고 있던 수많은 테이프와 자료는 그의 딸이 보관했다고 알려져 있다.

　로버트 케네디가 1968년 6월에 암살되지 않고 민주당 대통령 후보가 됐다면 아마도 이 녹음테이프가 공개됐을지도 모른다. 마피아는 또다른 '케네디 대통령'이 등장하는 모습을 볼 생각이 전혀 없었고, 에드가 후버와 제임스 앵글턴도 그러했다. 그해 로버트 케네디가 대선 출마를 주저했던 이유도 그가 이 테이프의 존재를 알았기 때문일 것이다.

　프레드 오타시와 잡지 〈컨피덴셜〉은 영화 주인공과 영화 제목이 되기도 했다. 영화 〈차이나타운(Chinatown, 1974년)〉의 주인공 제이크 기테스(잭 니콜슨 역)는 프레드 오타시에서 착안한 인물이다. 영화 〈LA 컨피덴셜(LA Confidential, 1997년)〉의 제목은 잡지 〈컨피덴셜〉에서 착안했으며, 영화 속에 나오는 '허쉬 허쉬(Hush Hush)'라는 잡지는 실제 있었던 〈컨피덴셜〉에서 착안한 것이다.

방영되지 못한 마릴린 먼로 다큐멘터리

BBC 방송은 마릴린 먼로 죽음의 의문을 다룬 1시간이 넘는 다큐멘터리 '대통령에게 안녕을 전해주어요'를 제작, 방영해서 큰 호응을 얻었다. 제목은 먼로가 죽던 날 밤에 피터 로포드에게 전화를 걸고 마지막으로 했다는 말에서 따온 것이다. 그러나 이는 먼로가 자살한 것으로 처리하기 위해 꾸며 낸 거짓말이었다.

영국 BBC가 이런 다큐멘터리를 만들었다면 미국 방송사는 어떻게 해야 하겠는가? 미국 ABC 방송의 시사 프로그램 '20/20'을 제작하는 프로듀서 스탠호프 굴드(Stanhope Gould 1934~2018)는 앤서니 서머스의 책 가제본을 읽고 이를 프로그램으로 만들어서 1985년이 가기 전에 방송해야겠다고 생각했다. 그는 실비아 체이스와 헤랄도 리베라(Geraldo Rivera 1943~)로 하여금 먼로 죽음을 둘러싼 의문을 '20/20'의 프로그램으로 만들도록 했다. 1979년에 시작한 ABC의 '20/20'은 당시 휴 다운스(Hugh Downs 1921~2020)와 바버라 월터스(Barbara Walters 1929~2022)가 진행했으며, 시청률이 매우 높은 심층 시사프로였다.

실비아 체이스와 헤랄도 리베라는 먼로의 죽음과 관련된 사람들을 만나 인터뷰하는 등 의욕적으로 30분짜리 프로그램을 만들었다. 로버트 슬래처와 지니 칼멘은 BBC 방송에 말했던 대로 먼로는 자살이나 약물 과다복용으로 사망한 것이 아니라고 주장했다. 프레드 오타시는 한 걸음 더 나아가서 자기가 지미 호파의 부탁으로 먼로와 피터 로포드의 집을 도청해 왔으며, 먼로가 죽던 날 로버트 케네디가 먼로의 집에 있었다고 증언했다.

　먼로가 죽었을 때 LA 시장이던 샘 요티(Sam Yorty 1909~1998, 1961~1973
년 LA 시장)는 "윌리엄 파커 국장이 나에게 먼로가 죽던 날 로버트 케네
디가 베벌리 힐튼 호텔에서 목격됐다고 말했다"고 증언했다. 따라서
이들은 먼로가 죽던 날 로버트 케네디는 LA에 간 적이 없었다는 케네
디가(家)의 주장을 정면으로 부정한 것이다.

　제작진이 30분짜리 프로그램을 완성하자 경영진은 느닷없이 이를
줄이라고 지시했고, 제작진은 할 수 없이 13분으로 축소했다. 그런데
도 경영진은 끝내 불방(不放) 결정을 내렸다. 불방 결정을 내린 사람은
루느 알레지(Roone Arledge 1931~2002, 1977~1998 ABC 사장)였다. 당시
ABC 사장이던 그는 로버트 케네디의 부인 에셀 케네디와 가까운 사이
였고, 사장실에는 케네디 형제의 보좌진이었던 사람과 로버트 케네디
의 딸과 결혼한 사람이 스태프로 일하고 있었다. 루느 알레지는 자신의
결정은 에셀 케네디와 아무런 관계가 없다고 말했으나 그것은 해적 두
목이 보물을 땅에 묻고 여기에 보물이 없다고 팻말을 붙이는 꼴이었다.

　'20/20' 진행자이던 휴 다운스는 먼로의 죽음에 관한 프로그램은 워
터게이트를 다룬 보도보다 훨씬 더 신중하게 만들어졌는데도 경영진
이 이런 조치를 한 것은 이해되지 않는다고 입장을 발표했다. 바버라
월터스는 아무런 의견을 내지 않고 침묵을 지켜 비판을 들었다. 직접
프로그램을 제작한 실비아 체이스는 ABC에 사표를 내고 회사를 그만
두었다. 그 후 실비아 체이스는 샌프란시스코의 지역 방송인 KRON에
서 앵커를 지내다가 1990년 말에 다시 ABC로 복귀해서 2001년까지

일했다.

실비아 체이스와 달리 헤랄도 리베라는 경영진을 비난하는 성명을 내고 거세게 저항했다. 그러자 루느 알레지는 사소한 이유를 들어 리베라를 해고했다. 리베라는 그 후 프리랜서로 일하다가 〈폭스 뉴스(Fox News)〉가 개국할 때 스카우트돼서 최근까지 일하고 은퇴했다. 폭스 뉴스에서 리베라는 거칠고 직선적인 진행과 대담으로 유명했다.

ABC 경영진은 '20/20' 팀이 만든 먼로 프로그램의 외부 유출을 금지했으나 중요한 부분은 몰래 외부로 유출되어서 유통됐다. 특히 실비아 체이스가 질문하고 프레드 오타시가 답하는 부분은 유튜브에도 올라 있다. '20/20' 마릴린 먼로 불방 사건은 PD가 사직하고 해고되는 파동을 일으켰다는 점에서 방송 제작의 독립성 문제를 제기한 매우 중요한 사건이었다.

끝내 침묵을 지킨 패트 뉴컴

패트 뉴컴은 먼로의 죽음에 대해 알고 있는 생존해 있는 유일한 증인이다. 하지만 뉴컴은 먼로의 죽음에 대해서 일절 입을 열지 않고 평생을 살았다. 패트 뉴컴은 워싱턴 DC 지역의 유복한 집안에서 태어났다. 그녀의 할아버지는 유명한 판사이며 하원의원이었고, 아버지 칼먼 뉴컴(Carman A. Newcomb Jr. 1898~1978)은 유능한 비즈니스 변호사였다. 칼먼 뉴컴은 로버트 케네디의 처가인 스케이컬 가문이 소유한 남부 캘리포니아의 방대한 부동산 관리 책임자로 가족과 함께 LA에 정착했다.

아버지를 따라 LA로 온 패트 뉴컴은 오클랜드에 있는 밀스 칼리지(Mills College)를 다녔다. 나중에 케네디 백악관에서 공보비서를 지내게 되는 피에르 샐린저가 그때 밀스 칼리지에서 저널리즘을 가르쳤는데, 뉴컴은 샐린저의 강의를 들은 학생이었다. 피에르 샐린저는 조직범죄를 다루던 상원 특별조사위원회에서 법률자문으로 일하던 로버트 케네디를 만나서 케네디 가문과 인연을 맺었다. 대학을 졸업한 패트 뉴컴은 피에르 샐린저의 프로젝트를 돕는 보조원을 지내다가 자신의 적성이 할리우드 영화계라고 생각해서 아서 제이콥스의 홍보회사에 취직했다.

제이콥스는 뉴컴을 〈버스 정류장〉을 촬영 중이던 마릴린 먼로의 홍보 비서로 일하도록 했다. 뉴컴은 인턴이었는데 먼로와 호흡이 맞지 않아서 혼란이 생기자 제이콥스는 뉴컴을 다시 자기 사무실로 불러들였다. 당시 먼로가 뉴컴을 싫어한 이유에 대해선 정확히 알려진 바가 없다. 먼로가 좋아하는 남자를 뉴컴이 유혹했기 때문이라는 이야기도 있고, 뉴컴이 동성애자라서 먼로가 싫어했다는 이야기도 있다.

하지만 1960년 들어서 뉴컴은 다시 먼로의 홍보 비서로 일하기 시작해서 먼로가 죽을 때까지 그림자처럼 먼로를 수행했다. 뉴컴은 먼로와 홍보대행사인 제이콥스 회사의 연락책이기도 했다. 하지만 두 여인의 관계는 순탄하지만은 않았다. 한번은 뉴컴이 금발로 염색했더니 먼로가 화를 내서 뉴컴은 다시 갈색 머리로 돌아갔다는 이야기가 전해오고 있다.

패트 뉴컴은 먼로가 죽기 전날인 8월 3일 금요일 밤을 먼로의 집 별채 침실에서 보냈다. 그날 밤 먼로는 한숨도 못 잤는데, 뉴컴은 정오가 될 때까지 잠을 푹 자고 일어나서 먼로가 그것을 보고 화를 냈다고 한다. 하지만 반드시 그런 이유로 먼로가 화를 냈는지는 확실치 않다. 여하튼 그날 먼로는 뉴컴에 대해 심기가 불편했고, 오후에 먼로 집에 도착한 랠프 그린슨은 뉴컴에게 집으로 가라고 했다. 오후 4시 30분경 먼로의 집을 나간 뉴컴이 그날 밤 몇 시에 어떻게 먼로의 집으로 왔는지는 미스터리로 남아 있었다. 뉴컴은 8월 5일 아침 굉장히 신경질적이었으며, 경찰과 기자들이 몰려온 후에도 먼로의 집에서 무엇인가를 열심히 찾았다고 전해진다.

8월 5일 아침에 먼로의 죽음이 세상에 알려졌고, 부검을 거친 먼로의 시신은 복원 후 8월 8일에 장례식을 치렀다. 조 디마지오가 주관한 장례식에는 소수의 가까운 사람들만 참석했고 피터 로포드와 프랭크 시나트라는 들어가지 못했다. 랠프 그린슨과 그의 가족, 패트 뉴컴은 장례식에 참석했다. 먼로의 장례식이 끝난 후 먼로의 죽음을 취재하던 기자들은 관련자들이 LA를 떠나버려 곤란을 겪었다. 랠프 그린슨은 병원과 대학을 휴업하고 뉴욕에 가서 지그문트 프로이트의 제자 동문들과 오랫동안 머물렀다. 유니스 머레이는 LA를 떠나 오랫동안 유럽 여행을 했다. 머레이의 사위인 노먼 제프리스도 LA를 떠나 잠적해 버렸다. 재산도 없고 변변한 직업도 없는 유니스 머레이가 무슨 돈으로 그렇게 오랫동안 해외여행을 할 수 있었는지는 상상에 맡긴다.

먼로의 장례식이 있은 그다음 날 피터 로포드 부부와 패트 뉴컴은 매사추세츠 히아니스포트에 있는 케네디가(家) 저택에 나타났다. '케네디 콤파운드(The Kennedy Compound)'라고 불리는 대서양에 면해 있는 저택들은 케네디 형제들이 어릴 때 자란 조지프 케네디의 저택과 나중에 형제들이 사들인 저택으로 구성된 '케네디 왕국'이다. 피터 로포드 부부와 패트 뉴컴은 로버트 케네디 저택에 머물렀고, 거기서 로포드는 허스트 계열 신문 기자와 인터뷰를 했다. 로포드는 먼로의 죽음은 사고였다고 말했다. 그 기자는 미국의 가장 유명한 여배우와 가까웠던 그가 미국의 가장 유명한 가문의 저택에서 인터뷰하는 것이 이상하게 느껴졌다고 썼다.

먼로의 장례식 바로 전날인 8월 7일, 재클린은 두 아이를 데리고 유럽 순방을 떠났다. 8월 11일, 케네디 대통령은 피터 로포드 부부, 패트 뉴컴, 그리고 공보비서 피에르 샐린저와 함께 메인주(州) 존스 섬에 도착해서 하룻밤을 보냈다. 8월 12일, 이들은 미국 해안경비대(US Coast Guard) 요트 마니토(USS Manitou)를 타고 대서양의 바다를 즐겼다.

그 후 패트 뉴컴은 제이콥스 홍보회사를 그만두고 베벌리 힐스 아파트도 비운 채 오랫동안 해외여행을 했다. 자연히 그녀를 찾던 기자들은 그녀와 연락할 수 없었다. 오랜 해외여행에서 돌아온 뉴컴은 미국 공보처(USIA)에 취직했다. 1964년에 로버트 케네디가 상원의원 선거에 출마할 때 공보 일을 했고, 1968년에는 로버트 케네디의 대통령 선거를 도왔다. 로버트 케네디가 사망하자 그녀는 홍보회사를 차렸고 할리우드에서 영화제작에도 간여했다. 뉴컴은 먼로의 죽음에 대해 일절 언급하지 않았고 인터뷰도 피하고 살았다. 뉴컴이 먼로를 죽였다고 주장하는 사람도 있으나 뉴컴은 침묵하는 대가로 케네디가(家)로부터 많은 것을 얻어냈다고 보는 것이 정확한 평가다.

1982년 11월 주간 〈글로브〉 기사

　1975년 10월 22일, LAPD는 먼로 사건을 재수사할 만한 증거가 없다는 결론을 내리고 조사를 종결했다. 하지만 LAPD는 피터 로포드만 불러서 형식적인 인터뷰를 했고 랠프 그린슨 등 당시 현장에 있었던 사람들은 소환하지 않았다. 먼로가 죽은 후 유럽에 장기간 체류하다 LA로 돌아온 랠프 그린슨은 병원 진료를 그만두고 대학 강의와 집필에 집중했다. 그는 우울증과 혈관질환에 시달리면서 시름시름 앓다 1979년 11월 24일 68세로 사망했다.

　피터 로포드의 삶도 먼로가 죽은 후 크게 변했다. 먼로의 장례식 후 로포드는 언론을 피해 히아니스포트에 있는 케네디 본가에서 지내다가 LA로 돌아왔다. 하지만 먼로가 사망한 후 그는 술로 세월을 보냈다. 1966년 2월, 케네디의 누이동생인 부인 패트리샤와 이혼한 후 케네디 가족과는 인연이 끊어졌다. 샌타모니카 바닷가에 있는 큰 저택을 팔고 할리우드의 뒷길에 있는 작은 아파트로 이사했으며, 이런저런 영화에 단역으로 출연했다. 우울증과 알코올 중독에 시달려 건강이 나빠진 그는 1984년 12월 24일 사망했다. 그는 먼로의 죽음에 대해선 말을 하지 않았으나 마지막 부인인 패트리샤 시튼에게는 알려지지 않은 이야기를 남겼다.

1982년은 먼로가 사망한 지 20년이 되는 해였다. 여러 언론에서 먼로 20주기를 다루면서 죽음과 관련된 의혹을 언급했는데, 먼로가 죽었을 당시 검시소에서 일했던 라이오넬 그랜디슨이란 40대 흑인이 먼로의 검시 보고서가 조작됐다고 주장해서 주목을 받았다. 먼로가 죽었을 때 스물둘이었던 그랜디슨은 검시소의 보조원이었다. 그는 먼로의 시신은 등과 허벅지에 멍든 곳이 있었는데, 부검 결과에는 이런 것이 빠져 있는 등 여러 차례 조작됐다고 주장했다. 그는 또한 검시소에 먼로의 소지품이 같이 왔는데, 그중에 일기장(Red Diary)이 다음 날 없어졌다고 주장했다.

이런 주장이 제기되자 LA 카운티 위원회는 또다시 먼로의 죽음에 대해서 조사가 필요하다면서 대배심의 수사를 요구했다. 그러자 그해 8월 11일 LA 검사장 존 반 데 캠프(John Van de Kamp 1936~2017)는 검찰청이 먼로의 죽음을 재조사하고 있다고 발표했다. 그는 1962년에는 검찰청이 먼로의 죽음을 조사하지 않았으나 근래에 먼로의 죽음을 둘러싼 여러 가지 주장이 나와 검찰청에서 조사하고 있다고 밝혔다. 그해 12월 28일, 반 데 캠프 검사장은 검찰청이 자체적으로 조사했으나 먼로가 살해당했다고 볼 수 있는 믿을 만한 증거가 없다면서 사건을 종결하려고 했다.

검시 보고서가 조작됐으며 자기가 먼로의 일기장을 보았다고 주장한 라이오넬 그랜디슨은 먼로가 죽고 6개월 후 불미스러운 일로 검시소에서 해고됐음이 뒤늦게 알려져서 그의 주장은 빛을 잃어버렸다. 또 카스트로를 암살하려는 CIA의 음모를 먼로가 알았기 때문에 CIA가 죽였다는 주장마저 나와서 먼로의 죽음에 의혹이 있다고 주장하는 사람들의 신뢰성 자체가 떨어져 버렸다. 그리고 무엇보다 반 데 캠프 검사장이 민주당원이며 그해에 캘리포니아 법무부 장관 선거에 출마해서 당선됐기 때문에 케네디 가문을 곤혹스럽게 할 재조사 가능성은 애당초 없었다.

그런데 LA 검찰청이 수사를 종결하려고 할 즈음에 충격적인 기사가 나왔다. 타블로이드 주간지 〈글로브(Globe)〉 1982년 11월 23일 자에 '나는 마릴린 살해를 보았다(I Saw Marilyn Murdered)'라는 표지 제목 기사가 나온 것이다. 제임스 홀(James Hall)이란 사람이 자기는 앰뷸런스 구급요원이었으며 먼로가 죽던 날 밤 자신의 앰뷸런스가 먼로의 집에 갔었고, 먼로가 죽는 모습을 목격했다고 인터뷰한 것이다. 그의 주장은 다음과 같았다.

1962년 8월 4일 늦은 밤, 쉐퍼 앰뷸런스 회사(Schaefer Ambulance Service)의 구급요원인 제임스 홀은 동료 머레이 리보위츠(Murray Liebowitz)와 함께 UCLA 메디컬센터로 돌아가던 중 먼로의 주소(12305 Fifth Helena Drive)로 가라는 연락을 받았다. 그 연락을 받았을 때 그들은 먼로의 집 바로 근처에 있어서 2분 내 도착한다고 회신했다.

앰뷸런스가 도착하자 신경이 곤두선 젊은 여자가 제임스 홀과 머레이 리보위츠를 별채 침실로 데리고 갔는데, 거기서 두 사람은 아무것도 입지 않은 채 침대 위에 누워있는 마릴린 먼로를 보았다. 먼로의 상태는 호흡이 약하고 약한 맥박은 빨리 뛰고 있었다. CPR(심폐소생술)은 딱딱한 바닥 위에서 해야 하므로 두 사람은 먼로를 바닥에 내려놓고 공기 튜브를 먼로의 입에 넣은 후 인공호흡을 시작했다. 젊은 여자는 "그녀가 죽었어, 그녀가 죽었어" 하고 큰소리를 쳐서 두 사람이 인공호흡을 하는 데 방해가 됐다. 얼마 후 먼로는 숨을 쉬기 시작했고 제임스 홀은 먼로의 생체 사인(vital sign)이 돌아와서 안전하게 병원으로 데리고 갈 수 있겠다고 생각했다. 홀은 리보위츠에게 차에서 들것을 가져오라고 했다.

그때 의사 가방을 든 남자가 방으로 들어오더니 자기가 먼로의 의사라면서 호흡기를 떼라고 했다. 제임스 홀은 이 지시에 놀랐으나 앰뷸런스 요원은 의사의 지시에 따라야 했기에 호흡기를 떼고 입을 대서 인공호흡을 시켰다. 먼로의 입에선 클로랄 하이드레이트를 복용하면 나는 독특한 냄새가 나지 않았으며 구토의 흔적도 없어 보였다.

그 의사는 먼로의 생체 사인이 약하다면서 가방을 열고 긴 바늘이 있는 주사기를 꺼냈다. 그러고는 주사기로 아드레날린 약병의 액체를 빨아 넣은 후 먼로의 심장에 주사기를 꽂았다. 주삿바늘의 각도가 맞지 않아 갈비뼈를 건드린 것 같았는데도 주사기를 계속 밀어 넣었다. 홀은 그 순간 먼로가 죽었다고 생각했다. 그 의사는 청진기를 먼로의 심장에 대고 듣더니 홀에게 "당신들은 이제 가도 된다. 나는 그녀가 죽었다고 판단하겠다"고 했다.

제임스 홀은 현장에서 간단하게 보고서를 작성했다. 그때 점프슈트를 입은 남자가 신경이 날카로워져서 울고 있는 젊은 여자를 달랬다.

한 경찰관이 점프슈트를 입은 사람과 잠시 이야기하더니 본채 건물로 들어가 있다가 나와서 제임스 홀이 갖고 있는 앰뷸런스 콜 슬립에 사인했다. 홀과 리보위츠는 현장을 떠나 앰뷸런스 회사 본부로 돌아왔다. 제임스 홀은 나중에 먼로의 심장에 주사를 놓은 의사가 랠프 그린슨, 신경질적인 젊은 여자가 패트 뉴컴, 점프슈트를 입은 남자가 피터 로포드, 경찰관이 마빈 이아논 경사라고 확인할 수 있었다. 먼로가 죽은 후 20년이 지나서 나온 제임스 홀의 증언은 가히 메가톤급이었다.

앰뷸런스 구급요원의 진실

타블로이드는 주로 슈퍼마켓 계산대 앞에 놓고 파는 주간지를 의미하는데, 주류(主流) 신문이 다루지 않는 흥밋거리 기사와 과장된 기사로 매출을 올린다. 그 때문에 주로 대중의 관심을 끄는 유명인사의 신변 문제를 많이 다룬다. 그렇다고 터무니없는 기사를 올리지는 않는다. 타블로이드도 허위 기사로 타인의 명예를 훼손하면 소송당할 수 있어 팩트 체크는 필수다.

마릴린 먼로가 죽던 날 밤 먼로의 집에서 랠프 그린슨의 주사로 먼로가 죽는 모습을 보았다는 제임스 홀의 인터뷰 기사는 전국에 배포되는 유력 주간지 〈글로브〉에 게재되었다. 글로브는 〈내셔널 인콰이어(National Enquire)〉 다음으로 많은 부수를 자랑하는 타블로이드였다. 제임스 홀은 20년 전의 기억을 바탕으로 인터뷰했으며 다른 증거물은 없었다. 따라서 아무리 타블로이드라고 해도 상당한 위험부담을 안고 기사를 올린 것이다. 〈글로브〉는 기사화에 앞서 제임스 홀을 플로리다 본사로 오라고 해서 거짓말 탐지기 검사를 받도록 했다. 몇 차례 거짓말 탐지기 검사를 했으나 결과는 일관성 있게 제임스 홀이 진실을 말하고 있음을 확인해 주어서 그의 인터뷰는 기사화됐다.

먼로가 죽고 20년 만에 제임스 홀의 이런 인터뷰 기사가 나오자 또 다른 증언이 뒤따랐다. 먼로의 옆집에 계속 살아온 에이브 랜도 부부는 8월 4일 토요일 밤늦게 먼로의 집 앞에 앰뷸런스와 경찰차가 와 있는 것을 보았다고 공개적으로 증언했다. 상황이 이렇게 되자 먼로의 죽음에 대한 재수사 여부를 종결하려던 LA 검찰청은 신중한 판단을 내려야 했다.

이때 쉐퍼 앰뷸런스 회사 창업자이며 대표인 월터 쉐퍼(J. Walter Schaefer 1905~1986)가 제임스 홀은 자기 회사에서 일한 적이 없다고 〈글로브〉 기사를 반박했다. 그러면서 먼로의 집에 앰뷸런스가 출동한 시각은 8월 4일 늦은 저녁이 아니라 8월 5일 이른 아침이라고 했다. 또 앰뷸런스 구급요원은 제임스 홀이 아니라 켄 헌터(Ken Hunter)이며, 그때 켄 헌터와 같이 앰뷸런스를 운전한 사람은 머레이 리보위츠로 기억하고 있다고 발표했다. 검찰청에 출두한 켄 헌터는 먼로의 집에 도착했을 때 먼로는 침실에 엎드린 채 죽어 있었으며, 이미 경찰관 몇 명이 와 있어서 두 사람은 그대로 철수했다고 말했다. LA 검찰청은 제임스 홀의 진술보다는 켄 헌터의 진술을 진실로 판단하고 먼로의 죽음을 재수사할 근거가 없다고 결론 내렸다. 이렇게 해서 누가 앰뷸런스를 타고 먼로의 집에 갔는지, 언제 갔는지는 미궁에 빠졌다.

 1962년 8월 5일 새벽 신고를 받고 처음 먼로의 집에 도착한 잭 클레몬스 경사는 LAPD에서 은퇴한 후 로버트 슬래처와 함께 먼로 죽음의 의혹을 추적하고 있었다. 그는 LA 검찰청과 월터 쉐퍼가 진실을 은폐하고 있다고 생각했다. 잭 클레몬스는 물론이고 이어서 먼로의 집에 도착한 로버트 바이런 경사와 조 히암스 기자도 5일 아침에 앰뷸런스를 보지 못했기 때문이다. 그러나 쉐퍼 앰뷸런스 회사는 이들의 질문과 인터뷰 요구에 일절 응하지 않았다. 로버트 슬래처는 1985년에야 말년에 이른 월터 쉐퍼를 만날 수 있었다. 월터 쉐퍼는 3년 전과는 다른 이야기를 했다.

 월터 쉐퍼는 1932년 스물일곱에 중고 앰뷸런스 한 대로 민간 앰뷸런스 서비스 사업을 시작했다. 그는 남부 캘리포니아에서 가장 큰 앰뷸런스 서비스를 제공하고, 전용 비행기로 에어 앰뷸런스라는 새로운 사업을 일으킨 민간 앰뷸런스 업계의 선두주자였다. 쉐퍼는 1962년 8월 5일 오전 회사에 출근해서 지난밤의 운행일지를 보았더니, 앰뷸런스 한 대가 약물 과용으로 의식을 잃은 마릴린 먼로를 태우고 샌타모니카 병원으로 갔으나 병원에 도착했을 때는 이미 죽어서 도로 먼로의 집으로 돌아온 것으로 적혀 있었다고 말했다. 그리고 그날 먼로를 이송한 구급요원은 켄 헌터와 머레이 리보위츠였다고 말했다. 이에 대해 로버트 슬래처가 "왜 시신을 도로 먼로의 집으로 데려와서 침대에 올려놓았냐?"고 묻자 쉐퍼는 "할리우드에선 온갖 일이 발생한다"고만 말했다.

하지만 월터 쉐퍼의 이 이야기는 나중에 허위로 밝혀졌다.

LA 검찰청에 나가서 자기가 앰뷸런스를 운전해서 먼로의 집으로 갔다고 진술한 켄 헌터는 그 후 행방을 감추었다. 앤서니 서머스는 1984년에야 켄 헌터의 소재를 파악할 수 있었으나 헌터는 답변을 피하고 그 후에는 아예 연락을 끊었다. 앤서니 서머스는 1985년에 성과 이름을 바꾸고 다른 도시에서 살고 있는 머레이 리보위츠를 찾아냈다. 하지만 그 역시 그 문제에 더 이상 엮이기 싫다고 면담을 거절했다.

그러나 제임스 홀의 소득세 공제기록과 그의 아버지, 전 부인, 여동생, 친한 친구의 증언은 홀이 먼로가 죽었을 시기에 쉐퍼 앰뷸런스 회사에 다녔음을 확인해 주었다. 그 시기에 사고 현장을 수습하는 제임스 홀의 사진이 신문에 난 적도 있었다. 1992년에 제임스 홀은 캘리포니아의 공인된 거짓말 탐지 전문가로부터 또다시 거짓말 탐지기 검사를 받았다. 결과는 홀이 진실을 말하고 있다는 것이었다.

1993년에 들어서 중요한 증언이 나오기 시작했다. 쉐퍼 앰뷸런스 회사에서 40년 동안 일하고 부사장까지 지낸 칼 벨로즈(Carl Belloz)는 켄 헌터가 1970년대 중반부터 1980년대까지 쉐퍼 회사의 오렌지카운티 사업장에서 일했다고 고백했다. 따라서 1982년 12월에 쉐퍼 회사는 거짓말을 했던 것이고, LA 검찰청은 그것을 그대로 받아들인 것이다. 이렇게 되자 머레이 리브(Murray Leib)로 개명하고 LA 외곽에 살던 머레이 리보위츠는 먼로가 죽던 날 자기와 제임스 홀이 먼로의 집에 갔다면서 제임스 홀의 증언이 진실임을 확인해 주었다.

그 후에 밝혀진 일은 더욱 놀라웠다. 1995년 들어서 잭 클레몬스는 쉐퍼 앰뷸런스의 비행기 조종사로 일했던 밥 노이먼(Bob Neuman)을 만났다. 월터 쉐퍼는 1947년에 에어 앰뷸런스 사업을 시작했고, 밥 노이먼은 1950년대 말부터 1960년대 초까지 에어 앰뷸런스 비행기 조종사로 일했다면서 쉐퍼 에어 앰뷸런스 서비스의 비밀을 털어놓았다.

쉐퍼의 에어 앰뷸런스는 샌 페르난도 공항에 계류장을 두고 운영했는데, 환자 이송만이 아니라 미국 정부를 위한 비밀 운행도 했다는 것이다. 케네디 정부 시절인 1961~62년에는 케네디 대통령과 여자들을 태우고 여러 곳을 운행했다고 증언했다. 케네디와 마릴린 먼로를 태우고 아이다호에 갔고, 타호호 근처의 칼 네바 카지노와 팜 스프링스에도 갔으며, 마릴린 먼로와 로버트 케네디를 태우고 멕시코 바하 칼리포르니아(Baja California) 반도 남쪽 끝에 있는 휴양지 카보 산 루카스(Cabo San Lucas)에도 갔다고 고백했다.

이쯤 되면 무엇이 진실인지 명확해진다. 제임스 홀은 진실을 말했으며 쉐퍼 앰뷸런스 서비스 회사는 치명적 약점 때문에 진실을 말할 수 없었던 것이다. 그러면 이런 의문이 남는다. 먼로가 죽던 8월 4일 밤 먼로의 집에 있었던 사람들은 왜 앰뷸런스를 불렀을까? 말년에 죽음을 앞둔 제프리스는 유니스 머레이가 별채 침실에서 의식을 잃어버린 먼로를 보고 앰뷸런스를 불렀다고 고백한 바 있다.

제임스 홀은 인공호흡기를 떼지 않은 상태에서 먼로를 병원으로 이송했으면 먼로는 살았을 것이라고 주장했다. 하지만 그렇게 되면 미국 대통령과 그의 동생인 법무부 장관이 먼로를 죽이려 했음이 드러나는 것이니 그것은 애당초 불가능했다. 제임스 홀은 랠프 그린슨의 주사 솜

씨가 서툴렀으며 그가 먼로에게 놓은 주사액은 아드레날린 색깔이 아니었다고 말했다. 랠프 그린슨은 정신과 의사이기 때문에 주사를 놓을 일이 없었고 특히 심장에 아드레날린 주사를 놓을 일은 더더욱 없었다.

그러나 그린슨의 가방에는 주사기와 정체불명의 주사액이 담긴 병이 있었다. 이는 유사시 먼로의 목숨을 확실하게 끊기 위해 준비했다는 의미가 된다. 먼로의 시신 부검에선 넴뷰탈과 클로랄 하이드레이트만 나왔기 때문에 그린슨이 먼로의 심장에 꽂은 주사기에는 이 두 가지 성분이 들어있었을 것으로 추측된다. 그러면 먼로를 잘 알아 왔던 그린슨은 왜 이런 음모에 가담해야 했는가 하는 의문이 생긴다. 그린슨에게 치명적 약점이 있지 않은 한 이런 일은 일어날 수 없기에 많은 억측이 나왔다.

제임스 홀은 먼로가 죽자 한 경찰관이 본채 건물로 들어갔다가 다시 나와서 자기가 준비한 서류에 사인했다고 증언했다. 그 경찰관은 마빈 이아논 경사였다. 그는 본채 건물에 들어가서 로버트 케네디를 만나 이야기하고 다시 밖으로 나왔을 것이다. 그리고 제임스 홀과 머레이 리보위츠는 앰뷸런스를 몰고 쉐퍼 앰뷸러스 차고지로 복귀했다. 앰뷸런스가 떠난 후 피터 로포드는 로버트 케네디와 랠프 그린슨을 자기 자동차에 태우고 헬기가 기다리고 있는 자기 집으로 가던 중 정신이 없어서인지 정반대 방향으로 과속운전을 하다 순찰 중이던 린 프랭클린 경관에게 적발됐다.

자정 넘어 피터 로포드의 집에 도착한 로버트 케네디는 대기 중이던 헬기로 LA 국제공항으로 향했고, 역시 대기 중이던 작은 비행기로 샌프란시스코로 향했고, 공항에서 기다리던 누군가의 자동차로 베이츠 농장에 도착했을 것이다. 그리고 그는 아침에 가족과 함께 성당에 가서 미사를 보았다.

로버트 케네디가 헬기로 떠난 후 그린슨은 피터 로포드와 함께 시나리오를 만들었을 것이고 다시 먼로의 집으로 돌아와서 유니스 머레이와 패트 뉴컴 등에게 입을 맞추도록 했을 것이다. 이들은 먼로를 별채 침실에서 본채 침실로 옮기고 엎어진 상태로 놓았다. 시간이 흘러감에 따라 먼로의 가슴과 얼굴에는 시반(屍班)이 생기고 시신 경직 상태가 진행됐다. 시반은 사람이 죽은 후에 혈액 순환이 멈추면 피가 중력 법칙에 따라 아래로 내려가는 현상을 말하는데, 시반이 생기면 주사 자국을 찾기가 어려워진다. 제임스 홀이 도착해서 벗은 상태로 침대에 누워있는 먼로를 보았다는 대목도 중요하다. 만일 수면제를 많이 먹었다면 그렇게 침대에 똑바로 누울 수가 없다. 수면제를 과다하게 삼키면 복통과 구토, 그리고 경련이 일어나서 괴로워하는 상태로 숨을 거두게 되는데, 먼로의 모습은 그것이 아니었다.

따라서 먼로는 수면제를 복용한 것이 아니고 다른 방법으로 수면제 성분이 먼로의 체내로 들어와서 정신을 잃어버렸다고 추정할 수 있다. 토머스 노구치의 부검 결과에 의하면 먼로의 위와 소장에선 수면제 성분이 발견되지 않았으나 먼로의 혈액과 간에선 치사량의 몇 배가 되는 수면제 성분이 나왔다. 먼로가 어떻게 그 지경에 이르렀는지는 오직 추측만 가능할 뿐이다. 하지만 그 자리에 있었던 미국 법무부 장관이 먼로의 살인과 그 은폐에 책임이 있음은 분명하다.

　먼로의 죽음을 은폐하는 데 가담한 월터 쉐퍼는 1986년에 사망했고, 그의 회사는 딸이 이어받아 운영했다. 전성기에 쉐퍼 앰뷸런스는 구급차 100대와 에어 앰뷸런스 한 대를 운영했으나 오바마 케어가 실행됨에 따라 수익성이 저하돼서 2019년에 폐업했다. 폐업 당시 쉐퍼는 앰뷸런스 75대를 운영하고 직원 375명이 일하고 있었다.

마릴린 먼로 30주기

　먼로가 죽은 지 30년이 되는 1992년에도 먼로의 죽음을 둘러싼 논의가 다시 일었다. 그런 분위기에 편승해서 먼로에 관한 책들이 새로 나왔다. 그중 가장 성공한 책은 피터 브라운(Peter Brown)과 팻 바햄(Pat Barham)이 쓴《마릴린 : 마지막 장면(Marilyn : The Last Take)》으로, 그해 8월 더튼출판사에서 나왔다. 기존에 나온 책과 자료에 근거해서 쓴 이 책은 하드커버에 이어서 페이퍼백과 포켓북으로도 베스트셀러를 기록했다. 먼로의 죽음을 재조사해야 한다고 주장해 온 로버트 슬래처도 먼로에 관한 자료를 모아서《마릴린 파일(The Marilyn File)》을 펴냈다.

　먼로에 관한 책은 아니지만 먼로가 죽었을 당시 LAPD 윌리엄 파커 국장의 핵심 참모였고 1978년 이후 LAPD 국장을 지내고 있는 대릴 게이츠는 1992년 초에 회고록《경찰국장 : LAPD에서의 나의 삶》을 펴냈다. 이 책에서 게이츠 국장은 "먼로가 죽던 8월 4일 로버트 케네디는

LA에 왔으며, LAPD는 로버트 케네디가 LA에 올 때마다 알고 있었고", 먼로가 죽던 날 "로버트 케네디가 LA에 있다는 것을 우리(LAPD)는 알았으나 그가 어디서 무엇을 하는지, 그가 먼로를 만났는지에는 관심을 두지 않았다. 나는 그(로버트 케네디)가 그녀(먼로)를 버렸기 때문에 그녀가 자살했다는 주장을 믿은 적이 없다"고 썼다. 현직 LAPD 국장의 이 같은 언급이 갖는 의미는 클 수밖에 없었다.

1992년 가을, 대형 출판사인 하퍼콜린스(HarperCollins)는 전기 작가 도널드 스포토(Donald Spoto 1941~2023)가 마릴린 먼로 전기를 출간할 예정이라고 발표했다. 도널드 스포토는 알프레드 히치콕, 로렌스 올리비에 등 영화계 인물의 전기를 펴낸 유명 전기 작가였다. 1993년 3월, 스포토의《마릴린 먼로 : 전기(Marilyn Monroe : The Biography)》가 드디어 서점에 나왔다. 출판사는 "처음으로 먼로의 죽음에 관한 진실이 드러났다"고 홍보했다. 스포토는 이 책에서 먼로의 생애를 지루하게 다루고는 마지막 부분에 먼로의 죽음을 다루었다.

스포토는 로버트 케네디와 마릴린 먼로는 아무런 관계가 없었으며, 케네디 형제는 먼로의 죽음과도 연관성이 없다고 단정했다. 그러면서 패트 뉴컴이 먼로의 마지막 2년에 관해 서술하는 데 많은 도움을 주었다고 썼다. 스포토는 랠프 그린슨과 유니스 머레이가 먼로에게 관장을 해주면서 수면제 성분을 주입해 죽게 했다고 주장했다. 그리고 로버트 슬래처, 앤서니 서머스 등 먼로의 죽음과 관련해 책을 낸 사람들은 직접적인 증거도 없이 단지 전해 들은 이야기, 즉 전문(傳聞) 정보에 근거해서 케네디 형제를 모함했다고 주장했다.

스포토는 먼로가 유니스 머레이를 해고하고 랠프 그린슨에게 더 이상 진료를 받지 않으려 해서 두 사람이 먼로를 죽였다고 결론을 내렸다. 따라서 케네디 형제와 먼로의 관계는 모두 낭설(浪說)이고, 로버트 케네디가 먼로의 죽음에 연루돼 있다고 말하는 사람들은 기본적 사실 확인도 없이 황당한 주장을 하고 있다는 것이다. 이처럼 스포토는 케네디 형제를 먼로의 죽음으로부터 완전히 면책(exonerate)해 주었다.

스포토는 먼로의 집에 로버트 케네디가 드나든 것을 보았으며 먼로가 죽던 날 먼로의 집 앞에 앰뷸런스와 경찰차가 와 있었다는 이웃 사람들의 증언, 피터 로포드의 집에 로버트 케네디와 먼로가 드나들었으며 먼로가 죽던 날 밤 주변에서 헬기가 이륙했다는 피터 로포드의 이웃 사람들의 증언을 완전히 무시했다. 스포토는 먼로가 죽던 날 밤 먼로의 집에 도착한 앰뷸런스 구급요원 제임스 홀의 증언도 언급할 필요가 없다는 식으로 무시해 버렸다. LAPD 국장인 대릴 게이츠의 회고록도 무시했고, 먼로가 죽던 날 밤 피터 로포드의 과속 운전을 단속한 경찰관의 진술, 그날 밤 피터 로포드의 집 부근에서 LA 공항으로 운항한 헬기의 운항기록도 무시해 버렸다.

스포토는 패트 뉴컴이 제공한 소중한 자료를 많이 참조했다고 책에서 밝혔다. 하지만 패트 뉴컴은 먼로가 죽은 후 케네디가(家)의 도움으로 미국 공보처에서 일하다가 로버트 케네디의 선거를 도운 케네디가의 사람이다. 더구나 패트 뉴컴은 앤서니 서머스 등 먼로의 죽음을 파헤치던 연구자들을 전혀 만나지 않다가 스포토에게 도움을 주었다니 이상할 수밖에 없다.

대형 출판사인 하퍼콜린스는 스포토의 책을 팔기 위해 대대적인 선전을 했다. 하지만 스포토의 책에 대해선 비판적 목소리가 컸다. 대표적인 인물이 20년 동안 〈LA 타임스〉와 〈배니티 페어〉 잡지 기자로 있으면서 할리우드 기사를 써오고 할리우드의 권력과 돈, 그리고 섹스를 다룬 책《클럽의 지배 : 권력, 돈, 섹스 그리고 공포(The Club Rules: Power, Money, Sex and Fear — How It Works in Hollywood, 1992년)》를 펴낸 폴 로젠필드(Paul Rosenfield 1949~1993)이다. 그는 그해 5월 2일 자 〈LA 타임스〉 서평 기사 '케네디 형제를 그로부터 제외하라(Leave the Kennedys Out of It)'에서 스포토의 책은 사실을 왜곡한 수정주의(revisionist)라고 혹평했다.

로젠필드 기자는 스포토에 의하면 먼로는 팜 스프링스의 빙 크로스비 집에서 케네디와 긴 밤을 보내지 않았고, 먼로를 죽인 사람은 케네디 형제가 아니라 먼로가 해고하려고 한 정신과 의사와 가정부이며, 피터 로포드는 케네디 형제와는 단지 친한 친구였고 여자를 소개해준 적도 없다고 비꼬았다. 로젠필드 기자는 먼로의 삶에 케네디 형제는 너무나 자주 그리고 깊이 관련되어 있음이 분명한데도 스포토는 그것을 알지 못하는 것이 이상하다고 힐난했다. 이 서평을 쓴 폴 로젠필드 기자는 1993년 5월 27일 44세 나이로 브렌트우드 자택에서 사망했다. LA 검시관은 그의 사인을 자살이라고 발표했다.

스포토는 자기 책에서 앤서니 서머스가 직접 자료를 수집하지 않고 풍문을 근거로 책을 썼다고 비난했다. 이에 화가 난 앤서니 서머스는 영국 법원에 스포토와 하퍼콜린스 출판사를 상대로 명예훼손 소송을 제기했다. 담당 판사는 서머스가 제출한 인터뷰 녹음테이프를 살펴보고 서머스가 저자로서 충실한 집필을 했다고 판단했다. 1994년 3월 28일, 법원의 주재하에 스포토와 하퍼콜린스 출판사는 앤서니 서머스에게 상당한 손해배상을 하고, 향후 출간될 페이퍼백에는 내용을 수정하기로 합의했다. 도널드 스포토의 패배는 30년 동안의 은폐와 사실 왜곡, 특히 케네디가(家)가 주도한 '왜곡 캠페인(disinformation campaign)'이 실패했음을 의미했다.

Marilyn Monroe
& the Kennedy Brothers

범죄의 재구성

11

"여자는 자신을 필요로
하지 않는 사람을 필요로 할 이유가 없어요."

마릴린 먼로가 죽던 날 먼로의 집에는 여러 사람이 있었다. 하지만 그날 밤 먼로의 집 안으로 들어갔던 외부인은 앰뷸런스를 몰고 온 두 사람뿐이었다. 그중 한 사람인 제임스 홀이 1982년 11월에 놀라운 증언을 했다. 자기가 인공호흡기로 먼로가 스스로 호흡하도록 만들었으나 콧수염이 있는 의사가 호흡기를 떼도록 하고 먼로의 심장에 주사기를 찔러서 갈색 액체를 주입하자 먼로가 숨을 거두었다는 것이다. 제임스 홀의 이 같은 증언은 먼로의 죽음을 전면적으로 다시 조사해야 한다는 말이 나올 정도로 충격적이었다. 그런데 쉐퍼 앰뷸런스 회사는 제임스 홀의 존재 자체를 부인했고, 제임스 홀이 함께 갔다고 했던 머레이 리보위치는 소재가 파악되지 않았다.

그 후 10년이 지난 1993년부터 쉐퍼 앰뷸런스 회사 관계자들이 진실을 말함에 따라 제임스 홀의 증언은 진실로 받아들여지고 있다. 리보위츠는 먼로가 죽은 후에 LA에서 세차장 여섯 군데를 운영했고, 그 후에 성(姓)을 리브(Leib)로 바꾸고 다른 곳에서 살았다. 리보위치는 먼로가 죽은 후 케네디가(家)에서 거액을 주어서 그 돈으로 세차장을 샀다고 나중에 고백했다. 진실을 말하지 않고 피한 데는 이유가 있었다.

로버트 케네디가 먼로가 죽던 시점에 먼로의 집에 있었고, 먼로의 정신과 의사인 랠프 그린슨이 먼로에게 치명적인 주사를 놓았다고 하더라도 그날 오후부터 밤까지 무슨 일이 있었는지는 알 수가 없다. 그날 저녁에 먼로의 집에 있었던 사람들은 모두 공범자이기 때문이다. LAPD와 LA 검찰청이 강제수사를 하지 않는 한 이들이 입을 열 이유가 없음은 당연했다. 하지만 로버트 케네디가 그날 LA에 있었다는 사실은 대릴 게이츠 LAPD 국장이 1992년 초에 나온 회고록에서 인정했으니 더 이상 논란이 있을 수 없다.

1998년 10월에는 할리우드의 극작가이고 영화 편집자이며 먼로를 오래전부터 알았던 도널드 울프(Donald H. Wolfe 1931~)가《마릴린 먼로의 마지막 날들(The Last Days of Marilyn Monroe)》을 펴냈다. 앰뷸런스 논란 등 먼로의 죽음을 둘러싼 여러 의문점과 논란이 대체로 정리된 후에 나온 이 책은 베스트셀러가 됐다. 먼로가 죽은 8월 4일 그 하루 동안 먼로의 집에서 무슨 일이 있었는지는 먼로의 이웃에 사는 사람들의 증언과 그날 먼로와 통화한 사람들의 증언으로 최대한 추정해 보는 수밖에 없다.

뒤늦게 먼로의 죽음을 추적한 제임스 마골리스(James Margolis)와 리차드 버스킨(Richard Buskin)은 2014년에《마릴린 먼로 살인 사건(The

Murder of Marilyn Monroe)》을 펴내면서 8월 4일에 무슨 일이 있었는지를 집중적으로 다루었다. 마골리스와 버스킨은 먼로의 전화와 집을 도청한 프레드 오타시의 녹음테이프를 청취했던 사람들을 만나서 이들의 진술을 참조해서 책에 반영했다. 8월 4일 하루 동안에 먼로와 먼로의 집에서 일어난 일을 앞서 나온 앤서니 서머스의 책과 마골리스와 버스킨의 책에 나온 내용을 중심으로 정리하면 아래와 같다.

사망 하루 전 1962년 8월 3일

먼로가 죽기 전날인 8월 3일 금요일 오후, 로버트 케네디는 가족과 함께 샌프란시스코에 도착했다. 그는 8월 6일 월요일 오전에 미국 변호사협회(ABA) 샌프란시스코 지부 주최로 간단한 연설을 하게 되어 있었다. 샌프란시스코 변호사협회는 로버트 케네디를 위해 시내에 있는 세인트 프란시스 호텔 방을 예약해 두었다. 하지만 로버트 케네디는 이 호텔에 묵지 않고 남쪽 길로이에 있는 베이츠가(家)의 전원 농장에 묵었다.

〈뉴욕데일리 뉴스〉에 할리우드에 관한 칼럼을 쓰던 플로라벨 뮈어(Florabel Muir 1889~1970)는 먼로가 세인트 프란시스 호텔 데스크에 몇 차례 전화를 걸어 로버트 케네디에게 통화 요청을 한 사실도 알아냈다. 관록 있는 여기자인 뮈어는 호텔 전화교환원에게 수고비를 주고 이를 알아냈다. 그러나 로버트 케네디는 이 호텔에 오지 않았기 때문에 먼로의 메시지는 전달되지 않았다. 로버트 케네디가 샌프란시스코를 방문한다는 사실은 언론에 났으나 숙박 장소는 공개되지 않았기 때문에 먼로는 다른 경위로 로버트 케네디가 세인트 프란시스 호텔에 예약이 돼 있음을 알아냈을 것이다.

당시 로버트 케네디의 샌프란시스코 방문을 알린 신문 보도는 2주일 후에 케네디 대통령이 캘리포니아를 방문할 예정임도 함께 언급했다. 먼로와 친했던 시드니 스콜스키 기자는 로버트 케네디의 샌프란시스코 도착을 알리는 기사가 나기 며칠 전 먼로가 케네디 대통령이 캘리포니아에 온다면서 그때 케네디를 만날 것이라고 전화로 말했다고 기억해냈다.

평소에도 전화를 자주 하는 먼로는 8월 3일에도 여러 사람과 통화를 했다. 먼로는 당시 오하이오 콜럼버스에 가 있던 로버트 슬래처와 오랜 시간 통화를 했다. 슬래처는 친구 네 명과 같이 있었는데, 친구들에게 먼로와 통화하도록 했다. 먼로는 그 전날 8월 2일에도 슬래처와 통화를 했다. 슬래처는 로버트 케네디가 그 주말에 샌프란시스코를 방문한다는 기사를 보고 먼로에게 전화를 걸어 로버트 케네디와 이야기할 기회라고 알려주었다.

8월 3일 금요일, 먼로는 법무부에 여러 차례 전화했으나 로버트 케네디와 통화할 수 없었던 것으로 추측된다. 먼로는 피터 로포드의 부인 패트리샤에게 전화해 로버트와 연락을 취해 보려 했으나 패트리샤는 매사추세츠 히아니스포트에 있는 케네디 본가에 가 있었다. 피터 로포드는 먼로에게 패트리샤와 통화할 수 있는 번호를 알려주었다. 먼로가 패트리샤를 통해서 로버트 케네디와 통화했는지는 알 수 없다.

8월 3일 금요일 오후, 마릴린 먼로는 유니스 머레이가 운전하는 자동차를 타고 샌타모니카에 있는 프랭크 수목원(Frank's Nursury)에 가서 정원에 심을 오렌지 나무 등을 샀다. 그리고 랠프 그린슨과 하이먼 엔젤버그를 그들의 병원에서 만났다. 엔젤버그는 약 처방을 내려주고 먼로에게 영양제 주사를 한 대 놓았다. 집으로 돌아온 먼로는 로버트 케네디와 통화하기 위해 샌프란시스코 다운타운에 있는 세인트 프란시스 호텔로 여러 차례 전화를 걸었다.

먼로는 그날 저녁에 패트 뉴컴과 함께 샌타모니카에 있는 레스토랑에서 저녁 식사를 했다. 먼로는 패트 뉴컴과 함께 집으로 돌아왔고, 뉴컴은 그날 밤 먼로의 집에서 자기로 하고 별채 침실로 갔다. 먼로는 다음 날 점심에 먹을 미트볼, 버섯 등 채소와 샴페인을 브릭스 델리카트센(Briggs Delicatessen)에 주문했다. 음식 가격은 49달러로, 당시 기준으로 볼 때 큰 액수였다. 이로 미루어 볼 때 먼로는 다음 날 로버트가 자기 집으로 올 것으로 기대했다고 보인다.

1962년 8월 4일 오전 8시~오후 3시

8월 4일 토요일 아침, 베벌리 힐스의 아파트에 살고 있는 지니 칼멘은 이른 아침에 걸려 온 전화에 잠을 깼다. 먼로의 전화였다. 먼로는 지난밤에 있었던 일을 칼멘에게 장황하게 이야기했다. 먼로는 밤새 이상한 전화에 시달렸다는 것이다. "보비(Bobby: 로버트 케네디)를 건드리지

마라"고 하면서 욕지거리를 하는 여인들의 전화가 끊임없이 오더니 오전 5시 30분에야 그쳤다는 것이다. 먼로는 칼멘에게 수면제를 갖고 자기 집으로 와 달라고 부탁했으나 칼멘은 그날 약속이 많아서 나중에 다시 통화하자며 전화를 끊었다. 8월 4일은 칼멘의 생일이었다. 그녀는 아파트를 나오면서 먼로가 보낸 생일축하 카드가 자기 우편함에 있는 것을 보았다.

8월 4일 아침부터 낮까지 먼로와 먼로의 집에서 일어난 일은 아래와 같다.

오전 8시, 유니스 머레이가 먼로의 집에 도착했다.

오전 9시, 아서 밀러의 아버지인 이시도어 밀러가 전화했으나 먼로는 이를 받지 못했고 응답 콜도 하지 않았다.

오전 9시, 랠프 로버츠가 도착해서 먼로의 등을 한 시간 동안 마사지해주었다.

오전 10시~11시, 랠프 로버츠는 먼로의 집을 나왔고, 먼로는 주방에 나와 머레이에게 아침 인사를 하고 자몽 주스를 한잔 마셨다. 전날 구매한 오렌지 나무 등이 도착했고 그 전날에 구매한 베드 사이드 테이블도 도착했다. 헤어를 담당하는 아그네스 플래네건이 도착해서 먼로의 머리를 손질했다.

오전 11시~12시, 로버트 케네디가 LA에 도착했다. 로버트 케네디는 소형 민간 비행기를 임대해서 LA 국제공항에 혼자 도착했다. 피터 로포드가 LA 공항에서 로버트 케네디를 만났거나 공항에서 헬기 편으로

20세기 폭스 헬기장에 내린 로버트를 로포드가 자기 집으로 데려갔을 것으로 추정된다.

12시 정오, 별채 침실에서 자던 패트 뉴컴이 드디어 일어났다. 잠을 자지 못한 먼로는 늦게 일어난 뉴컴을 보고 화를 냈다.

오후 2시, 조 디마지오의 아들 디마지오 2세가 먼로의 집에 전화를 걸어왔다. 머레이는 전화를 받고도 먼로에게 전화를 바꿔주지 않았다. 해병대 복무 중이던 디마지오 2세는 당시 캠프 펜들턴 기지에 있었다.

오후 2시, 피터 로포드와 로버트 케네디가 먼로의 집에 도착했다. 피터 로포드는 유니스 머레이와 집수리를 하던 노먼 제프리스에게 코카콜라를 사 먹으라고 돈을 주면서 한 시간 후에 돌아오라고 했다. 두 사람은 제프리스의 픽업트럭을 타고 먼로의 집을 나갔다. 먼로는 로버트 케네디에게 어제 주문한 브릭스 델리카트센 음식을 권했으나 로버트는 관심이 없다고 말했다. 로버트는 먼로에게 자기가 여기에 온 이유는 "다시는 자기나 형에게 연락해서는 안 된다는 것을 알리기 위함"이라고 직설적으로 말했다. 로버트와 몇 분 동안 다툰 후 먼로는 "당신 형제와 나의 관계를 기자 회견에서 폭로하겠다"고 언성을 높였다. 먼로는 식탁 위에 놓여 있던 칼을 집어 들고 로버트에게 다가갔다. 피터 로포드가 먼로를 말렸고, 로버트 케네디는 칼을 잡아채고 먼로를 밀쳤다. 먼로는 바닥에 쓰러져 잠시 의식을 잃었다.

먼로의 집 길 건너 이층집에선 주인인 매리 반스(Mary W.G. Barnes)와 그녀의 친구 엘리자베스 폴라드 등 3명이 모여서 카드 게임을 하면서 먼로의 집 앞 골목을 내려다보고 있었다. 이들은 로버트 케네디가 먼로의 집에서 나와 골목에 세워 놓은 링컨 컨버터블로 가서 신사복 차림의 두 명 중 한 명을 데리고 다시 먼로의 집으로 들어가는 모습을 분명히 보았다. 신사복을 입은 사람은 작은 검은색 가방을 들고 있었다.

이 여인들은 20년 동안 침묵하고 있다가 1980년대 들어서 앤서니 서머스가 취재를 시작하자 비로소 입을 열었다. 신사복을 입은 두 사람은 LAPD 정보부에 근무하던 아치 케이스(Archie Case)와 제임스 에헌(James Ahern) 형사로 나중에 밝혀졌다. 이들은 로버트 케네디가 LA에 올 때마다 경호를 담당했던 로버트의 LA 심복(心腹)으로 LAPD 정보부장 제임스 해밀튼 경감의 측근이었다. 로버트 케네디가 타고 온 링컨 컨버터블은 당시 FBI의 LA 주재관이던 윌리엄 사이먼의 자동차였다. 로버트는 LA에 오면 이 차를 빌려서 타고 다녔음은 윌리엄 사이먼 아들의 증언으로 확인됐다.

먼로, 로버트 케네디, 로포드 세 사람 사이에 어떤 일이 있었는지는 세 사람만 알 수 있다. 하지만 먼로의 집 곳곳에는 도청장치가 설치돼 있어서 모든 대화가 녹음되고 있었다. LA에서 도청을 전문으로 하던 사립탐정 프레드 오타시는 마피아의 의뢰로 먼로와 로포드의 집을 도청하고 있었다. FBI와 LAPD도 도청했을 가능성이 크지만 입증된 바는 없다. 먼로의 죽음을 파헤치던 탐사 작가와 기자들은 프레드 오타시와 인터뷰를 하고, 그가 죽은 후에는 그가 녹음한 테이프를 해독한 청음(聽音) 전문가로부터 정보를 얻어냈다.

먼로가 잠시 정신을 잃어버린 상태에서 로버트 케네디와 피터 로포드가 먼로를 붙잡고 로버트를 따라 먼로의 집으로 들어온 사복형사(케이스 또는 에헌)가 먼로의 겨드랑이에 주사를 놓았다. 주사는 펜토바비탈일 것으로 추측됐다. 먼로가 정신을 잃어버린 사이에 로버트와 로포드, 그리고 사복형사는 먼로의 일기장(Red Diary)을 찾으려고 집안을 뒤졌으나 찾지 못했다. 그러는 사이 먼로의 의식이 돌아왔다. 먼로는 화가 나서 이들에게 자기 집에서 나가라고 소리쳤다. 이들은 일기장을 찾지 못하고 먼로의 집을 나왔다. 로버트 케네디는 랠프 그린슨을 먼로의 집으로 오도록 하자고 했고, 로포드는 공중전화 앞에 잠시 차를 세운 후 그린슨에 전화를 걸어 먼로의 집으로 가라고 했다.

로버트 케네디 일행이 떠난 후 먼로는 자신의 헤어 디자이너인 시드니 킬라로프에게 전화를 걸었다. 먼로는 길라로프에게 방금 있었던 일을 이야기했다. 먼로는 로버트가 자기를 협박하기까지 했다며 흥분했다. 먼로와 케네디 형제와의 관계를 알고 있는 길라로프는 먼로에게 흥분을 가라앉히라고 말했다. 길라로프는 로버트가 먼로에게 "네가 우리를 협박하면 우리는 너를 침묵하게 할 여러 방법이 있다"며 협박했다는 먼로의 말을 20년이 지나서 밝혔다.

1962년 8월 4일 오후 3시~오후 10시

1962년 8월 4일 오후, 먼로의 건너편 이웃집 2층에서 카드 게임을 하던 매리 반스와 그녀의 친구들은 오후 3시경 로버트 케네디와 피터 로포드 그리고 형사 두 명이 먼로의 집을 떠나는 모습을 보았다. 먼로의 집을 나온 로버트 케네디가 그 후 어디에 있었는지는 밝혀지지 않았다. 피터 로포드의 집에 머물렀을 가능성이 있지만 확인된 바는 없다. 로버트 케네디와 피터 로포드가 먼로의 집을 떠난 후 먼로와 먼로의 집에서 일어난 일은 다음과 같다.

오후 3시경, 랠프 그린슨이 먼로의 집에 도착했다. 그린슨은 피터 로포드의 전화를 받고 온 것이다. 로포드는 먼로가 로버트 케네디와 다투었기 때문에 먼로를 감시할 필요가 있어서 그린슨을 보냈을 것이다. 그린슨은 패트 뉴컴에게 귀가하라고 했고, 뉴컴은 4시 30분경 먼로의 집을 떠났다.

오후 4시 30분~7시, 먼로의 집에는 먼로와 그린슨, 가정부 유니스 머레이와 머레이의 사위 노먼 제프리스가 있었다. 이 시간 동안 먼로가 무엇을 했는지는 정확히 알 수 없다. 먼로는 이 시간 중 몇 사람과 통화를 했다.

오후 4시 30분, 디마지오 2세가 다시 먼로에게 전화했으나 머레이는 먼로가 집에 없다고 장거리 전화 교환원에게 이야기하고 전화를 끊었다. 당시는 장거리 전화를 건 사람이 교환원과 받는 사람의 대화를 들을 수 있었다.

오후 5시, 로포드에 의하면, 자기가 먼로에게 전화를 걸어 그날 저녁 자기 집 식사 모임에 오라고 초대했고 먼로는 잠정적으로 그러겠다고 답했다고 한다.

오후 6시, 랠프 로버츠가 먼로에게 전화했으나 연결되지 않았다. 그날 저녁 먼로의 집에서의 저녁 약속에 관해 물으려고 했으나 전화를 받은 그린슨은 먼로가 집에 없다고 퉁명스럽게 답하고 끊었다.

오후 7시, 로포드에 의하면, 먼로에게 다시 전화를 걸어 자기 집 저녁 식사 모임에 오라고 했으나 먼로는 피곤하다면서 못가겠다고 답했다고 한다.

오후 7시~7시 15분, 디마지오 2세가 다시 전화했고, 머레이는 먼로에게 연결해 주었다. 디마지오 2세는 먼로에게 지금 사귀고 있는 파멜라 리스와 약혼을 파기하기로 했다고 했고, 그 소식을 들은 먼로는 좋아했다. 먼로는 디마지오 2세가 사귀고 있는 여자를 좋아하지 않았다. 디마지오 2세는 그때 먼로는 정상적이었다고 나중에 전했다.

오후 7시 15분, 랠프 그린슨은 자기 집에서 저녁 식사 약속이 있어서 먼로의 집을 나왔다. 이후 먼로의 집에는 먼로, 머레이, 제프리스만 있었다.

오후 7시 30분, 로포드에 의하면, 먼로에게 다시 전화해서 자기 집 저녁 모임에 올 수 있냐고 마지막으로 물었다. 먼로는 갈 수 없다면서 다음과 같이 말했다고 먼로가 죽은 후에 언론에 말했다.

"패트(피터 로포드의 부인 패트리샤)에게 안녕을 전해주어요, 잭(케네디 대통령)에게 안녕을 전해주어요, 당신에게도 안녕을 전해주어요. 당신은 좋은 사람이에요(Say goodbye to Pat, say goodbye to Jack and say goodbye to yourself, because you're a nice guy.)"

이 대목은 먼로가 자살을 암시했다는 근거로 오랫동안 인용됐다. 하지만 먼로의 집을 도청한 프레드 오타시에 의하면 이런 로포드의 말은 꾸며 낸 것이고, 먼로는 다음과 같이 말했다고 한다.

"아니야, 나는 지쳤어. 난 더 이상 할 말이 없어요. 내 부탁을 하나 들어줘요. 대통령한테 나는 그를 갖고자 했다고. 나 대신 그에게 안녕이라고 전해주어요. 내가 의도한 바는 이루었다고 생각해요(No, I am tired. There is nothing more for me to respond to. Just do me a favor. Tell the President I tried to get him. Tell him goodbye for me. I think my purpose has been served.)"

오후 7시 30분, 로포드는 그날 저녁 자기 집으로 오기로 한 영화 제작자 조 나르(Joe Naar)에게 전화를 걸어 먼로는 오지 못하니까 먼로를 픽업하지 않아도 된다고 알렸다. 로포드는 저녁 식사 모임을 위해 자기 집에 도착한 조 나르 부부 등과 함께 자기 집에 머물렀다.

오후 7시 30분~40분, 먼로는 그린슨에게 전화를 걸었다. 먼로는 디마지오 2세가 약혼을 파기해서 기분이 좋다고 했고, 먼로가 통화할 때 머레이가 옆에 있었다.

오후 8시~9시, 먼로는 시드니 길라로프와 통화했다. 먼로는 그린슨과 이야기했다면서, 자기는 워싱턴의 비밀을 많이 알고 있으며 일기장(Red Diary)에 써놓았다고 말했다. 길라로프는 먼로가 정상적이라고 느꼈다.

오후 8시~9시, 뉴욕에 사는 의류사업가이자 먼로의 친구인 헨리 로젠펠드가 전화를 해서 먼로와 제법 긴 통화를 했다. 로젠펠트는 먼로가 정상이었다고 생각했다.

오후 9시, 밀튼 루딘 변호사가 먼로의 집에 있는 머레이에게 전화해서 먼로가 잘 있냐고 물었고, 머레이는 먼로에게 별일 없다고 알려주었다.

오후 9시 30분, 패트 뉴컴은 저녁 식사 모임을 위해 피터 로포드 집에 도착했다.

오후 9시 30분~45분, 먼로는 친구 지니 칼멘에게 전화를 해 오늘 밤 자기 집에 와서 같이 자지 않겠냐고 물었으나 칼멘은 다른 약속이 있어서 갈 수 없다고 하고 전화를 끊었다. 먼로가 멕시코를 방문했을 때 알게 된 호세 볼라노스가 바로 근처 레스토랑에서 먼로에게 전화를 걸었다. 두 사람은 잠시 대화를 나누었고 잠시 후 먼로는 아무 말 없이 전화기를 그대로 두어서 통화는 끝나고 말았다.

오후 10시, 지니 칼멘이 외출하려고 아파트를 나서는데 전화벨이 울렸다. 칼멘은 그것이 먼로의 전화라고 생각했으나 내일 연락해야지 하며 그대로 아파트를 나왔다.

오후 10시, 먼로는 랠프 로버츠에게 전화했으나 부재중이라 자동녹음기에 목소리가 남았다. 다음 날 아침 로버츠는 그 전화가 먼로의 집 전화로 온 것임을 알았으나 녹음된 먼로의 목소리는 얼버무리는 것 같았고 금방 조용해졌다.

다시 정리하면 다음과 같다. 오후 7시 15분에 그린슨이 먼로의 집을 나왔기 때문에 그 후 먼로의 집에는 먼로, 머레이, 제프리스만 있었다. 먼로는 기분이 좋지 않아서 피터 로포드가 자기 집에서 친구들과 저녁을 같이하자는 권유를 거절했다. 그리고 먼로는 디마지오 2세, 시드니 길라로프, 헨리 로젠펠드, 호세 볼라노스, 지니 칼멘과 통화했다. 그날 오후 7시부터 10시 사이에 먼로와 통화를 한 이들은 먼로가 정상이었다고 생각했다. 그런 먼로가 별안간 심각한 깊은 우울증에 빠져서 수면제를 수십 알을 삼키고 오후 10시에 랠프 로버츠에 전화를 걸다가 인사불성이 됐다는 이야기는 도무지 말이 되지 않았다.

먼로는 평소에 샴페인을 즐겼지만, 그날은 알코올을 입에 대지 않았다. 그날 먼로가 저녁을 먹지 않은 것은 확실하지만 점심도 먹지 않았다고 보는가 하면 점심은 패트 뉴컴과 함께 햄버거를 먹었다고 보기도 한다. 여러 가지 정황으로 보건대 먼로는 로버트 케네디가 오후 3시경 자기 집을 떠난 후에 케네디 형제와는 끝났다고 생각한 것으로 보인다. 먼로는 로버트 케네디한테 "나는 고깃덩이(piece of meat)가 아니라면서" 기자 회견을 하겠다고 했고, 저녁에 전화를 걸어온 피터 로포드에게 "나 대신 그에게 안녕이라고 전해줘요(Tell him goodbye for me)"라고 해 케네디에게 선전포고하는 것처럼 들렸을 것이다. 만일 먼로가 기자 회견이라도 하면 케네디 정부는 하루아침에 무너질 것이 분명했다.

여하튼, 8월 4일 오후 9시 30~45분까지 먼로는 여러 사람과 전화 통화를 하는 등 정상이었다. 그러면 그날 그 시간 이후부터 11시 사이에 먼로의 집에선 무슨 일이 벌어졌던 것일까?

1962년 8월 4일 운명의 밤

제이 마골리스는 먼로의 집을 도청했던 프레드 오타시와 오타시의 동료인 버니 스핀델(Bernie Spindel), 먼로의 집을 도청한 11시간짜리 테이프를 들은 레이먼드 스트레이트(Raymond Strait)를 만나서 얻은 정보를 바탕으로 8월 4일 밤에 있었던 일을 구성해서《마릴린 먼로 살인사건, 20214, 2017》을 펴냈다. 다음의 내용은 그의 책에 나오는 내용을 정리한 것이다. 이는 '범죄 현장의 재구성'이지만 객관적인 목격자인 먼로의 이웃 주민과 앰뷸런스 구급요원인 제임스 홀, 그리고 마지막 순간에 먼로와 통화를 한 먼로의 친구들의 진술과 상당히 일치한다.

1962년 8월 4일 토요일 오후 9시 30분부터 12시 사이에 마릴린 먼로의 집에서 일어난 일을 정리하면 다음과 같다.

오후 9시 30~45분, 로버트 케네디가 사복형사 두 명과 함께 먼로의 집에 도착했다. 먼로의 앞집(12304 Fifth Helena Dr.)에 사는 매리 반스는 그날 오후 2~3시경에도 로버트 케네디가 먼로의 집에 다녀가는 것을 보았기 때문에 골목길 건너편에 있는 먼로의 집을 주의 깊게 살폈다. 반스 여사는 로버트 케네디가 그날 오후에 함께 왔던 신사복을 입은 남자 두 명과 함께 먼로의 집으로 들어가는 것을 보았으며, 그중 한 명이 검은 가방을 들고 있었다고 1980년대 들어서 증언했다.

오후 9시 45분, 호세 볼라노스와 전화 통화를 하던 먼로는 밖에서 나는 소음을 듣고 볼라노스에게 잠시 기다리라고 했다. 볼라노스는 먼로와 더 이상 통화하지 못했다. 로버트 케네디와 두 형사는 유니스 머레이와 제프리스에게 나가 있으라고 하고 별채 침실로 들어갔다.

오후 9시 45~50분, 밖에서 나는 소리를 확인하러 별채 침실로 간 먼로는 남자 두 명과 함께 있는 로버트 케네디와 맞닥뜨리고는 비명을 질렀다. 두 남자는 로버트 케네디가 LA에 올 때마다 그를 경호해 온 LAPD 형사였고, 이들은 먼로를 침대로 밀쳐서 눕혔다. 로버트는 베개로 먼로의 입을 막아서 소리 지르지 못하게 했다. 두 형사는 먼로를 제압하고 주사를 놓았다. 먼로가 의식을 잃자 이들은 먼로의 옷을 벗기고 게스트룸 화장실에 있는 관장 기구에 먼로의 넴뷰탈과 클로랄 하이드레이트를 물에 녹여 담았다. 그리고 먼로의 항문에 관장 호스를 강제로 넣어서 수면제가 체내에 들어가도록 했다. 로버트와 두 형사는 먼로의 일기장(Red Diary)을 찾으려고 집안을 뒤졌다.

오후 10시, 잠시 의식이 돌아온 먼로는 지니 칼멘과 랠프 로버츠에게 전화를 걸었다. 아마도 먼로는 자기와 가장 가깝다고 생각하는 두 사람에게 도움을 청하고 싶었을 것이다. 지니 칼멘에게 먼저 걸었을 것이나 칼멘은 외출 준비에 바빠서 받지 않았다. 랠프 로버츠에게 전화를 걸었으나 외출 중이라서 먼로는 응답기에 알 수 없는 말을 중얼거리고 의식을 잃었다.

오후 10시 30분, 로버트 케네디와 두 형사는 먼로가 죽었다고 생각했다. 이들은 먼로의 일기장을 끝내 찾지 못했다. 별채 침실에 있던 먼로의 강아지 마프가 짖으면서 마당으로 나왔다. 강아지 짖는 소리는 이웃집에 들렸다. 그 후 12시까지 로버트 케네디는 먼로의 본채 다른 방에 머물었거나 집 밖에 세워 놓은 차 안에 머물렀을 것이다.

오후 10시 35분~50분, 밖에서 돌아온 유니스 머레이와 제프리스는 먼로가 있는 별채 침실로 와서 먼로의 상태를 보고 놀랐다. 노년에 죽음을 앞둔 제프리스의 진술에 의하면, 유니스 머레이가 앰뷸런스를 부르고 랠프 그린슨과 하이먼 엔젤버그에게 전화해서 빨리 오라고 했다고 한다.

피터 로포드와 패트 뉴컴이 로포드의 자동차로 먼로의 집에 도착했다. 피터 로포드가 먼로에게 그런 사고가 생겼음을 어떻게 알았는지는 확인되지 않는다. 패트 뉴컴은 머레이를 보고 "살인이야! 너희는 살인이야! 그녀가 죽어서 만족하니(Murders! You murders! Are you satisfied now that she's dead)?"라고 소리를 쳐서 이웃집 사람들이 들었다. 제프리스는 머레이를 거실로 데리고 갔다.

피터 로포드는 먼로의 집으로 출발하기 전에 프레드 오타시에 전화를 걸어 먼로의 집에 가서 케네디 형제와 관련된 증거물들을 치워달라고 의뢰했다. 오타시는 자기 회사의 도청 전문가 리드 월슨한테 즉시 먼로의 집으로 가서 도청장치를 철거하라고 지시하고, 자기도 먼로의 집으로 향했다.

패트 뉴컴은 헨리 맨시니 음악회에 가 있는 자기 소속사 대표인 아서 제이콥스에게 '먼로가 죽었다'는 메모가 전달되도록 했다. 아서 제이콥스는 서둘러 먼로의 집으로 향했다. 제이콥스와 함께 음악회장에 있었던 나탈리 트룬디가 이 사실을 20년 후에 앤서니 서머스에게 최초로 이야기해서 먼로 죽음의 비밀을 여는 계기가 됐다.

로포드는 당황해서 정신을 못 차렸으나 프레드 오타시의 지시에 따라 두 사람은 먼로가 관장할 때 흘린 오물이 묻은 침대 시트를 걷어 냈다. 먼로의 몸을 깨끗이 닦아내고 말린 후에 침대 위에 얼굴을 위로 향한 자세로 만들어 놓았다. 로포드와 오타시는 먼로의 침실에 있던 수면제 약병들을 별채 침실로 가져와서 그날 아침에 배달된 베드사이드 테이블 위에 올려놓았다.

오후 11시, 먼로의 홍보대행사 대표인 아서 제이콥스가 먼로의 집에 도착했다.

오후 11시가 지난 즈음 쉐퍼 앰뷸런스가 먼로의 집에 도착했다. 이 앰뷸런스에는 구급요원 제임스 홀과 운전기사 머레이 리보위치가 타고 있었다. 두 사람이 처음 마주친 사람은 패트 뉴컴이었다. 뉴컴은 "그녀가 죽었어. 그녀가 죽었어"라고 외쳤다. 먼로의 이웃은 밤늦게 도착한 앰뷸런스를 목격했고 여자의 외치는 소리를 들었다. 제임스 홀은 뉴컴에게 "무슨 일이냐?"고 물었더니 뉴컴은 "그녀가 약을 먹은 것 같다"고 말했다. 제임스 홀과 머레이 리보위치가 별채 침실로 들어갔더니 벌거벗은 먼로가 침대 위에 반드시 누워있었다. 침대에는 시트 커버가 없었다.

오후 11시~11시 30분, 제임스 홀은 리보위츠와 함께 먼로를 들어서 평평한 바닥으로 옮겨 엉덩이부터 내려놓았다. 이 과정에서 먼로의 왼쪽 등에 멍이 들었다. 제임스 홀은 리보위치에게 앰뷸런스에 있는 인공호흡기를 가져오라고 했고, 인공호흡기를 받아들자마자 먼로의 목 깊숙이 관을 넣었다. 얼마 후 먼로의 안색이 돌아오기 시작했고, 먼로를 병원으로 옮기면 살릴 수 있다고 생각한 제임스 홀은 리보위츠한테 앰뷸런스에 있는 들것을 가져오라고 했다.

오후 11시 30~45분, 리보위치가 들것을 가지러 앰뷸런스로 간 사이에 먼로의 의사라는 콧수염이 있는 사람이 별채 침실로 들어와서 제임스 홀에게 인공호흡기를 떼라고 했다. 그러고는 검은 가방에서 주사기를 꺼내서 갈색 약물을 주사기에 넣고 먼로의 심장에 꽂았다. 응급요원은 의사의 말에 절대로 복종해야 함을 철칙으로 알고 있는 제임스 홀은 그 의사가 먼로를 살리기 위해서 아드레날린을 주사하는 줄 알았다. 그런데 왠지 그 의사가 주사기를 잘 다루지 못하고 심장 위치를 찾지 못해 헤맨다고 느꼈다. 그리고 먼로의 심장은 박동을 멈추었고, 그 의사는 먼로가 사망했다면서 병원에 갈 필요가 없다고 말했다. 그 의사는 랠프 그린슨이었다. 제임스 홀은 그때 별채 침실에 피터 로포드와 패트 뉴컴, 정복을 입은 경찰관이 들어와 있음을 알았다. 제임스 홀은 1982년 11월 〈글로브〉에 이런 인터뷰를 해서 파문을 일으켰다. 그리고 11년이 지난 1993년 제임스 홀은 정복을 입은 경찰관이 당시 경사이던 마빈 이아논이라고 확인할 수 있었다.

오후 11시 45분~50분, 먼로의 옆집에 사는 에이브 랜도는 부인과 함께 밤늦게 귀가했다. 부부는 먼로의 집 앞에 앰뷸런스와 경찰차, 검은색 자동차가 있는 것을 보고 이상하게 생각했다. 먼로의 집은 한적하고 조용한 주택가라서 한밤중에 경찰차와 앰뷸런스가 오는 경우는 드물었다. 다음 날 부부는 먼로가 죽었다는 뉴스를 접했다. 다른 사람들처럼 이들도 20년 동안 침묵을 지켰다.

1962년 8월 5일에서 장례까지

1962년 8월 4일 토요일 밤, 브렌트우드의 한적한 먼로의 집에선 엄청난 일이 벌어지고 자정이 넘어서 5일 일요일이 됐다. 노년에 죽음을 앞둔 노먼 제프리스가 1993년에 고백한 바에 의하면, 8월 4일 오후 11시 45분~12시, 앰뷸런스가 떠난 후에 사복 경찰관의 지시에 따라 먼로의 시신을 별채 침실에서 먼로의 침실로 옮겼다. 시신은 침대 위에 엎드린 자세로 해놓고, 수면제 약병 여러 개가 놓여 있던 베드사이드 테이블도 먼로의 침실로 옮겨 놓았다. 한 사람의 증언이기 때문에 완전히 신뢰할 수는 없지만 앰뷸런스 구급요원 제임스 홀도 마빈 이아논 경사가 당시에 상황을 지휘했다고 증언했다.

8월 5일 오전 0시 10분, 베벌리 힐스 경찰국 소속 린 프랭클린 경관은 LA를 동서로 가로지르는 올림픽대로를 순찰 중이었다. 그는 헤드라이트도 켜지 않고 시속 110~130킬로미터로 동쪽으로 과속 주행하는 검은색 링컨 콘티넨탈을 로버트슨 가(街)와 만나는 지점에서 정지시켰다. 그는 플래시를 들고 승용차에 다가가 헤드라이트도 안 켜고 시속 120킬로미터로 달리고 있다고 운전자에게 위반사항을 말했다. 그러자 운전자는 "사람을 급하게 공항에 데려다주어야 하기 때문"이라고 설명했다.

프랭클린은 운전자가 피터 로포드임을 알아차리고, "공항은 서쪽인데 반대 방향으로 가고 있다"고 알려주었다. 로포드는 "우선 내 친구를 베벌리 힐튼 호텔에 데리고 가서 체크 아웃시켜야 한다"고 했다. 프랭클린은 "힐튼 호텔은 다른 방향으로 3km 거리"라고 친절하게 알려주었다. 프랭클린이 앞 좌석에 탄 사람을 비추어 보자 로포드는 "그는 의사이고 우리와 함께 공항으로 같이 가는 중"이라고 했다. 뒷좌석을 비추어 보던 프랭클린은 로버트 케네디가 타고 있어서 놀랐다. 로포드는 "법무부 장관을 힐튼에서 체크 아웃시키고 곧바로 공항으로 가야 한다"고 했고, 프랭클린은 힐튼과 공항이 반대 방향으로 멀지 않다고 알려주었다. 로버트 케네디는 로포드에게 짜증을 냈고, 프랭클린은 과속하지 말고 가라고 이들을 보냈다. 프랭클린은 로포드가 약간 흥분한 상태였다고 생각했다.

프랭클린 형사는 마릴린 먼로가 죽었음을 아침 뉴스를 보고 알았고, 로포드의 자동차 앞 좌석에 탔던 의사가 그린슨임도 알게 됐다. 하지만 프랭클린은 이에 대해 아무런 말을 하지 않았다. 베벌리 힐스 경찰국에서 훌륭한 근무성적으로 훈장을 타고 은퇴한 그는 1992년에 나온 《마릴린 : 마지막 장면》에서 저자들과의 인터뷰를 통해 이런 사실을 공개했다.

여기서 베벌리 힐튼 호텔이 언급된 점은 특이하다. 왜냐면 1985년에 방영된 BBC TV 마릴린 먼로 다큐멘터리에서 1962년 당시에 LA 시장이던 샘 요티가 "윌리엄 파커 경찰국장이 비밀이라면서 먼로가 죽던 날 로버트 케네디가 베벌리 힐튼에서 목격됐다고 나에게 알려 주었다"고 인터뷰를 했기 때문이다. 하지만 로버트가 실제로 그날 베벌리 힐튼에 머물렀는지는 알 수 없다.

8월 5일 오전 0시 30분, 로버트 케네디는 피터 로포드의 집 근처 공터에서 기다리던 헬기를 타고 LA 국제공항으로 향했다. 그리고 LA 공항에서 대기 중이던 유나이티드 항공 소속 소형 비행기로 샌프란시스코로 향했다.

로버트 케네디가 헬기로 이동했음은 〈뉴욕헤럴드트리뷴〉의 조 히암스 기자와 윌리엄 우드필드 사진기자의 취재로 밝혀졌다. 전날 로버트가 먼로의 집을 드나드는 모습을 보았다는 이웃 주민의 제보를 받고 그가 헬기로 LA 공항으로 떠났을 것 같다는 직감에 헬기 회사를 조사해서 운항 일지를 찾아냄에 따라 사실로 밝혀졌다. 히암스는 로버트가 헬기 편으로 로포드의 집 부근에서 떠났다는 기사를 써서 본사에 보냈으나 본사는 이 기사를 킬(kill)해 버렸다. 두 사람은 20년 동안 침묵을 하고 있다가 1983년부터 앤서니 서머스가 취재에 들어가자 비로소 공개적으로 증언을 했다.

오전 4시 25분, 먼로의 집에 있던 그린슨과 엔젤버그는 마릴린 먼로가 집에서 사망했으며 자살로 보인다고 경찰에 전화를 걸어 신고했다. LAPD 서부경찰청 야간 당직이던 잭 클레몬스 경사가 전화를 받았다. 이때 먼로의 집에는 패트 뉴컴, 유니스 머레이, 노먼 제프리스, 밀튼 루딘도 있었다.

오전 4시 45분, 잭 클레몬스 경사가 먼로의 집에 도착했다. 클레몬스 경사는 랠프 그린슨, 하이먼 엔젤버그, 유니스 머레이와 이야기를 나누고, 침대에 누워있는 먼로의 시신을 살펴보았다. 먼로는 아무것도 안 입은 채 엎어져서 고개를 숙이고 있었고 두 다리는 곧게 뻗고 있었다. 클레몬스 경사는 약물 과다복용으로 사망한 사람에게서 흔히 볼 수 있

는 구토가 없었고, 베드사이드 테이블 위에 물컵이 없어서 이상하게 생
각했다. 또한 실오라기 하나 걸치지 않은 채 자살한다는 것도 이상하다
고 느꼈다. 무엇보다 세 사람의 이상한 표정에서 상황이 꾸며진 것 같
다고 느꼈다.

클레몬스는 모든 방을 둘러보지는 않아서 패트 뉴컴, 노먼 제프리스,
밀튼 루딘이 다른 방에 있는 것을 알지 못했다. 클레몬스 경사는 유니
스 머레이가 세탁기를 돌리고 있는 것을 특히 이상하게 생각했다. 자살
이라기보다는 살인 같다고 생각한 클레몬스 경사는 서부경찰청 상관
인 로버트 바이런 경사한테 보고했다. 사무실로 돌아온 그는 살인일 수
있다는 보고서를 냈으나 그의 의견은 묵살되었다.

오전 5시 30분, LAPD 본청 소속인 마빈 이아논 경사가 먼로의 집에
도착했고, 그는 클레몬스 경사에게 서부청으로 복귀하라고 지시했다.

오전 5시 45분, LAPD 서부청 소속 로버트 바이런 경사가 먼로의 집
에 도착했다. 그리고 웨스트우드 안치소의 가이 호켓과 그의 아들이 시
신 운반차로 도착했다.

오전 6시, 조 히암스 기자가 기자로서는 가장 먼저 먼로의 집에 도
착했다. 히암스는 LAPD 정보부장 제임스 해밀튼 경감이 현장에 와 있
는 것을 보고 이상하게 생각했다. 신경이 날카로워진 패트 뉴컴은 먼로
의 집에 모여든 사진기자들을 향해 "계속 찍어라, 야수(野獸)들아(Keep
shooting, vultures)!"라고 소리를 질렀다.

오전 6시 30분, 먼로의 시신은 웨스트우드 안치소 차량에 실려서 안
치소로 출발했다.

오전 8시~8시 30분, LA 검시관은 먼로의 시신을 검시소로 이송하라고 지시했다.

　　오전 9시, 먼로의 시신이 LA 다운타운에 있는 검시소에 도착했다.

　　오전 10시 30분, 부검의 토머스 노구치는 먼로의 시신을 부검하기 시작했다. LA 검찰청 법의관인 존 마이너 검사가 입회했으며, 부검은 5시간이 걸려서 오후 3시 넘어서 끝났다.

　　8월 7일, 토머스 노구치는 먼로가 수면제 과용(overdose)으로 사망했으나 독극물 검사 결과가 나올 때까지 자살로 단정할 수는 없다고 언론에 말했다. 노구치는 먼로의 몸에서 주사 흔적은 발견되지 않았으며 위와 소장(小腸)에서 수면제 잔존물이 검출되지 않았고 대장(大腸)이 보라색을 띠고 있었다고 설명했다. 하지만 20년이 지나서 노구치는 주사 자국 여러 곳과 여러 곳에 난 멍을 검시 보고서에서 누락시켰다는 비판을 들었다.

　　약물로 죽은 사람을 많이 본 존 마이너 검사는 부검 결과에 근거해 먼로는 관장을 통한 약물 주입으로 사망했기 때문에 살인이라면서 재수사를 주장했다. 특히 먼로가 죽었는데 머레이가 한밤중에 세탁기를 돌렸다는 점은 관장하는 과정에서 오물이 묻은 옷과 시트를 빨았던 것이라고 확신했다. 하지만 그 후부터 존 마이너는 검찰청에서 소외되기 시작했으며 결국 사임하고 말았다.

　　8월 8일 오후 1시, 먼로의 장례식이 웨스트우드 메모리얼 파크에서 열렸고, 먼로는 그곳 크립트에 안치됐다.

8월 18일, LA 검시관 시어도어 커피는 먼로의 사인이 'probable suicide', 즉 '자살 가능성이 있는 사망'이라고 공식적으로 발표했다.

마릴린 먼로, 사망 후

먼로의 죽음에 있어서 결정적인 시간은 8월 4일 밤 9시 30분부터 11시까지로, 그 시간에는 외부 목격자가 전혀 없다. 먼로의 집을 도청한 프레드 오타시는 4일 하루 종일 먼로의 집에서 일어난 일을 녹음한 테이프를 갖고 있었다. 하지만 그것 자체가 불법이기 때문에 공개할 수 없었고, 무엇보다 그 자신이 피터 로포드를 도와 은폐에 가담했다.《마릴린 먼로 살인 사건》을 펴낸 제이 마골리스는 오타시의 테이프를 들었다는 사람의 진술에 근거해 문제의 1시간 30분을 재구성했다. 직접 들은 것이 아닌 전문(傳聞)이기 때문에 전후 상황을 맞추어서 재구성한 것이다.

프레드 오타시는 1992년 10월 70세로 웨스트 할리우드 자택에서 사망했다. 오타시가 사망한 후 검은 옷을 입은 사람들이 오타시의 집에 와서 그가 남긴 물건들을 가져갔다는 이야기도 있고 그의 딸이 오타시가 남긴 테이프 등 많은 자료를 그 후 오랫동안 보관했다고도 전해진다.

FBI, CIA, 그리고 마피아도 케네디 형제가 먼로와 섹스하는 녹음테이프와 먼로가 사망하는 과정이 녹음된 테이프를 갖고 있었을 것으로 본다. 이처럼 마릴린 먼로는 케네디 형제에게 매우 취약한 아킬레스건(腱)이었다. 먼로는 죽어서 사라졌으나 그 테이프는 악몽처럼 케네디 형제를 괴롭혔을 것이다. 1963년 11월 22일, 댈러스에서 케네디 대통령은 총에 맞아 사망했다. 로버트 케네디는 그 소식을 듣고 "그들이 내 형을 죽였다(They killed my brother.)"고 말했다. 1964년 11월 상원의원 선거에서 당선된 로버트는 흑인 빈민가를 방문하고 농촌의 이주 노동자들을 만나는 등 차별받는 계층을 옹호했다.

1968년 초, 유진 매카시 상원의원이 대선 출마 선언을 해서 돌풍을 일으키고 있음에도 로버트 케네디는 대선 출마를 주저했다. 그것은 먼로의 죽음 때문이었을 것이라고 보기도 한다. 그는 또 다른 케네디 대통령을 원치 않는 적(敵)이 많음을 알고 있었다. 하지만 그는 결국 대선 출마를 결단했고, 캘리포니아 프라이머리에서 승리한 6월 4일 자정에서 5일로 넘어가던 밤 12시 2분 LA의 앰배서더 호텔에서 총에 맞아 25시간 후 사망했다.

로버트 케네디가 자기의 친구라고 책 서문에서 썼던 제임스 해밀튼 경감은 LAPD의 정보부장으로 사실상 LAPD의 2인자였으나 1963년 LAPD를 떠나서 미식축구 리그의 보안책임자로 자리를 옮겼다. 그가 봉급이 많은 민간 직장으로 옮긴 데는 로버트 케네디의 영향력이 있었다고 한다. 그는 이듬해인 1964년에 뇌종양으로 사망했고, 그 후 그에 대한 기록은 찾아볼 수가 없다.

　윌리엄 파커 LAPD 국장은 자기의 보좌관이던 대릴 게이츠를 해밀튼의 후임으로 정보부장에 임명했다. LAPD를 막강한 경찰로 확립시킨 윌리엄 파커 국장은 1966년 7월 16일 심장마비로 갑자기 사망했다. 파커가 LAPD 국장이 될 때 그와 경합했던 태드 브라운은 라이벌이었던 윌리엄 파커 국장 아래서 잘 견디어 내고 파커의 후임으로 국장이 됐으나 6개월 만에 은퇴했다. 먼로가 죽었을 때 태드 브라운은 형사부장이었다. 그가 죽은 후 그의 유품을 물려받은 딸은 먼로의 죽음에 관한 많은 비밀문서를 발견했다. 태드 브라운은 파커 국장과 해밀튼 경감이 먼로의 죽음을 은폐했음을 보여주는 문서와 증거물을 갖고 있어서 자리를 오래 지킬 수 있었다.

　윌리엄 파커가 후계자로 생각했던 대릴 게이츠는 1978년에 LAPD 국장이 돼서 1992년 LA 폭동의 여파로 물러날 때까지 14년 동안 국장을 지냈다. 1992년 초, 게이츠는 현직 국장임에도 회고록을 펴냈다. 그는 회고록에서 먼로가 죽던 날 로버트 케네디가 LA에 와 있었으며 LAPD는 그것을 알았다고 인정했다. 게이츠는 더 이상 그 사실을 숨길 수 없다고 생각했을 것이고, 최소한 자기는 그 음모에 가담하지 않았음을 기록에 남기고자 했을 것이다.

　제임스 해밀튼의 직계 부하로 먼로의 죽음을 은폐하는 데 역할을 한 마빈 이아논은 1963년 매우 젊은 나이에 경위로 진급했고 대릴 게이츠 국장 밑에서 부국장을 지냈다. 그는 먼로의 죽음에 관해 아무런 언급을 하지 않았고 인터뷰도 거부했다. 1985년에 그는 베벌리 힐스 경찰국장으로 임명돼서 2003년까지 근무했다. 베벌리 힐스는 별개의 시(City)로 별도 경찰국이 있다.

8월 5일 새벽에 먼로의 집에 처음 도착한 잭 클레몬스 경사는 1998년 4월에 사망했다. 당시 LA 서부경찰청 소속으로 야간 당직이던 클레몬스는 진급하지 못하고 은퇴했다. 그 후 로버트 슬래처와 함께 먼로의 죽음이 살인임을 입증하기 위해 노력했고, 그로 인해 고초를 겪었다. 클레몬스는 먼로가 죽었는데 가정부 유니스 머레이가 밤중에 세탁기를 돌려 빨래하고 있어서 이상하게 여겼다는 보도가 나오자 한편에서 비난도 일었다. 먼로는 그 집에 이사 온 후 세탁기를 산 적이 없으므로 클레몬스가 거짓말하고 있다는 것이었다. 그런데 1980년대 들어서 새로운 증언이 나왔다. 먼로가 죽은 후에 그 집을 사서 10년 동안 살았던 누네즈 부부(Mr. and Mrs. Nunez)의 딸 린다 누네즈(Lynda Nunez)는 그 집에 이사 왔을 때 차고에 세탁기와 건조기가 있었다고 확인해 주었다. 이로써 클레몬스를 비난했던 사람들은 할 말을 잃었다.

8월 5일 자정이 넘어서 피터 로포드와 로버트 케네디가 탄 자동차를 단속한 베벌리 힐스 경찰국 린 프랭클린 경관은 그 후 베벌리 힐스에서 일어난 중요한 사건들을 해결해서 훈장을 여럿 받고 은퇴했다. 1990년대 들어서 그는 그 밤에 있었던 일을 공개했고, 은퇴 후 작가로 변신해서《베벌리 힐스 경찰관 스토리(Beverly Hills Cop Story, 1986)》,《베벌리 힐스 살인사건 파일(The Beverly Hills Murder File, 1999)》등을 펴냈다.

철없던 젊은 시절 먼로의 애인이었으나 먼로가 유명해진 후에는 친구로 지낸 로버트 슬래처는 2005년 4월에 사망했다. 할리우드 기사를 쓰던 기자로 출발해서 극본을 썼던 그는 먼로가 살해당했다고 주장하는 책《마릴린 먼로의 삶과 이상한 죽음》을 1975년에 펴내 먼로의 죽음에 관한 논란을 촉발시켰다. 그는 이 책을 준비하는 동안 협박 전화에 시달리는 등 위험을 경험했다. 로버트 슬래처는 1994년에《마릴린 파일》이란 책을 펴냈고, 죽은 후에는 먼로가 안치된 웨스트우드 메모리얼 파크에 안치됐다.

8월 5일 아침에 먼로의 집에 일찍 도착한 〈뉴욕헤럴드트리뷴〉의 조 히암스 기자는 로버트 케네디가 한밤중에 헬기를 타고 피터 로포드의 집에서 LA 공항으로 갔음을 밝혀내는 특종을 했으나 기사로 나가지는 못했다. 1966년 〈뉴욕헤럴드트리뷴〉이 폐간하자 그는 여러 잡지에 할리우드 관련 기사와 칼럼을 썼고 책도 여러 권 펴냈다.

먼로의 죽음과 직접 관련된 정신과 의사 랠프 그린슨은 먼로가 죽은 후 진료를 포기하고 강의와 집필을 했으나 침울한 삶을 살다가 1979년에 68세로 사망했다. 피터 로포드는 케네디 대통령이 살아 있을 때까지는 케네디 가족과 어울렸으나 케네디가 암살된 후에는 멀어져갔고 부인 패트리샤와 1966년 이혼한 후에는 케네디가(家)와 완전히 멀어졌다. 그는 술로 세월을 보냈고 여러 가지 질병에 시달리다가 1984년 12월 61세로 사망했다. 패트 뉴컴은 케네디가(家)의 도움으로 미국 공보처에서 직장을 얻어 일하다가 로버트 케네디 선거운동을 했고, 그 후에도 영화업계에서 일했다. 뉴컴은 일체 인터뷰를 거부했고 아직 생존해 있다.

먼로의 삶과 죽음을 파헤친 《여신》을 펴낸 아일랜드 출신 영국 기자 앤서니 서머스는 베스트셀러 작가로 유명해졌다. 먼로에 대해 별로 아는 것이 없었던 그는 3년 동안 먼로와 관계되는 사람 650여 명을 만나 인터뷰하고 그 내용을 녹음테이프에 담았다. 인터넷도 없고 휴대전화도 없었던 시절에 그런 작업이 얼마나 어려웠을지는 충분히 상상이 갈 것이다. 그가 인터뷰를 진행함에 따라 20년 동안 침묵했던 사람들이 공개적으로 먼로의 죽음에 대해 아는 바를 이야기하기 시작했다.

서머스에 힘입어서 먼로의 죽음에 대한 진실이 윤곽을 드러냈으니 탐사 작가/기자(investigative writer/journalist)의 힘이란 대단한 것이다. 서머스는 그 후 에드가 후버, 프랭크 시나트라, 리차드 닉슨에 관한 책을 펴냈고, 진주만 사건과 9.11 테러에 관한 책도 펴냈다. 아일랜드 바닷가 한적한 전원주택에서 작가인 부인과 함께 살고 있는 그는 넷플릭스에 올라있는 다큐멘터리 〈마릴린 먼로 미스터리 : 비공개 테이프〉에 내레이터로 나온다.

먼로가 살던 마지막 집 & 먼로가 잠든 곳

마릴린 먼로가 마지막으로 살다가 죽은 브렌트우드의 저택은 2023년 가을 철거 여부를 두고 뉴스에 다시 등장했다. 먼로가 죽은 지 60년이 훌쩍 넘었고 먼로가 살았던 집은 1929년에 지어져서 이제 100년이 되어 간다. 그 100년 세월 중 먼로가 살았던 기간은 반년밖에 안 된다. 하지만 먼로가 길지 않은 삶의 마지막 시간을 보냈고 비극적인 죽음을 맞이한 이 저택을 '역사적 건축물'로 지정해서 보존해야 한다는 운동이 일었다.

먼로가 죽은 후 브렌트우드 집은 주인이 여러 차례 바뀌었다. 1972년에는 배우 베로니카 해멀(Veronica Hamel 1943~)과 그의 남편이던 배우 마이클 어빙이 이 집을 사서 상당 기간 살았다. 베로니카 해멀은 1981년부터 1987년까지 NBC에서 방영한 연속 드라마 〈힐스트리트 블루스(Hill Street Blues)〉에서 공공변호사(public defender) 조이스 데븐포트 역(役)으로 널리 알려졌다. 그에 앞서 베로니카 해멀은 여성용 담배로 개발한 '버지니아 슬림(Virginia Slim)'의 TV 광고로 유명해진 모델이었다. 1972년에 출시한 '버지니아 슬림'은 젊은 모델을 광고로 내보내는 공격적 마케팅으로 성공해 많은 미국 여성들이 담배를 피우게 했다.

베로니카 해멀 부부가 집 내부를 리모델링하는 과정에서 천장과 벽 등 몇 군데에서 도청장치가 발견됐다. 해멀 부부는 이 장치와 배선을 제거하기 위해 상당한 수리비를 들여야만 했다. 그런데, 그때 나온 도청장치는 시중에서 살 수 없는 매우 정교한 것이었다. 그것은 CIA와 FBI만 사용하는 고성능 도청장치였고, 이런 장비를 몰래 설치할 수 있는 능력이 있는 집단은

FBI와 CIA, 그리고 마피아밖에 없었다. CIA는 카스트로 암살을 마피아에게 의뢰했고 이를 위해 특수한 무기와 도감청 장비 등을 마피아에 제공한 바가 있다.

먼로가 살던 이 저택은 2017년에 725만 달러에 'Glory of the Snow'라는 헤지펀드에 팔렸다. 이 헤지펀드의 대표 부부가 살다가 2023년 여름 'Glory of the Snow Trust'라는 신탁에 835만 달러에 소유권을 넘겼다. 이웃집을 이미 사들인 이 신탁회사는 그들의 소유가 된 먼로가 살던 집을 헐어 버리겠다면서 철거 신청서를 로스앤젤레스시 정부에 제출했다. 특별한 사유가 없으면 시 정부는 철거를 승인해야 해 먼로의 집은 헐릴 위기에 처했다. 회사는 먼로가 살던 집과 그 이웃집 자리에 콘도미니엄을 지어서 분양할 계획이었다.

이 소식이 알려지자 브렌트우드 주민들이 문제를 제기하고 나섰다. 이들은 브렌트우드에서 가장 유명한 건축물이 사라지는 데 대해 우려를 표명했다. 또 문화유산 보전 운동을 하는 LA 컨저번시(LA Conservancy)도 반대하고 나섰다. 그러자 이 지역을 대표하는 트래시 파크(Traci Park 1976~) 시의원이 이 저택을 역사적 건물로 지정하자고 제안해서 시의회가 전원일치로 그 절차를 진행하기로 가결했다. 이에 따라 철거 승인은 보류됐고, LA 문화유산위원회가 심의를 시작했다.

2023년 9월 LA 문화유산위원회는 이 집을 문화유산으로 지정하기로 했다. 먼로의 저택이 역사적 가치가 있는 문화유산으로 지정되기 위해서는 LA 시의회(LA City Council)의 승인이 필요했다. 2024년 6월, LA 시의회는 먼로가 살았던 저택을 역사적-문화적 기념물(Historic-Cultural Monument)로 지정하는 안건을 전원일치로 승인했다. 이렇게 해서 먼로가 살았던 이 저택은 철거되지 않고 그대로 남아 있게 됐다.

먼로가 마지막으로 살았던 집. 위 사진이 밖에서 본 광경이고
아래 사진이 먼로의 침실이 있던 본채이다.

먼로가 죽은 지 60년이 넘었지만 먼로가 살다 간 이 저택의 문 앞에는 꽃을 놓고 가는 사람들이 끊이지 않고 있다. 마찬가지로 먼로가 잠들어 있는 공원묘지의 묘소에도 꽃을 두고 가는 사람이 끊이지 않고 있다. 먼로가 당대의 미국을 대표할 만한 배우이기도 했지만, 먼로의 삶과 죽음이 '비극' 그 자체였기 때문이기도 하다. 먼로가 죽은 후에 이 저택을 사서 살았던 사람들은 침실에서 스산한 기운을 느낄 때(haunted)가 있었다고 말한다.

먼로가 영원히 잠든 곳

먼로가 잠들어 있는 웨스트우드 파크는 너무 유명한 묘지가 돼서 웬만한 사람은 들어갈 수가 없게 가격이 올랐다. 먼로의 장례식이 간소하게 열리고 시신이 안치된 곳은 웨스트우드 빌리지 메모리얼 파크(웨스트우드 파크)다. 20세기 초에 생겼고 UCLA 캠퍼스에서 멀지 않은 곳에 있다. 부근은 살기 좋은 지역이라서 가까이 고층 아파트가 들어서 있다.

오늘날 웨스트우드 파크는 할리우드 배우 등 유명인사들이 묻혀 있는 곳으로 유명하다. 우리가 잘 아는 커크 더글러스, 도나 리드, 잭 레먼, 버트 랭카스터, 딘 마틴, 재크 레먼, 피터 포크, 파라 포셋, 나탈리 우드, 조지 스콧, 칼 말덴, 제임스 코번 등이 여기에 잠들어 있다. 2023년 말에 타계한 라이언 오닐도 이곳을 안식처로 잡았다. 감독 빌리 와일더, 소설가 재키 콜린스, 작가 트루먼 캐포트와 시드니 셸던, 미래학자 앨빈 토플러, 가수 페기 리, 20세기 폭스 사장을 지낸 대릴 자누크와 그의 부인 버지니아 자누크도 이곳에 잠들어 있다. 웨스트우드 파크를 마지막 안식처로 삼은 유명인사들은 마릴린 먼로가 안치된 후에 들어왔다. 먼로 때문에 이곳이 유명해졌다는 이야기가 된다.

장례식이 끝난 후 먼로의 유해는 먼로가 자기의 것으로 미리 사 놓은 석관에 안치됐다. 교회 지하에 굴을 파고 시신을 안치했던 관습에서 발전한 석관은 여러 형태가 있는데, 지상에 가족 석관을 만들기도 하고 아파트처럼 층층으로 만들기도 하는데 먼로의 석관은 아파트 방식이었다. 36세에 이 세상을 떠난 먼로는 서부 LA 복관에 있는 사자(死者)의 아파트에 입주했다. 미국은 장례식을 하기 전에 시신을 방부처리하고 생시처럼 화장(化粧)한 후 마호가니 같은 자재로 만든 관(棺)에 넣고 매장하거나 석관에 안치하거나 화장(火葬)을 한다.

먼로의 죽음을 안타까워하는 사람들은 먼로가 안치된 석관 앞에 꽃을 놓는 것은 물론이고 빨간 루즈로 키스 마크를 남기기도 했다. 25주년, 50주년, 그리고 60주년에는 먼로의 석관 앞은 꽃의 바다를 이루었다. 먼로의 팬들은 먼로의 석관 앞에 석조 벤치를 만들어 놓았다. 디마지오는 먼로를 이곳에 안치한 후 20년 동안 1주일에 세 번 먼로가 좋아한 붉은 장미를 보냈다. 20년 동안 무려 1만 9000송이 장미를 보낸 것이다. 장미를 배달한 LA의 꽃가게는 20년 동안 꽃 가격을 올리지 않고 1962년 가격으로 받았다. 하지만 먼로는 죽어서도 그리 편하지 못했다. 황당하고 기상천외한 일이 먼로의 바로 위 칸에서 일어났다. 먼로가 죽어서 웨스트우드 파크의 석관에 안치되자 디마지오로부터 석관을 사들인 리차드 폰처는 자기가 죽어서 들어갈 석관 바로 아래에 먼로가 있음을 알았다. 그가 나이가 들어서 죽음을 앞두게 되자 자기와 나이 차가 많은 부인 엘리제한테 자기를 석관에 안치할 때 눕히지 말고 엎어 놓으라고 하면서, 이 부탁을 안 들어주면 귀신이 돼서 괴롭힐 것이라고 엄포를 놓았다. 귀신이 무서웠던 부인 엘리제는 남편이 죽자 그의 부탁대로 남편의 시신을 엎은 상태로 석관에 넣었다. 따라서, 81세로 죽은 폰처라는 사람은 죽어서 아래 칸에 있는 먼로의 얼굴을 내려 보는 형상이 됐다.

먼로의 마지막 안식처인
사자의 아파트(위), 웨스트우드 빌리지 메모리얼 파크(아래)

먼로가 잠든 석관의 왼쪽은 비어 있었는데, 1992년에 〈플레이보이〉 발행인 휴 헤프너가 7만 5000달러를 주고 샀다. 죽어서 영원토록 마릴린 먼로 옆에 있겠다는 속셈이었다. 2017년에 91세로 사망한 헤프너는 그의 희망대로 먼로 옆에 안치됐다. 헤프너는 〈플레이보이〉 창간호에 먼로의 누드 사진을 실어서 출발부터 대성공을 거두었다. 하지만 먼로는 잡지사로부터 한 푼도 받지 못했다. 먼로는 경제적으로 어려웠던 1948년에 50달러를 받고 누드 사진을 찍었고, 그 사진이 달력에 나오더니 헤프너가 500달러를 주고 먼로 사진을 구매해서 잡지에 실었다. 먼로는 헤프너를 만난 적이 없을 뿐더러 〈플레이보이〉 창간호에 나온 누드 사진으로 상당히 곤란을 겪었다. 먼로의 위에 안치된 리차드 폰처의 부인 엘리제는 말년에 돈이 필요했는지, 남편이 죽고 20년이 지난 2006년에 남편의 석관을 팔겠다고 e-Bay에 내놓았다. 먼로 위 칸에 있는 석관이라는 이유로 50만 달러로 시작한 경매가 무려 460만 달러에 낙찰이 됐다. 하지만 과연 e-Bay에서 이런 것을 팔 수 있는가 하는 법적 문제가 제기돼서 경매는 무산됐다. 그리고 몇 년 후에 엘리제가 사망했고 그녀는 미리 사 놓은 남편 옆 석관에 안치됐다. 따라서 먼로 위에는 리차드 폰처가 있고 먼로 옆에는 휴 헤프너가 있으며, 헤프너 위에는 폰처의 부인 엘리제가 안치되어 있다. 만일 폰처의 상속자가 폰처 부부의 석관 두 개를 판다고 하면 적어도 400만 달러를 받을 것이라는 추측이 있으니, 그야말로 잭팟을 터뜨리는 셈이다.

참고 문헌

1. 마릴린 먼로 자서전

- 《My Story》 by Marilyn Monroe with Ben Hecht (Taylor Trade Publishing, 2006)
- 《Fragments : Poems, Intimate Notes, Letters》 by Marilyn Monroe with Bernard Comment (Farrar, Straus and Giroux, 2012)

2. 마릴린 먼로의 생애

- 《Marilyn Monroe》 by Charles Casillo (St. Martin Griffin, 2018)
- 《On Marilyn Monroe : An Opinionated Guide》 by Richard Barrios (Oxford University Press, 2023)
- 《Marilyn Monroe : A Photographic Life – Featuring Rare Photographs and Memorabilia》 by Jenna Glatzer (Chartwell Books, 2023)
- 《The Secret Life of Marilyn Monroe》 by J. Randy Taraborrelli (Grand Central Publishing, 2009)
- 《The Many Lives of Marilyn Monroe》 by Sarah Churchwell (Metropolitan Books, 2005)
- 《Marilyn Monroe : The Biography》 by Donald Spoto (Harpercollins, 1993)
- 《Norma Jean : The Life of Marilyn Monroe》 by Fred Lawrence Guiles (Turner Publishing, Reprint edition 2020)

3. 마릴린 먼로의 죽음

- 《Goddess : The Secret Lives of Marilyn Monroe》 by Anthony Summers (Open Road Media, Updated edition 2013)
- 《The Last Days of Marilyn Monroe》 by Donald H. Wolfe (William Morrow, 1998)
- 《Marilyn : The Last Take》 by Peter Harry Brown and Patte B. Barnham (Dutton, 1992)
- 《The Murder of Marilyn Monroe : Case Closed》 by Jay Margolis and Richard Buskin (Skyhorse, 2014)

4. 마릴린 먼로를 알았던 사람들

- 《Mimosa : Memories of Marilyn & the Making of "The Misfits"》 by Ralph L Roberts (Roadhouse Books, 2021)
- 《My Maril : Marilyn Monroe, Ronald Reagan, Hollywood, and Me》 by Terry Karger (Post Hill Press, 2022)

5. 케네디 가족의 어두운 면

- 《The Kennedy Curse : Why Tragedy Has Haunted America's First Family for 150 Years》 by Edward Klein (St. Martin's Press, 2003)
- 《The Sins of the Father : Joseph P. Kennedy and the Dynasty he Founded》 by Ronald Kessler (Warner Books, 1996)
- 《The Dark Side of Camelot》 by Seymour M. Hersh (Little Brown & Co., 1997)
- 《RFK : A Candid Biography of Robert F. Kennedy》 by C. David Heymann (Dutton, 1998)

6. 케네디와 관련된 여성

- 《Once Upon a Secret : My Affair with President John F. Kennedy and Its Aftermath》 by Mimi Alford (Random House, 2012)
- 《Mafia Moll : The Judith Exner Story, The Life of the Mistress of John F. Kennedy》 by Judith Campbell Exner with Sam Sloan (Ishi Press, 2008)
- 《Mary's Mosaic : The CIA Conspiracy to Murder John F. Kennedy, Mary Pinchot Meyer, and Their Vision for World Peace》 by Peter Janney (Skyhorse, 2016)
- 《Ask Not: The Kennedys and the Women They Destroyed》 by Maureen Callahan (Little, Brown and Company, 2024)

7. LA, 할리우드, 라스베이거스

- 《L.A. Noir : The Struggle for the Soul of America's Most Seductive City》 by John Buntin (Crown, 2009)
- 《Chief : My Life In The L.A.P.D.》 by Daryl Gates (Bantam, 1992)
- 《20th Century-Fox : Darryl F. Zanuck and the Creation of the Modern Film Studio》 by Scott Eyman (Running Press, 2021)
- 《When The Mob Ran Vegas : Stories of Money, Mayhem and Murders》 by Steve Fischer (MJF BOOKS, 2007)

8. 마피아

- 《Man Against the Mob》 by William F. Roemer (Donald I. Fine, 1989)
- 《Double Cross : The Explosive Inside Story of the Mobster Who Controlled America》 by Sam and Chuck Giancana with Bettina Giancana (Skyhorse, New edition 2016)
- 《JFK and Sam : The Connection Between the Giancana and Kennedy Assassinations》 by Antoinette Giancana, John R Hughes and Thomas H Jobe (Cumberland House

Publishing, 2005)
- 《Handsome Johnny : The Life and Death of Johnny Rosselli : Gentleman Gangster, Hollywood Producer, CIA Assassin》 by Lee Server (St. Martin's Press, 2018)
- 《The Silent Don : The Criminal Underworld of Santo Trafficante Jr.》 by Scott M. Deitche (Barricade Books, 2009)
- 《Mafia Kingfish : Carlos Marcello and the Assassination of John F. Kennedy》 by John H. Davis (McGraw-Hill, 1988)
- 《Havana Nocturne : How the Mob Owned Cuba and Then Lost It to the Revolution》 by T. J. English (Willaim Morrow, 2008)

9. 프랭크 시나트라
- 《His Way : The Unauthorized Biography of Frank Sinatra》 by Kitty Kelley (Bantam, 2010)
- 《Frank & Marilyn : The Lives, the Loves, and the Fascinating Relationship of Frank Sinatra and Marilyn Monroe》 by Edward Z. Epstein (Post Hill Press, 2022)
- 《Sinatra and the Jack Pack : The Extraordinary Friendship between Frank Sinatra and John F. Kennedy- Why They Bonded and What Went Wrong》 by Michael Sheridan and David Harvey (Skyhorse, 2016)

10. 피그만과 쿠바 미사일 위기
- 《The Brilliant Disaster : JFK, Castro, and America's Doomed Invasion of Cuba's Bay of Pigs》 by Jim Rasenberger (Scribner, 2011)
- 《Gambling with Armageddon : Nuclear Roulette from Hiroshima to the Cuban Missile Crisis》 by Martin J. Sherwin (Knopf, 2020)

11. 마릴린 먼로를 기억하는 사진작가
- 《Marilyn & Me : A Memoir in Words and Photographs》 by Lawrence Schiller (Taschen America Llc, 2021)
- 《Marilyn : Her Life in Her Own Words : Marilyn Monroe's Revealing Last Words and Photographs》 by George Barris (Citadel, 2001)
- 《The Essential Marilyn Monroe : Milton H. Greene 50 Sessions》 by Joshua Greene (Acc Art Books, 2019)

마릴린 먼로
그리고 케네디 형제

초판 1쇄 발행 2025년 3월 27일

지은이	이상돈
발행인	승영란, 김태진
편집주간	김태정
마케팅	함송이
경영지원	이보혜
디자인	ALL
출력	블루엔
인쇄	다라니인쇄
제본	경문제책사
펴낸 곳	에디터유한회사
주소	서울특별시 마포구 만리재로 80 예담빌딩 6층 (우) 04185
전화	02-753-2700, 2778
팩스	02-753-2779
출판 등록	1991년 6월 18일 제1991-000074호

값 28,000원
ISBN 978-89-6744-290-3 03300